外汇
交易进阶

魏强斌 著

第5版
The 5th Edition

经济管理出版社
ECONOMY & MANAGEMENT PUBLISHING HOUSE

图书在版编目（CIP）数据

外汇交易进阶/魏强斌著. —5 版. —北京：经济管理出版社，2020.9
ISBN 978-7-5096-7365-2

Ⅰ. ①外… Ⅱ. ①魏… Ⅲ. ①外汇交易—基本知识 Ⅳ. ①F830.92

中国版本图书馆 CIP 数据核字（2020）第 152414 号

组稿编辑：郭丽娟
责任编辑：郭丽娟　李月娥
责任印制：黄章平
责任校对：张晓燕

出版发行：经济管理出版社
　　　　　（北京市海淀区北蜂窝 8 号中雅大厦 A 座 11 层　100038）
网　　址：www. E-mp. com. cn
电　　话：（010）51915602
印　　刷：三河市延风印装有限公司
经　　销：新华书店
开　　本：787mm×1092mm/16
印　　张：40.25
字　　数：742 千字
版　　次：2020 年 9 月第 1 版　2020 年 9 月第 1 次印刷
书　　号：ISBN 978-7-5096-7365-2
定　　价：128.00 元

计划你的交易，交易你的计划

Plan your trades and trade your plans

外汇交易市场

技术分析

基础分析

《外汇交易进阶》（1~4版）读者赞誉

对于初学者，这是一本必备的入门书。我的客户几乎人手一册。

——动态平衡木

以前看过很多本国人写的金融方面的书，都不怎么样，这次抱着试试的心态买的，非常不错。作者语言朴实无华，思路清晰，重点明确，内容丰富，外汇方面的知识非常全面。对于初学者来说，这是一本非常理想的入门级教程，推荐！

——Jazzbrief

非常好的入门级书籍，对新人很有帮助！内容很翔实，由浅到深，是初学者的最好书籍。

——k***1

升级版太好了！一看内容增加了好多。非常好！

——死***烫

此领域的经典之作，新版收藏。看了魏老师的系列丛书，受益匪浅！

——谭***笑

这本书写得非常好，让初学迷茫者很受启发。外汇基础知识多方触及，初学者必备良书之一。可称为经典，启发很大！

——赵道洋

《外汇交易进阶》这本书很好，很满意！书的质量非常好，内容也非常丰富，想要学习这方面的东西，感觉很有用！

——jd_151552vdf

这是一本值得刚刚入行的朋友细细研究的书，要买就买一线交易员写的书。我满分推荐！

——j***r

好厚一本书呀，内容翔实，语言流畅。对于这么好、这么厚重的书，只能说相

见恨晚。得抓紧时间学习，用钱赚钱就靠它了。

——青***尊

内容丰富，阐述详细，颇有深度，值得阅读！相比第3版有了质的提升，建议初学者入手。

——Lj***0

外汇交易进阶，语言虽平淡却很有韵味，说出了交易者的心声！是每个外汇初级交易者必读的书籍！

——luo5805071

此类书籍，需要不断更新知识，因为外汇市场变化太快！中小投资者的巅峰之作。

——Worldboyhan

外汇交易进阶，最好的入门课程！

——amwipje

外汇交易是个国际的交易市场，对于国内大部分炒家来说，到现在依然还是块比较新的投机领域。所以在国内能看到像魏强斌老师这样的中国人写的外汇交易知识的书籍确实是一大幸事。这本书从内容和结构，都是新手必读的一本参考书。只要领悟和逐步掌握书中的要点和技能传授，先不说能不能步入"高手"行列，起码不会再像大部分尚在混沌之中的国内交易者一样，上路了，能像模像样做个交易员，干交易员可以干和能干的事情。这条"财路"到底是"有钱人或有些钱的人"的扩金之路，还是"没多少钱的人"的掘金之路？这个问题就留给我们每个交易者自己在这条路上去寻找答案吧。不管怎么样，个人认为："乐在其中"总比"恭喜发财"要经得起时间考验吧。

——拉斯金牛

最近才看完，作者用一本书详细地说明外汇交易的基础等相关方面的知识，虽然还有很多方面没有点到，有的点到了却没有详细深入说明。这也可以理解，由浅入深，一下子写得太多，读者也不可能全部理解，特别是像我们这样的初级学生。这本书总体是很好的，非常适合初学者！推荐！

——匿名

以组织、职业交易员的角度而不是以个人、业务炒汇者的角度对外汇交易进行了全方位的分析和总结，无论是新手还是老手，都值得一看。该书凝聚了作者及其团队大量的心血，个人认为是外汇交易方面的必读书，强烈推荐！

——三头虎

这本书把外汇交易中的操作手法作了一个系统梳理，非常值得购买来阅读。

——李志勇

由浅入深，循序渐进，条例非常清楚。作者在书中苦口婆心地告诫学习外汇交易的读者要如何保住本金和盈利，稳扎稳打。作者语言平实，也很风趣。非常喜欢这本书。非常适合我这样的外汇领域的初学者，给了我很大启发和帮助。赞！

——匿名

就像本书中写的"一沙一世界，一叶一菩提"一样，从这本书中可以领会到外汇交易的奥妙所在。你，值得拥有！

——匿名

朋友唯一推荐的外汇入门书籍！的确是一本好书，外行人学理念，内行人巩固技巧。从基础到高级，门外汉也看得懂，值得反复学习。很适合刚刚学习外汇交易的人看，可以学到很多。

——美丽新颜

这本书我是买给我老公看的，他刚刚开始学习炒外汇。他说这本书非常好，已经看到第三遍了，现在是一边实战操作一边自己总结经验，并且看书进行论证。之所以说这本书好，是因为书中不仅告诉方法和技巧，而且作者反复强调关于进行投资尤其是外汇投资时一些质朴的道理，例如：不可能每单都赢利，只要70%或者80%下单都能赢利，而且能够控制亏损就是胜利；还有要控制自己的贪欲等。因为有了这本书，所以我老公和我现在都能正确地对待他下错单导致的亏损。

——云在彼岸

对交易心理的辅导让我受益匪浅，在股票交易中也适用。非常适合初次涉足汇市交易的读者。

——smartfrida

本书的前言："这世上还有比投资外汇更简单的职业吗？"当我用了一个半月的时间粗略地读过之后，才发现其实"投资外汇"并不是一件简单的事情，甚至可以说是充满危险，到处是陷阱的荆棘之路。这是特别富有冒险精神的智者的游戏，要想在"投资外汇"中获得利润无异于火中取栗！本书处处都在说"要学会止损，保护利润"。本书比较详细地介绍了"投资外汇"的步骤、注意的问题、应该了解的基本概念和一些工具的简单用法等，我认为是一本值得新手精读的好书。

——超级老妪

目前国内外汇交易书籍中最全面实用的一本书，值得推荐。

——inzachi1117

国内最好的外汇书籍！

——如意宝珠

这本书写得相当好，不但有技术，而且还介绍了一些比较酷的方法，但美中不足的是，有些东西没有讲透，点到为止，不过这本书里说的布林线的用法，比别的书强多了。书到得很快，印刷质量也不错，个人感觉这本书对我很有帮助。

——麻辣口味虾

此书写得通俗易懂，非常适合初学者学习，收获非常大！

——klquan2003

由浅入深，适合初学者。这是一本很不错的书，适合每个阶段的人看。

——ericyu71

该书非常不错，许多章节内容非常翔实，在其他书里没有的内容但它会讲得很明确，是一部指导炒汇不可多得的好书。

——大风610051

一看就是真刀真枪练出来的经验，解答了我一直存在的许多疑惑，非常值得一读。这本书深入浅出，语言活泼，不同于其他同类书籍的陈词滥调。有阅读价值。

——Morken

不一样的作者，不一样的见解，反复品味，方得三味。它是人生圆梦的必备读本！

——茅屋小酌

从基本概念讲到中级实战，很实用。初入者可用，进入中级也可参考。

——lwy666

读过这本书后真的受益匪浅，这本书对外汇做了一个比较客观的评论，不是其他人所做炒外汇很赚钱的说法，而是提醒大家做外汇是很有风险的，要谨慎投资，并对投资者的心态及操作策略提出了比较直观的要求。

——dandan7597

外汇的初学者，大多都是东学一块西学一块，最后到底学会什么他也不知道，学的就是乱。这本书帮学习外汇的朋友从1到10理清了思路。

——红我眼睛

如果您正在从事其他金融渠道投资，如股票、期货、基金，您应该知道钱最终让谁赚走了，普通投资者有赚钱的可能吗？要么有内幕消息，要么门槛高，要么交易局限，基本没怎么听说过散户赚钱的。难道就没有真正意义上适合我们的赚钱的渠道吗？在中国，外汇这个市场会有越来越多的人参与进来，它将逐步超越股票市场、基金市场，成为您的投资首选！ 这本书专业地道出了外汇交易的种种，亦是一本或多或少能改变许多人一生命运的书。强烈推荐！

——石英俊

这本书是外汇交易的必读。其实个人感觉不只适用于外汇交易，股票、期货都是相通的。

——蔡智宏

这本书对外汇交易基本面和技术面以及系统交易都做了不少的介绍，是一本相当全面的入门教材。

——GIANTRAIN

可以通过此书了解外汇入门的基本条件及外汇市场的基础类知识，有助于初学者尽快了解外汇并熟知外汇保证金交易。

——william_w

很适合外汇入门，其中交易系统的构建、资金管理、风险控制章节都是值得好好学习的。

——海贝壳

作为外汇的入门书，处处散落着作者对市场的理性看法，特别是交易体系的构建部分，读来挺有收获。

——Jack

对于不打算进行外汇保证金交易的读者来说，还有一些章节也值得一读，分别是第六章"投机风险的控制"、第十八章"交易的时间框架"、第二十二章"资金管理"和第三十五章"投机者的成长之路"。可以看出，作者是一个善于在投机实践中进行总结的人。

——Mr K

初学者入门手册，依然给5星，或许高了点。但由浅入深，比较实在，值得反复再看。

——Selaginella

目前看过的外汇的最系统最全面、最有用、最实际的好书。

——过街老虎

国内没几本完完整整讲交易的书。这是迄今为止看到关于外汇交易最全面的一本书了，值得拥有！虽然讲的是外汇交易，但其实很多内容也很适合于股票、期货交易。

——嘎末豆

外汇交易的杰出之作，很多投资公司的员工都看过此书，相信能带来不少收获。

——Pyramids

这本书比较适合新手入门，刚开始介绍的都是比较基础的内容，虽然没有详细地分析，却给了一个完整的框架。

——daoshi17

好书，适合初学者。这本书真的很好，写的内容很给力，推荐给想做外汇交易的初级朋友们，国内这样的好书不多。

——轩玄逸风

不错的一本书，一直想搞点外汇投资，这本入门的书给了我很大的帮助，虽然名叫交易进阶，但对于有些金融知识的朋友来说，还是浅显易懂的。

——Treem

不错，蛮好的！网上做了些功课，很多人推荐这本书。内容编排上从浅到深，值得学习！

——小屁孩青蛙儿

新手进阶必读，我当年刚刚做外汇时买了这本书，获益良多。现在也给自己朋友买了。

——Peter

很经典的一本书，强力推荐！外汇交易三年多了，中外很多关于外汇交易的书看了不少，中文版的外汇交易书籍里面，就数进阶和圣经是经典的（个人观点）。根据我开始交易外汇以来经过的种种挫折来看，本书已经把我经历的一些心理和我所认知的对外汇的一种观念完整地表达出来，所以本书对以外汇交易为生的人来说，可以说是必读的一本。至于收获多少完全看读者对外汇交易持什么心态，本书只是外汇交易的一个引子，但是又不得不缺少的引子。

——Kanzuihou

朋友推荐的，已经看了一部分，很不错，书是正版，纸质也不错，主要是内容比较容易懂。学习外汇，要好好看看这本书，受益匪浅。希望看完后能够有所成

长。最好的入门课程，提高成绩，认真学习，会有意想不到的收获。

——姐 *** 菜

书非常好，对不同阶段都有用，我是新手，前篇很多基本介绍很有用，后段技术分析也很好。

——风之子

该书分为初级课程、中阶课程、高阶课程和大师课程四级。从最简单的外汇交易的相关基本知识开始，介绍了诸如外汇交易软件 MT4、杠杆交易技术分析基本面分析、创建个人交易系统资金管理等方面的知识，并提供了相关外汇交易术语汇编及外汇交易常用网站。内容具有很好的导引学习功能，的确是值得新手入门学习的一本好书。该书是修订后的第 3 版。

——Woder123

外汇全书，作者写了这个外汇系列，一套书很多很好，值得学习！

——叮当猫猫

很不错的一本外汇交易入门书，从基本面和技术面分别介绍。很经典！

——陈仓 BBQ

外汇进阶，经典之书，耐人寻味！

——AI 外汇家

这本书和《外汇交易圣经》结合起来看，效果更好。

——菩提伽

这本绝对是经典，已经看第二遍了！对于外汇交易者来说应该列入必读书籍吧。

——第一滴血的力量

这本书真的很精彩，普及了外汇交易的种种问题，也解决了现实中遇到的基础问题，同时还提出了种种建议，真的是很好的一本书，其中有几部分的讲解详细易懂，作为一本入门级的书确实值得拥有。

——Lostinthemist

做外汇的必看书籍，老师推荐的，书的作者据说是外汇界的大咖，前人的经验值得借鉴，前人的心血弥足珍贵，前人已经踏出的路我们要沿着走下去。

——g***a

最近研究外汇交易，看伙伴均推荐魏强斌老师的书，共收了三本，准备仔细研读。

——礼 *** 乐

这是一本开卷有益的好书，它是进入汇市殿堂的引路者！

——jd_zhengj425

这本书很不错，系统全面，是外汇交易者的入门读物。我已经下单买第二本了，准备送给朋友们读。

——qsic2017

写得非常细致，是作者长久经验积累的结果，魏老师很棒！期盼从本书中得到真传，未来不断提高收益率。

——l***o

很棒，系统化、理性、概率学、统计学、心理学是关键词，细节非常棒，专业培训教材！

——元宵

内容很中肯，很全面，适合初学者，避免初学者走弯路，白白亏钱。外汇交易高风险，作者以过来人的忠告，打消了初学者想速成并赚钱的想法，想以外汇交易为生，还是先做到兼职外汇能赚钱吧，否则生活会很凄惨。

——g***d

名不虚传，受益良多；深入浅出，对外汇了解得更多了，不过蜡烛图里边的 70 个 K 线组合，只有文字说明，如果能配上图的话就更形象了。

——peterdeng

看了一半外汇交易入门后来看这本书的，比起大卫著的交易入门，更喜欢这本，讲解非常清楚，思路非常清晰，感觉自己都不是新手了，哈哈哈，我会推荐这本书给朋友看的。真的写得好，读完这本还会去读作者写的其他外汇书籍。

——闲闲

我是经过一段时间的实际交易后才买的这本书，在交易中产生亏损的几种类型及原因，分析得很切合实际，并且提出对策，特别实用。

——匿名亚马逊买家

导言　成为伟大交易者的秘密

◇ 伟大并非偶然！

◇ 常人的失败在于期望用同样的方法达到不一样的效果！

◇ 如果辨别不正确的说法是件很容易的事，那么就不会存在这么多的伪真理了。

金融交易是全世界最自由的职业，每个交易者都可以为自己量身定做一套盈利模式。从市场中"提取"金钱的具体方式各异，而这却是金融市场最令人神往之处。但是，正如大千世界的诡异多端由少数几条定律支配一样，仅有的"圣杯"也为众多伟大的交易圣者所朝拜。我们就来一一细数其中的最伟大代表吧。

作为技术交易（Technical Trading）的代表性人物，理查德·丹尼斯（Richard Dannis）闻名于世，他以区区2000美元的资本累积了高达10亿美元的利润，而且持续了数十年的交易时间。更令人惊奇的是，他以技术分析方法进行商品期货买卖，也就是以价格作为分析的核心。但是，理查德·丹尼斯的伟大远不止于此，这就好比亚历山大的伟大远不止于建立地跨欧、亚、非的大帝国一样，理查德·丹尼斯的"海龟计划"使得目前世界排名前十的CTA基金经理有六位是其门徒。"海龟交易法"从此名扬天下，纵横寰球数十载，今天中国内地也刮起了一股"海龟交易法"的超级风暴。其实，"海龟交易"的核心在于两点：一是"周规则"蕴含的趋势交易思想；二是资金管理和风险控制中蕴含的机械和系统交易思想。所谓"周规则"（Weeks' Rules），简单而言就是价格突破N周内高点做多（低点做空）的简单规则，"突破而作"（Trading as Breaking）彰显的就是趋势跟踪交易（Trend Following Trading）。深入下去，"周规则"其实是一个交易系统，其中首先体现了"系统交易"（Systematic Trading）的原则，其次体现了"机械交易"（Mechanical Trading）的原则。对于这两个原则，我们暂不深入，让我们看看更令人惊奇的事实。

巴菲特（Warren Buffett）和索罗斯（Georgy Soros）是基本面交易（Fundamental Investment & Speculation）的最伟大代表，前者2007年再次登上首富的宝座，能够时隔

多年后再次登榜，实力自不待言；后者则被誉为"全世界唯一拥有独立外交政策的平民"，两位大师能够"登榜首"和"上尊号"基本上都源于他们的巨额财富。从根本上讲，是卓越的金融投资才使他们能够"坐拥天下"。巴菲特刚踏入投资大门就被信息论巨擘认定是未来的世界首富，因为这位学界巨擘认为巴菲特对概率论的实践实在是无人能出其右，巴菲特的妻子更是将巴菲特的投资秘诀和盘托出，其中不难看出巴菲特系统交易思维的"强悍"程度。套用一句时下流行的口头禅就是"很好很强大"，恐怕连那些以定量著称的技术投机客都要俯首称臣。巴菲特自称85%的思想受传于本杰明·格雷厄姆的教诲，而此君则是一个以会计精算式思维进行投资的代表，其中需要的概率性思维和系统性思维无须多言便可以看出"九分"！巴菲特精于桥牌，比尔·盖茨是其搭档，桥牌游戏需要的是严密的概率思维，也就是系统思维，难怪巴菲特首先在牌桌上征服了信息论巨擘，然后征服了整个金融世界。由此看来，巴菲特在金融王国的"加冕"早在桥牌游戏中就已经显出端倪！

索罗斯的著作很多，以《金融炼金术》最为出名，其中他尝试构建一个投机的系统。他师承卡尔·波普和哈耶克，两人都认为人的认知天生存在缺陷，所以索罗斯认为情绪和有限理性导致了市场的"盛衰周期"（Boom and Burst Cycles），而要成为一个伟大的交易者则需要避免受到此种缺陷的影响，并且进而利用这些波动。索罗斯力图构建一个系统的交易框架，其中以卡尔·波普的哲学和哈耶克的经济学思想为基础，"反身性"是这个系统的核心所在。

还可以举出太多以系统交易和机械交易为原则的金融大师们，比如，伯恩斯坦（短线交易大师）、比尔·威廉姆（混沌交易大师）等，实在无法一一述及。

那么，从抽象的角度讲，我们为什么要迈向系统交易和机械交易的道路呢？请让我们给出几条显而易见的理由吧。

第一，人的认知和行为极容易受到市场和参与群体的影响，当你处于其中超过5分钟时，你将受到环境的催眠，此后你的决策将受到非理性因素的影响，你的行为将被外界接管。机械交易和系统交易可以极大地避免这种情况的发生。

第二，任何交易都是由行情分析和仓位管理构成的，其中涉及的不仅是进场，还涉及出场，而出场则涉及盈利状态下的出场和亏损状态下的出场，进场和出场之间还涉及加仓和减仓等问题。此外，上述操作还都涉及多次决策，在短线交易中更是如此。复杂和高频率的决策任务使带有情绪且精力有限的人脑无法胜任。疲累和焦虑下的决策会导致失误，对此想必每个外汇和黄金短线客都是深有体会的。系统交易和机械交易可以流程化地反复管理这些过程，省去了不少心力成本。

第三，人的决策行为随意性较强，更为重要的是每次交易中使用的策略都有某种程度上的不一致，这使绩效很难评价，因为不清楚 N 次交易中特定因素的作用到底如何。由于交易绩效很难评价，所以也就谈不上提高。这也是国内很多炒股者十年无长进的根本原因。任何交易技术和策略的评价都要基于足够多的交易样本，而随意决策下的交易则无法做到这一点，因为每次交易其实都运用了存在某些差异的策略，样本实际上来自不同的总体，无法用于统计分析。机械交易和系统交易由于每次使用的策略一致，这样得到的样本也能用于绩效统计，所以很快就能发现问题。比如，一个交易者很可能在 1，2，3，…，21 次交易中，混杂使用了 A、B、C、D 四种策略，21 次交易下来，他无法对四种策略的效率做出有效评价，因为这 21 次交易中四种策略的使用程度并不一致。机械交易和系统交易则完全可以解决这一问题。所以，要想客观评价交易策略的绩效，更快提高交易水平，应该以系统交易和机械交易为原则。

第四，目前金融市场飞速发展，股票、外汇、黄金、商品期货、股指期货、利率期货、期权等品种不断翻出新花样，这使得交易机会大量涌现，如果仅仅依靠人的随机决策能力来把握市场机会无异于杯水车薪。而且大型基金的不断涌现，使得单靠基金经理临场判断的压力和风险大大提高。机械交易和系统交易借助编程技术"上位"已成为这个时代的既定趋势。况且，期权类衍生品根本离不开系统交易和机械交易，因为其中牵涉大量的数理模型运用，靠人工是应付不了的。

中国人相信人脑胜过电脑，这绝对没有错，但也不完全对。毕竟人脑的功能在于创造性地解决新问题，而且人脑的特点还在于容易受到情绪和最近经验的影响。在现代的金融交易中，交易者的主要作用不是盯盘和执行交易，这些都是交易系统的责任，交易者的主要作用是设计交易系统，定期统计交易系统的绩效，并做出改进。这一流程利用了人的创造性和机器的一致性。交易者的成功，离不开灵机一动，也离不开严守纪律。当交易者参与交易执行时，纪律成了最大问题；当既有交易系统让后来者放弃思考时，创新成了最大问题。但是，如果让交易者和交易系统各司其职，需要的仅仅是从市场中提取利润！

作为内地最早倡导机械交易和系统交易的理念提供商（Trading Ideas Provider），希望我们策划出版的书籍能够为你带来最快的进步。当然，金融市场没有白拿的利润，长期的生存不可能夹杂任何的侥幸，请一定努力！高超的技能、完善的心智、卓越的眼光、坚韧的意志、广博的知识，这些都是一个至高无上的交易者应该具备的素质。请允许我们助你跻身于 21 世纪最伟大的交易者行列！

Introduction   Secret to Become a Great Trader!

◇ Greatness does not derive from mere luck!

◇ The reason that an ordinary man fails is that he hopes to achieve different outcome using the same old way!

◇ There would not be so plenty fake truths if it was an easy thing to distinguish correct sayings from incorrect ones.

Financial trading is the freest occupation in the world, for every trader can develop a set of profit –making methods tailored exclusively for himself. There are various specific methods of soliciting money from market; while this is the very reason that why financial market is so fascinating. However, just like the ever–changing world is indeed dictated by a few rules, the only "Holy Grail" is worshipped by numerous great traders as well. In the following, we will examine the greatest representatives among them one by one.

As a representative of Techincal Trading, Richard Dannis is known worldwide. He has accumulated a profit as staggering as 1 billion dollar while the cost was merely 2000 bucks! He has been a trader for more than a decade. The inspiring thing about him is that he conducted commodity futures trading with a technical analysis method which in essence is price acting as the core of such analysis. Nevertheless, the greatness of Richard Dannis is far beyond this which is like the greatness of Alexander was more than the great empire across both Europe and Asia built by him. Thanks to his "Turtle Plan", 6 out of the world top 10 CTA fund managers are his adherents. And the Turtle Trading Method is frantically well–known ever since for a couple of decades. Today in mainland China, a storm of "Turtle Trading Method" is sweeping across the entire country. The core of Turtle Trading Method lies in two factors: first, the philosophy of trendy trading implied in "Weeks' Rules"; second, the philosophy of mechanical trading and systematic trading implied in fund

management and risk control. The so-called "Weeks' Rules" can be simplified as simples rules that going long at high and short at low within N weeks since price breakthrough. While Trading as breaking illustrates trend following trading. If we go deeper, we will find that "Weeks' Rules" is a trading system in nature. It tells us the principle of systematic trading and the principle of mechanical trading. Well, let's just put these two principles aside and look at some amazing facts in the first place.

The greatest representatives of fundamental investment and speculation are undoubtedly Warren Buffett and George Soros. The former claimed the title of richest man in the world in 2007 again. You can imagine how powerful he is; the latter is accredited as "the only civilian who has independent diplomatic policies in the world". The two masters win these glamorous titles because of their possession of enormous wealth. In essence, it is due to unparalleled financial trading that makes them admired by the whole world. Fresh with his feet in the field of investment, Buffett was regarded by the guru of Information Theory as the richest man in the future world for this guru considered that the practice by Buffett of Probability Theory is unparallel by anyone; Buffett' wife even made his investment secrets public. It is not hard to see that the trading system of Buffett is really powerful that even those technical speculators famous for quantity theory have to bow before him. Buffet said himself that 85% of his ideas are inherited from Benjamin Graham who is a representative of investing in a accountant's actuarial method which requires probability and systematic thinking. The interesting thing is that Buffett is a good player of bridge and his partner is Bill Gates! Playing bridge requires mentality of strict probability which is systematic thinking, no wonder that Buffett conquered the guru of Information Theory on bridge table and then conquered the whole financial world. From these facts we can see that even in his early plays of bridge, Buffett had shown his ambition to become king of the financial world.

Soros has written a large bucket of books among which the most famous is *The Alchemy of Finance*. In this book he tried to build a system of speculation. His teachers are Karl Popper and Hayek. The two thought that human perception has some inherent flaws, so their students Soros consequently deems that emotion and limited rationality lead to "Boom and Burst Cycles" of market; while if a man wants to become a great trader, he must overcome influences of such flaws and furthermore take advantage of them. Soros tried to build a systematic framework for trading based on economic ideas of Hayek and philosophic thoughts

of Karl Popper. Reflexivity is the very core of this system.

I may still tell you so many financial gurus taking systematic trading and mechanical trading as their principles, for instance, Bernstein (master of short line trading), Bill Williams (master of Chaos Trading), etc. Too many. Let's just forget about them.

Well, from the abstract perspective, why shall we take the road to systematic trading and mechanical trading? Please let me show you some very obvious reasons.

First, A man's perception and action are easily affected by market and participating groups. When you are staying in market or a group for more than 5 minutes, you will be hypnotized by ambient setting and ever since that your decisions will be affected by irrational elements.

Second, Any trading is composed of situation analysis and account management. It involves not only entrance but exit which may be either exit at profit or exit at a loss, and there are problems such as selling out and buying in. All these require multiple decision-makings, particularly in short line trading. Complicated and frequent decision-making is beyond the average brain of emotional and busy people. I bet every short line player of forex or gold knows it well that decision-making in fatigue and anxiety usually leads to failure. Well, systematic trading and machanical trading are able to manage these procedures repeatedly in a process and thus can save lots of time and energy.

Third, People make decisions in a quite casual manner. A more important factor is that people use different strategies in varying degrees in trading. This makes it difficult to evaluate the performance of such trading because in that way you will not know how much a specific factor plays in the N tradings. And the player can not improve his skills consequently. This is the very reason that many domestic retail investors make no progress at all for many years. Evaluation of trading techniques and strategies shall be based on plenty enough trading samples while it's simply impossible for tradings casually made for every trading adopts a variant strategy and samples accordingly derive from a different totality which can not be used for calculating and analysis. On the contrary, systematic trading and mechanical trading adopt the same strategy every time so they have applicable samples for performance evaluation and it's easier to pinpoint problems, for instance, a player may in first, second...twenty-first tradings used strategies A, B, C, D. He himself could not make effective evaluation of each strategy for he used them in varying degrees in these tradings,

but systematic trading and mechanical trading can shoot this trouble completely. Therefore, if you want to evaluate your trading strategies rationally and make quicker progress, you have to take systematic trading and mechanical trading as principles.

Fourth. Currently the financial market is developing at a staggering speed. Stock, forex, gold, commodity, index futures, interest rate futures, options, etc, everything new is coming out. So many opportunities! Well, if we just rely on human mind in grasping these opportunities, it is absolutely not enough. The emergence of large-scale funds makes the risk of personal judgment of fund managers pretty high. Take it easy, anyway, because we now have mechanical trading and systematic trading which has become an irrevocable trend of this age. Furthermore, derivatives such as options can not live without systematic trading and mechanical trading for it involves usage of large amount of mathematic and physical models which are simply beyond the reach of human strength.

Chinese people believe that human mind is superior to computer. Well, this is not wrong, but it is not completely right either. The greatness of human mind is its creativity; while its weakness is that it's vulnerable to emotion and past experiences. In modern financial trading, the main function of a trader is not looking at the board and executing deals—these are the responsibilities of the trading system—instead, his main function is to design the trading system and examine the performance of it and make according improvements. This process unifies human creativity and mechanical uniformity. The success of a trader is derived from tow factors: smart idea and discipline. When the trader is executing deals, discipline becomes a problem; when existing trading system makes newcomers give up thinking, creativity becomes dead. If, we let the trader and the trading system do their respective jobs well, what we need to do is soliciting profit from market only!

As the earliest Trading Ideas Provider who advocates mechanical trading and systematic trading in the mainland, we hope that our books will bring real progress to you. Of course, there is no free lunch. Long-term existence does not merely rely on luck. Please make some efforts! Superb skill, perfect mind, excellent eyesight, strong will, rich knowledge—all these are merits that a great trader shall have to command. Finally, please allow us to help you squeeze into the queue of the greatest traders of this century!

第四次修订版序
汇海无涯，行者无疆

外汇市场的本质没有太大的变化，但所有行情都是新鲜的。如何从变化中不断趋近于本质与规律是我们生而为人的意义。

本书是第五版，体现了本质在现象层面上的历久弥新，也体现了业界和大众对专业素养的认可。虽然这是一本入门级的外汇交易教程，但是却涵盖了几乎所有领域。

点到为止并不足够，关键是能够直指要点。

如何从一些看似基本和简单的常识上直入外汇市场和交易的深刻内涵，是这个新版本尝试去完成的任务。

有部分高校采用本书作为外汇方面选修课的教程，对此我们深感欣慰。一些热情的高校老师也来信询问相关课件和参考资料，于是我们在本次修订中也力求满足这方面的部分要求。

尽管我们做出了许多努力，但是心有余而力不足。因忙于交易，故让我们没有太多时间来做彻底的更新和拓展，只能在某个维度上有所突破。同时，外汇交易可谓博大精深，任何人都只能窥见一斑。

我们是无涯汇海中的行者，所言所见皆在不断发展之中。

所谓"见自己、见天地、见众生"不过是奢望，能够明心见性，看见自己的本心就是大功一件了。

见识在扩展，格局在提升，对昔日的见解有肯定，有否定，还有否定之否定。

在我们看来，交易是一门知行合一的学问，也是追求效果的博弈游戏，更是历事练心的修行法门。遥望远方，行者无疆。

尚存者，唯有砥砺前行，方得最妙无上心法！

以此共勉！

魏强斌

2020 年 6 月 26 日于梵净山

第三次修订版序
善战者，求之于势

本书初版面世近十年了，承蒙读者的厚爱，现在已经更新到第四版。多年过去了，我对交易有了更深的体会。这种体会与资金量的增加有一定关系，当然也与更深和更全面的理解有关。在这一版当中，我最想强调的是对"趋势"的理解。

任何交易，无论是价值投资还是题材投机，无论是趋势交易还是动量交易，关键都要理解交易的博弈特性。巴菲特利用对手盘的非理性逢低买入优良公司更鲜明地体现了交易的博弈属性。虽然很多读者会拘泥地认为投资不是交易，其实这不过就是名义上的说法而已。

探讨博弈最多的是军事、政治和经济，里面有零和博弈、合作博弈，交易在我看来肯定是赚了对手盘非理性的利润，这些利润可能是当下的，也可能是未来利润的贴现。

既然交易与军事关系密切，那么不得不谈《孙子兵法》。国外的书店里涉及中国的书籍其实非常少，很多时候数量不如日本和韩国的相关书籍多，但是《孙子兵法》却常常可以看到，可以想象这本书在全世界的影响力是多么大。

西方军事界最后一代宗师李德·哈特高度推崇这本兵书，在自己最著名的一本书籍当中将孙子的格言置于扉页。克劳塞维茨被称为西方的兵圣，但是他的著作在李德·哈特看来远逊于《孙子兵法》，而且后者要早于前者两千多年。

交易者不能不看《孙子兵法》，这是中国交易者的优势，如不能善加利用，实在让人惋惜。国外交易界推崇"道氏理论"与杰西·李墨佛（J. L），我们要学习和内化其精髓，同时也要向中国的先贤学习，向本土高手学习，不能丢掉自己的本土优势。

《孙子兵法》强调"求之于势，不责于人"。现在很多交易书籍过多强调交易者本身的行为对绩效的影响，其实交易也是一个"靠天吃饭"的行当，与农民区别不大。

农耕文化的天文地理知识往往都比较发达，因为要"靠天吃饭"。交易者只能通过稳健的资金管理等待"好的天时"，不可能强迫市场给自己提供机会。就算是

可以操纵盘子较小品种的主力也需要借助外在条件来运作，否则下场都不好看。

"求之于势"表明我们要重视趋势，利用趋势。趋势有两大特点：第一大特点是持续性。不持续就不能称为趋势，这个特点是 J.L 理论的最大着眼点。顺势加仓就是建立在趋势持续性基础上的，这点凡是有点思考能力的人都应该明白。但是，现实是骨感的，因为具有持续性的趋势并非随处可见。也就是说，趋势是稀缺的。

趋势的第二大特点是稀缺性。交易最大的难点在于如何应对这种稀缺性，而这恰恰是交易的真正圣杯所在。从三个方面谈应对的问题：趋势的预判、趋势的确认和趋势的证伪。

第一，趋势的预判。纯技术派是反对预判的，理论上的理由很多，大部分还是有些道理的，如主观预判容易影响仓位管理。不过，其实预判本身并不必然导致非理性的仓位管理。仓位管理的问题应该从仓位管理上解决，而不能因噎废食。从实践的角度来看，周围的高手和我自己其实明白预判趋势是有价值的，价值非常大。

理查德·丹尼斯是纯技术派，但是他的几个学生基本上都不是纯技术派了。这表明整个交易界其实是在不断进步和进化的，很多老观念需要被打破。趋势的预判主要从驱动面（基本面）和心理面两个角度去完成，外汇市场要有大行情，驱动面（基本面）需要什么样的条件？这个问题对于预判趋势非常重要，但是你问过自己吗？你思考过吗？你总结过吗？绝大多数人都没有这样做，这就是业绩的第一个分水岭。

第二，趋势的确认。投机能不能赚钱，最终要落实到价格走势上。没有经过确认的趋势不能为我们所交易。确认是一种务实的过程，过滤和检验是降低主观错误的手段。如何确认趋势？道氏理论和 J.L 对此都有不错的探索和总结。就我个人的观点而言，技术（行为）特征是趋势确认最重要的工具。趋势确认还可以避免过早介入，对于时机的把握也非常有用。最为重要的是，趋势的再度确认是加仓的重要时机，这个对于趋势交易者来说是命门中的命门。看懂的人，应该明白这句话是全篇最为重要的一句话。能看懂的人应该都是多年亲身实践才能体会到这句话的分量和价值，不到火候是不知道这句话的重要性的。

第三，趋势的证伪。趋势确认了也未必是真能形成趋势，即使形成了趋势，也有完结的时候。这个时候趋势的证伪就非常重要了。索罗斯讲交易的证伪，其实讲的就是交易的科学化精神和程序。在什么样的情况和条件下，趋势完结了？这个问题你怎么在具体操作中去定义？止损、减仓和出场的具体条件是什么？背后原理是什么？是否合理？绩效如何？这些问题如果没有答案，你还不能被称为一个合格的

交易者。

很多时候，我们不应该责怪交易者，责怪具体的操作，责怪具体的策略和指标，我们应该反思是不是将策略放到了不相应的市场当中。如果我们没有搞清楚市场的性质、趋势的特点，老是在具体方法和策略上打转，老是批判自己贪婪了、恐惧了，其实于事无补。

跳出来看问题，交易输赢的本质到底是什么？什么决定了成败？多年的交易告诉我"虽有智慧，不如乘势；虽有镃基，不如待时"。如何乘势？我想在这篇序当中我已经提纲挈领地讲解了。交易是一种能力，理论永远不能培养出能力，除非实践和总结。

希望大家朝着"乘势"的正确方向不断前行，百折不回，必能有大成就！

其性庄，疾华尚朴，有百折不挠，临大节而不可夺之风！

魏强斌

2017 年 7 月 31 日于稻城亚丁

第二次修订版序
交易进阶之道：小规模试错

　　我们很荣幸地对《外汇交易进阶》进行第二次修订，这是一本交易类畅销书，与《外汇交易圣经》轮流位居外汇类书籍畅销榜的第一名和第二名，这也使市面上有一些作者和出版社为了跟风和欺骗读者也采用了同样的书名。在第一次修订的时候，我们着重对错别字和个别有问题的地方进行了订正。在这次修订的时候就想借机谈谈绝大多数交易学习者面临的现实问题——无法坚持学习交易的过程直到稳定盈利。

　　开始交易的时候，我们容易面临的一个最关键的问题就是无法坚持到持续盈利的那一天。有若干个阻碍我们的因素，绝大多数人在经历了最初的挫败之后就会选择放弃，因为交易学习的进度远远低于他们的预期。虽然这些人中的很多都会等待某一天他们有充足的资金和时间来展开交易，但实际上他们永远不可能回到这条学习的路上，自然也就永远无法获得成功了。这其实是一种拖延状态，这种状态背后有这样几种心理，如果我们能够找到对付它们的有效方法，那么就能够去做那些我们希望以后去做但是却永远不会做的事情。

　　成功的交易者可以拥有丰厚的利润和自由的人生，这是绝大多数人羡慕和向往的，但是很多人却对于持续的学习之路一推再推，这是为什么呢？有下面几个原因：一是不能马上盈利，盈利的预期很远，这就挫败了当下持续学习的积极性；二是看不到显著的学习进步，学习反馈不及时和直观；三是需要立刻获得收益以便维持生计；四是资金并不宽裕，经不起较大的亏损，一次较大的亏损就终止了继续学习交易的可能；五是害怕失败，害怕不断打击自尊，因此不愿进行实际交易，要么不断寻找方法，要么寄希望于以后。

　　下面我们就针对外汇交易学习中遇到的上述几个"绊脚石"给出解决办法：

　　（1）短期内看不到盈利的可能，所以就没有积极性坚持学习下去。这个大家可以用投资的思维，想象一下这是对未来的一笔长期"投资"，现在相当于是在培养产能，因为未来的丰厚利润必须要求现在能够持续地投入时间和精力。

交易能力是属于一种中长期投资，既然是中长期投资，那么你就要提前做好准备，为能力的获得准备充分的时间。如果你现在急需要获得收入，那么就应该考虑到交易能力获得所花的时间比较长，这样就避免了想要通过中长期手段来实现短期目标。

（2）看不到显著的学习进步，积极性就不强了。交易和很多技能学习一样，存在一个问题，那就是学习者在彻底掌握某种技能之前的学习过程中很难看到显著的进步，这个跟知识掌握是两回事。

记忆某种知识，你会有显著的反馈和进步，但是能力却不是这样的。这里面涉及一个量变到质变的问题，在量变阶段你往往觉察不到能力的进步，但其实能力是在进步的，只不过你没有这个敏锐度。另外，你之所以看不到显著的进步也跟你此前持有的过高进步预期有关。

这个市场上充满了竞争，你面对的并不仅仅是价格的变化，你还面临对手盘的竞争，面临自己心态的波动。特别是心态这个东西，其成熟往往是在技术成熟之后。首先是技术成熟，其次才是心态成熟的问题。有了技术才能校正心态，什么时候该怎么做，有没有按照规则操作，这些都有一个前提那就是交易的方法和技术，这是一个框架。按照这个框架操作就是校正，心态需要这个框架来校正。

交易的进步一开始并不是要看赚不赚钱，赚多少钱。刚开始学习做交易，你要做的是提高风险报酬率，就是说亏损的次数和盈利的次数你还不能从整体上掌控。刚开始你要做的就是让盈利单子的平均盈利超过亏损单子的平均亏损。如你盈利的单子有10笔，平均盈利30点，而亏损的单子有30笔，平均亏损25点。相当于平均盈利超过平均亏损5个点，然后你在稳定这个胜算率水平的情况下，将这个差别扩大到8个点，这就是进步。不能说盈利才算进步，这个过程是亏损越来越小，然后才是不亏钱，然后是赚小钱，这样的学习过程才是对的。所以，为了让反馈更加敏锐地被你知道，在开始一段时间内你必须将注意力集中在提高风险报酬率上，让平均亏损相对于平均盈利越来越小，到了某种程度上你再转向提高胜算率。

（3）需要立刻获得收益以便维持生计。有这样要求的朋友只能采取折中道路，平时利用业余空闲时间和小账户持续学习。能够在市场持续盈利的交易者绝对比普通上班挣钱多几十倍，所以眼光要长远些，但是也不能空着肚子学，那样也无法坚持。所谓抛开一切不顾眼前的做法对于某些经济不宽裕的初学者而言并不现实，最好就是"两条腿走路"。

（4）资金并不宽裕，经不起较大的亏损，一次较大的亏损就终止了继续学习交

易的可能。学习阶段一定要用最小的资金去做，只有等到你的技术基本定型能够稳定盈利才能逐步增加资金，这就是一个提升心态的过程。很多人在进行交易的时候搞错了一点，刚开始是学习交易的过程，这个过程资金量越小越好，只要不影响基本操作即可，这是一个技能学习阶段。在这个阶段的目标并不是赚钱，因为你还没有那样的能力。

但是，很多人没有搞清楚这样的问题，在开始阶段就在不停地朝着赚多少钱这个目标努力。当你还没有这样的能力的时候，你非得去追求这样的目标，那就会造成糟糕的结果。区分清楚自己目前所处的阶段，是学习交易的阶段还是通过交易挣钱的阶段，这个不搞清楚你就会在分配资金的时候出现问题。

小资金坚持去做，一开始注意止损，将风险报酬率稳定在一个客观的基础上再提高胜算率。一开始就拿很大的资金来学习是浪费的做法，这时候你没有方法，当然也谈不上锻炼心态。

心态好不好在于你能不能坚持按照自己发展出来的盈利规则行动，而不是说不在乎盈亏就是心态好。交易的直接目标就是为了盈利，交易的好坏以能不能持续盈利为准，总不能是心态好了交易就好了。新手刚开始做的时候心态都很好，而且往往也在稀里糊涂地赚钱，但是好景不长。

（5）害怕失败，害怕不断打击自尊，因此不愿进行实际交易，要么不断寻找方法，要么寄希望于以后。有这样问题的人往往都潜意识地假设交易是一种顿悟的东西，而不属于需要花费大量实践才能掌握的技能。抱着学习的态度，就像游泳一样，不可能你下水就会了，需要一个过程。而且，交易本身就是高度复杂的博弈行为，其规律很模糊和抽象，这点比棋类运动要复杂很多，更接近于军事指挥官和参谋的职业类型。所以，树立一个正确的认识，刚开始亏钱是学习的必然过程，为了减少痛苦，将资金账户降到较小的规模，在不影响操作的前提下用小亏来积累经验。

交易是一项技能，你不会才学，如果你都会了，能够挣钱了，那你还学什么？学习本身必然意味着付出代价，这点态度要摆正，再加上小资金练习，你就可以摆脱恐惧。

交易进阶的过程就是小资金操练的过程，在一个恰当的风险报酬率的前提下提高胜算率！

魏强斌

2014 年 3 月 19 日于莫干山

前言　人生赢家与外汇交易

一

成功，对每一个有理想的人来说，都是其一生奋斗的目标。对于"成功"，不同的人有不同的理解：有些人认为拥有一生花不尽的财富就是成功，有些人认为住豪宅、乘豪车就是成功，有些人认为青史留名即是成功，有些人认为拥有对他人的影响力即是成功……

我认为真正的成功就是获得自由，就是只要自己愿意就可以办到！用《穷爸爸富爸爸》的作者罗伯特·清崎先生的话来说：成功，就是获得财务自由。

从这个角度来看，一个人如果想要获得成功，可以有很多种方法：可以辛勤劳动，可以创办企业，可以开发一种新技术、新产品，可以买彩票，可以投资证券、期货……在这里，我想向你介绍一种获得成功的终极方法。

这种方法所需的装备极其简单：一台接入互联网的电脑、一张书桌、一把舒服的靠背椅。设想一下这样的场景：

（1）坐在你的电脑前面，或者是坐在你的沙发上，把笔记本电脑放在膝盖上。

（2）打开电脑，确认互联网接入服务器正常运行。

（3）打开交易程序的图表界面，进入交易平台界面。

（4）交易。

（5）"捡钱，放进口袋"！

怎么样，是不是很简单？你心里可能充满了怀疑：赚钱就这么容易吗？

是的，赚钱就是这么容易！这就是外汇交易的魅力所在！我向你介绍的获得财务成功的终极方法就是：投资外汇！

让我们来看看投资外汇的优点吧：

● 你是自己的老板。

● 你不需要任何客户。

● 你不需要雇用任何员工。

● 你不需要和政府官员打交道。

● 只要你有高速的互联网接入服务，你就可以在这个世界任何一个地方经营你的业务，无论你是居家、工作、度假或是在其他场合。

● 你永远不需要担心工作的安全性、紧迫性，以及其他任何与工作相关的事项。

● 你不需要担心员工薪水、罢工、怠工、租金上涨、租约、诉讼等问题。

● 你不需要硬着头皮去打销售电话。

● 你可以自行决定工作日安排。

● 你可以自行决定休假的安排。

● 你是自己的员工。

这世上还有比投资外汇更简单的职业吗？我是想不出来了。你可能还是心存疑虑：投资证券、期货不是也一样吗？那就请你打开本书，看看书中的介绍吧。在本书中你将会发现，证券、期货是远不能与外汇相比的。

怎么样？朋友，我们一起开始"捡钱"吧！

二

十分抱歉，朋友，在开始"捡钱"的时候，我要给你泼一盆冷水：我以100%诚实的态度告诉你，所有外汇交易者在交易中都存在亏损！

世界上存在两个最难研究的对象：一是人心，二是混沌现象。金融市场则是这两者的天然结合。我曾经在互联网上看到如下一段文字，虽然已经过了大约一年，但是仍然清晰记得其中的每一个字。它表达的感情，也许是每个踏进外汇交易的斗士都曾经经历过的，或者要经历的、正在经历的：

你真的愿意并且能够将自己一生的时间、精力和智慧，全部押在可能令你一败涂地的外汇交易事业中吗？

你真的能忍受在经历了三年或以上的刻苦研究、认真揣摩之后，仍旧无法摆脱亏损的境地吗？

当你的朋友和大学同学通过稳定的工作，逐渐买了房、车的时候，而你仍旧一无所有，口袋空空。虽然你有那么多的别人无从知晓的苦难和勤奋，但并没有相应的回报。这种情况下，你依然能够矢志不渝吗？你真的能够坚持到成功吗？

在一个成功率如此之低而且充满了高智商人士的市场，你凭什么能断定你会成为那一小部分成功的人之一？

也许，

痴迷于金融交易的人，

都是那些永远沿着生命刀锋滑行的人。

他们的生活，

要么如同天堂般自由自在、无拘无束，

好像完全脱离了地心吸引力的束缚；

要么如在炼狱里一样饱受折磨，

呼吸着压抑的空气，

历事炼心，

成功总是那么可望而不可即，

自由的舞蹈总是那么难以成就。

家人和朋友可能都觉得你是在浪费青春、不务正业，寄托于缥缈的希望，唯独你自己不屈不挠地在误解的氛围里默默抗争，有时候似乎自己也丧失了勇气，但是内心的微光总是在引导着自己的意志前行。对于喜欢冒险并能控制风险和情绪的朋友来讲，这里就是天堂，因为这里是他们最需要的公平竞争的净土，这里完全凭本事获得收获，想不劳而获最终将被淘汰出局！

如何在这个残酷的市场中生存而不被淘汰出局并最终获得成功呢？答案只有一个：学习！

对于外汇交易的新手来说，外汇交易方面的培训是极其关键的。

本书所要介绍的内容就是用来帮助你从一个初学者成为一个成功的外汇交易大师的系列进阶课程。在本书中，你将会学到关于外汇交易的知识、技巧、策略以及系统。整个课程安排力图涵盖真实外汇交易的所有方面：你将学习如何确认良好的交易机会，如何进行择时交易，以及什么时候兑现你的利润或者结束已经不再正确的交易。

如同你在接受学校教育时必须依次经历小学、初中、高中一样，我们的外汇交易课程也是逐步分阶段展开的。但在我们的课程中，将不再以"小学""初中""高中"来划分，取而代之的是"初阶""中阶""高阶"。

但我们的课程还远不止这些。就像学校教育远不止高中水平一样。

如果你整个中学阶段成绩不错，那么你将通过高考进入大学。当然，我们的课

程中没有"大学阶段"这个称呼，不用你再交额外的求学费用，更不用论文答辩。但金融市场总是会帮我们向你收取足够的学费，而且很多人在没有系统地学习交易知识和技巧之前总是很难通过"市场交易学位委员会"的"论文答辩"。当然，如果你通过了这个"论文答辩"，你将比大学毕业生更能赚钱，毕竟金融交易比读大学更花钱。

作为一家私人基金，我们一直致力于交易策略和交易系统的统计和完善，所以在本书中我们将专门结合基础知识提供十几个非常有效的交易框架和系统，也在本书最后部分提出我们自己在交易中采用的三个有效策略。我们希望这些经历了实际操作并被证明为成功的策略可以为你带来能力的提高和新的收获。

我们对成功交易大师的定义是他能够很容易地完成下面三件事情：

（1）赚取利润；

（2）保住利润；

（3）重复上面两个步骤。

如果你能够重复地进行上面三个步骤，那么你就已经进入高手之列了。你将发现自由的空气为你而流动，金融市场为你而设！

魏强斌

2007 年 8 月 15 日

外汇交易进阶课程表

	初阶课程	
第一阶	外汇市场与外汇交易	
第二阶	开立交易账户	
第三阶	外汇交易过程	
第四阶	外汇交易分析概述	
第五阶	MT4.0 软件的使用	
第六阶	外汇交易风险	
第七阶	外汇交易员"毙命"的首要原因	
	中阶课程	
第八阶	日本蜡烛图技术	
第九阶	支撑和阻力，趋势线和通道	
第十阶	斐波那契	
第十一阶	移动平均线	
第十二阶	常用图表技术指标	
第十三阶	主要经济数据详解	
第十四阶	震荡指标和动量指标	
第十五阶	重要的图形	
第十六阶	轴心点系统	
第十七阶	主要货币对的历史走势和影响因素	
	高阶课程	
第十八阶	多重时间框架	
第十九阶	爱略特波浪理论	
第二十阶	创建你自己的交易系统	
第二十一阶	掌握最佳交易时间	
第二十二阶	资金管理	
第二十三阶	计划你的交易　交易你的计划	

大师课程	
第二十四阶	交易个性
第二十五阶	交易数据行情
第二十六阶	市场情绪
第二十七阶	美元指数
第二十八阶	套息交易
第二十九阶	商品货币
第三十阶	交叉货币
第三十一阶	背离交易
第三十二阶	帝娜薄利交易策略
第三十三阶	帝娜消息交易策略
第三十四阶	帝娜趋势交易策略
第三十五阶	慵懒外汇交易员的掘金之路

目 录

初阶课程

中阶课程

高阶课程

初阶课程

夫未战而庙算胜者,得算多也;未战而庙算不胜者,得算少也。多算胜,少算不胜,而况于无算呼!

——《孙子兵法·计篇》

外汇市场与外汇交易

一、外汇与外汇市场

外汇，就是外国货币或以外国货币表示的能用于国际结算的支付手段。外国货币不一定都是外汇。外国货币是否能被称为外汇，要看它能否自由兑换，或者说这种钞票能否重新回流到它的国家，可以不受限制地存入该国的任意一家商业银行的普通账户上去，而且在需要时可以任意转账。只有这样，这种外国货币才能称为外汇。

本课的内容做一些了解即可，因为毕竟我们是做外汇交易，而不是在大学课堂当老师。

表 1-1 外汇市场中最普遍的交易货币

货币符号	国家	货币名称	货币英文别称（新闻常用）
USD	美国	美元	Buck
EUR	欧元区成员国	欧元（欧罗）	Fiber
JPY	日本	日元	Yen
GBP	英国	英镑	Cable Sterling
CHF	瑞士	瑞士法郎	Swissy
CAD	加拿大	加拿大元	Loonie
AUD	澳大利亚	澳大利亚元	Aussie
NZD	新西兰	新西兰元	Kiwi

读者最好能看懂国外外汇网站的英文新闻，有一点英语基础。表1-1中的货币符号和英文别称需要大家记住，这是基本功，就像股票名字一样。

目前，国际市场上进行交易的外汇主要有美元、欧元、日元、英镑、瑞士法郎、加拿大元、澳大利亚元、新西兰元。

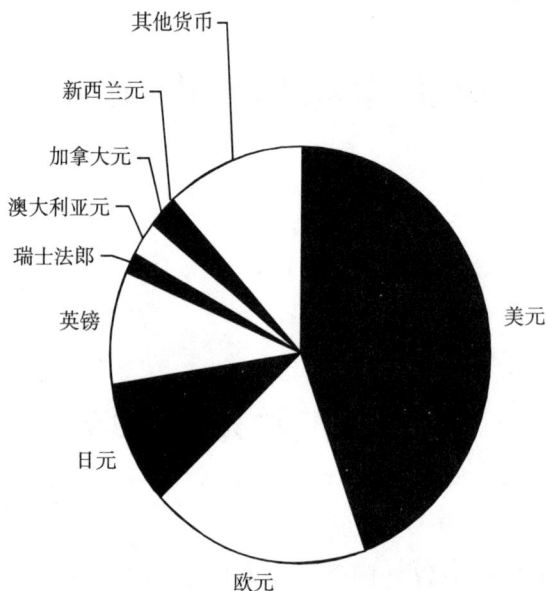

图1-1　2004年主要货币交易额占比

资料来源：国际清算银行。

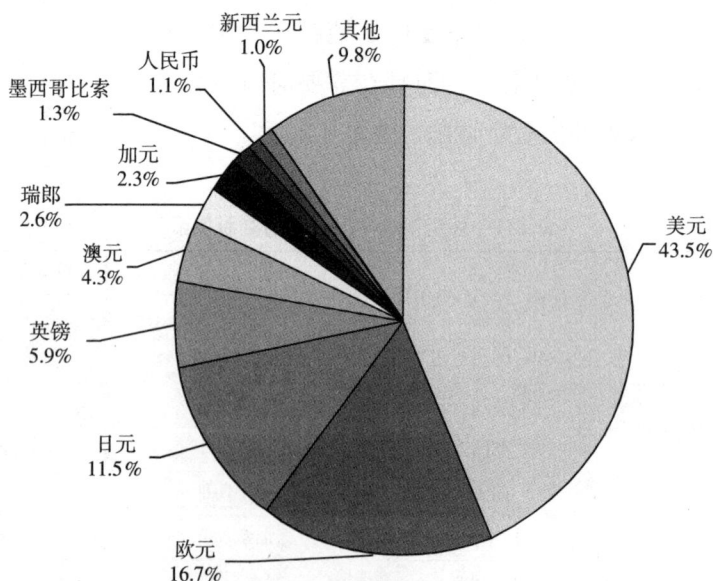

图1-2　2013年主要货币交易额占比

资料来源：国际清算银行。

图 1-1 显示了 2004 年全球外汇交易活动和交易额分布。从中可以看出美元是最大的交易货币，占据了总交易额度的 44.5%；欧元则是第二大交易货币，其份额为 18.5%；日元的交易额位居第三，为 10%。再看最近几年的数据，图 1-2 显示人民币在全球交易的份额上升了，还有墨西哥比索。

> 墨西哥比索与南非南特是外汇市场上比较热门的两种新兴市场货币。这两个国家的政治经济局势往往大起大落，因此经常成为题材投机的对象。

外汇市场是指从事外汇买卖的交易场所，或者说是各种不同货币相互之间进行交换的场所。**外汇市场现在是全球最大的金融市场**，一天的交易额是 2 万亿美元，而纽约证券交易所的日交易额仅有 250 亿美元。外汇市场的日交易量相当于证券和期货市场日交易量总额的三倍多。不像其他金融市场，如纽约证券交易所，外汇市场既没有有形的交易场所，也没有一个单一的交易中心。外汇市场被认为是一个柜台外（OTC）市场，或者说银行间市场（Inter-bank Market）。

> 现在很多对冲基金，甚至 CTA 都将外汇市场作为一个重要的资产配置池。农产品、工业品、利率产品加上外汇，成了很多趋势跟踪 CTA 的标配。

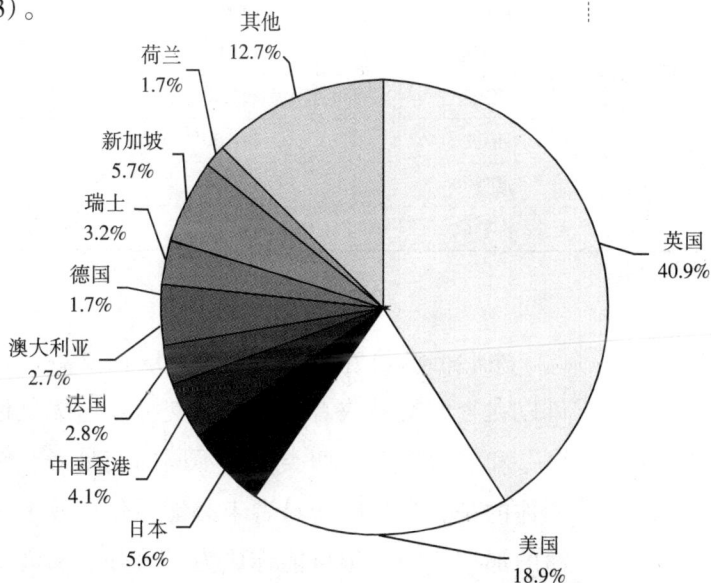

目前，世界上大约有 30 多个主要的外汇交易中心，它们分布于世界各大洲的不同国家和地区。其中，最重要的有欧洲的伦敦、法兰克福、苏黎世和巴黎，美洲的纽约和洛杉矶，大洋洲的悉尼，亚洲的东京、新加坡和中国香港等（见图 1-3）。

图 1-3 2013 年各外汇交易中心的交易额占比

资料来源：国际清算银行。

银行做市商基本可以看到订单的分布，他们的交易员当然会利用这种优势。外汇市场一方面可以说比较公平，很难在中长期进行操纵，但是另一方面某些人可以看见另外一些人的底牌，这就给日内操作提供了便利。

每个市场都有其固定和特有的特点，但所有市场都有共性。各市场被距离和时间所隔，它们敏感地相互影响又各自独立。一个中心每天营业结束后，就把订单传递到别的中心，有时就为下一市场的开盘定下了基调。这些外汇市场以其所在的城市为中心，辐射周边的其他国家和地区。

由于所处的时区不同，各外汇市场在营业时间上此开彼关，它们相互之间通过先进的通信设备和计算机网络连成一体，市场的参与者可以在世界各地进行交易，外汇资金流动顺畅，市场间的汇率差异极小，形成了全球一体化运作、全天候运行的统一的国际外汇市场，其简单情况见表 1-2。

表 1-2　主要外汇交易中心的运行时间

地区	城市	开市时间	收市时间
大洋洲	悉尼	7:00	15:00
亚洲	东京	8:00	16:00
	中国香港	9:00	17:00
	新加坡	9:00	17:00
	巴林	14:00	22:00
欧洲	法兰克福	16:00	0:00
	苏黎世	16:00	0:00
	巴黎	17:00	1:00
	伦敦	18:00	2:00
北美洲	纽约	20:00	4:00
	洛杉矶	21:00	5:00

注：表中时间为北京时间。

外汇市场随着太阳的直射路线而交替运作着，因为你可以在夜间交易或者选择清晨交易。这无疑便利了"猫头鹰"和"百灵鸟"两类截然不同的交易者。然而，需要提醒你的是，早晨的交易者未必能抓住市场上一天中风起云涌的那波行情，很可能你成为了另外交易者的猎物，这些交易者通常总是资金更为雄厚。

现在我们来看看国际外汇市场的主要参加者。从外汇交易的主体来看，外汇市场主要由下列参加者构成：

（1）外汇银行：外汇银行是指由各国中央银行或货币当局指定或授权经营外汇业务的银行。外汇银行通常是商业银行，可以是专门经营外汇的本国银行，也可以是兼营外汇业务的本国银行或者是在本国的外国银行分行。外汇银行是外汇市场上最重要的参加者，其外汇交易构成外汇市场活动的主要部分。

（2）外汇交易商：外汇交易商指买卖外国汇票的交易公司或个人。外汇交易商利用自己的资金买卖外汇票据，从中取得买卖价差。外汇交易商多数是信托公司、银行等兼营机构，也有专门经营这种业务的公司和个人。

（3）外汇经纪商：外汇经纪商是指促成外汇交易的中介机构。它介于外汇银行之间、外汇银行和外汇市场其他参加者之间，代洽外汇买卖业务。其本身并不买卖外汇，只是连接外汇买卖双方，促成交易，并从中收取佣金。外汇经纪商必须经过所在国的中央银行批准才能营业。

> 外汇经纪商是整个外汇市场藏污纳垢最为严重的地方，大家要多留一个心眼儿。

（4）中央银行：中央银行也是外汇市场的主要参加者，但其参加外汇市场的主要目的是为了维持汇率稳定和合理调节国际储备量，它通过直接参与外汇市场买卖，调整外汇市场资金的供求关系，使汇率维系在一定水平上或限制在一定水平上。中央银行通常设立外汇平准基金，当市场外汇求过于供、汇率上涨时，抛售外币，收回本币；当市场上供过于求、汇率下跌时，就买进外币，投放本币。因此，从某种意义上讲，中央银行不仅是外汇市场的参加者，而且是外汇市场的实际操纵者。

> 在有些国家，财政部负责对外汇市场进行干预。

（5）外汇投机者：外汇投机者的外汇买卖不是出于国际收付的实际需要，而是利用各种金融工具，在汇率变动中付出一定的保证金进行预买预卖，赚取汇率差价。

> 外汇投机者其实是价值发现者，正如期货市场上的投机力量。当然，价值发现的过程其实是一个泡沫消灭另外一个泡沫的过程。

（6）外汇实际供应者和实际需求者：外汇市场上外汇的实际供应者和实际需求者是那些利用外汇市场完成国际

贸易或投资交易的个人或公司。他们包括：进口商、出口商、国际投资者、跨国公司和旅游者等。

另外，柜台交易方式是外汇市场的主要组织形式。这不仅是因为世界上两个最大的外汇市场——伦敦外汇市场和纽约外汇市场是用这种方式组织运行的，还因为外汇交易本身具有国际性。

由于外汇交易的参加者多来自各个不同的国家，交易范围极广，交易方式也日渐复杂，参加交易所交易的成本显然高于通过现代化通信设施进行交易的成本。因此，即便是欧洲大陆各国，其大部分当地的外汇交易和全部国际性交易也都是用柜台方式进行的。

外汇市场趋势是反集权化信息处理的一个市场，这点与比特币有一点相似之处。

二、外汇交易方式

资产管理机构在优质国债上的配置量非常大，跨国购买国债往往需要与外汇打交道，因此外汇市场的变化往往与国债市场的变化密切相关。外汇体现了一国政治经济前景，国债和综合股指何尝不是如此。

外汇是伴随着国际贸易而产生的，是国际间结算债权债务关系的工具。但是，近十几年，外汇交易不仅在数量上成倍增长，而且在实质上也发生了重大的变化。外汇不仅是国际贸易的一种工具，而且已经成为国际上最重要的金融商品。外汇交易的种类也随着外汇交易的性质变化而日趋多样化。

外汇交易主要可分为现钞、现货、合约现货、期货、期权、远期交易等。具体来说，现钞交易是旅游者以及由于其他各种目的需要外汇现钞者之间进行的买卖，包括现金、外汇旅行支票等。

现货交易是大银行之间，以及大银行代理大客户的交易，买卖约定成交后，最迟在两个营业日之内完成资金收付交割。合约现货交易是投资人与金融公司签订合同来买卖外汇的方式，是适合于大众的投资。

期货交易是按约定的时间，并按已确定汇率进行交易，

每个合同的金额是固定的。期权交易是将来是否购买或者出售某种货币的选择权而预先进行的交易。远期交易是根据合同规定在约定日期办理交割，合同可大可小，交割期也较灵活。

从外汇交易的数量来看，由国际贸易而产生的外汇交易占整个外汇交易的比重不断减少，据统计，目前这一比重只有1%左右。可以说，现在外汇交易的主流是投资性的，是以在外汇汇率波动中赢利为目的的。

1. 外汇现货交易（实盘交易）

外汇现货交易是大银行之间，以及大银行代理大客户的交易，买卖约定成交后，最迟在两个营业日之内完成资金收付交割。

个人外汇现货交易是指个人委托银行，参照国际外汇市场实时汇率，把一种外币兑换成另一种外币的交易行为。由于投资者必须持有足额的要卖出外币，才能进行交易（国际上流行的外汇保证金交易缺少保证金交易的卖空机制和融资杠杆机制），因此也被称为实盘交易。

目前，国内主要的银行都开展了个人外汇现货买卖业务。国内的投资者，凭借手中的外汇，到银行办理开户手续，存入资金，即可通过互联网、电话或柜台方式进行外汇买卖。

2. 外汇期货交易

外汇期货是金融期货的一种，是以汇率为标的的期货合约。外汇期货交易是指按照买卖双方在交易时确定的汇率，在约定的日期，用美元买卖约定数量的另一种货币。外汇期货的买卖是在专门的期货市场进行的。

目前，世界上有外汇期货交易的期货市场主要有：芝加哥商业交易所、伦敦国际金融期货交易所、新加坡国际金融期货交易所、东京国际金融期货交易所、法国国际期货交易所。期货市场至少要包括两个部分：一是交易市场，二是清算中心。期货的买方或卖方在交易所成交后，清算

另外还有所谓的差价合约CFD，这个东西其实就是对赌合约。很多外汇经纪商都提供这个东西，但是如果没有强大的法律保护，很难在这类合约上赚到大钱。

实盘交易是与虚盘交易相对的说法，两者的区别在于有无金融杠杆。这类说法最初源自中国港台地区，不过现在容易引起误会。很多人将实盘交易与真实交易等同，其实真实交易是与模拟交易相对的说法。

美国市场上的外汇期货是外汇投机客不得不重视的一个信息来源，特别是 CFTC 提供的 COT 报告，这个对于洞察市场主力的动向非常有用。本书将在第二十六阶专门讲解这个主题。

中心就成为其交易对方，直至期货合约实际交割为止。

外汇期货交易最少要买卖一个合约。每一个合约的金额，不同的货币有不同的规定：英镑为 62500 英镑，欧元为 125000 欧元，日元为 12500000 日元，瑞士法郎为 125000 瑞士法郎，加拿大元为 100000 加元。每一个外汇期货合约的价值大约为 10 万美元。

外汇期货合约的价格全是用一个外币等于多少美元来表示的，因此，除英镑、欧元外，外汇期货价格和外汇汇率正好互为倒数。例如，12 月瑞郎期货价格为 0.6200，倒数正好为 1.6126。

外汇期货交易为保证金交易，即投资者在买卖外汇期货合约时，只需按照合约价值的一定比例（一般不超过 10%）交纳保证金即可成交，待交割时再按合约价值补足剩余部分。投资者在进行外汇期货交易时，既可以先买后卖，也可以先卖后买，即可双向选择。

双向交易对于 A 股投资者而言刚开始较难理解，不过做几笔交易之后应该就会理解。

外汇期货合约的交割日期有严格的规定，为一年中的 3 月、6 月、9 月、12 月的第 3 个星期的星期三。因此，一年之中只有 4 个合同交割日，但其他时间可以进行买卖，不能交割，如果交割日银行不营业则顺延一天。

期货交易中的对冲机制在外汇期货交易中同样适用。大量投资者从事外汇期货合约买卖的目的是为了赚取合约价格波动中的差价，而不是为了在最终的交割日获得另一种货币。因此，大量持有外汇期货合约的投资者都会在最终交割日前，通过相反的操作（即对冲），终止履行合约的义务。对冲机制和保证金交易为投资者从事外汇期货交易提供了极大的便利。

3. 外汇合约现货交易

外汇合约现货交易，又称外汇保证金交易、按金交易、虚盘交易，指投资者与专业从事外汇买卖的金融公司（银行、交易商或经纪商）签订委托买卖外汇的合约，缴付一定比率（一般不超过 10%）的交易保证金，便可按一定融

资倍数买卖十万美元、几十万美元甚至上百万美元的外汇。这种合约形式的买卖只是对某种外汇的某个价格做出书面或口头的承诺，然后等待价格出现上升或下跌时，再做买卖的结算，从变化的价差中获取利润，当然也承担了亏损的风险。由于这种投资所需的资金可多可少，所以，近年来吸引了许多投资者的参与。

外汇合约现货交易与外汇期货交易有很多共同点，如合约约定的外币金额分别是 62500 英镑、125000 欧元、100000 加元、12500000 日元、125000 瑞士法郎；实行保证金交易；可以通过对冲结束交易；可以先买后卖，也可以先卖后买等。外汇合约现货交易与外汇期货交易最大的不同是，外汇合约现货交易不需要进行最终交割，没有到期必须交割的限制。

外汇期货交易必须要在专门的期货交易所进行，而外汇合约现货交易则没有专门的交易场所。外汇合约现货交易以做市商方式进行。专业从事外汇买卖的金融公司（银行、交易商或经济商）就是外汇合约现货交易市场的做市商。

投资者在一家金融公司开立外汇交易账户后，这家金融公司就以做市商的形式成为投资者交易外汇的对手方。投资者按照外汇合约现货交易做市商公布的买进、卖出价格买进、卖出外汇合约，做市商必须保证交易的实现。

投资者可以根据自己定金或保证金的多少，买卖几个或几十个合约。一般情况下，投资者利用 1000 美元的保证金就可以买卖一个合约，当外币上升或下降，投资者的盈利与亏损是按合约的金额即 10 万美元来计算的。

4. 外汇在线保证金交易

外汇市场最初是银行家和大的机构投资者的高档会所，而非我们这些小散户的游戏房。一直到 20 世纪 90 年代，外汇交易还是只有那些手握重金的"大腕"才能玩得起的游戏。那时要进场交易，你起码要拥有 1000 万~5000 万美元的资本！然而，由于互联网的迅速发展，在线外汇交易

外汇保证金交易可以让你在天堂和炼狱之间升降起伏，一天可以让你过了一年。但是，风险控制做好了，就会让你不至于这么刺激。

外汇经纪商在成交上是可以做一些手脚的，某些交易者可以通过屏幕录像和监控保留证据，作为申诉材料。只要受到正规监管，一般都会得到妥善解决。

公司现在有能力提供交易账户给我们这些"零售"交易者了。

1997 年以来，随着互联网的发展，在线外汇保证金交易已经风靡世界，成为外汇交易的流行方式，不仅银行间交易已开始采用在线方式，个人也越来越多地通过互联网参与外汇市场交易。

外汇在线保证金交易本质上是一种外汇合约现货交易。外汇在线保证金交易与外汇合约现货交易的主要区别是合约约定的货币数量不同。一个标准外汇在线保证金交易合约约定的货币数量，对日元、瑞士法郎、加拿大元是 100000 美元，其他货币为 100000 英镑、100000 欧元。外汇在线保证金交易还有一种迷你合约，其约定的货币数量，对日元、瑞士法郎、加拿大元是 10000 美元，其他货币为 10000 英镑、10000 欧元。

在线外汇交易的发展，打破了地域的局限，使得原来必须依赖本地经纪商才能参与外汇交易的个人和小型机构投资者，可以更加方便地进行外汇投资。

日本女人结婚后一般不会上班，而是做全职太太，她们中的一些会选择在家做外汇交易，这就是外汇市场的"渡边太太"了。外汇市场有"日本主妇"，黄金市场有"中国大妈"，这就是女性在全球金融市场中的影响力。

三、外汇交易的特点

1. 一个 24 小时运转的市场

外汇市场从星期一早上到星期六凌晨，不停地运转，似乎它从不需要太多的休息。这对那些想利用闲余时间从事外汇交易的人来说真是天赐良机，因为你可以选择自己想交易的时间——可以是早上，也可以是中午，当然也能选择夜深人静、万物沉寂之时。

2. 高度流动性的市场

在现货外汇市场，每天的交易量几乎高达 2 万亿美元。这使得外汇市场成为了全球最大和最具流动性的市场。这个市场能够容纳交易量和交易规模的能力使得其他市场相

外汇市场对于趋势跟踪交易者而言是福音，特别是纯技术类趋势跟踪交易基金。类似于海龟交易策略为主的基金往往都会参与外汇市场。

形见绌。外汇市场的日交易总额相当于证券和期货市场日交易量总额的三倍多。

外汇市场的高流动性意味着在正常的市场条件下，鼠标轻轻一点你就能按照自己的意图立即买进或者卖出。你甚至能够设置你的在线交易平台在你限价订单所在的位置自动了结盈利头寸，或者当价格反向运动时自动平掉到达你设置止损订单位置的亏损头寸。

> 高流动性并不意味着重大意外数据和事件发生时，你可以在优势价格上成交。

3.很难坐庄的市场

你在股票市场上经常会听到某某基金或者庄家买进或者卖出某只股票。在股票市场中，资金雄厚的个人和机构确实经常左右股票价格的变动。

在现货交易中，外汇市场强大的流动性使得任何基金或者银行控制特定货币的能力被大大削弱，甚至可以忽略不计。银行、对冲基金、政府机构、货币经纪商以及资产雄厚的个人都仅是现货外汇市场中的一个参与者。

> 推动价格在一两分钟内的动量走势是伦敦交易员习惯干的事情。

4.杠杆效应，借鸡生蛋

从事外汇交易，小数额的保证金账户就能控制较大数目的总合约价值。杠杆给予交易者赚取乐观利润的能力，同时将资本风险降到最低。举例而言，外汇交易商提供了200：1的杠杆，这意味着50美元的保证金可以买卖价值10000美元的某种货币。同样，动用500美元的保证金，一个交易者就能够交易价值100000美元的某种货币。与此相对，证券交易一般是没有保证金交易的，而期货交易虽然实行保证金交易，但其杠杆比率远小于外汇交易。

> 杠杆是一把"双刃剑"。如果场外资金管理做得好，场内资金比较少，那么可不忌讳高杠杆。

5.较低的交易成本

在正常市场条件下，小额交易成本，也就是买卖价间的点差一般小于0.1%。在较大的交易商那里可以拿到低至0.07%的点差，现在一般可以拿到3~5个点的交易点差。当然，费用的高低同时也取决于你的杠杆水平，稍后将对此加以解释。

> 点差是一个对于短线交易来说需要特别重视的问题。

6. "迷你"和"微型"交易

或许你认为作为一个货币交易者需要耗费大量的金钱。事实却是，与交易股票、期权和期货相比而言，交易外汇并不那么破费。在线外汇交易商提供"迷你"和"微型"交易账户，部分这种账户只需存入 300 美元，甚至更少。注意，我们这里并没有说你应该开立一个这类账户，而是告诉你即使那些没有什么起始资金的普通人也能参与到外汇市场中。

迷你交易方便了初学者。

7. 没有上涨才能做空的要求

在外汇市场上，对于做空不像证券市场一样存在限制。无论一个交易者做多还是做空，在外汇市场中皆有机会盈利。因为外汇交易总是涉及买进一种货币的同时卖出另外一种货币，所以不存在对市场的结构性偏见。因此，在上涨或者下跌的市况中你都有相同的交易自由。

8. 4 个主要货币对与 8000 只股票

我们以美国上市的股票为例。在美国纽约证券交易所上市的股票是 4500 只，而在纳斯达克交易所上市的股票是 3500 只。你决定交易哪只股票呢？怎么样才能选出这些股票中的优胜者呢？这对于普通投资者来说，是非常头痛的问题。在现货外汇交易中，这里只有几十种全球交易的货币对，其中最重要的只是 4 种货币对。难道关注 4 种货币对不比关注几千只股票更容易吗？

外汇市场的趋势交易适合上班族和边旅游边交易的玩家。

9. 有保证的风险限制

出于风险管理的目的，交易者必须有头寸限制。这个数字的设定与交易者账户的资金量有关。如果要求保证金超过了可用保证金，这时电子的交易平台将自动发出追加保证金的信号，所以外汇市场风险是最小的。除非持有头寸的规模在账户承受能力之内，否则所有开立头寸将立即被强行平掉。在期货市场中，你的头寸可能在亏损中被清算掉，而你将要对所有你账户中的赤字负责。

有些特殊情况下，经纪商承担了客户爆仓的风险。

第二阶

开立交易账户

在正式进行外汇交易之前，你需要在一个外汇交易商那里开立一个账户。那么什么是外汇交易商，或者更准确地说什么是外汇的经纪商呢？用最简单的话来讲就是，一个外汇经纪商就是一个自然人或者一个公司，他们根据交易者的命令执行买卖订单。经纪商可通过提供服务来争取佣金或者酬劳。

或许在你开立账户前就已经被一大堆经纪商给包围了。你需要花费一些时间通过自己的调查来决定选择哪一家经纪商。这些时间花的是值得的，因为通过调查你对各个经纪商的服务范围和收费将有深入的了解。

一、选择经纪商的标准

外汇保证金经纪商为数众多，且来自不同的国家和地区。从表面看来这些经纪商似乎大同小异，这给初入汇市的投资者在选择时造成不少困难。对于初入汇市的投资者，在选择经济商时特别要关注两个问题：第一，经纪商的可信度，这涉及资金安全问题和订单的执行；第二，交易平台的技术性能，如平台是否稳定、汇率是否实时等。

其实，对于交易者来说，刚开始采取极小资金的方式开户，因为这个时候技术是关键，平台不是关键。这个时候主要是练技术，当然如果你对点差和成交滑移要求较高，也需要选择平台。

1. 这家外汇经纪商受到管治了吗

在挑选一家外汇经纪商时，一定要查看这家外汇经纪商注册于什么管理机构。

（1）美国。在美国，一家经纪商必须在商品期货交易委员会（CFTC）注册为期货交易委员会认可的经纪商（FCM），同时成为美国期货协会（NFA）的会员。CFTC 和 NFA 的职责是保护交易者的利益，防止欺诈、操纵，以及其他违法交易行为。

投资者可以在美国期货交易委员会和美国期货协会分别查询经纪商的注册情况和会员资格，并且检查经纪商的受罚历史记录。投资者可以通过拨打电话（800）621-3570，或者通过美国期货协会的网站（网址为 www.nfa.futures.org/basicnet/）进行查询。

投资者要选择那些注册的、管治记录良好、没有污点而且财务基础稳固的经纪商公司。对那些根本不受管治的外汇经纪公司要敬而远之！

（2）英国。英国的监管机构 FSA（the Financial Services Authority）是由政府设置的，政府界定它的行业规范行为以及权限。2000 年的《金融服务与市场法》授予这个机构权力。但它又是独立的非官方的机构，经营资金完全来自被监管的机构所交付的会费。FSA 制定行业标准，要求受规范的金融机构和公司遵守这些标准。如果它们有所违背，FSA 有权要求违规的机构向客户做出赔偿。在 FSA 的网站上，专门有"客户"的网页，公布各种违规和欺诈现象提醒客户注意。FSA 对外汇保证金交易没有十分明确或单独的条款进行规范。FSA 网址：http：//www.fsa.gov.uk/。

（3）中国香港。中国香港的证券期货委员会 SFC（the Securities and Futures Commission）在性质上类似于 FSA，但其职责说明相对具体，外汇保证金业务明确地被列入规范的范畴，受制于 1994 年 9 月 SFC 订立的 LFETO 条款（Leveraged Foreign Exchange Trading Ordinance under Securi-

ties and Futures Ordinance），这个条款对外汇经纪商的资本金等方面都做了规定。香港证券期货委员会网址：http：//www.sfc.hk/sfc/html/EN/。

（4）澳大利亚。澳洲的监管机构 ASIC（Australian Securities & Investment Commission）除了监督金融机构和公司外，还负责办理与公司的开业、运营以及停业相关的手续。保护投资者的措施主要有两方面：①所有经营金融产品的机构首先需要申请执照（AFS）；②2004 年 3 月，ASIC 还颁布了更为严格的标准，以保护个人投资者，这些标准包括：金融机构需要获取必要的执照，金融机构必须毫无保留地告诉客户所有的服务内容、经营方式，以及如何对待客户的投诉等。另外，从事外汇教学，包括网络培训的机构，都必须接受认证或持有牌照。但 ASIC 没有专门的条款针对外汇保证金业务。ASIC 网址：http：//www.asic.gov.au/asic/asic.nsf。

（5）加拿大。加拿大的情况稍有不同，没有一个统一的监管机构，而是由几个主要省份的证监会（the Securities Commission）分别管理。这些证监会对外汇保证金没有具体的规范条例，只是要求那些进行外汇培训或经营外汇业务的机构和公司在当地注册。另外，它们对外汇保证金总体持比较谨慎的态度。例如，安大略省的证监会的网站上提醒客户"外汇交易适合那些能承受风险的客户，因为它是高风险，还有可能是欺诈的"。安大略省证监会网站：http：//www.osc.gov.on.ca/About/N15_osc-ia-forex.jsp。

2. 客户服务如何

外汇市场是一个 24 小时的市场，因此全天候的客服支持是必需的！你能够随时与经纪商公司通过电话、电子邮件、聊天软件沟通吗？客服人员具备足够的相关知识吗？不同外汇经纪商之间的服务质量存在很大的差别，所以在正式开立外汇账户之前你要确保弄清楚这些问题。

这里有一个不错的方法可以用来考察经纪商公司的客

利用搜索引擎来获得此前客户对经纪商的评价也是非常重要的。

服质量：挑选几家在线交易商，然后连接他们的帮助平台，看一下他们回答你问题的速度如何，而这对于考量他们满足你要求的能力非常关键。如果你得到的回复并不及时，而且答案也不让人满意，那你当然不喜欢和他们打交道了。

3. 在线交易平台如何

绝大部分外汇经纪商允许你通过相对便捷的互联网进行交易。交易平台的关键部分是订单处理系统。因此，交易软件是非常重要的。申请若干在线经纪商的模拟账户，看一下它们的平台选项操作起来是否合适。

仔细查看一下经纪商的平台界面，它应该包括：①提供即时的汇率报价；②账户清单里面显示出你账户中已兑现和未兑现的盈亏、可用的保证金以及开立头寸占用的保证金。

绝大部分交易平台要么是基于网页的（运行 Java），要么是基于客户端程序的（这个程序可以安装在你的个人电脑上），选择哪种版本取决于你的偏好和你选择的经纪商：

（1）网页为基础的平台不需要你安装除 Java 以外的其他客户端软件，并且你可以从任何一台连接到互联网的电脑上登录平台。

（2）客户端为基础的平台，需要你下载和安装，这样你只能在安装了此平台的电脑上登录交易。

通常情况下，"下载并安装"的程序可以运行得更快些，但绝大部分这类程序对操作系统有具体的要求。例如，绝大多数经纪商仅提供可以在微软操作系统上运行的平台。这样就限制了那些采用其他操作系统的交易者。但是基于网页或者 Java 技术的交易平台则可以在任何操作系统下运行，因为它们通过你的互联网浏览器进行工作。

以 Java 为基础的交易程序被绝大多数经纪商所偏爱，因为他们认为这个程序更为安全和可信赖。以 Java 为基础的交易程序比起下载安装客户端的交易程序不太容易受到病毒和黑客的攻击。

任何平台都有被后台操纵的可能性，这个完全看交易商的信誉和资质，以及受监管的程度。零售外汇市场的现状跟杰西·利莫佛（J. L）初出茅庐时美国证券市场的情况差不多。

总之，一定要记住在开立真实账户之前，首先开立一个模拟账户来测试经纪商的平台性能。

4. 经纪商的政策

在选择在线交易商之前，应该仔细检查一下他们的服务和政策。这包括：

（1）提供的货币对：经纪商应该可以提供至少六大主要货币对。

（2）交易费用：交易费用是以点差的形式计算的。经纪商在每笔交易上索取的点差越小，则你的交易利润就越大，交易亏损就越少。比较一下若干经纪商的点差水平，这反映了不同的交易成本。例如，EUR/USD 的买卖价差经常是 3 个点，但是如果你能找到一家服务同水平的经纪商点差是 2 个点的话，这就非常棒了！

> 经纪商的信誉比点差大小更重要。

（3）保证金要求：保证金要求越低，意味着杠杆比率越高，那么潜在的利润和亏损也就越大。保证金率在各个经纪商之间也相差很大。较低的保证金要求对技术水平高的交易者而言是好事，但当你交易出错时则是件坏事。现实地对待保证金，记住它是一把"双刃剑"！

> 杠杆与加仓都是一把"双刃剑"，你知道为什么吗？

（4）最小交易规模要求：单位合约的规模在经纪商之间存在差异，一般有 1000 美元、10000 美元、100000 美元三种。以 100000 美元为单位的合约称为"标准"手，以 10000 美元为单位的合约称为"迷你"手，以 1000 美元为单位的合约称为"微型"手。部分经纪商甚至提供不完整的单位合约，它们称为"零"手，其实就是允许你创建你自己的单位合约。当然，在国内推介的交易商以"标准"手和"迷你"手为主。

> "迷你"手的单子一般先在经纪商内部对冲，甚至与经纪商对赌，消化不了的才会拿到市场上去成交。有些黑平台则完全是对赌。

（5）展期费用（持仓费用）：基础货币国家的利率水平与报价货币国家的利率水平差异决定了展期费用。货币对之间的利率差越大，则展期费用越大。举例而言，当我们交易 GBP/USD 时，如果英镑和美元之间的利差很大，那么持有这个货币对的展期费用就很高；相反，如果瑞士法郎

展期费用太高对于趋势跟踪交易者而言是重大问题。

同美元的利差很小，那么持有这个货币对的展期费用就比较低。

（6）保证金账户利息：绝大多数经纪商会对交易者的保证金账户支付利息。利息水平同国家间利率差异同步浮动。如果你决定很长时间不做交易，那么你账户里的钱会带来利息收入。但是需要记住的是绝大多数交易商并不允许你获得利息收入，除非你的保证金要求是 2% 以上。

零售外汇经纪商一般不会向客户提供利息收益。

（7）营业和交易时间：几乎所有的经纪商的营业时间都与全球外汇市场的运行一致，具体来说就是从美国东部时间星期日的下午 5 点运行到星期五下午 4 点。

（8）订单执行速度：当你选择一家外汇经纪商时，这是非常重要的一个方面。不要选择那些当你点击价格时重新报价的经纪商，也不要选择那些允许成交价格滑落的经纪商。当我们剥头皮交易时，这是非常重要的问题。你需要一个经纪商能够在你点下的价格上迅速成交，也就是你看到的价格就是你成交的价格。

（9）免费图表和技术分析：选择那些提供给你最好图表服务和技术分析的经纪商。这些对主动型交易者非常重要，因为他们需要独立分析和做出判断。寻找一个提供了免费的专家级图表服务以及允许交易者直接在图表上进行交易的经纪商。

二、谨防外汇诈骗

在任何涉及利益的地方都存在着欺骗，外汇市场也不例外，很多时候连法律也很难对付那些欺骗行为。你或许已经知道外汇市场上充斥着各种不真实的广告和蓄意的商业欺骗。这类公司声称它们发现了神奇的交易方法，可以让用户轻易地赚到丰厚的利润，误导人们认为在外汇市场

赚钱非常容易。

　　但是，现在国内外的执法部门和公众对这些不真实的宣传广告并没有足够的重视。虽然在国外存在如商品期货交易委员会这样的机构，但是外汇交易骗局依然在上升。**这些夸张的广告多采用网络广告的形式发布，因为网络的成本低，监管覆盖范围有限。**

　　你肯定在国内很多网站上看到过那些兜售神奇系统和方法的商业骗子。他们使得公众对金融交易，特别是外汇交易产生了不切实际的想法，抱有太高的期望收益。所以，当我看到这些因为错误宣传而产生错误观念的市场"羔羊"时，总是感慨人的理性不足。为什么人们不好好想想，按照那些广告的说法一年下来恐怕全世界的财富大部分都是他的了，很多号称一个月增长一倍的交易系统，那么一年下来将是天文数字！

　　无论什么捷径，唯一可行的就是通过建立属于你自己的交易系统来获得成功。不管你的交易系统是完全原创还是来自他人，都应该是经过你验证、为你所熟练掌握，并且与你的交易个性相符的一个系统。那些胜率在90%以上的系统我想都是不可靠的，即使真的有这么高的胜率，那么报酬率也可能非常低，甚至为负也有可能。

　　不要相信那些许以高额回报的公司，即使他们向你展示了历史记录。因为历史是可以有选择的，也可以伪造。虽然市场的历史行情不能伪造，但是他们可以任意选取那些偶尔出现的漂亮交易，也可以伪造交易操作记录。他们提供的交易记录一定是光彩照人的，令你感到惊奇和佩服，而且记录上的资金数字是不断上升、势头令人感到欣喜若狂的。

　　注意：我们并没有说你不能委托他人交易，当然可以。但是请你不要相信那些看起来太好的宣传。而且如果你想自己交易，那么就用不着这些服务了。

　　你一定要牢记：这个市场上总是有商业欺骗存在的，

外汇市场遍地是金钱，不过这些金钱都是从绝大多数人包里掉出来的。

外汇市场为什么比股票市场容易亏钱？你思考过这个问题吗？

　　有些平台的比赛中经常出现这种胜率90%以上的选手，其实你仔细看一下就会发现他们的手法无非就是"亏大赚小"，你看到的都是爆仓之前的"辉煌"。一旦爆仓，他们可以从头再来，再造"辉煌"。

不论你注意与否。对那些卖软件、卖系统、卖方法的人要保持警惕。那些提供过于优惠条件的不知名交易商也要注意，因为他们的平台说不定就有什么问题。小心看紧你的钱袋子，这个世界总是有人想把你包里的钱掏光，而欺骗是他们经常使用的一个伎俩。

相关链接：

上升的外汇诈骗：http：//www.cftc.gov/enf/enfforex.htm；

对外汇诈骗的公众警告：http：//www.cftc.gov/opa/enf98/opaforexa15.htm；

臭名昭著的外汇诈骗者名单：http：//www.quatloos.com/forex-bulletins.htm；

举报外汇诈骗指南：http：//www.quatloos.com/forex-problems.htm。

国内有一个了解经纪商信誉和资质的平台——"外汇110"，它们提供监管查询、维权中心、经纪商测评等栏目（见图2-1），网址为 https：//pingce. https：//pingce.fx110.com/fx110.com/。

图2-1 "外汇110"平台

三、开立交易账户

在一个经纪商开立一个新的交易账户，你需要完成下面的简单步骤：

1. 选择账户类型

当你准备开立一个真实账户时，你可以选择以个人或者公司名字开立。同时，你要决定是开立一个标准账户还是开立一个迷你账户，也可以是微型账户。缺乏经

验的"菜鸟级"交易者和缺乏资本的交易者通常应该开立迷你账户；资本雄厚而且有足够经验的交易者应该开立一个标准账户。

部分经纪商在他们的软件上提供了托管账户选项。如果你想经纪商代你操作账户，可以应用这个选择。但毕竟来这里就是为了学习如何交易，而且，开立一个托管账户通常要求很高的起点，一般是 25000 美元甚至更高。另外，经纪商还要在投资所得的利润中分一杯羹。

你要确保你开立的是现货外汇账户，而不是外汇远期合约或者外汇期货账户。

2. 注册

你将需要递交一份文件以便开立一个账户，而这个文件的形式不同经纪商之间存在差别。它们经常以 PDF 的格式存在，可以用程序 Adobe Acrobat Reader 打开查阅和打印。

3. 账户激活

一旦经纪商收到了所有需要填写的文件，你就可以很快收到一份邮件指导你完成你的账户激活程序。在所有这些步骤进行完之后，你将收到一封最后的确认邮件，该邮件将提供给你用户名、密码，以及资金存入的指导。剩下的事情就是你登录平台开始交易。

第三阶

外汇交易过程

一、看懂交易报价

不同外汇之间的兑换比率称为汇率。汇率实际上就是以一种外国货币购买另一种外国货币的价格。汇率经常以货币对的形式报价，如 GBP/USD 或者 USD/CHF。之所以它们以货币对的形式报价，其原因在于在每笔外汇交易中你买进一种货币的同时卖出了另外一种货币。下面是英镑兑美元汇率的一个例子：

GBP/USD＝1.7500

斜线左边列出的第一个货币称为基础货币，在本例中，基础货币是英镑。在斜线右边列出的第二个货币称为报价货币，在本例中，报价货币是美元。

当买进时，汇率告诉你购买一单位的基础货币需要支付多少单位的报价货币。在上面的例子中，你必须支付1.7500 美元才能购买 1 英镑。

当卖出时，汇率告诉你卖出一单位的基础货币可以获得几个单位报价货币。在上述的例子中，当卖出 1 英镑时，你将收到 1.7500 美元。

搞懂外汇报价关键是要明白谁在升值，谁在贬值。

基础货币是买进或者卖出的"基础"。假如你买进 EUR/USD，则这意味着你买进了基础货币，同时卖出了报价货币。

如果你认为基础货币相对报价货币将升值（汇率上升），那么你应该买进；相反，如果你认为基础货币相对报价货币将贬值（汇率下降），那么你应该卖出。

二、做多与做空

在进行外汇交易时，你首先需要决定是买进（Buy）还是卖出（Sell）。

假如你想买进（这意味着买进基础货币的同时卖出报价货币），那么你其实是想基础货币升值，你将在一个更高的价格上卖出。用交易中的术语来讲，这叫"做多"或者"渣"。你需要记住的是：做多 = 买进。

做空是外汇交易比起股票的优势。股票做空存在很多限制，风险要比外汇做空更难。

假如你想卖出（这意味着卖出基础货币的同时买进报价货币），那么你其实是想基础货币贬值，你将在一个更加低的价格买进。用交易中的术语来讲，这叫"做空"或者"沽"。你需要记住的是：做空 = 卖出。

三、买价，卖价，点差

所有的外汇报价都包括两重价格，买价（Bid）和卖价（Ask）。买价总是比卖价低一些。

买价是交易商愿意在此水平买进基础货币并卖出报价货币的汇率。也就是说，价是你作为交易者卖出基础货币的汇率水平。

卖价是交易商愿意在此水平卖出基础货币并买进报价货币的汇率。也就是说，价是作为交易者买进基础货币的汇率水平。

买价和卖价之间的差价通常称为点差（Spread）。

下面我们看一个取自真实交易平台的实际报价（见图3-1）：

GBP/USD

Bid   Ask

1.7445 1.7449

Sell   Buy

图 3-1 报价

在这个 GBP/USD 报价中，买价是 1.7445，而卖价是 1.7449。仔细看一下交易商是如何安排买卖报价的。

假如你想卖出英镑，你可以点"Sell"，这样你将在 1.7445 的汇率水平卖出英镑。假如你想买进英镑，你可以点"Buy"，这样你将在 1.7449 的汇率水平买进英镑。

在下面的例子中，我们将运用基本面分析来帮助我们决定买进或者卖出特定的货币对。我们将在稍后的课程中涵盖基本面分析，而现在，试着理解正在发生的事情。

1. EUR/USD

本例中，欧元是基础货币，也就是买卖的"基础"。

假如你认为美国的经济将持续疲软，这对美元是个坏消息，那么你应该执行一个买进 EUR/USD 的指令。这样，由于预期欧元相对美元将升值，买进了欧元。

假如你认为美元的经济将持续走强，而欧元将因此相对走弱，那么你应该执行一个卖出 EUR/USD 的指令。这样，由于预期欧元相对美元将贬值，卖出了欧元。

2. USD/JPY

本例中，美元是基础货币，也就是买卖的"基础"。

经纪商倾向于不仅赚点差的钱，如果缺乏监管，他们会与客户对赌，客户买卖亏损的钱才是他们利润的最大来源。

所有货币对当中，欧元的基本面消息最容易获得。

假如你认为日本政府将低估日元以促使其出口工业的发展，那么你应该执行一个买进 USD/JPY 的指令。这样，由于预期美元相对日元将升值，买进了美元。

假如你认为日本投资者正在从美国金融市场撤回投资并将美元转化为日元，那么这将令美元贬值，所以你应该执行一个卖出 USD/JPY 的指令。这样，由于预期美元相对日元将贬值，卖出了美元。

3. GBP/USD

本例中，英镑是基础货币，也就是买卖的"基础"。

假如你认为英国的经济比美国经济持续快速增长，你应该执行一个买进 GBP/USD 的交易指令。这样，由于预期英镑相对美元将升值，买进了英镑。

假如你认为英国经济增长将放缓，而美国的经济仍将保持强劲增长的势头，那么你应该执行卖出 GBP/USD 的交易指令。这样，由于预期英镑相对美元将贬值，卖出了英镑。

4. USD/CHF

本例中，美元是基础货币，也就是买卖的"基础"。

假如你认为瑞士法郎被高估了币值，那么你应该执行买进 USD/CHF 的交易指令。这样，由于预期美元相对瑞士法郎将升值，买进了美元。

假如你认为美国的房地产市场泡沫将损害未来的经济发展，而这将导致美元走弱，那么你应该执行卖出 USD/CHF 的交易指令。这样，由于预期美元相对瑞士法郎将贬值，你卖出了美元。

> 外汇的走势是基于相对强弱，而不是绝对强弱，一国基本面相对另外一国基本面的强弱决定了汇率中的长期走势。

四、"点"和"手"

花点时间消化下面这些信息吧，毕竟对所有外汇交易人士来说这些都是必须知道的常识。除非你对点值和计算盈亏驾轻就熟，否则最好不要草草就开始你的交易了。毕竟：**知己知彼，百战不殆；知天知地，胜乃无穷！**磨刀不误砍柴工。

1. 什么是"点"

汇率变动的最小单位就是点。如果欧元兑美元的汇率由 1.2250 上升到 1.2251，则其变动恰好是 1 个点。外汇报价的最后一位就是点数的个位，倒数第二位就是点数的十位，以此类推。点值是你计算盈亏的前提。因为每一种货币都有其自身的价值度量，所以计算特定货币一个点的值就显得非常必要了。在外汇交易中，点值一般以美元作为单位。

下面给出各种典型汇率的点值计算：

（1）USD/JPY。假定汇率是 119.80。汇率每变动 1 点，表示美元相对日元变动了 0.01 日元，0.01 除以汇率就得到了点值，具体的计算是这样的：

0.01/119.80=$0.0000834

这个数字看起来似乎太长，稍后我们将在讨论合约单位"手"时解决这个问题。

（2）USD/CHF 和 USD/CAD。以 USD/CHF 为例，假定汇率是 1.5250。汇率每变动 1 点，表示美元相对瑞士法郎变动了 0.0001 瑞士法郎，0.0001 除以汇率就得到了点值，具体的计算是这样的：

0.0001/1.5250=$0.0000655

（3）EUR/USD 和 GBP/USD。由于 EUR/USD 和 GBP/USD 表示的是 1 欧元、1 英镑的美元价格，所以汇率每变动 1 点，表示欧元、英镑相对于美元变动了 0.0001 美元。

其实我们不必亲自动手计算这些东西，因为所有的外汇交易商都提供了自动的计算服务，但了解其计算过程总是有益处的。

2. 什么是"手"

现货外汇市场是以"手"作为基本合约单位来进行交

市场格局和规章制度是我们博弈的场所，很多人在这上面其实是懵懵懂懂的。

有些平台，会将汇率报价展示到小数点后第五位。

易的。一标准手就是100000美元。当然，这里还有迷你手，它的美元价值是10000。正如你先前学到的，汇率的最小度量是"点"，它是汇率变动的最小单位。利用上述两个单位，你可以计算出你交易的特定货币的较大量的盈亏变动额。

假定我们将动用一个100000美元的标准手合约。我们将重新计算一些例子，看看它是如何影响点值的。

USD/JPY 汇率为 119.80，则该货币对一标准手的点值为：

$(0.01/119.80) \times \$100000 = \$8.34$

USD/CHF 的汇率为 1.4555，则该货币对一标准手的点值为：

$(0.0001/1.4555) \times \$100000 = \$6.87$

USD/CAD 一标准手点值的计算与 USD/CHF 相同。

EUR/USD 和 GBP/USD 一标准手的点值为：

$0.0001 \times \$100000 = \$10$

你的交易商或许在计算相对合约规模的点值时有不同的习惯。但无论他们的具体方法是什么，他们都将能够告诉你在特定时间你所交易的货币的点值是多少。随着市场变化，点值也将一同变化。

五、交易订单类型

"订单"一词涉及你将如何进入或者退出一个交易。这里我们将讨论外汇市场上运用的各种类型的订单。你要查看一下你的交易商接受哪些种类的订单。因为，不同的交易商所接受的订单类型是有差异的。

1. 基本订单类型

下面是一些所有交易商都会提供的基本订单类型，而另外一些则听起来不那么熟悉。基本的订单类型是：

（1）即市订单（Market order）。一个即市订单是以当前的市场价格进行买卖交易活动。举例来说，EUR/USD 目前的汇率水平是 1.2140。如果你想在此水准买入欧元，那么点击交易平台上的即市订单，这样你将立即按照市价执行一个买入交易。如果你曾经在当当网或者其他购物网站上进行过交易，上述过程就非常像网络购物的单击定购。你在决定在目前的价位进行交易，你单击了一次即市订单，那么现在你就建立了你希望的头寸。外汇交易的即市订单执行与网络购物的唯一差别在于：外汇交易中你相对一种货币买进或者卖出了另外一种货币，而在网络购物中你则是用货币买进了你喜欢的商品。

（2）限价订单（Limit order）。一个限价订单就是预先定下在某一特定价位交易的订单。这类订单毫无疑问包括了两个基本的要素：时间和价位。举例来讲，如果 EUR/USD 目前的水准在 1.2050，而你想要在 1.2070 时入场做多。你可以坐在显示屏前面等待汇率达到 1.2070，到这个位置时迅速执行一个市价订单。还有一种方法是你在 1.2070 放置一个限价订单，那么你可以离开你的电脑，去干其他的事情。如果价格上涨到 1.2070，你的交易平台将自动帮助你执行此价位上的一个买入订单。从价位来讲，你在你希望买进或者卖出的位置设立了特定货币对限价订单；而从时间来讲，你必须确定你的限价单的有效期限。

（3）停损订单（Stop-loss order）。停损订单也是一个限价订单，但是它是针对已经开立还未了结的头寸，其目的是在市场不利于该头寸时及时阻止亏损的扩大。直到你了结头寸或者是取消该停损订单前，停损订单都一直有效。举例来说，你已经在 1.2230 的位置买入了 EUR/USD。为了限制你的亏损额，你在 1.2200 放置了一个停损订单。如果你的看多判断错误并且 EUR/USD 跌到 1.2200，那么你的交易平台将根据停损订单自动在此位置上结束你的多头头寸。当然这样你将损失 30 点。如果你不想时刻守在电脑前，但又十分担心亏损变得超出承受限度，那么停损订单是一个非常不错的选择。你可以很方便地在任何一个开立头寸上设立一个停损订单，这样你就可以去做些你想要做的事情了。

2. 很少听到的订单类型

（1）GTC 订单（Good'til canceled）。GTC 订单是在你取消它之前都一直有效。你的交易商将不会帮你取消它。因此，你有必要记住那些你没有取消的 GTC 订单。

市价单在价格快速变化的时候往往成交在很差的位置。因此，超级短线交易要减少在重大消息出来前后，价格急速变化的时候进场。

如果是日线上的趋势交易，经纪商打不了什么算盘。

（2）GFD 订单（Good for the day）。GFD 订单是在一个交易日的最后时刻被取消的，而在这之前它一直有效。因为外汇市场是一个全天候的市场，所以一个交易日的最后时刻通常被定义为美国东部时间下午5点，而此时也是美国市场的收盘时刻。但我还是建议你仔细询问一下你的交易商。

（3）OCO 订单（Order cancels other）。OCO 订单是两个限价订单和（或）停损订单的混合订单。两个订单都有时间和价位上的限制，并且放置在目前价位的上面和下面。当其中一个订单被执行时，另外一个订单就被取消了。举例而言：当前 EUR/USD 的汇率是 1.2040。你的想法是要么在 1.2095 买进（因为这预示着一个阻力位置被突破），要么在价格跌到 1.1985 之下时卖出（因为这意味着价格突破了一个支撑位置）。应该这样理解：如果 1.2095 的价位达到，你的买入订单将被触发生效，而你在 1.1985 的卖出订单则将自动失效，被取消。

注意：要时常查看你的交易商提供的关于订单的具体信息，并且要弄清楚如果一个头寸持有超过一天，是不是要支付展期费用。保持你的订单应用规则简单清晰是最好的策略。

过高的展期费用往往是无良经纪商为了刺激交易者频繁交易的手段。

六、展期利息计算

美国东部时间下午5点通常是你的交易商的结算时间，假如你此时持有头寸，那么你支付或者赚取一个日展期利息，具体是支付还是赚取取决于你在市场中建立的头寸方向。假如你不想涉及利息方面的损益，那么很简单，你只需要确保在美国东部时间下午5点前结束所有头寸即可，通常这个时点代表着一个交易日的结束。

合约现货外汇的计息方法不是以投资者实际的投资金额，而是以合约的金额计算。例如，投资者投入 1 万美元作为保证金，共买了 5 个合约的英镑，那么，利息的计算不是按投资人投入的 1 万美元计算，而是按 5 个合约的英镑的总值计算，即英镑的合约价值乘以合约数量（62500 英镑 × 5），这样一来，利息的收入就很可观了。当然，如果汇率不升反跌，那么，投资者即使拿了利息，也抵不了汇率下跌造成的损失。

财息兼收并不意味着买卖任何一种外币都有利息可收，只有买高息外币才有利息的收入，卖高息外币不仅没有利息收入，投资者还必须支付利息。由于各国的利息会经常调整，因此，不同时期不同货币的利息的支付或收取是不一样的，投资者要以从事外币交易的交易商公布的利息收取标准为依据。

利息的计算公式有两种：一种是用于直接标价的外币，像日元、瑞士法郎等；另一种是用于间接标价的外币，如欧元、英镑、澳元等。

日元、瑞士法郎的利息计算公式为：

合约金额 ×（1/入市价）× 利率 ×（天数/360）× 合约数

欧元、英镑的利息计算公式为：

合约金额 × 入市价 × 利率 ×（天数/360）× 合约数

七、盈亏计算

假定我们买进美元，同时卖出瑞士法郎。

此时的美元兑瑞郎的报价是 1.4525/1.4530。因为你在 1.4530 的水准买入了 USD/CHF，而这个水准也正是交易商卖出的价格。

这样你就在 1.4530 的位置买进了 1 标准手，也就是价值 100000 美元的合约。

几个小时之后，汇率变动到了 1.4550，而你决定结束你的交易。

此时最新的 USD/CHF 报价是 1.4550/1.4555。现在你需要卖出 1 标准手，卖出的价格是 1.4550，这个价格也正是交易商买进的价格。

你的买进汇率 1.4530 与卖出汇率 1.4550 之间的差价是 0.0020 或 20 个点。

使用我们先前传授的公式，那么我们可以这样计算我们的盈利：

（0.0001/1.4550）× $100000 × 20 点 = $6.87/点 × 20 点 = $137.40

记住：当你进入或者退出一项交易时，你将自动被加上点差，也就是买卖价差。

当你买进一种货币时，你将使用"卖出价"；当你卖出一种货币时，你将使用"买进价"。这里的"卖出价"和"买进价"都是站在交易商的角度来讲的。

总而言之，一般情况下：当你买进一个货币时，你在进入交易而非退出交易时被计入点差；当你卖出一个货币时，你在退出而非进入交易时被计入点差。

前面我们讲过了，如果持有一个货币对超过了交易商的结算时间，将要被计算展期利息。因此，如果你较长时间持有一个交易，你的盈亏计算还要加上或扣除按日累计的展期利息。

<aside>如果经纪商真的把单子完全递到市场上，而不是在内部消化，那么买卖价之间的点差其实是变化的。</aside>

八、外汇交易基本术语

正如我们学习任何一种新的技能一样你需要掌握那些术语，特别是如果你想成为一个职业人士更应该如此。作为一个新手必须要知道一些特定的术语，而且要非常熟悉。这里我们仅介绍一些基本的术语，更多的交易术语请翻阅本书的附录一。

1. 主要货币和次要货币（Major and Minor Currencies）

八个最频繁交易的货币被称为主要货币，它们是 USD、EUR、JPY、GBP、CHF、CAD、NZD 以及 AUD。所有其他的货币则被称为次要货币。不要去担心搞不懂那些次要货币，毕竟它们仅是为非常职业的人士提供的。实际上，我们主要分析的还是 USD、EUR、JPY、GBP、CHF 这五种货币。这些货币是最具流动性的货币，当然也是最适合交易的货币。

2. 基础货币（Base Currency）

所谓的"基础货币"并非货币政策中的那个基础货币，而是指任何货币对中的第一个货币。汇率显示的是第一个货币以第二个货币来衡量价值几何。例如，假设USD/CHF 的汇率是 1.6350，这就意味着 1 美元等于 1.6350 瑞士法郎。在外汇市场中，美元一般被认为是报价中的基础货币，这就是说报价都是表明 1 美元值多少其他货币。其中的几个主要例外是英镑、欧元以及澳大利亚元和新西兰元。

3. 报价货币（Quote Currency）

报价货币是任何货币对中的第二个货币。它也经常被称为点子货币（Pip Currency）或者以该报价货币来计算盈亏。

4. 点（Pip）

点是一个报价的最小单位。几乎所有的货币对报价都是 5 位，并且小数点在第一个数字后面，如 EUR/USD 的报价是 1.2538。在这种情况下，一个点的变化等于小数点后第四个数字的变动 1，也就是说一个点等于 0.0001。因此，如果一个货币对中的报价货币是 USD，那么一点通常等于一个百分点的百分之一。

5. 买价（Bid Price）

买价就是外汇市场在此位置上买进一个具体货币对的价格。在此价位上，交易者可以卖出基础货币。它一般显示在报价的左边。

举例来说，GBP/USD 的报价是 1.8812/15，买价就是 1.8812。这意味着你可以在 1.8812 卖出英镑买进美元。

6. 卖价（Ask Price）

卖价就是外汇市场在此卖出一个具体货币对的价格。在此价位上，交易者可以买进基础货币。它一般显示在报价的右边。

举例来说，EUR/USD 的报价是 1.2812/15，那么卖价就是 1.2812。这意味着你可以在 1.2812 买进欧元，同时卖出美元。这个报价也称为开价（Offer Price）。

7. 点差（Bid/Ask Spread）

点差就是买价和卖价的差异。大数报价是指交易商报价上的前面几位数字。在交易商的报价中，这些数字经常被省略掉。例如，USD/JPY 的完整报价是 118.30/118.34，但是这个报价经常被交易商省略为 30/34。

8. 交易成本（Transaction Cost）

买卖价差，也就是点差，是外汇交易的成本，所以在一笔外汇交易中，交易成本就是出价和开价的差别。如在 EUR/USD 的交易中，此时汇率报价为 1.2821/15，

那么这项交易的成本就是三个点。

计算交易成本的公式如下：

交易成本 = 卖价 – 买价

9. 交叉货币对（Cross Currency）

交叉货币对就是一个没有美元的货币对。由于交易一个交叉货币对相当于交易两个直盘货币对，所以这些交叉盘货币的价格表现通常比较杂乱。举例而言，买进 EUR/GBP 相当于是买进 EUR/USD 和卖出 GBP/USD。交叉货币对的交易点差通常都相较直盘货币对更高。

10. 保证金（Margin）

当你在一个外汇经纪商那里开立一个保证金账户时，你至少需要存入一个最低数额的资金量。这个最低开户资金要求在经纪商之间存在差异，从 100 美元到 100000 美元都有。

任何时候当你进行一笔新的交易时，你账户中的某个百分比的资金将被作为初始保证金（Initial Margin）。至于占用的具体数量取决于货币对，当前汇率以及你交易的数量，而交易的合约规模经常以基础货币标示。

例如，假定你开立了一个迷你账户，这个账户提供了 2:1 的杠杆比率或者说 0.5% 的保证金占用要求。迷你账户以迷你手进行交易，一迷你手也就是 10000 美元。如果你想要动用保证金来开立一迷你手的合约，你仅需要提供 50 美元的初始保证金（$10 000 × 0.5% = $50）。

11. 杠杆（Leverage）

如何利用杠杆来扩大自己的胜利？如何避免杠杆放大自己的错误？

杠杆是交易量和要求的保证金之间的比率。通过杠杆，我们用很少的钱就可以买卖数量相对较大的证券数额。杠杆率在不同经纪商那里是存在差异的，从 2:1 到 400:1 都有，我似乎还见到过 2000:1 的杠杆。

保证金 + 杠杆 = 可能致命的组合

以保证金进行货币交易增加了你动用资金的能力。如果你拥有 5000 美元的资金在一个保证金账户，而这个账户

允许 100:1 的杠杆，你最多可以买到价值 500000 美元的货币，因为你仅需要支付 1%的保证金作为担保。换句话说，你拥有 500000 美元的购买能力。

拥有更多的购买能力，使得你能够以较少资本获取更多的投资收益。但是要注意的是，以保证金进行交易也同样会加大你的亏损。

12. 追加保证金通知（Margin Call）

所有的交易者都非常讨厌追加保证金通知。当你的经纪商注意到你的保证金存款跌至要求的最小水平之下时，它们就会要求你追加保证金。这种情况发生在市场与你的持有头寸相反运动时。

虽然以保证金交易是一个盈利的投资策略，但是更为重要的是你要花时间仔细了解其中蕴藏的风险。确保你清楚了解自己的保证金账户是如何运作的，并且理解你的经纪商的保证金协议。如果你对协议存有疑问，那么一定要弄得非常清楚才行。

如果你的账户中的保证金下降到一个预定基准，那么你已经建立起的头寸将被部分或者全部强平。或许在你的头寸被清算之前你不会收到任何的追加保证金通知。

如果你有规律地监视你的账户盈亏并且为每个头寸设立停损订单，那么你就不会陷入上述困境。因为停损订单可以限制你的头寸带来的风险，稍后将讨论这些。

第四阶

外汇交易分析概述

一、基本面分析与技术面分析

外汇交易的基本分析方式有两种：基本面分析和技术面分析。基本面分析主要是对驱动汇率变化的因素进行分析，而技术面分析则主要是对汇率本身的变动行为进行分析。

1. 基本面分析

基本面分析主要是通过经济、社会、政治等影响外汇市场供求的方面进行分析。换言之，你要查看哪个国家的经济状况更好，哪个国家经济更差。其主要思想是：如果一个国家的经济搞得好，那么其货币也必定强势。这是因为一国的经济越好，则其他国家对其货币越是信任。

例如，美国经济持续表现良好，随着经济繁荣，为了抑制过度通胀，利率上调，那么美元就将上扬，美元走势强劲（见图 4-1）。其中原因有两个，一是美国经济好，二是美国利率高。前者好比一个公司的每股盈余高，后者好比一个公司的分红高一样。简单而言，这就是基本面分析的通俗原理。

基本面分析门槛高，一般交易者往往望而却步。

经济表现好　　＝　　$ 货币升值

经济表现糟糕　　＝　　$ 货币贬值

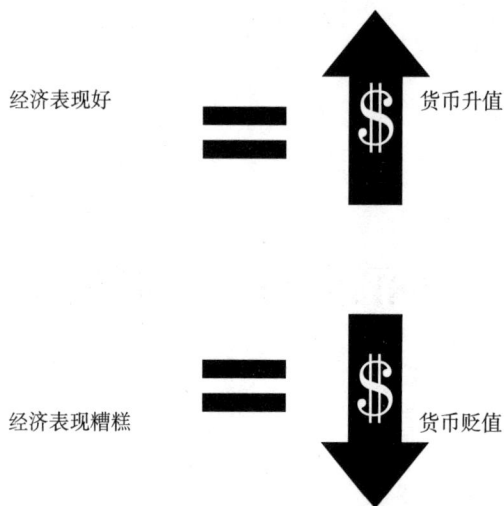

图 4-1　经济表现与货币走势

稍后在本书中你将学习到哪些新闻事件将极大地驱动外汇市场。现在，仅需要了解基本面分析是通过分析一国经济的强度和政治稳定度来推断货币走势的。

2. 技术面分析

技术面分析也称技术分析，主要研究价格的运动。简单来讲，技术分析等于研究价格图表。基本思想是我们可以通过查看历史价格运动来推断未来的价格运动。通过查看价格图表（见图 4-2），你可以确认趋势和形态，而两者可以为我们提供交易机会。

技术分析中最为重要的是趋势！ 许多人曾经说过："趋势是你的朋友。"之所以这样说，是因为一旦你抓到一个趋势，那么你将很快大赚一笔。技术分析可以在趋势形成之时帮助你确认它，因此也就提供给你极佳的交易机会。

3. 哪种方法更好

当你作为一个交易者经历多年之后，你将发现两派都有很多坚决的拥护者。有倾向技术的交易者，有倾向基本面的交易者。你将发现某些人主张是基本面在驱动市场，而图表上发现的形态不过是巧合而已。但另外一群人则会主张技术分析应该得到关注，因为价格吸收了一切信息，

将基本面与技术面结合起来看，你有哪些想法和做法？

图表分析应该比基本面分析出现得更早，毕竟图表分析更容易上手。风险控制有两个途径，第一个途径是图表，第二个途径是资产配置。

如何让趋势成为你的朋友，而非敌人？截短亏损，让利润奔腾！这是真理，也是废话！关键看你是否找到了相应的具体做法。如何截短亏损？如何让利润奔腾？

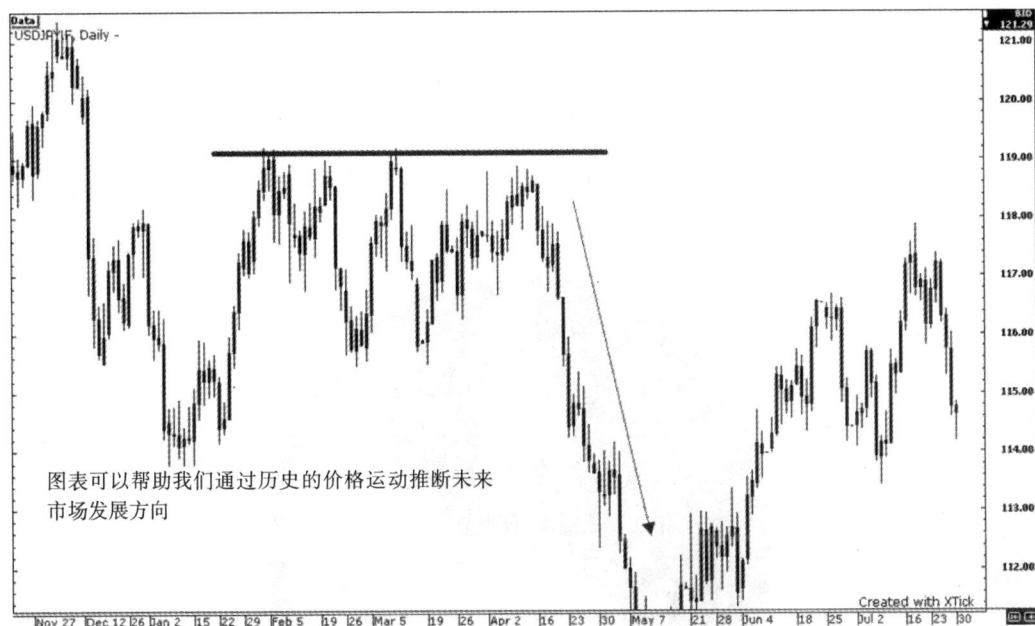

图表可以帮助我们通过历史的价格运动推断未来市场发展方向

图 4-2 图表的运用

并且很多图形确实能够帮助我们预测市场的运动。

不要被两边的极端分子给弄糊涂了！其实，没有一方比另外一方更好。我要告诉你的是，两者你都需要知道一点。

为了成为一个真正的外汇交易大师，你需要知道如何有效地应用这两种分析方式。你不会怀疑我的说法吧？让我给你一个例子表明仅局限于一种分析方式进行交易会带来什么样的灾难性后果。

假定你查看你的外汇交易图表，发现了一个很好的交易机会。你非常兴奋，似乎钱从天上掉了下来。接着你带着笑容建立起了你的头寸。

然而，市场突然往你头寸相反的方向运动了 30 个点！原来这个你看好的货币公布了一个降息的决定，而对此你一无所知，消息一经发布交易者们都马上卖出这个货币。

你的面部表情一下变得愤怒和紧张，你开始对你的图表发火。你使劲拍打你的电脑键盘，恨不得弄碎它。这全都是你忽略了基本面分析的缘故。

好了，这个故事有一点戏剧化和夸张，但我想你已经

价格真的吸收了一切信息吗？价格分析与行为金融学是什么关系呢？

中庸之道，方得长久！

行情的灵魂是什么？是形态吗？是主力吗？

随着对全球各种宗教和文化，乃至文明的理解，我发现中国的道家思维、太极哲学和模型实在是太伟大了，体现了二元对立和超越二元对立的中道。所以，我总是忍不住让太极模型和思维融入交易中去。

掌握了其中的意义了吧。

外汇市场就像一个太极，而基本面因素和技术面因素就像太极中的阳鱼和阴鱼（见图4-3）。两者间的消长转化制约共同决定了外汇市场的均衡和运动。

图 4-3　外汇交易分析的太极

物极必反，过犹不及！ 其实在外汇市场上，这种看法仍然正确。不要太依赖某一类分析，相反**你应该学会在两者之间取得平衡**，因为只有这样你才能最大限度地挖掘你的交易潜能。

二、影响短期外汇市场的基本面因素

1. 影响外汇市场短期波动的政治因素

由于货币是一国信用度的代表，所以与股票、债券等市场相比，外汇市场受国家和国际政治因素的影响要大得多。当某一件重大国际或者国内政治事件发生时，外汇市

场的涨落幅度会超过股市和债券市场的变化。其主要原因是外汇作为国际性流动的资产，在动荡的政治格局下所面临的风险会比其他资产大；而外汇市场的流动速度快，又进一步使外汇市场在政治局面动荡时更加剧烈地波动。

根据外汇市场的历史数据统计，外汇市场的政治风险主要有政局不稳引起经济政策变化、国有化措施等。从具体形式来看，有大选、战争、政变、边界冲突、恐怖事件等。

从资本安全角度出发，由于美国是当今世界最大的军事强国，其经济也仍处于领先地位，所以，**一般美洲以外的政治动荡产生后，美元就会起到"避风港"（Safe Haven）的作用，会立刻走强**。政治事件经常是突发性事件，出乎外汇市场的意料，这又使外汇市场的现货价格异常剧烈地波动，其波动幅度大大超过汇率的长期波动幅度。

下面选择英国 1992 年大选和美国攻打伊拉克的"沙漠风暴"计划为例子，说明政治事件对外汇市场短期走势影响的一些规律。

（1）英国大选对外汇市场的影响。1992 年在英国大选前的一个多月，外汇市场就开始受到这次大选的影响。在大选以前，保守党候选人梅杰在民意测验中一直落后于工党候选人尼尔·金诺克。英国的工党在 20 世纪 80 年代以前执政时曾坚持实行国有化政策，导致资本外流。保守党撒切尔夫人在 1979 年上任后，花了近 10 年的时间推行私有化政策，而梅杰上任后也将继续执行这一政策。因此，如果金诺克在大选中获胜，就可能意味着英国政府政策的改变。虽然工人出身的金诺克在工党内属保守派，但人们还是担心英国有可能回到国有化政策推行的年代。由于金诺克在民意测验中领先于梅杰，英国的金融界从 1992 年 3 月就出现了两种现象，一是资本开始逐渐外流，二是英镑的汇率逐步下跌。以英镑兑马克的汇率为例，英镑的汇率从 2 月中旬就开始下跌，从 2 月底的 1 英镑兑 2.96 马克逐步跌至 4 月 6 日的 2.83。

外汇市场的玩家很多是重量级的，如央行、财政部、主权财富基金、宏观对冲基金等，它们对于全球性脉动非常敏感。

在某些情况下，美元的避险属性很强，如欧债危机时。绝大多数时候，日元相对美元是避险货币，但是在什么情况下美元相对日元会变成避险货币呢？我给出几个思考的线索：第一，地理区位的差别；第二，息差预期的逆转；第三，国际资本重大流向。

英国的政治往往与欧盟纠缠甚多，大选中的主张往往与欧盟相关，自然引发英镑的动荡。

当时，英镑还是欧洲货币体系的成员货币，它兑马克的汇率是由固定但可调节的汇率制决定的，上限在 3.1320 马克，下限在 2.7780 马克，中心汇率为 2.95。但自从英镑在 1990 年加入欧洲货币体系后，外汇市场一直认为英镑的汇率是高估的，所以经常在英镑走强时抛英镑。在英国大选到来时，梅杰在民意测验中落后，自然使外汇市场认为英国的政策前景不稳，进一步扇起了市场的抛英镑风，使英镑兑马克的汇率向欧洲货币体系规定的底线逼近。

1992 年 4 月大选这一天，英镑在外汇市场出现了剧烈的波动。从英镑兑马克的汇率来看，波幅为 2%，达 600 点，即 6 个芬尼，而且整个一天的波动是很有戏剧性的。在大选前两天，外汇市场由于听到梅杰在民意测验中已接近金诺克的传闻，就已经开始买英镑抛马克等外汇。在大选这一天，金诺克的选票和民意测验结果在一开始仍然领先梅杰，使外汇市场又大幅度地抛英镑。但没过多久，梅杰的选票就开始节节上升，立刻在外汇市场刮起了抛外汇买英镑的旋风，使英镑兑马克的汇率迅速攀升，从 2.8477 马克猛涨到 2.9053。

大选结束以后，英镑似乎从此扭转了弱势，成了坚挺的货币。外汇市场总是谈论英国的经济前景看好，流到海外的资本会返回英国，梅杰的胜利表明英国政局的稳定等。虽然此后一段时期内经常出现英国经济不景气的统计数据，但英镑在以后的近两个月内还是一路上涨。许多预测专家和技术分析专家都预言，英镑兑马克的汇率将上升到 3.10，去试探欧洲货币体系规定的 3.13 上限。从图形上来看，英镑兑马克的汇率在大选后一直居高不下，但每次冲高时都在 2.9500 处被弹回，经过近两个月的高处徘徊，英镑兑马克的汇率终于在 6 月开始下跌。在外汇市场证实英国经济前景并不十分乐观时，英镑的弱势就成为大势所趋了。以致在 9 月的欧洲货币体系危机后，英镑兑马克的汇率直线下降，仿佛如自由落体，迫使英国退出欧洲货币体系，英镑兑马克的汇率在 10 月跌至 2.40 马克。

英镑在英国大选前后的走势表明，汇率在短期内的过度波动可能会由于市场预期的支持而维持较长时期。在这种预期被打破以前，市场有时会认为短期的均衡价格是一种合理的价格，而预测中的长期均衡价格反而被认为是有偏差的。但是，**如果外汇市场的预期始终得不到证实，因意外事件而扭曲的汇率走势就会恢复到原来的趋势上去**，甚至走得更远。

（2）"沙漠风暴"行动对外汇市场的影响。1991 年，美国攻打伊拉克的"沙漠风暴"计划也很典型地反映出美元和黄金作为资金的"避风港"作用。世界局势的动荡不安会使美金和黄金大涨，以前人们所说的"大炮一响，黄金万两"应该就是

这个意思。

　　截至目前，外汇市场的许多投资者认为，外汇价格的走势有其一定的规律。但是在"沙漠风暴"计划前后，外汇市场的价格走势忽上忽下，显得非常凌乱。美国进攻伊拉克是 1991 年 1 月 17 日，在这以前的一个月内，外汇市场围绕美国究竟会不会打的猜测而大起大落，很明显地说明了上述特点。每当美国政府要员发表态度强硬的讲话，表示要采取军事行动，美元就会在一天内大涨一波；而外汇市场听到有西欧国家出面调解的传闻，似乎和平解决可望实现时，美元就会下跌一次。

　　在 1 月 17 日战争爆发这一天，美元一开始也是猛涨。从英镑兑美元的走势来看，英镑跌到过 1.8990。但没隔多久，新闻界传来美国已很快控制局势，稳操胜券时，美元的"避风港"作用立刻消失，市场便开始抛售美元，英镑兑美元的价格猛涨到 1.9353，以后的一个月内便一路上涨。

　　在当时根据美国和伊拉克两国的军事实力对比，以及国际上舆论的倾向，任何理智的结论都会认为美国会达到把伊拉克赶出科威特的军事目的。然而，外汇市场并不接受这种逻辑判断，而是根据人们产生的心理和期待去寻找价格。只有在事实被人们接受之后，市场价格才会猛然回到原来的趋势上去。

　　黄金的美元价格更能说明这一点，在美国向伊拉克进攻后，黄金价格出奇地涨到 410 美元每盎司，但在美军取得绝对优势的消息传出后，黄金又猛泻到 373.70 美元，其间的跌幅高达 9.7%，大大出乎人们的预料，许多市场的小投资者顿时全部被"套"在里面。

　　从任何一种主要外汇兑美元的汇率走势 10 年图中，人们都可以发现这 10 年国际政治、经济格局的变化情况。由于每次突发事件、每项重要的经济统计数据都会在每天的外汇市场上引起剧烈的波动，使"汇率涨跌史成为国际政治经济发展史的缩影"这一结论更具有说服力。在外汇市

预期证实还是证伪有时候结果都一样，那就是行情结束。

价格对消息的反应是老练交易者的重要观察窗口。

美元的走势与美国政经大战略和大事件关系密切，如 2001 年后为什么美元长期走弱，难道仅是因为互联网泡沫破灭吗？

场投资，在把握住外汇走势长期的同时，更要十分注意它在短期的波动，只有认清它的短期波动规律，才能在外汇市场立于不败之地。

2. 影响外汇市场短期波动的经济因素

外汇不仅需要国家强权的支持，同时也离不开国家的经济实力做后盾。在影响外汇市场波动的经济新闻中，美国政府公布的关于每月或每季度美国经济统计数据的作用最大，其主要原因是美元是外汇市场交易最重要的货币。从经济统计数据的内容来看，按作用大小排列可分为利率变化、就业人数的增减、国民生产总值、工业生产、对外贸易、通货膨胀情况等。

> 利差预期和风险偏好是外汇市场的主导因素。

这种排列并不是绝对的，例如，美国对外贸易的每季度统计数据曾是最重要的影响美元走势的数据之一。20 世纪 80 年代中期以前，每当美国贸易数字公布前几天，外汇市场就会出现种种猜测和预测，引起外汇市场的剧烈波动。但是在 20 世纪 80 年代中后期以后，其作用越来越小，原因是市场已真正意识到，目前外汇市场的交易额中，国际贸易额所占的比重仅为 1% 左右。所以，现在美国对外贸易统计数据公布时，外汇市场经常不会对它做出大的反应。在本书后面的有关章节，我们将详细介绍一些比较重要的经济数据。下面我们简单介绍一下一些非常重要的经济因素和数据。

（1）利率政策。**从历史统计来看，在各种经济数据中，各国关于利率的调整以及政府的货币政策动向对汇率走势影响的重要性一直名列前茅**。对外汇汇率和利率的相互关系这里不做详细介绍，但这里要强调的是，有时一国政府虽然对改变货币政策没有任何表示，但只要市场有这种期待，那么，这一国家的货币汇率就会出现大幅度波动。

> 如果只做一种基本面变化，你会选择哪种？

例如，1992 年下半年，德国奉行反通货膨胀的紧缩性货币政策，德国中央银行一而再、再而三地声明要坚持这一政策，但外汇市场经常流传德国要减息的谣言和猜测，理由是德国的利息已经加到顶了。虽然德国没有任何减息动向，但在英国、法国、丹麦、瑞典等相继减息后，外汇市场又顽固地认为德国会减息，即使年底不减，第二年初也会减。这使马克兑美元的汇率在美国与德国的利率差仍然很大的情况下，节节下跌。

（2）非农就业人口数据。凯恩斯促进就业的思想对现代国家经济管理影响至深。美国关于非农业人口就业人数的增减数和失业率是近几年影响外汇市场短期波动的重要数据。这组数字由美国劳工部在每月的第一个星期五公布。在外汇市场看来，它是美国宏观经济的"晴雨表"，数字本身的好坏预示着美国经济前景的好坏。因此，在这组数字公布前的一两天，只要市场上有任何关于这一数字可能不错的风言风语时，美元抛售风就会戛然而止。

较典型的例子是1992年1月上旬的美元对其他外汇的走势。从1991年下半年开始，外汇市场由于对美国经济可能陷入衰退的担忧，开始不断抛美元，使外汇兑美元的汇率节节高攀，英镑兑美元的汇率从1991年7月的1.60涨到1992年1月初的1.89。1992年1月9日，也就是美国劳工部公布美国前一年12月非农业就业人口数可能增长10万，致使这一天外汇市场一开市，就有人开始抛外汇买美元，英镑兑美元的汇率从1.88跌至1.86，跌幅近200点。经过几个小时后，外汇市场便开始恐慌性地买美元，马克、英镑、瑞士法郎等兑美元的汇率出现狂泻，英镑又掉了近600点，跌至1.8050。第二天公布的非农业就业人口数虽仅增长了3万，但这次恐慌改变了以后4个月美元兑其他外汇的走势。美元在对美国经济前景看好的前提下，一路上扬。一直到4月，美国经济情况并不如预期中那么好的事实才被外汇市场所接受，美元从此又开始走下坡路。

（3）其他重要经济数据。其他一些美国经济统计数据对外汇市场也有影响，这些数据包括工业生产、个人收入、国民生产总值、开工率、库存率、美国经济综合指标的先行指数、新住房开工率、汽车销售数等，但它们与非农业就业人口数相比，对外汇市场的影响要小得多。

这些经济指标对外汇市场的影响也有其独特的规律。一般来说，当美元呈一路上扬的"牛"势时，其中任何指标在公布时只要稍好一些，都会被外汇市场用来作为抛外汇买美元的理由，使美元进一步上扬；而指标为负数时，外汇市场有时就对其采取视而不见的态度。同样，当美元呈一路下泻的"熊"势时，任何公布的经济指标为负数时，都会成为外汇市场进一步抛美元的理由。

日本、德国等每月公布的批发价、零售价指数的变化情况对外汇市场也有影

大家思考过这个问题没有：一次性利多或者利空与持续性利多或者利空对行情走势有什么样的影响？

响，但影响的大小要看特定的条件。一般来说，当市场对某国中央银行存在着减息或加息的期待时，其每月公布的物价指数对外汇市场的敏感性就很强。

例如，1992 年 11 月，澳大利亚的澳元兑美元的汇率已创近几年的最低点，外汇市场许多人认为澳元已接近谷底，有可能开始反弹了。但市场上也有人根据澳大利亚经济前景暗淡的预测，传言澳大利亚中央银行可能会采取减息来刺激经济的措施。这时，澳大利亚政府公布的 10 月批发物价上涨率仅为 0.1%，为近十多年来的最低水平，外汇市场仿佛找到了其减息期待的依据，当天就出现抛澳元风，使澳元在低谷徘徊。

（4）其他经济因素。经济数据并非影响外汇市场的唯一经济因素。除了经济统计数据之外，其他关于经济活动的报道也会对外汇市场产生很大的影响。外汇价格的变动在很大程度上是外汇市场上的人对外汇波动的期待的反映。

换言之，如果人们期待外汇有某一个长期的均衡价格，那么，现货价格的波动就会朝这个价格的方向移动。这种期待是主观性的东西，它必然会受到客观经济环境的影响。因此，在连续几天没有关于经济活动数据分布的情况下，有关国家货币当局官员的讲话、《华尔街日报》关于外汇市场的有影响力的一篇文章、某研究机构或大企业关于外汇走势的研究报告等，都可能会在某一天造成外汇市场的剧烈波动。

这种现象对那些身处外汇市场以外的人来说似乎很难理解，为什么一个官员的讲话会使美元猛跌或猛涨 200~300 点？如果把人们主观期待的因素考虑在内，这种现象就不难解释了。一个官员的讲话中一篇关于外汇的重要文章仅是提供了某种信号，对人们的合理预期起了催化剂的作用，最后导致外汇市场的波动。波动幅度的大小，就由这些信号在合理预期中的催化剂作用大小来决定。

但是情况并没有这么简单，如果市场不认为它是信号，

催化剂与趋势的关系是什么？基本面当中哪些信息可能成为催化剂，哪些信息可能带来趋势？

则这种讲话再多，外汇市场的人也会充耳不闻。较典型的例子是英镑在 1992 年底的跌势。自 1992 年 9 月欧洲货币体系危机以后，外汇市场出现了猛抛英镑风，其原因在于英国经济前景暗淡、英国经济政策不明朗、英国减息期待等多种因素，为了稳定英镑的汇率，英国财政大臣多次发表讲话，表示要稳定英镑汇率，甚至可能以加息来提高英镑的汇率。但每次都只能给英镑的汇率以微弱而短暂的支持，在英镑稍有回弹后，外汇市场就有更多的人抛英镑。

三、技术分析图表类型

我们在本小节将介绍五种最常用的图表：线图、棒图、蜡烛图、新三值线图、点数图。

1. 线图

线图就是将相邻收盘价格连起来形成的价格图。当把所有收盘价格连起来之后，我们可以看出货币对在一个时期内的价格走势。

图 4-4 是一个 EUR/USD 的线图例子。

图表类型大家做一些了解即可，早年我做交易的时候几乎所有类型的图表都研究了一遍，想要找到某种神奇的"藏宝图"，奇奇怪怪的图表很多，有些复杂的图表类型现在连名字都记不全了。多年以后，由博返约，才知道成败不在这些细枝末节上。

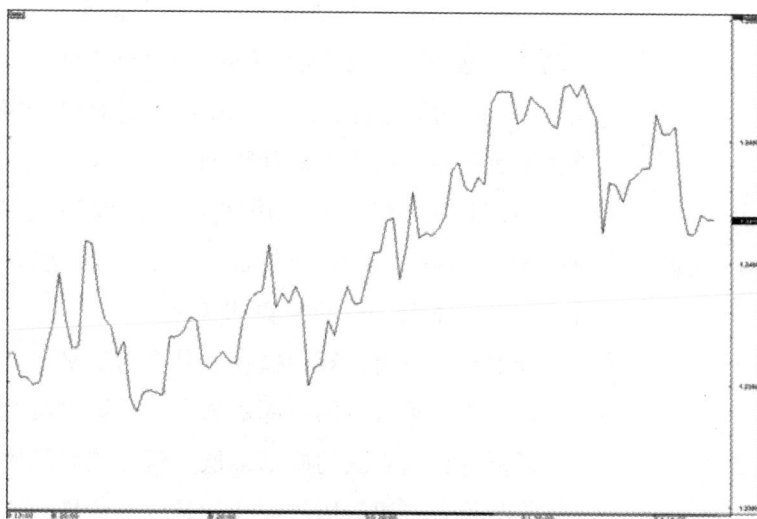

图 4-4　线图

2. 棒图

一幅棒图同时显示开盘价格，收盘价格和最高、最低价格。棒的顶端是该交易时段产生的最高价格，底端则是该交易时段产生的最低价格。所以整个棒线就是货币对在此时段中的交易区间，棒左边的小横线是该时段的开盘价格，而右边的小横线则是该时段的收盘价格。

图 4-5 是 EUR/USD 的棒图例子。

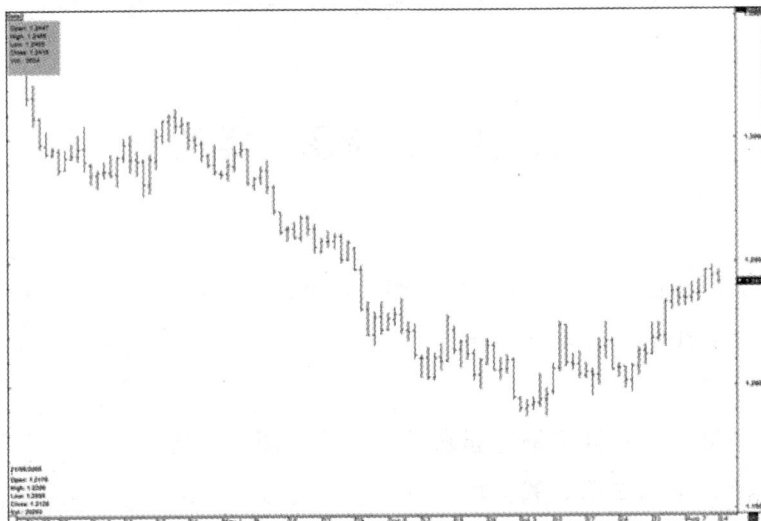

图 4-5 棒图

注意：所有你看到的"价格棒"都是指图上的一个单独的价格数据，一个棒线就是一个交易时段，可能代表一天、一周，也可能代表一个小时。当你使用"价格棒"时首先要查明它所代表的时间周期。

棒图同时也称为"OHLC"图，因为它表明了开盘（Open）、最高（High）、最低（Low）、收盘（Close）四个价格。图 4-6 是一个价格棒的实例。

西方很多交易者要么选棒图，要么选蜡烛图。

开盘价：左边较短的横线就是开盘价格。

最高价：垂直线的顶部最高点就是该时段的最高价格。

最低价：垂直线的底部最低点就是该时段的最低价格。

收盘价：右边较短的横线就是收盘价格。

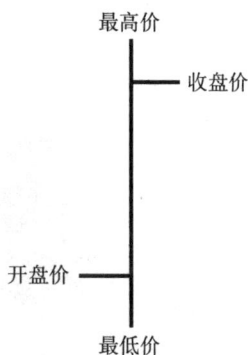

图 4-6　OHLC 构造

3. 蜡烛图

蜡烛图所包含的价格信息与棒图一样，但是就图形形式而言存在很大的差别。

棒图通过一根垂直的线体表明了时段内的最高点和最低点；而在蜡烛图中，垂直线体中间比较宽大的部分是开盘价和收盘价之间的价格范围。一般来讲，如果收盘价格低于开盘价格，则此宽大部分将被添上颜色，称为阴烛，与此相对的被称为阳烛，也就是收盘价高于开盘价的蜡烛线。

蜡烛图也叫 K 线图，前者是意译过来的名字，后者是音译过来的名字。

在图 4-7 的例子中，填充的颜色是黑色。填充了颜色的实体上端是开盘价，而下端则是收盘价。如果收盘价格高于开盘价，那么实体部分将是白色，也就是没有填充颜色的空心体。国内的阳线是红色，阴线是绿色，而在国外则是相反的。在外汇市场上一般都是阳线是绿色或者空心，阴线是红色或者实心。

我们不太喜欢应用传统的黑白蜡烛线，觉得加上了其他颜色的图形更好识别和更加美观。彩色电视机总比黑白电视机要好，因此为什么我们一定要用黑白的蜡烛图呢？

蜡烛图体现了阴阳太极的某些思想，但是蜡烛图当中哪个部分体现了中道呢？

我们一般用绿色替代白色，并且用红色替代黑色。这意味着如果收盘价格高于开盘价格，则蜡烛线将是绿色的；而如果收盘价格低于开盘价格，则蜡烛线将是红色的。

严格来讲，蜡烛图的目的是提供视觉上的辅助，因为同样的信息在 OHLC 图上也有表现。蜡烛图的主要优势是：

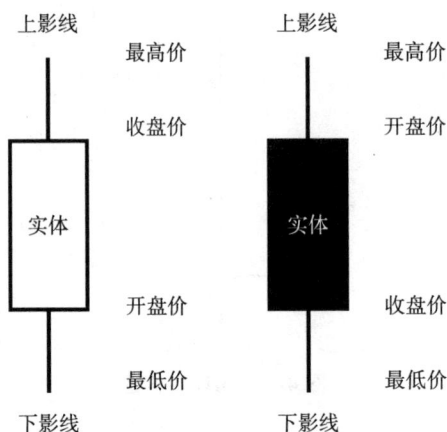

图 4-7　蜡烛线构造

（1）蜡烛图非常容易解释，直观而形象，对于初学者来说是开始学习图表分析的最佳工具。

（2）蜡烛图非常便于使用，其基本图像容易记忆和了解。你的眼睛将很快适应蜡烛图上符号的信息。

（3）蜡烛图和蜡烛图的形态及名称都非常有意思，如流星。这些取名将帮你很快记住这些形态。

（4）蜡烛图非常擅长确认市场的转折点，不管这种转折是由下而上，还是由上而下。

4. 新三值线图

新三值线是反映价格变动的一系列竖线，它忽略了价格变动的时间因素。之所以叫新三值，是因为绘制这种图表时，需采用典型的数字"三"作为转值的标准。Steven Nison 在其《非 K 线判市法》一书中，详细介绍了新三值线。新三值线属于图表型指标，其原理是若三根 K 线持续上涨（或下跌）创短期新高（或新低），则发出红色（或黑色）的柱状买入（或卖出）信号。与平时常用指标不同的是，该指标在平时盘整时并不轻易出现信号，是一类在出现明显单边趋势时提议追涨杀跌的指标。它能有效地去除行情中无关紧要的盘整和波段上升中的震荡回调干扰，更适合做较大波段、做大趋势的中长期投资中比较重势的那种投资者。

新三值线的思维其实就是一种突破的思维，大家决定这与突破交易法有什么关系呢？这种线图在趋势交易者看来究竟有没有实际意义？

绘制新三值线图，通常以收盘价为依据，绘制方法通常如下：

（1）价格超过前一根线的最高价，则绘制一条新的白线。

（2）价格低于前一根线的最低价，则绘制一条新的黑线。

（3）价格介于前一根线的最高价与最低价区间内，则无须绘制图线。

Steven Nison 建议将新三值线图与 K 线图结合起来判市，采用新三值线图判断主流趋势，同时参考带有时间坐标的 K 线形态进行交易。

如果形成的趋势强烈有力，那么，在图表中就会形成连续的同色三值线，只有当价格打破最近的三根新三值线的极端价格时，才能产生新的转值线。

具体来讲：如果价格上涨势头强烈有力，在图表上就会形成连续的白色上涨三值线，只有当价格下破最近的三根白色上涨三值线的最低点时，才可以绘制新的黑色下跌三值线；如果下跌趋势持续有力，在图表上就会形成连续的黑色下跌三值线，只有当价格上破最近的三根黑线的最高点时，才可以绘制新的白色上涨三值线。

以下为新三值线图的基本交易原则：

（1）新三值线由黑线转成白线（一根白色转值线）时，做多。

（2）新三值线由白线转成黑线（一根黑色转值线）时，做空。

（3）在没有趋势的横盘市中不要交易，因为新三值线会反复地转值。

新三值线的优点是在判断转势时，去除了主观武断的感情因素，通过发现价格的真实状态，得出反转的信号。新三值线的不利之处是产生转值时，新趋势已经延续了一段时期。不过，许多交易者乐于接受迟缓的信号，以求跟踪主要趋势。

交易者可以通过改变线的数量来调整转势标准的敏感度。例如，短线交易者可以采用两线转值来获得更多的反转信号，而长线交易者可以采用四线甚至十线转值来过滤反转信号的数量。

图 4-8 为新三值线例图。

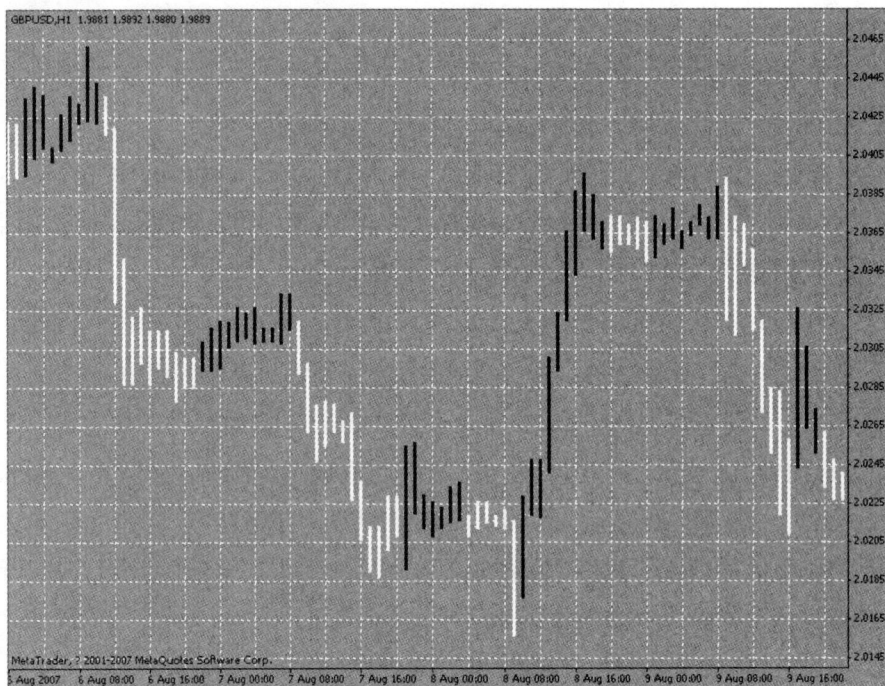

图 4-8　新三值线图

MT4 软件的相关使用说明请参考《黄金高胜算交易》（第 3 版）。

下面我们给出新三值线图的 MT4 指标代码：

```
#property indicator_chart_window
//#property indicator_separate_window
#property indicator_buffers 7
#property indicator_color1 Orange
#property indicator_color2 DarkTurquoise
#property indicator_color3 Crimson
#property indicator_color4 DarkTurquoise
#property indicator_color5 Crimson
#property indicator_color6 YellowGreen
#property indicator_color7 YellowGreen
//---- input parameters

//---- buffers
double PBuffer [];
```

```
double S1Buffer [];
double R1Buffer [];
double S2Buffer [];
double R2Buffer [];
double S3Buffer [];
double R3Buffer [];
string Pivot="Pivot Point", Sup1="S1", Res1="R1";
string Sup2="S2", Res2="R2", Sup3="S3", Res3="R3";
int fontsize=10;
double P, S1, R1, S2, R2, S3, R3;
double LastHigh, LastLow, x;


//+----------------------------------------------------------+
//| Custor indicator deinitialization function               |
//+----------------------------------------------------------+
int deinit ()
  {

  ObjectDelete ("Pivot");
  ObjectDelete ("Sup1");
  ObjectDelete ("Res1");
  ObjectDelete ("Sup2");
  ObjectDelete ("Res2");
  ObjectDelete ("Sup3");
  ObjectDelete ("Res3");


//----
  return (0);
  }
//+----------------------------------------------------------+
//| Custom indicator initialization function                 |
```

```
//+------------------------------------------------------------------+
int init ()
  {
  string short_name;

  SetIndexStyle (0, DRAW_LINE, 0, 1, Orange);
  SetIndexStyle (1, DRAW_LINE, 0, 1, DarkTurquoise);
  SetIndexStyle (2, DRAW_LINE, 0, 1, Crimson);
  SetIndexStyle (3, DRAW_LINE, 0, 1, DarkTurquoise);
  SetIndexStyle (4, DRAW_LINE, 0, 1, Crimson);
  SetIndexStyle (5, DRAW_LINE, 0, 1, YellowGreen);
  SetIndexStyle (6, DRAW_LINE, 0, 1, YellowGreen);
  SetIndexBuffer (0, PBuffer);
  SetIndexBuffer (1, S1Buffer);
  SetIndexBuffer (2, R1Buffer);
  SetIndexBuffer (3, S2Buffer);
  SetIndexBuffer (4, R2Buffer);
  SetIndexBuffer (5, S3Buffer);
  SetIndexBuffer (6, R3Buffer);

  short_name="Pivot Point";
  IndicatorShortName (short_name);
  SetIndexLabel (0, short_name);

  SetIndexDrawBegin (0, 1);

  return (0);
  }


//+------------------------------------------------------------------+
//| Custom indicator iteration function                    |
```

```
//+------------------------------------------------------------+
int start ()

  {
  int    counted_bars=IndicatorCounted ();

  int limit, i;
//---- indicator calculation
if (counted_bars==0)
{
  x=Period ();
  if (x>240) return (-1);
  ObjectCreate ("Pivot", OBJ_TEXT, 0, 0, 0);
  ObjectSetText ("Pivot","Pivot Point", fontsize,"Arial", Red);
  ObjectCreate ("Sup1", OBJ_TEXT, 0, 0, 0);
  ObjectSetText ("Sup1","S1", fontsize,"Arial", Red);
  ObjectCreate ("Res1", OBJ_TEXT, 0, 0, 0);
  ObjectSetText ("Res1","R1", fontsize,"Arial", Red);
  ObjectCreate ("Sup2", OBJ_TEXT, 0, 0, 0);
  ObjectSetText ("Sup2","S2", fontsize,"Arial", Red);
  ObjectCreate ("Res2", OBJ_TEXT, 0, 0, 0);
  ObjectSetText ("Res2","R2", fontsize,"Arial", Red);
  ObjectCreate ("Sup3", OBJ_TEXT, 0, 0, 0);
  ObjectSetText ("Sup3","S3", fontsize,"Arial", Red);
  ObjectCreate ("Res3", OBJ_TEXT, 0, 0, 0);
  ObjectSetText ("Res3","R3", fontsize,"Arial", Red);
}
  if (counted_bars<0) return (-1);
  limit= (Bars-counted_bars) -1;

for (i=limit; i>=0; i--)
```

```
{

    if (High [i+1] >LastHigh) LastHigh=High [i+1];
    if (Low [i+1] <LastLow) LastLow=Low [i+1];

    if (TimeDay (Time [i])! =TimeDay (Time [i+1]))
      {
      P= (LastHigh+LastLow+Close [i+1]) /3;
      R1 = (2*P) - LastLow;
      S1 = (2*P) - LastHigh;
      R2 = P + (LastHigh - LastLow);
      S2 = P - (LastHigh - LastLow);
      R3 = (2*P) + (LastHigh - (2*LastLow));
      S3 = (2*P) - ((2* LastHigh) - LastLow);
      LastLow = Open [i]; LastHigh = Open [i];

      ObjectMove ("Pivot", 0, Time [i], P);
      ObjectMove ("Sup1", 0, Time [i], S1);
      ObjectMove ("Res1", 0, Time [i], R1);
      ObjectMove ("Sup2", 0, Time [i], S2);
      ObjectMove ("Res2", 0, Time [i], R2);
      ObjectMove ("Sup3", 0, Time [i], S3);
      ObjectMove ("Res3", 0, Time [i], R3);

      }

    PBuffer [i] =P;
    S1Buffer [i] =S1;
    R1Buffer [i] =R1;
    S2Buffer [i] =S2;
    R2Buffer [i] =R2;
```

```
S3Buffer〔i〕=S3;
R3Buffer〔i〕=R3;

}

return（0）;
}
```

5. 点数图

○×图又称为点数图（Point and Figure Chart）（见图4–9），是用圈"○"和叉"×"来表示价格升跌的一种图表。○×图出自维克托·德维利尔斯1933年出版的《点数图法预测股价变化》一书。与K线图、量价图等图表截然不同，○×图注重价格在一定价位上的表现，而不记录价格随时间的变化过程，也不考虑成交量的情况。

点数图的出现其实是早期交易者各自的记录方式迥异的副产品。早期交易者都需要自己制作交易图表，因此有了各种奇特的图表，○×属于其中比较成功的形式。

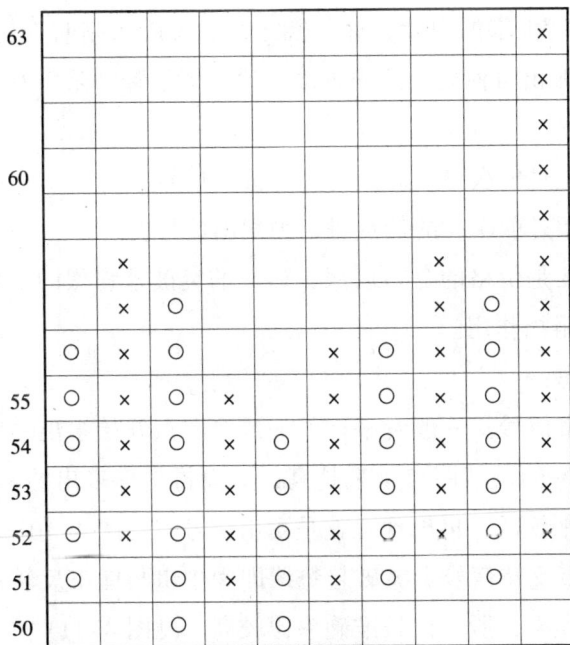

图4–9　点数图

○×图的作图规则是由"格值"确定的。每当价格的上升达到格值幅度时，就用一个"×"表示；当下降达到格值幅度时，就用一个"○"表示。制作○×图时，必须利用方格纸。○×图的纵坐标表示价格，横坐标则既不表示时间，也没有其特定的名称。横坐标上的每一竖栏只能标相同的符号，即每一竖栏只能用一种符号。

（1）每次当价格上升时，用"×"来表示，价格每上升一个单位，使用一个小方格来表示。

（2）每次当价格下降时，用"○"来表示，价格每下降一个单位，便在相应的小方格中填上一个"○"，下降多少个单位须填上多少"○"。

（3）当价格运动结束一个方向，朝相反的方向变化时，则另起一列。

在绘制○×图时，如何设定每一方格的代表值十分重要，它直接支配着整张○×图在将来是否能发挥其测市功能。因此要适当地设定"每格代表值"及多少格升跌才开始"转行"。"格值"增大即代表波幅较小的环节不予理会。因为在一个成熟的市场，价格频繁、反复涨落是市场的规律，要剔除它对市场价格动向的干扰，可将"格值"提高。

技术分析者可用○×图来寻找价格主要变化方向的趋势和轨迹，如果不考虑时间因素，就能够确定供求的力量，并且能通过○×图来判断支持价格的力量何在，威胁价格的供给之源出自何处。这两种力量通常被解释为阻力及支持水平。

○×图判研方法：

（1）当×上升超过前次○的高点时，为买入信号。

（2）当○下降超过前次×的低点时，为卖出信号。

（3）○×密集区是价格的盘整区域，○×的突破是强烈的买卖信号，并对后续的价格起着支撑和阻挡作用。

简单的交易形态：

（1）牛市与熊市信号。一般看平行的×或○图点开始多出一个，就为信号。牛市信号可以看出底部的反转图点越来越高，上面再出现多出的×就是信号。反之，熊市的顶部反转越来越低，再出现○就是卖出信号（见图4-10）。

（2）牛市与熊市反转信号。突破趋势线即为牛市与熊市反转信号，○×图的信号因为过滤了很多噪声，所以信号准确率比较高（见图4-11）。

（3）底部与顶部信号。这里主要讲一下我们后面要提到的双峰和三峰翻转形态（见图4-12和图4-13）。另外，○×图也是可以画趋势线的。

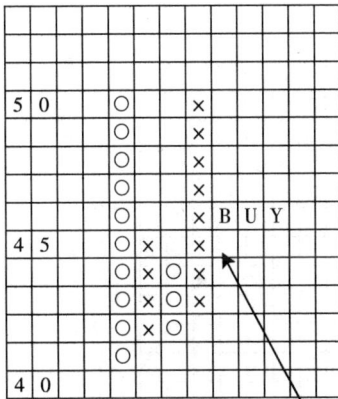

牛市买入信号   熊市卖出信号

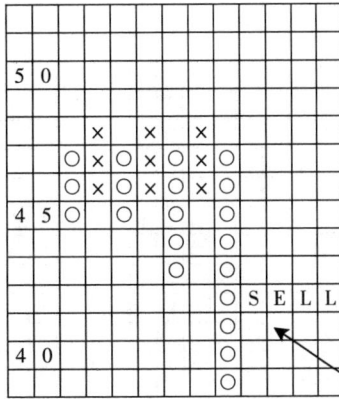

图 4-10 做多（买入）与做空（卖出）信号

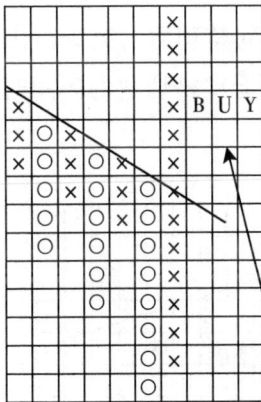

熊市反转信号   牛市反转信号

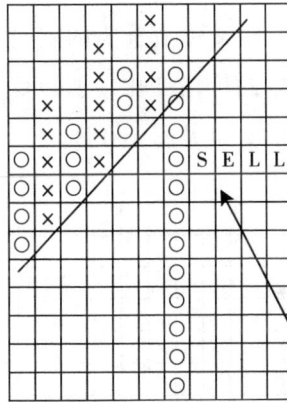

图 4-11 反转信号

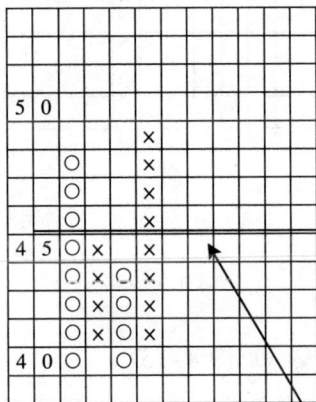

双底买入信号   双顶卖出信号

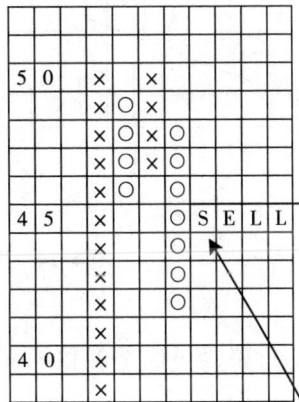

图 4-12 双底和双顶信号

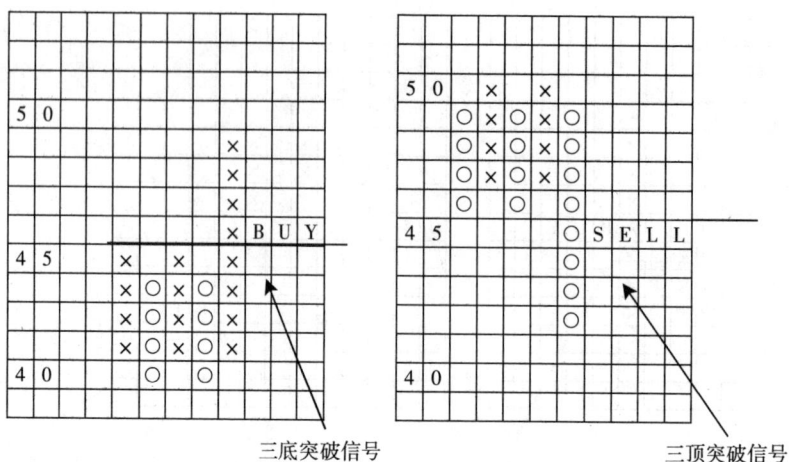

三底突破信号　　　　　三顶突破信号

图 4-13　三底和三顶信号

（4）延伸信号。○×图最重要的就是看平台或区间整理后的突破。因为○×图本身浓缩了时间段中的价格变化，所以○×图的区间会比蜡烛图的区间时间周期长（虽然图上看可能很短）（见图 4-14）。

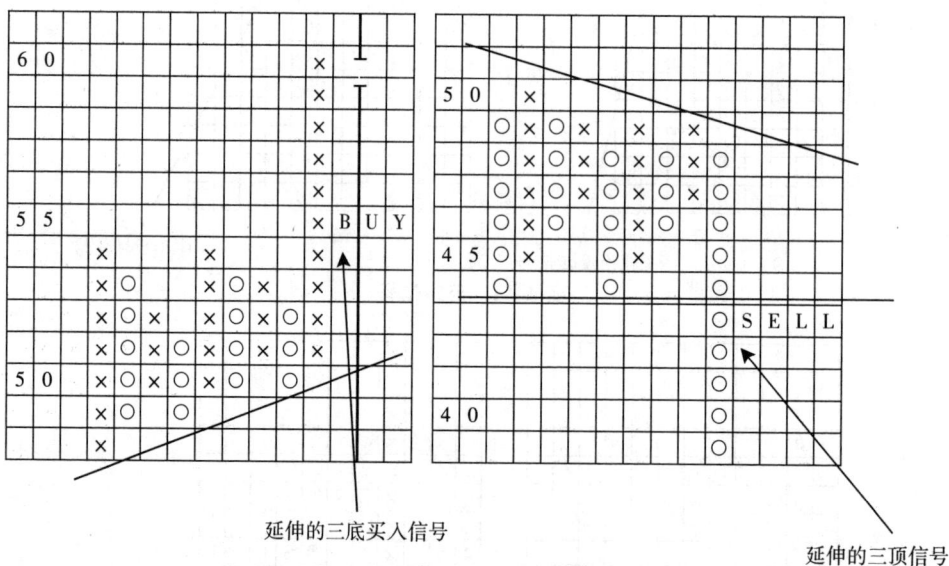

延伸的三底买入信号

延伸的三顶信号

图 4-14　延伸信号

（5）发射信号。价格经过底部的蓄积而爆发（见图 4-15）。

牛市发射信号

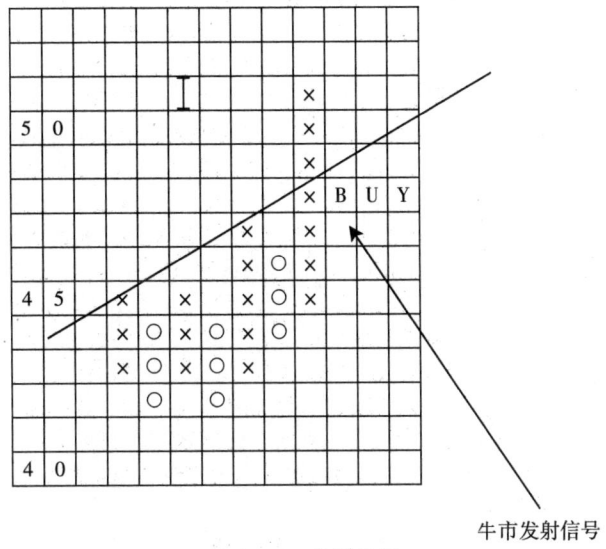

图 4-15　发射信号

MT4.0 软件的使用

一、MetaTrader 简介

在实际交易中，我们使用了很多的分析软件，但是就性价比而言，MT4.0 是最好的一款。它可以添加很多指标插件，也可以进行自主编程和自动测试。MetaTrader 系列是一种非常优秀的外汇看盘软件，分析、交易功能俱全。可以将多币种的盘面同时显示于屏幕，方便盯盘，了解市场资金流向。通过选择语言，可以切换为非常友好的简体中文界面。安装时系统默认语言为英文，启动 MetaTrader，在"View"菜单栏中进入"Languages"选项，选择"Simplified Chinese"，关闭软件重新启动即可将语言改为简体中文。

1. 突出优点

（1）下单灵活、确保止损——不论现价交易还是预设新单交易，都能同时设置止损价位和获利价位，真正确保第一时间设置止损订单。

（2）界面友好、交易直观——所有交易订单都能以直线方式显示于图表，交易一目了然。

（3）可以设置到价声音报警——可设置到达某个价位

交易软件最好别用 MT4，后台容易被操控。分析软件最好采用 MT4，功能强大。不过 MT4 的 AI 功能最近几年有点跟不上时代发展了，需要更新升级。

声音提示报警，不用担心交易机会错过。

（4）支持自编指标——可以将多年的经验总结编写成指标，并应用于图表。

（5）支持智能交易系统和内推检验——可以自己编写交易策略，关联真实账户，自动交易。

（6）图表分析功能强大——8种画线工具，8个交易时段，29种技术指标，分析行情走势得心应手。

（7）占用资源少——文件安装之后不到4M，与系统其他软件没有关联性，不依靠其他程序，可以独立运行，甚至可以把安装后的文件夹复制到U盘，带到其他任何电脑上运行；支持代理，对网络带宽的要求相当低。

2. 软件安装

安装包通用下载地址：www.metaquotes.net/files/mt4setup.exe。也可在网上搜索出其他的下载地址。很多交易商提供的交易平台其实就是MT4，你也可以使用这些交易商提供的下载地址。

MT4安装包下载到你的电脑后，点击安装包的图标，电脑开始自动安装MT4。安装过程如图5-1至图5-8所示。

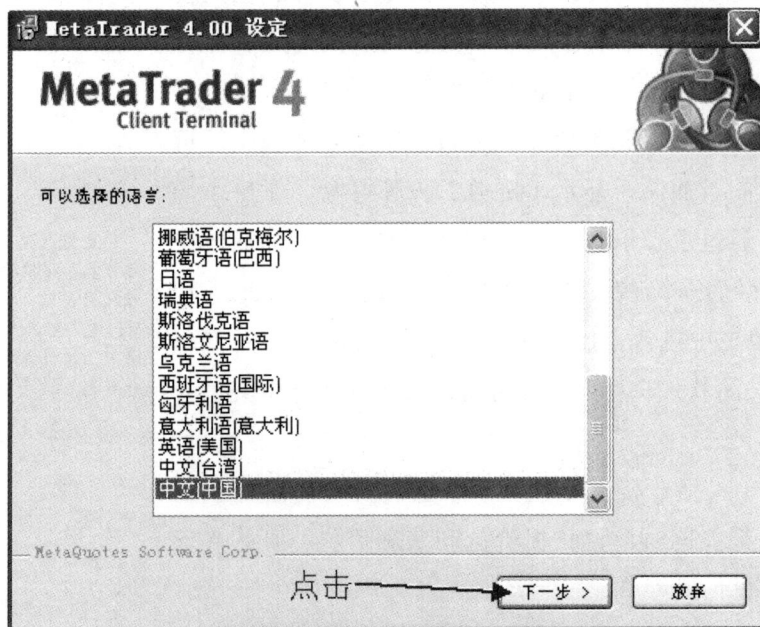

图5-1　MT4软件安装（1）

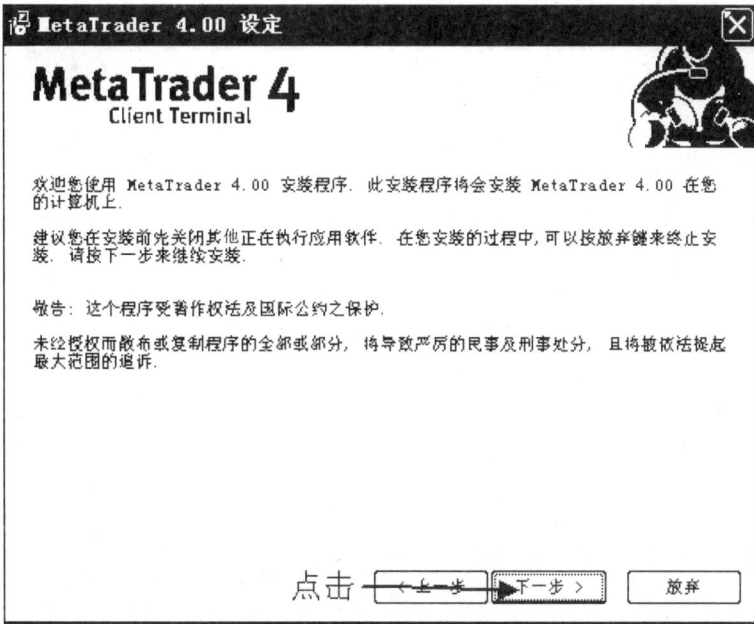

图 5-2　MT4 软件安装（2）

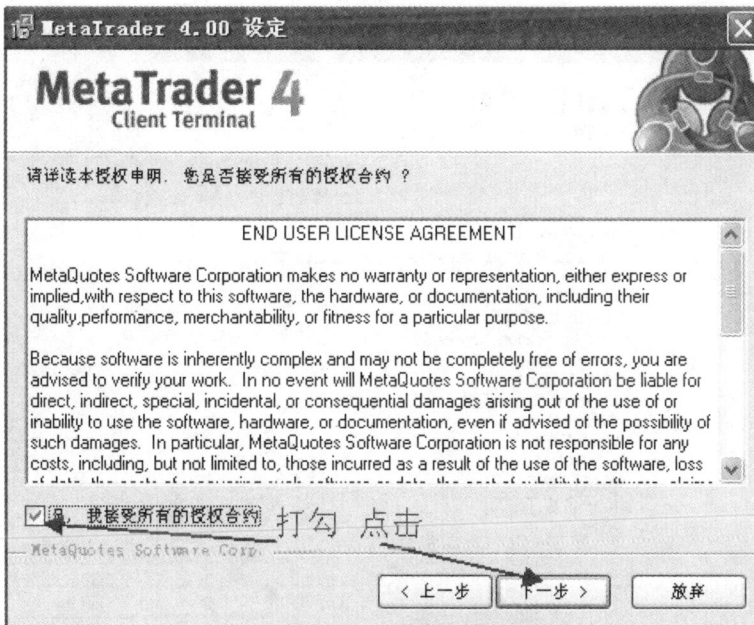

图 5-3　MT4 软件安装（3）

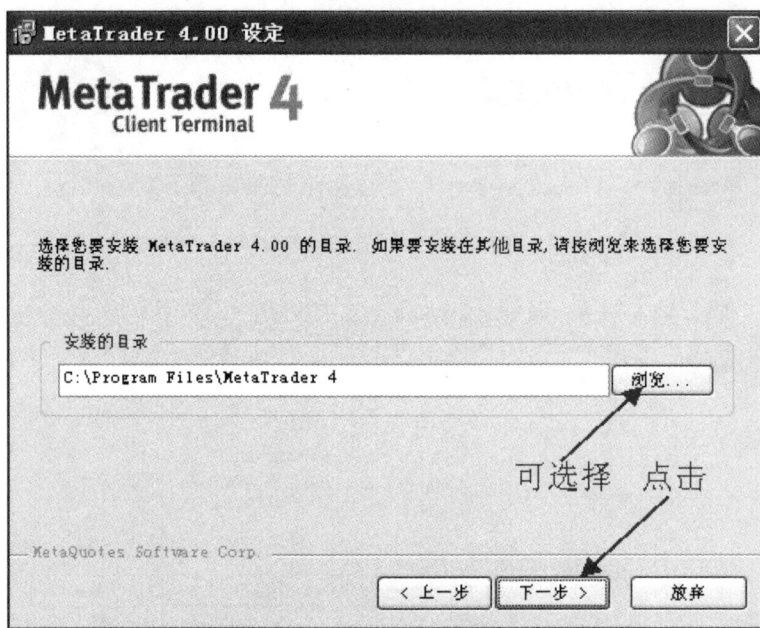

图 5-4   MT4 软件安装（4）

图 5-5   MT4 软件安装（5）

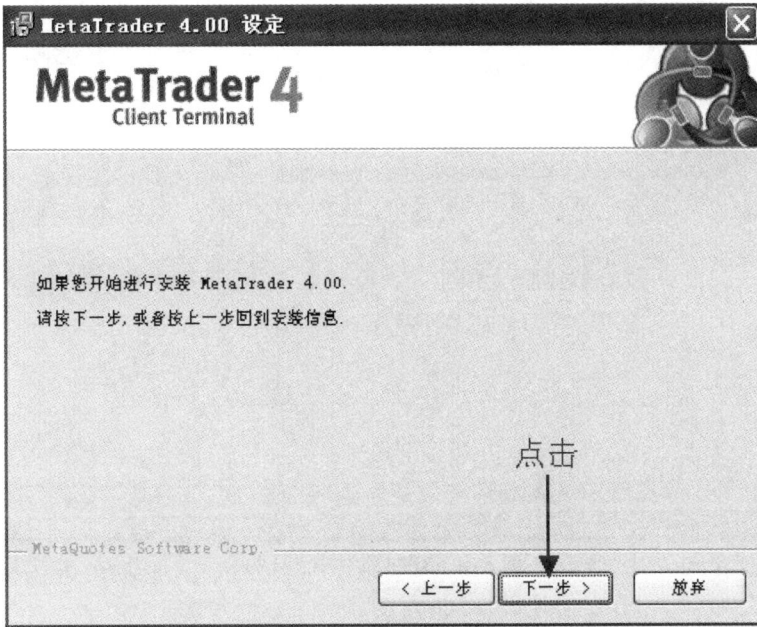

图 5-6　MT4 软件安装（6）

图 5-7　MT4 软件安装（7）

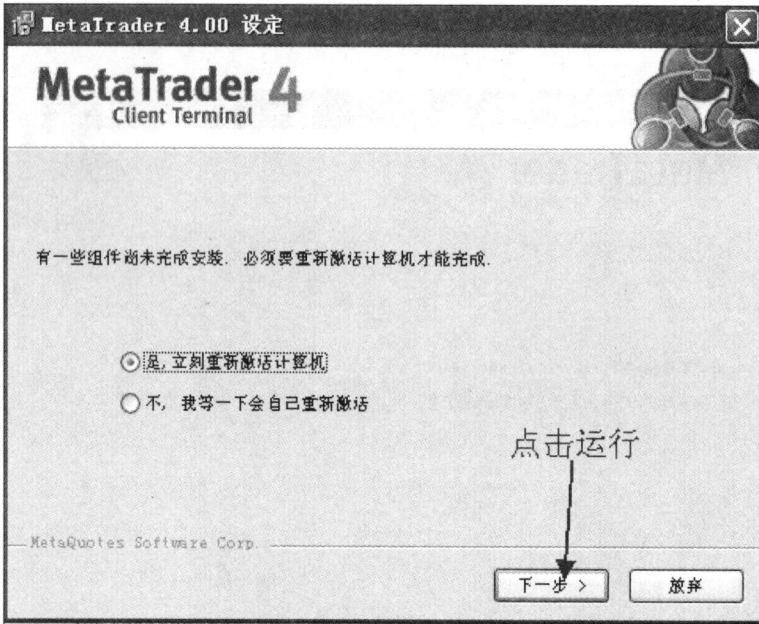

图 5-8　MT4 软件安装（8）

3. 申请模拟账户

软件安装完毕之后，会自动运行，并且要求输入账号和密码。如果您是第一次运行，请申请免费模拟账户，如图 5-9 至图 5-11 所示。

日内交易的模拟账户意义不是很大，日线上趋势交易的模拟账户意义要大一些。

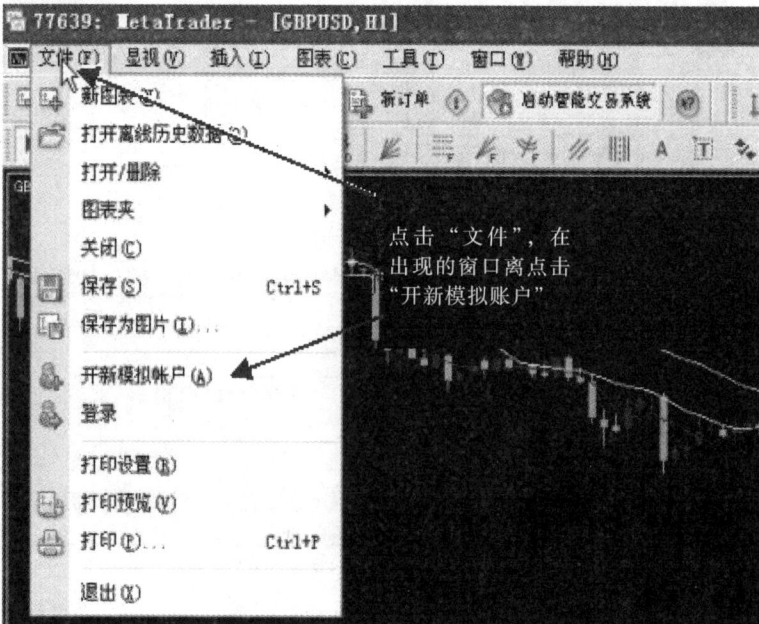

图 5-9　模拟账户申请（1）

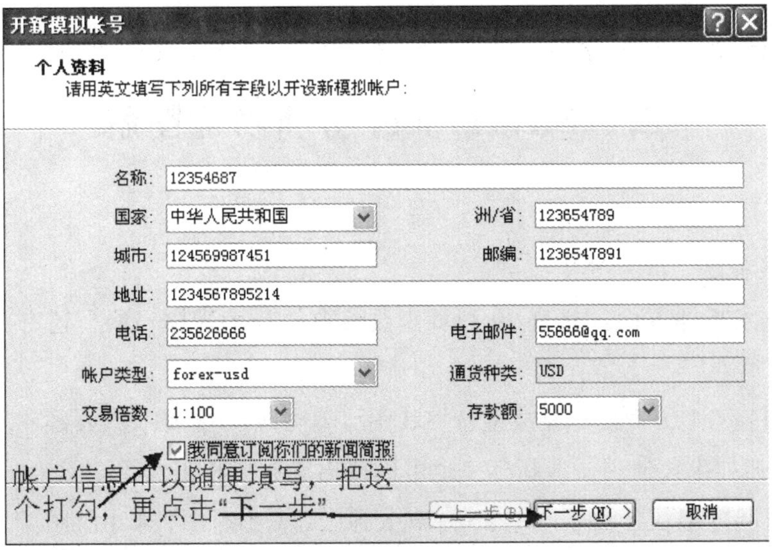

图 5-10　模拟账户申请（2）

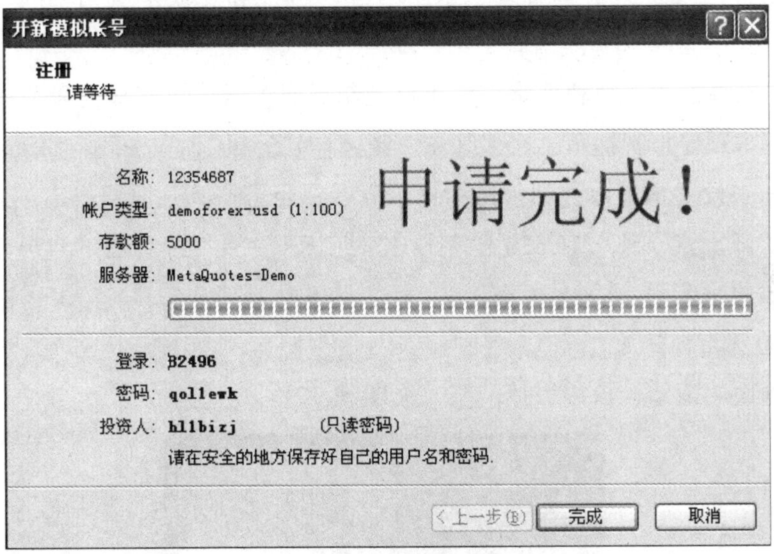

图 5-11　模拟账户申请（3）

二、MetaTrader 分析功能图解

1．功能概述

（1）技术指标方面。具有 29 种可修改参数的技术指标，网上还有成千上万的新指标。

（2）图表类型方面。三种线型：柱状图（美国线）、蜡烛图（K 线）和折线（收盘线），当然如果你使用一些指标，也可以得出点数图和三价线。

（3）时间框架。分为 1、5、15、30 分钟图，1 小时图，4 小时图，日线图，周线图和月线图。

（4）八种画线工具。垂直线、水平线、趋势线和斐波那契回调线（黄金分割线）等。

（5）可选择的界面风格非常多，可以定制黑底黄线、黑底绿线和白底黑线。

（6）汇率预警声音提示。在"终端"区选择"警报"，在中间空白处点右键——设立警报——设置预警币种的价位和提示声音，当汇率到达时将发出声音提示。例如，瑞士法郎设置 ASK < 1.3470 限制 3 超时 10sec。当价位到达 1.3470，10 秒后将报警 3 次，每次间隔 10 秒。

2．画面及指标设置

为了画面的清洁，可以去掉网格（见图 5-12）。

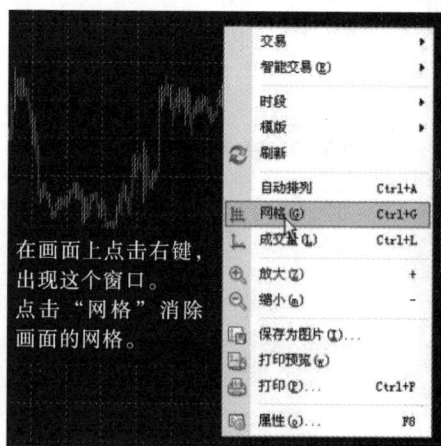

图 5-12　去掉网格

3. 寻找相应的品种

图 5-13 为寻找货币对的方法。

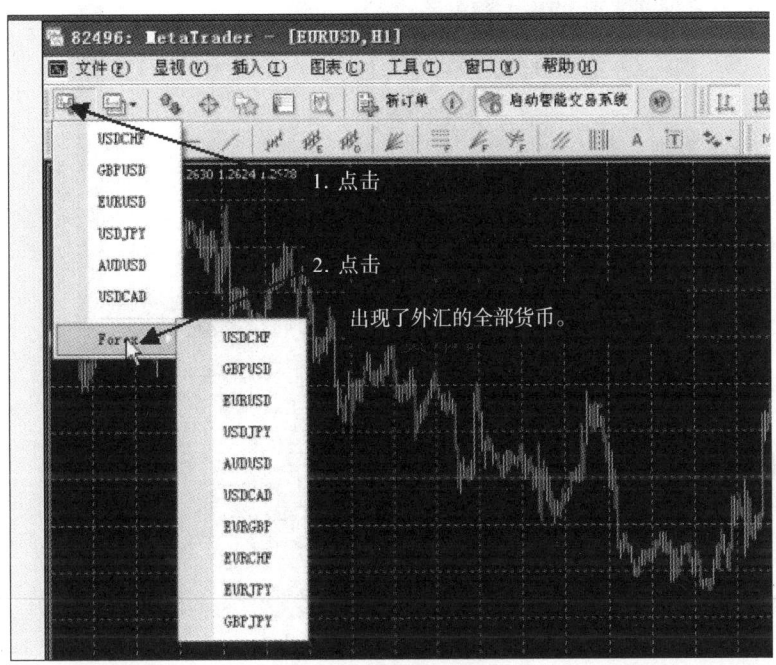

图 5-13　寻找货币对

4. 指标的寻找

寻找指标如图 5-14 和图 5-15 所示。

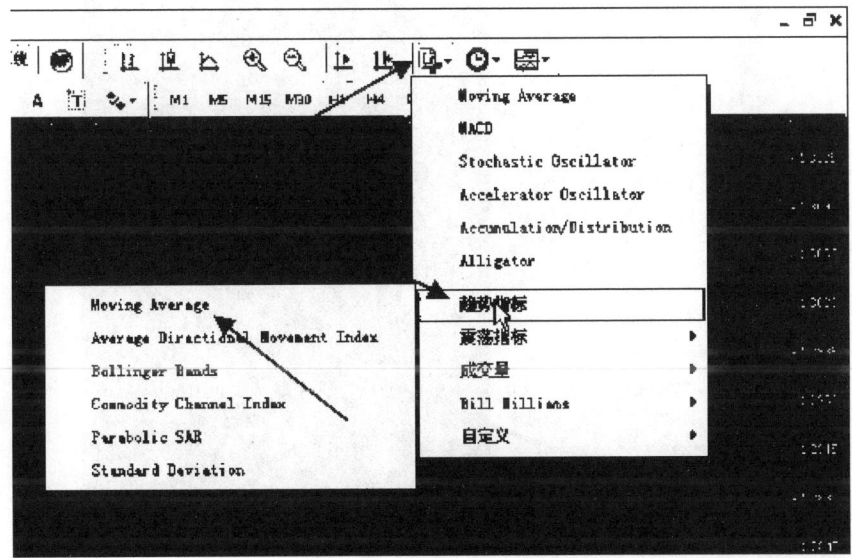

图 5-14　寻找指标（1）

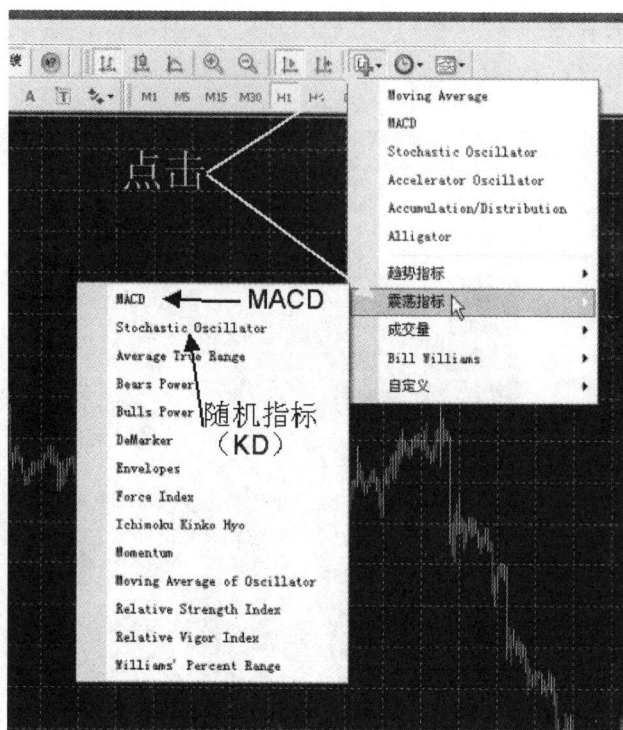

图 5-15　寻找指标（2）

5. 蜡烛线的色彩设置

蜡烛线的色彩设置如图 5-16 至图 5-18 所示。

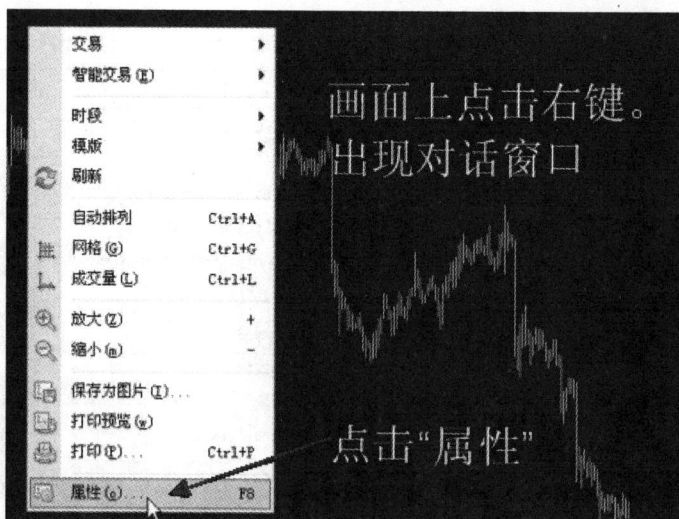

图 5-16　蜡烛线颜色设置（1）

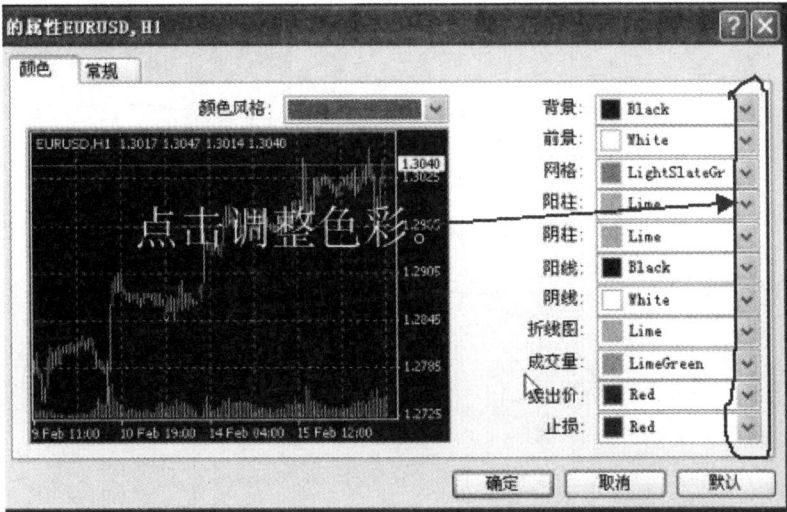

图 5-17　蜡烛线颜色设置（2）

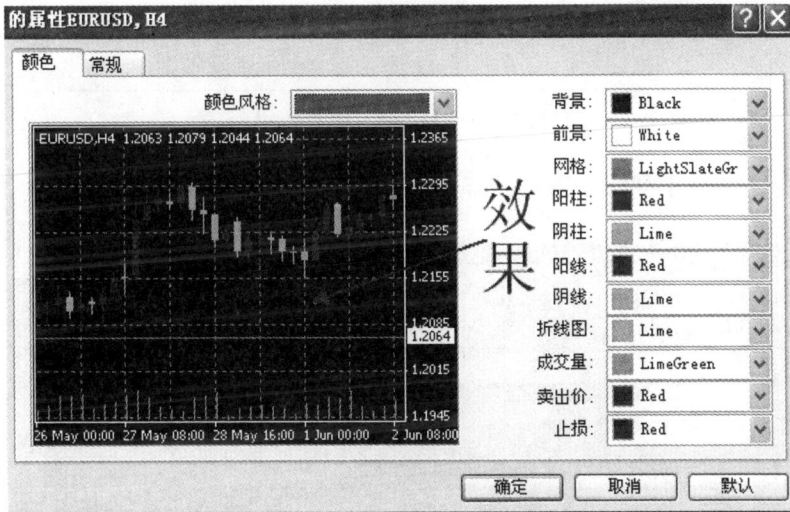

图 5-18　蜡烛线颜色设置（3）

三、更换 MT4 服务器的方法

第一步，在工具的选项里面打开服务器列表，如图 5-19 所示。

不同服务器提供的品种是不同的。

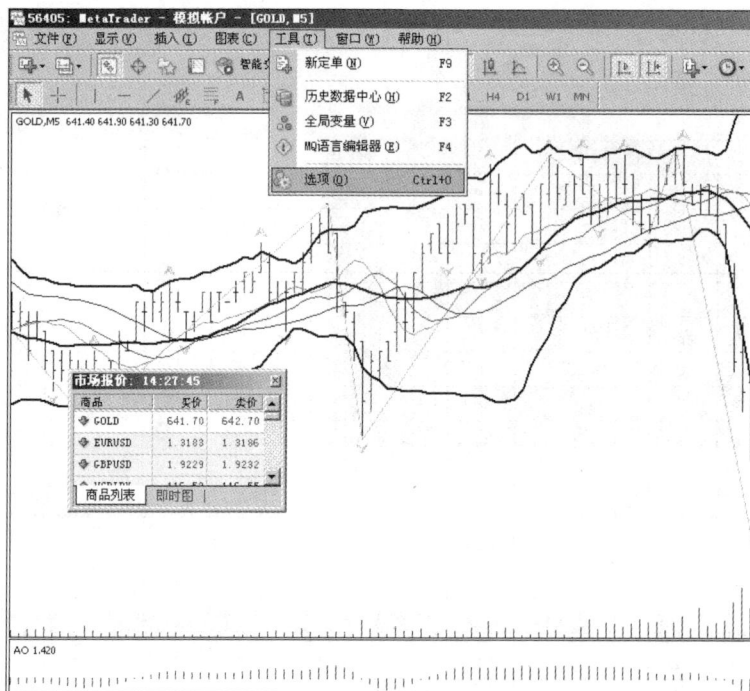

图 5-19　MT4 服务器更换（1）

第二步，将服务器地址拷贝到如图 5-20 所示的位置。

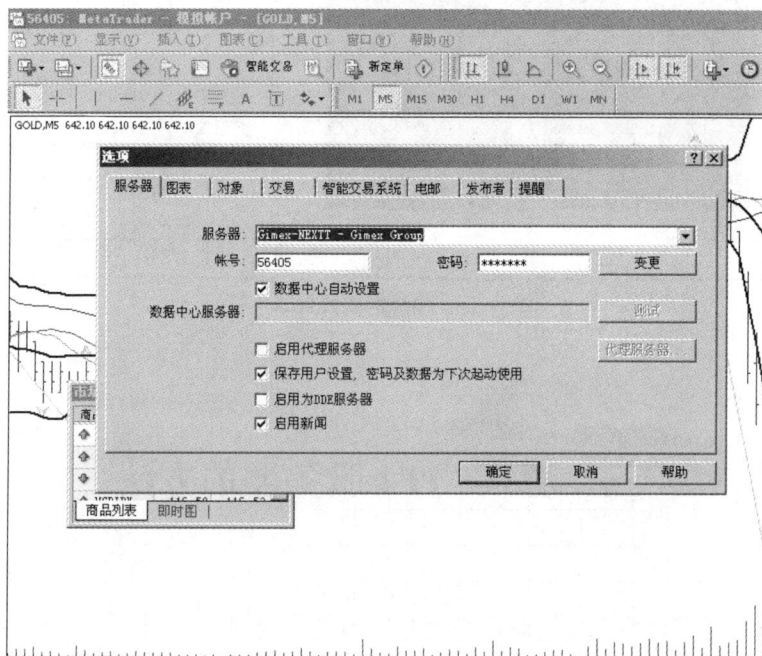

图 5-20　MT4 服务器更换（2）

第三步，新开模拟账号，如图 5-21 所示。

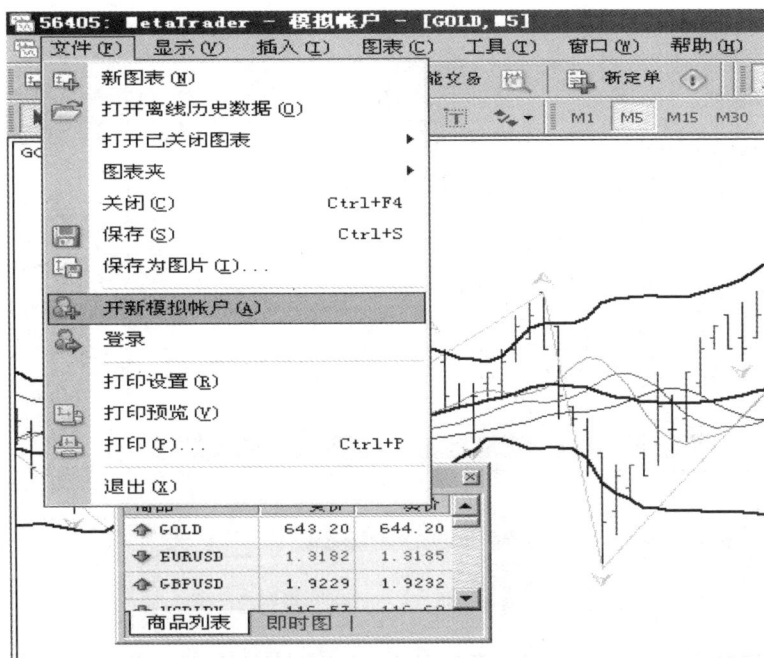

图 5-21　MT4 服务器更换（3）

第四步，填好注册信息，如图 5-22 所示。

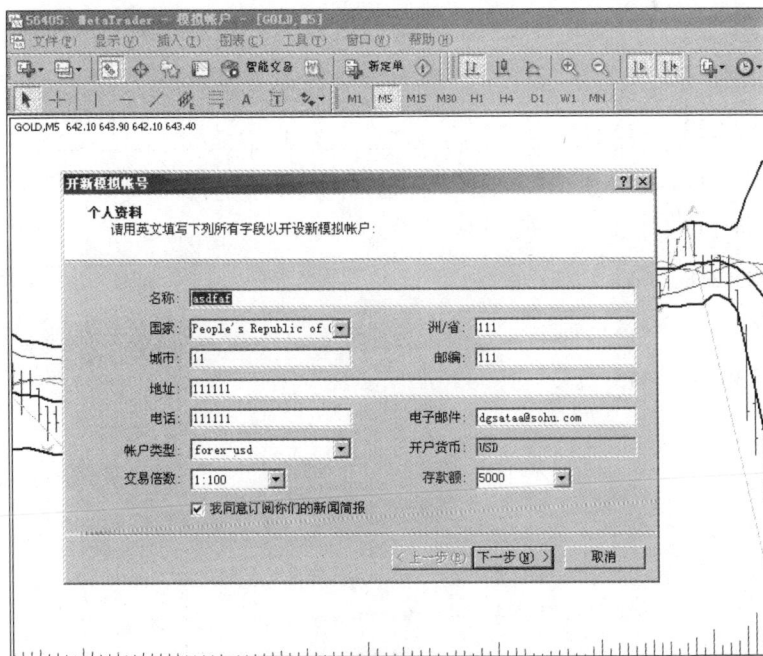

图 5-22　MT4 服务器更换（4）

第五步，选择有连接的服务器，就能注册成功（见图5-23）。

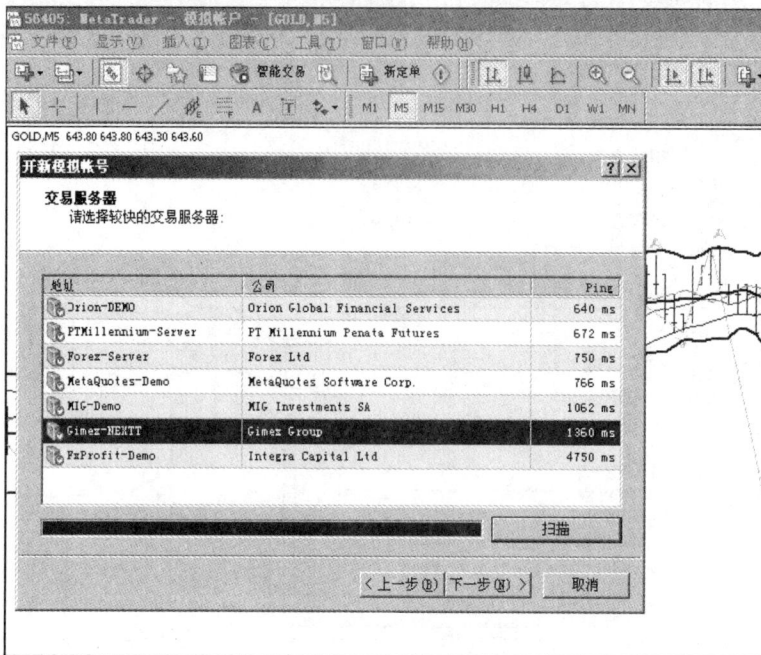

图5-23　MT4服务器更换（5）

当然，由于不同的服务器速度存在差别，而且提供的品种也有很大的不同，所以我们经常需要在分析的时候转换到不同的服务器。当然你的交易账户必须挂靠在交易商制定的服务器上。下面是常用的MT4.0服务器地址：

217.74.32.222：443

209.61.208.17：443

66.148.84.147：443

217.8.185.218：443

212.12.60.156：443

83.142.230.30：443

外汇交易风险

在我们深入下去之前，也是在你开始外汇交易之前，我将以 100％诚实的态度告诉你如下事实：

（1）所有外汇交易者**在交易中都存在亏损**。90％以上的交易者亏损是由于缺乏交易计划和必要的交易训练以及拙劣的资金管理。同样，如果你极端厌恶亏损，并且极力追求完美的万无一失，你将需要很长一段时间才能适应交易。

> 控制中的亏损是外汇交易这门生意需要付出的成本。失控的亏损是破产的缘起。

（2）外汇交易不是失业者、低收入者能玩的游戏。在一个迷你账户中你应该存入 10000 美元的交易资本才能承受损失和向市场交学费。不要奢望你能够凭借几百美元的资本就可以成为亿万富豪。

> 智者之虑，必杂于利害！

一、交易亏损的原因及解决

在外汇交易中，亏损单的形成无非以下几个原因：

> 谁也不能保证能够完全正确预判趋势。

（1）判断错误趋势，通俗而言就是看错方向。入场后行情没有按你预期的方向走，而是直接扑向你的止损位置。

（2）设置的止损位置不合理，随意性太强，没有遵循一切客观的要求。汇率没有直接按预期的走，而是先杀了个"回马枪"后又回头走向止盈，但这个"回马枪"却触

> 合理的止损设置，一方面可以过滤市场波动杂音，另一方面可以让你在判断错误的情况下尽早脱身。

发了止损单。

（3）具体的入场位置不合适。入市属于逆市，或是虽顺势但没有采取措施避免短期冲得过急的时候，行情的逆走空间过大，止损被迫放得很大，寄希望于行情不反扑或小反扑，不如愿时只好在心理压力过大的情况下提前止损了事。

（4）放置的止盈订单过远，没有根据客观波幅规律，没有考虑到绝大多数的情况，一厢情愿地追求"本垒打"。但是汇率因各种原因未能达到预期的止盈位置就回头并反转扑向止损或吊在半空。

那么，我们有什么解决的办法吗？当然，请看下面我们为你提供的解决办法：

（1）单边市时顺势而为，重要阻力或支持位时谨慎从事；震荡区间市时干脆休息或在上下突破位处挂单。

（2）设定止损位置要有技术根据，或前期高点或趋势线，并根据市道再留 5~30 点不等的余地，正常单边市可以少留，冲得过急的单边市和震荡市应多加。

为了平衡操作心理，在判断犹豫时可以采用复合式止损，部分仓位加点，部分仓位不加。

最好运用追进止损，保护盈利，并提高盈利的可能性。

（3）汇率不合适千万不要强行入市，预测突破点，并参照突破点打埋伏入市。

突破点的预测要看一下短期蜡烛线，找出有关键的阻力或支持位置，这个可以借助后面将要介绍的轴心点系统。

（4）设置止盈位要有技术根据，或前期高点或趋势线，并根据市道再留 5~30 点不等的余地，正常单边市可以少留，冲得过急的单边市和震荡市应多加。

为了平衡操作心理，在判断犹豫时可以采用复合式止盈，部分头寸先止盈。最好采用追击式止盈，其实也就是追进止损。

实际进场交易前应预测到达止盈的时间及转势的条件，

单位时间内的平均波幅、经济数据发布后的平均波幅，都是日内交易者的功课。

复合式头寸和操作就是一种中庸之道。

止损就是止盈，这句话是针对什么类型的止损而言？

两个之中一个有，一个已满足却未盈利，应重新考量盘面，视同交易完成下新单，重订止损止盈位置，甚至你可以考虑先平仓出局。

二、停损的观念

其实在一切事业的成功和生活的圆满中，正确的观念是首要的。所以，**外汇交易不会赚钱是因为没有做对趋势，外汇交易会赔钱是因为没有停损**。

作为资深的交易员，我们认为最好的交易工具之一就是停损。你必须在停损点把你的情绪反应、自尊心与交易行为分开，并且直截了当地承认你的错误。大部分人在做这件事的时候都面临相当大的困难，而且通常他们不会把输钱的部分卖掉，反而是双手合十，期盼市场会了解它自己是错的，然后反转回来按照他们认为"应该出现"的走势发展。

这种态度通常都会造成自我毁灭的后果，因为就像葛氏均线八法的发明人格兰威尔（Joe Granville）曾经说过的："**市场根本不知道你是做多还是做空，它对此毫不在乎。**"你是那个唯一会对自己的头寸混入情绪性反应的人。当前市场的走势只不过是单纯反映供给与需求的相对变动而已。如果你为市场的走向而欢呼，就必然有某个人在市场走势不利于你的时候同样欢呼。

接受亏损是一件非常困难的事，因为停损不只是承认自己已经犯了错误。但是在金融市场里，犯错是不可避免且必然会发生的事。在进行每一笔交易的同时，一定要预先设立"认输点"，也就是"临界点"。只要这个价位一到，你就立即止损出场，而你必须要有这种纪律上的修养，在这个点到达时确实执行停损。

正确的观念必然是有效的观念，否则所谓的正确不过是口舌之争而已。

金融交易是治疗自恋主义者的良药。我一直强调说金融交易是一种心理治疗方式，不是空穴来风，故作高深。

我曾和一位进行美股和标准 500 指数期货交易的老哥儿们一起打网球。在打网球的时候他不停地为他在海湾网络（Bay Network）这只股票赔了大钱而唉声叹气，一直表示他不知道哪里做错。他在那只股票 43 美元时进场承接，在股价随后跌至 35 美元的时候，他犯下了操作大忌——加倍加码买进。然后他就坐在那儿无助地看着心爱的股票跌到每股十几美元的价位。"更让我气昏的是，"他说："这只股票在跌势当中曾经强劲反弹过几次，而我却没有砍掉头寸，只是在那儿看着我的钱缩水。"我问他："你原来的交易计划是什么呢？""我的计划？我要抱着这只股票直到它回到 50 块钱为止啊。不然要怎么样？"

其实，这就是交易"门外汉"的问题所在了。他们只有一半的计划，简单的那一半。他们知道他们预计要赚多少钱，但是对于准备输多少钱却一点概念都没有。他们只知道赚钱，**只知道进攻，却很少预先想到最坏的情况，并做好准备**，他们通常都不防守，敞开膀子让对手打。

他们就像上了马路的鹿，眼睁睁看着迅速接近的车灯发愣，不知所措，只是呆呆地站在原处等着被车碾过去。他们对处于亏损的头寸采取的唯一举措就是："老天爷！求求你！让我逃过这一劫，我再也不会犯同样的错误了。"但这完全是运气，因为若他的头寸又回到原价，他们马上就会把老天爷忘到九霄云外，开始觉得自己真是天纵英明的交易奇才，然后总是再度犯下同样的错误，他们一定又会被再度套牢，而且会被套得很惨。

绝大部分交易者没有办法了解的一点就是，**当你正在输钱的时候，你也正开始丧失客观性。不管任何时候开始感到妒忌、情绪化、贪婪或是愤怒时，你的判断力就会大打折扣。**市场才不在乎你在干什么，这就是为什么当你到达停损点时就该放下自尊，轧平赔钱头寸的主要原因。如果你和大多数的人一样，在这方面有无法克服的自我障碍，就该学学希腊神话里的奥地修斯（Odysseus），把你自己绑

计划你的交易，交易你的计划，在交易结束后再修正，而不是在交易中。

自助者，天助之。金融市场从来不相信眼泪。

情绪是个好东西，前提是它不影响你的客观判断！

在船的桅杆上，利用自动执行的停损指令，来帮助你把情绪阻隔在这场游戏之外（奥地修斯把自己绑在桅杆上，以防被海妖迷失心智而跳海）。

止损可以两种方式执行：在你的外汇经纪商那里放一个限定价格的止损指令单，或在你自己心中设定一个价位，不管发生什么事，只要价位一到就执行市价止损。不论你使用哪种方法，**止损是一种自我保护的投资**，因为只要你对行情的看法是错的，停损将使你免于因保留亏损部位而遭受严重的损失，并让你不至于掉进一个可能越挖越深的无底洞，更可以保留东山再起的实力。**停损自动把你的脑袋从负面思考中拉回中性的思路中**。虽然在停损后你的钱不会回到原点，但是你的心智将回到能够重新组织和产生新点子的状态，你的脑筋不再因为亏损部位而停滞不前。

止损就是一种重启系统的行为。

你在一笔交易中亏损越多，那么你将变得越来越主观。及时地从一个赔钱的交易中脱身可以使你的头脑清醒，并使你的客观性得以重建。在片刻的喘息后，如果你能够客观而理性地证明原先的想法依然可行，可能会重新建立同样的部位，但要随时提醒自己市场上多的是机会，不一定非要单恋一枝花不可。借着停损，你的交易资金因而得以保护周全，你因此也争取到下一个高获利、低风险交易机会的参与权。

三、致命的交易习惯

1. 没能及时停损

停损是任何一个金融交易者都必须首先学会的一课。因为任何好的进攻策略都是建立在防守得当的基础上的。在外汇市场中，错误的观念和人类习性导致我们总是让亏损不断扩大，**成功的外汇交易就像成功的生活和事业一样，**

不得贪胜！这四个字究竟应该怎样去理解？不是说要让利润奔腾吗？只惦记着取胜，扩大战果，忽略了防守，这就是贪胜了！

是由我们控制损失的水平所决定的。如果你真的想成为一个精明的外汇交易者，必须掌握如何让损失变得更小。学会如何正确地亏损，这才是成功的关键。其实这并不难，我们拥有解决这一问题的一切资源，而要启动这些资源，则需要我们下定决心遵守纪律和交易系统的指令。

我们要学习墨菲法则的精神，永远做好准备预防最坏的情况发生。**抱最大的希望，尽最大的努力，做最坏的打算。永远不要在还没有决定你该在什么位置退出时，就匆忙地开始一笔交易。**也就是说，永远不要没有设定止损就开始一笔交易。想好退路，再前进。**政治斗争的艺术在交易中永远实用。**

有着铁一般的意志，坚定地执行你的交易指令，总是坚持你预先设定的止损。这看起来非常容易。但是只有很少的有抱负和意志力的交易者能够有足够的自律达到这一要求。这么难做到的原因究竟是什么呢？毕竟，止损出局就是明白无误地承认自己当初的判断是错误的。这个行为当然不会带来人类天性渴求的那种骄傲的感觉，也不会维护一个人的脆弱的自尊。

但是那些真正的金融交易大家已经学会了去克服这些人类天性中的致命因素。他们已经成为以令人瞠目的意志止损的行家里手。他们能够做到这些是因为他们已经培养出了对那些无效的头寸无法容忍的感觉，并且错误信号一出来时就会了解这些头寸的存在，永远不持有错误的头寸。

这确实很难做到，因为我们有着人类固有的短视和惰性。如果你很难坚持系统发出的止损指令，先养成了结部分头寸的习惯吧。毕竟这样的做法满足了两种对立的冲动，摆脱结束亏损头寸的冲动和寄希望于亏损头寸得救的冲动。通过把心理问题剖成两半，外汇交易者通常会获得更大程度的清醒和精神的集中，这时候他们的心态回归中性，取得了平衡，从而可以自主地思维和决策。单从心理层面来讲，交易者发觉他们的执行停损指令不再那么困难了，因

没有止损的人生，绝对是失败和苦闷的人生！

利用对手的非理性，克服自己的非理性，大脑的边缘系统是非理性的根源。与对手盘的边缘系统为友，这才是成功交易者应该做的。

此会感觉好一些。如何处理剩下头寸的问题仍然存在，但是因为部分头寸已经解决掉了，心理上的中性态度出现，拿出一种可行的办法变得更加容易了。

2. 过于在乎盈亏本身

多年之前，那是我在外汇交易一年之后，发觉**市场存在一个催眠能力，价格就好比催眠师手中的催眠棒，它引导着交易者的意识单一化，从而慢慢进入催眠状态，然后就会进入市场的圈套**。所以，我发觉必须与市场保持一定的距离。如果你坐在电脑前面，一刻不停地监视着汇率如何涨跌，那么这种行为最终会夺走你长时间累计的交易利润。这个过程，通常叫作"数钱"，在这个过程中交易者被催眠。恐惧深入潜意识中，而且提高了每一刻的意识中的不确定性，使人无法将注意力集中到正确的交易策略上，而正确的策略将最终决定着我们能获利多少。结果我们完全失去了对于交易的控制。

太过专注于"账户的盈亏"的念头，而不是"你是否顺应了市场趋势"，将会导致不明智的、缺乏根据的下意识和冲动的反应。相反，交易者必须确信他们当下的交易行为和持仓方向是符合当下的市场趋势的。只要顺应了市场的趋势，那么利润是自然而然到来的。

"数钱"习惯通常是那些初级交易者犯的毛病。这种行为不仅亏空了交易者可观的收益，而且助长了潜意识中长期存在的不确定感、对损失的恐惧和一种能够导致毁灭性交易行为的情绪。

要改变数钱的习惯，我们需要对每一笔交易设置两个保护性的卖出价格，来卖出你的全部头寸。你做的每一笔交易都应该有一个入市点和两个出市点，即止损位置和止盈目标。止损是为了保护，止盈是为了获利。当然，如果你是趋势追随交易，那么你最好使用追进止损作为止损和止盈的合二为一工具。

坚持这条原则：仅当你所持有的头寸到达止损点或止

如果你很难下决心止损，很怕止损，那么把账户金额或者入场的资金比例降下来，直到你觉得不那么难受和担忧。

盯着账户盈亏是激活一个人边缘系统的最强有力的方式之一。

盈点位时卖出，不管哪一个发生在前。交易者需要把每一笔交易的命运放在他们的交易策略上，而不是在他们自己的贪婪或恐惧上。不要抱着期望在市场中生存，不要在乎当下的得失，要在乎当下是否符合了市场趋势。

但是，在你刚进行上述强制操作的时候，如果实在无法克制提前卖出的冲动，可以采用复合式卖出法。在你想要提前卖出的位置，仅卖出一部分，保留剩下的那部分头寸直到策略许可的卖出点。这样，你既满足了想卖出的渴望，同时又保留了你的交易策略的完整性。

3. 操作在时间上的不一致性

如果说外汇市场的运动存在周期，那么没有一个周期开始、另一个周期结束的精确的点，而是在交汇点重合。在多重的时间框架中，很多市场参与者都会犯的一个非常普遍的错误是：在一个时间框架中买入，又在另一个时间框架卖出。这个"转换"时间框架的问题不过是忽略止损的一个理由罢了，而止损是我们对付灾难的唯一的保护。其实这里面更深层次的问题是没有坚持操作中的一致性。

我们主要是讲操作中在通过时间框架上移来推迟卖出。通过从一个时间框架转换到另一个时间框架，交易者推迟了成为失败者的最终感觉。用一个脆弱的计划来掩饰他们的失败，通过培养错误的希望麻痹自己进入一个致命的否认状态。犯这种错误的交易者事实上不适合交易，市场不会容忍他们伪装太久。最终，转换时间框架的错误将会侵蚀交易者的决心，剥夺他们思考和自由行动的能力，把他们永远贬为悲惨的受害者。

这种转换时间框架的致命错误是不能允许它存在的，必须彻底清除，因为每一次犯这种错误，都会使交易者违背交易的一致性原则，一旦习惯形成，就很难打破。

一般来讲，如果你在一个时间框架内买入，那么务必在同样的时间框架内设立你的卖出点。你可以在较低时间框架内卖出，但是不能在较高的时间框架下决定推迟卖出。

> 不要在乎单边交易的得失，要在积累了足够的样本之后再来检讨和改变。

> 操作时间框架上的不一致根源还是在于没有一个清晰的交易策略。没有清晰策略就无法检验和改善。

也就是说，卖出的决策时间框架可以比买进的时间框架更低，但是不能更高。

随着时间的流逝，你可以调小止损空间，但是不能调大止损空间。可以调小止损点当做多（空）的时候不可向下（上）调整止损（出市点 1）。如果你试图将止损扩大，那么这通常是你要犯转换时间框架错误的一个主要的信号。向上调整保护收益可以，但是向下调整止损就失去了意义，并且会使你更不情愿去做你原定要做的事。一旦你采取了这种行动，你将会一而再、再而三地这样做，直到止损失去了保护你免于灾难的能力。这两种方法将会很容易地阻止你犯转换时间框架的致命错误。

> 其实，所有这些错误每个交易者在构建起自己完整和有效的交易策略之前都会一犯再犯，只不过你要让这个过程缩短一点。

4. 等待市场完全确认你的判断

在实际交易中，我们看见很多刚经历连续亏损的交易者总是犯这样的错误。对外汇交易来说，在行动之前需要确定性是很自然的。但是金融交易的真相是发财的机会总是给那些不需要知道更多就能明智地行动的人。**人多的地方，钱少。**

市场是先行的，大的获利机会总是在事实完全显现之前出现。在交易之前想要知道市场确切方向的人将会永远落后一步，并且永远处在错误的一面。那些不被追求完全确定性的需求所束缚的交易者才能自由行动。当他们真正理解了不确定性的智慧时，他们就成了图表制造者，而不是图表阅读者。这里的要点就是，当你知道所有事实的时候，机会已经跑了。

> 主力的预期主导市场未来走势，而不是既成的事实主导市场未来走势。

一些从小生活在温室环境中的交易者总是寻找危险的存在，这并没有错，关键在于他们总是通过避免行动来解决这个问题。"等待市场完全确认你的判断"是一个致命的交易习惯，一个使交易者在该采取行动的时候不采取行动，在不该采取行动的时候又鼓励你精确地采取行动的错误。我们讲的是概率，不是代数，那些直到所有事实清楚之后再交易的交易者永远不会成功。

作为成熟的外汇交易者，不要简单地紧跟利好数据的脚后跟买进。

为了克服这种追求零风险的心理偏好，使用图表来形成你的买入和卖出的决定 。不要等待市场已经完成了你的判断时才入场。

在外汇交易中，当你发现自己因为想要知道更多信息而犹豫时，立即停下来，问自己：**"我所寻找的东西对交易来说是必要的，还是我只是在寻找更舒服的感觉？"**这个问题将会结束忙乱的行为。

5. 自命不凡

在股票牛市的环境中，人人都认为自己是巴菲特。当市场对你非常好，所有的情况都对你的交易有利时，你无法逃出疏忽的毁灭之手。当一连串的盈利使你的钱包鼓起来的时候，你必须尽全力去保护你辛辛苦苦得来的收益，保持能帮助你产生这些收益的清醒头脑。很遗憾，每一个交易者最终都很难意识到连续的盈利通常会降低自己本身的警觉性，这时自满已经乘虚而入占据了思考的中枢。

绝大多数的交易新手不理解这些是因为他们没有认识到当获利了相当长的时间后，那种他们熟悉的市场环境的一些特征将要发生变化。事实上，很多情况下，市场环境以及它所带来的机会都已经发生了变化。拿中国股票市场来说，涨跌停制度的建立，印花税的调整对于市场的交易结构有很大的影响。它已经不再是那个交易者在第一天开始交易时的那个市场。它有了不同的特点，和一系列不同的机会。然而正是在市场将要改变时，那些没有经验的交易者开始变得自满，提高筹码，冒险赌博，而没有意识到那个带给他一连串胜利的环境已经不存在了。

你应该学会在每一个连续的获利之后，退后一步。在交易非常顺利的时候，试着把你交易的筹码减少一半；在交易非常顺利的时候，刻意减少交易的频率。

信息是为了提高判断效率，而不是为了满足安全感。

很多还未完全从儿童自恋情结走出来的成年人很容易在成功后自命不凡，在失败后一蹶不振。因为他们认为成功和失败是天赋决定的，因此容易自暴自弃或者傲视一切。

J. L 叮嘱了自己无数次，要在暴利之后取出一半利润。

6. 通过错误的方式获利

作为人类文明几千年演化来的产物，我们都知道钱可以通过正直诚实的方式获得，另外，我们也知道它可以通过不诚实的、可耻的方式获得。最终结果可能是相同的，但是获取钱的手段可能大相径庭。

这就好比是问一个心外科医生和一个毒贩一样挣很多钱，是否能够被同样尊敬一样，当然不能。在交易界同样是这个道理。**许多交易新手没有意识到以错误的方式在市场中获利也是可能的**。想一想那些在某个头寸上没有坚持保护性止损的人，这样做可能最终会在这笔交易中赚钱，这些人并不知道他们对自己犯了罪，惩罚会随之而来。这些人领略了错误的成功滋味，市场将会或早或晚收回这些不应得到的利润。下一次这些人在一个引发了保护性止损的交易中时，你认为他们会怎么做？当然是再次无视止损。

错误的行为尝到一点甜头可以引起错误的观念，以为这就是赚钱的正确方式，从而让自己偏离真正的交易成功之路。**不正确的方式赚钱会强化坏习惯和不负责任的行为。**一旦交易者品尝到了来自错误方式的成功滋味后，他们几乎总是要去重复这个错误直到这种错误方式打劫了自己，并收回了用不正确的方式获得的钱甚至更多的钱。

> 以低效或者错误的方式为人处世，也能获得一些好处，但他们没有看到损失的利益更多更大。金融市场与人生何尝不是一样的！

外汇交易大师对于在市场中交了好运不感兴趣，他们不去追求、希望进而享受那些尽管他们犯了错误、采取了错误的交易操作仍然来到他们眼前的收益。真正获利的交易者在市场上没有礼物。

> 真正获利的交易者在市场上没有礼物，机遇偏好做好有效准备的交易者。

正确的行动和正确的方法不会总是为诚实的交易者产生利润，但是有一件事是肯定的，多次重复的错误行动，最终会导致一个懒散的交易者的灭亡。确保你是以正确的方式获利吧！

后面我们会谈到交易日志，你应该好好利用这个工具来管理自己的交易行为、情绪、思维和习惯。在每一笔获利的交易之后，回顾一下交易的每一个环节：进场、资金管理、初始止损设置、监视市场、退出等，找出错误和违反规则的地方。一个非常关键的问题是，与这些不是真正的获利交易相伴随的胜利者的感觉。每当交易者容许自己在一笔交易中感到像胜利者，而事实上那并不是真正的胜利时，它们就传达了一个信息——所做的事是正确的。这将会强化错误的行为，鼓励一个人去重复这些错误。不用说，错误最终会抓住这个交易者。这就是条件反射。

作为外汇交易者，你应该意识到两个邪恶的习惯——希望和自我欺骗，是导致以错误方式获利的两个罪犯。

7. 寻找支持进场和持有的理由

让我们来看一看你是否能够找到在下列场景中交易者做错的地方。一个激动的交易者在一个日内交易图表中发现了一个很好的交易机会，所有的一切看上去都很合适，并且所有的市场指标在经过一个下午的整固之后在一个特别积极的交易日开始活跃起来。然后，触到了入市的点位。交易者执行了操作并且成交了。在短暂的上涨之后，突然开始掉头向下，吐出了短期的获利，现在正在入市点位盘整。

"发生了什么？"交易者想。"这是非常滑稽的！"午后的上涨现在完全蒸发了，市场明显很弱，并且是报复性的。现在他的止损只有一个点位了。交易者开始研究，寻找为什么完美入市的品种开始下跌的线索。在检查了所有的新闻之后（没有新闻），交易者检查了日线图。"是的，日线图看起来很好。真的很好。"他评论道："我要把止损下移到今日的最低点。对，不可能跌破这一点。"10 分钟后，随着完美入市的品种带着他的钱跌向下方，新的止损被击穿。这令该交易者很困惑，他平掉了头寸，不敢相信损失了这么多。这个交易者什么地方做错了呢？是不是交易者忽略了发展中的市场的弱势呢？不完全是这样。交易者犯了三个致命的错误：

（1）操作上的时间框架不一致。选择和买入基于完全的日内的基础，由一个日内的入市点和一个严密的日内止

损点，转换到了一个日线图，并且基于日线调整止损完全改变了初始的交易，使初始的风险和收益比例向不利于交易者的方向倾斜。

（2）所谓"计划交易，交易计划"，上述交易者虽然计划了交易，但是却没有交易计划。坚持初始的计划，不论是什么时间框架，是绝对必要的。没有执行交易计划把你置身在市场的恩惠中，腐蚀了有效交易的必要的自信。

（3）合理化自己的错误行为。其他两种错误的心理基础，使时间框架和计划的变化合理化是一种变相否认交易计划的形式，否认正在发生的事实，进行自我欺骗。诚实，真正的诚实，无论真相如何丑恶，将使你置身在大多数市场参与者之上，这些人不能从内心唤起力量，相反宁愿保持舒服的状态，把他们的损失归咎于某些事或者除他们之外的某些人。

复盘是对计划和行为的复盘，而不是只对盈亏做一个记录。

合理化自己的失败，暂时拯救了自尊，但是却毁掉了让能力成长的机会。

总而言之，**如果你希望带着智慧来接近市场，计划你的每一笔交易是必需的。大多数失败的交易者凭着感觉驾驶，甚至没有一点关于何时制定交易计划的知识。**然而，计划了你的交易但是有没有按计划交易是一个更严重的罪恶行为。那些知道怎样去做，但是却没有那样做的人最不配得到这种知识，市场通常会留心让他们得到他们应得的回报——损失。合理化是隐藏在这种和其他许多致命的错误之后的罪魁祸首。因为多数人本性上是过分乐观的，他们很难结束为他们带来损失和痛苦的事件。当该采取行动时，可以说很多人无法集聚足够的决心和勇气。相反，他们开始了一个合理化的过程。这个说服自己不要去做正确的事的过程最终会令交易者完全离开这个游戏。

交易者必须关注以下几个信号，当这几个信号出现时，交易者必须意识到他们在合理化自己的错误：

（1）问"为什么"品种会有这样的表现。在一个品种的行为背后问理由对于交易者已经计划好的行动没有任何意义。交易者正确的行动是首先卖出，然后再问为什么。

（2）检查新闻。了解新闻本身不是一件坏事。然而，当核实新闻背后的真正目的是推迟计划好的行动时，它就不过是一种逃避主义的做法了。

（3）以"可能"的用语来思考。每当一个交易者在止损或者价格目标要求行动时，开始使用"可能"，不确定就占了上风。坚持预先制定的交易计划几乎总是比在中间选择改变要好。这种对先前计划好要做的事情的坚持可能不总是会产生最好的结果，但是它将会培养自律，而自律是一个交易者最宝贵的品质。一旦一个交易者发现了合理化的信号，唯一正确的行动就是：了结头寸。

（4）卖出全部的头寸有困难。通常情况下，如果一个交易者尝试寻找一个理由留住一个头寸，很显然没有明显的理由。寻找理由意味着没有理由。一个没有一个坚实的理由而留在一个头寸中的交易者将会是一个失败的交易者。

四、从模拟账户开始

外汇市场对投机客来说是天然的乐园，因为它拥有巨大的规模、很好的流动性，以及极其强劲的货币汇率运动趋势。或许你认为全世界的外汇交易者都是功力高深的顶尖杀手，但事实是成功只属于一小部分交易者。

很多交易者抱有不切实际的高期望，这反而误导了他们的方向，其实在交易中他们所缺乏的是交易所要求的纪律。绝大部分人总是缺乏坚持合理饮食或是每周去三次体育馆锻炼的自我约束能力。如果你连这点都无法做到，那么你怎么认为自己能够在交易上取得成功呢？

短期交易不适合业余交易者，并且它也不太可能是短期暴富的可靠路径。如果你不能承担巨大的风险，那么你就别想争取巨大的利润，风险总是与收益相伴的。一个承

担了巨大风险的交易策略，其表现总是很不稳定的，并且经常遭受重大的亏损。一个这样做的交易者很可能都没有交易策略，除非你把乱赌一气称作交易策略。

外汇交易不是一个迅速暴富的路子！

外汇交易需要花费时间和精力来学习！

有技巧经验和纪律的交易者能够在此领域挣到很多钱。然而，同其他职业或者工作一样，成功不会隔夜就冒出来。在我每月能稳定挣到10%的算术平均利润之前，我连续亏损了两年。

外汇交易并不简单，但很多人却非常希望你这样认为。仔细思考一下，如果它真的这么简单，那岂不是人人都是百万甚至千万富豪了？真相是即使最有经验的交易者仍旧会遭遇周期性的亏损，当然这跟市场与交易策略的周期性错配有关。

把这句话印在你的脑子里：**外汇交易不存在捷径。必须花费很多的时间和精力才能成为真正的大师。**就像黑客的修炼一样，需要掌握编程、系统、网络协议等很多内容以及具体的工具才能入门。

除了勤奋和艰苦的工作这里没有其他的办法了。方法只是一个方向，缺乏努力就算找到方向也无济于事。在模拟账户上开始交易吧，要把钱尽量当作真的，当然最后还是要在真实账户上交易才能获得某些心态和关键细节方面的东西，但平时多流汗战时少流血总是好的吧。

在你没有在模拟账户上稳定盈利之前不要开立一个真实账户进行实际交易。

如果你不能在模拟账户上坚持到能盈利为止，那么至少坚持做两个月的模拟账户。虽然你不能保证做到盈利，至少你能保证坚持亏损两个月吧。如果你不能坚持操作两个月的模拟账户，那么就不要做外汇交易了。不能对自己严厉，市场将会对你严厉！不能给自己教训，市场就会给你教训！

> 策略与市场周期往往存在周期性的错配关系，你去看一些成功交易者的资金曲线走势就会发现这样的情况。

> 交易者是被教训出来的，而不是被教育出来的！

外汇交易员"毙命"的首要原因

一、杠杆杀手

许多职业交易者和资金管理大师一般采用每 50000 美元交易一手的办法。也就是说一个 50000 美元的账户，他们一般交易不超过一手。这可能令许多国内的交易者感到难以接受。但是，事实就是这样。国际上对冲基金采用 30 倍的杠杆率已经算很高的了。

如果这些职业交易者交易的是迷你账户，那么他们每 5000 美元的资金只交易 1 迷你手。也就是说如果他们的账户是 10000 美元，他们最多交易 2 迷你手。

把上述数字在你脑子里留个印记吧。

如果一个专家级别的交易者尚且如此谨慎，那么一个菜鸟级别的交易者难道不应该更加谨慎吗？所以，也许你应该每 6000 美元交易 1 迷你手。特别是你刚开始交易时，将仓量放到最低是有好处的，这好比先热身一下，让你有充裕的资金渡过开始这段最艰难的时期。之所以说这段时期艰难，是因为这段时期你都是在向市场交学费。

无论外汇经纪商向你说了什么，不要以 2000 美元开立

场外资金管理做得好，高杠杆在某些情况下反而是暴利的来源！不过，初学者还是按部就班吧，不要好高骛远。

一个标准户头，也不要开立那些仅需 250 美元就可以交易的迷你户头。如果船太小，你怎么在大海中航行，能浮在水上并不意味着就能航海。同样，能交易并不代表就是可行的交易，并不代表你能够生存下来。**如果仅是为了能够交易，而不是为了成功的交易，那么有什么意思呢？**开立过小的账户在一开始就注定了灭亡的基本结果。当然你可能听到某人以 250 美元做到了 10000 美元，但是这样的人又有几个呢，可能比中彩票的概率还小。况且这些人后来又如何了呢？

如果你想在这节课上记住一些东西，那么记住上面这些就差不多了。这算是我们给一个新手的忠告吧。千万不要相信那些听起来太好的事情，也不要轻信自己的能力。对于初学者而言，你没有任何交易能力可言，也没有交易天赋可以凭借。在金融市场上，你最好不要认为自己有天赋，但是你无妨相信别人有天赋，这样你反而进步得更快一点。

请你一定要保持一个清晰的思路，握紧钱袋子，不要输给市场，也不要拱手送给骗子们。

我相信绝大多数交易新手都会以最小数额开立他们的交易账户，但是看了教程的你们千万不要这样做。而且绝大多数新手也会在交易时动用最大额的资金，希望你们反其道而行之。**当你渡过最艰难的时期后，你可以逐渐增加你的交易额到一个可持续和可管理的合理水平。**

你是完全意识到杠杆在交易中的重要意义还是完全忽略这种意义，对于你的交易是极其关键的。如果你没有彻底明白杠杆和保证金的意义，那么我敢保证你将弄暴你的账户，最终的结果只有一个——穿仓。

刚开始的练习账户要量力而行，不要一味求大。如果你现金流充裕得不得了，那么可以适当大些，如果你捉襟见肘，那么就尽量以练习为目的，不能因为练习而让生活都成问题了。

杠杆是随着你的能力提升而提升的，杠杆是随着你的资金规模提升而下降的。

二、杠杆的定义

对于杠杆，我们可以将它理解为我们能够使用很少的资金控制很大的一笔资金来进行投资或者投机操作的这样一种能力。

举例而言，如果你能用 1000 美元控制 100000 美元的外汇交易，那么你就拥有一个 100：1 的杠杆比率。你现在是在用较少的自有资金控制一个远大得多的可用资本。杠杆极大地增加了你的财务实力，但是也放大了你的财务风险。这与企业通过财务杠杆提高股东权益报酬率一样，增加收益的同时也放大了风险。

假定这笔总额为 100000 美元的投资价值上升为 101000 美元，如果这里所有的 100000 美元都是你的投资，那么你的回报率仅是 1%，也就是用 1000 美元除以 100000 美元得到的比率。这就是 1:1 杠杆下的回报率。当然这等于没有使用任何杠杆，所以也就没有所谓的 1:1 杠杆。

幸运的是，你的杠杆通常被固定为 100:1。你仅需要 1000 美元就可以控制价值 100000 美元的资金，在这种情况下，同样是总价值上升到 101000 美元，这时候你的个人回报率将大幅度上升到 100%。这就像企业通过使用财务杠杆提高股东权益报酬率一样，但是总的投资回报率是不变的，都是 1%。因为总的投资回报率都是 1000 美元除以 100000 美元得到的。

现在我们想让你计算一下，如果你的错误交易导致你损失了 1000 美元，这时候你的回报率将是多少呢？

如果你用同样的方式计算出你亏损 1000 美元下的投资回报率，那么在不使用杠杆的情况下，你的回报率是 -1%，但是如果你使用 100:1 的杠杆进行交易，那么你的回报率

杠杆是杀手还是帮手，这个取决于你！

097

将是-100%。同样让你吃惊吧，所以杠杆永远是把"双刃剑"。在我们进行股票投资时，我们会观察公司的财务健康状况，其中一个重要的指标就是流动比率，如果公司的负债状况令我们感到担忧，我们就会否决这个企业，而不管它的经营状况是好是坏。因为我们知道杠杆会使公司在经营顺利时表现出过高的股东权益报酬率，但是遇到经营不顺利时它们会因为背负太多债务而更加困难。

所以，在相关的资金管理和风险控制文章里，你可能听到类似杠杆是"双刃剑"或者"双行道"等提法。一家使用过高杠杆的公司不是一家好公司，同样如果你采用了过高的杠杆，那么你必须通过减少操作资金的比率来达到控制总体风险的目的，也就是说虽然你不能控制每笔交易使用的杠杆，但是你可以通过减少每笔交易使用的资金占账户总资金的比率来限制风险。对你来说，控制杠杆和控制使用资金比率是等价的。

全部资金一直高杠杆操作肯定是错误的做法！少部分资金一直高杠杆操作，或者全部资金偶尔高杠杆操作呢？

三、保证金的定义

保证金是什么含义呢？我们这里主要从资金管理和风险控制的角度进行阐释。

在上面的例子中，你通过 1000 美元控制了 100000 美元的资金进行交易，从杠杆的角度来讲你的比率是 100:1。

控制 100000 美元所要求的 1000 美元就是保证金。保证金是交易商或者经纪商为了限制他所面临的风险而采取的措施，他要防止因为你的交易失误而给他带来的损失。

保证金是在你的经纪商那里开立头寸所需要的保证。你用它来保证你的交易头寸被恰当地开立和保持。通常你的经纪商利用你的保证金和其他交易者的保证金与银行进行交易。

保证金通常被表示为头寸总金额的某个百分比。一般而言，绝大多数外汇经纪商要求 2%、1%、0.5%，甚至 0.25% 的保证金。

根据你的经纪商所要求的保证金，你可以计算出账户能够动用的最大杠杆。

如果你的经纪商要求一个 2% 的保证金，那么你则拥有一个 50:1 的杠杆。下面是一些外汇市场常见的保证金要求和对应的杠杆，如表 7-1 所示。

表 7-1　保证金水平与杠杆倍数

保证金要求	最大杠杆
5%	20∶1
3%	33∶1
2%	50∶1
1%	100∶1
0.5%	200∶1
0.25%	400∶1

除了保证金要求，你可能会听到其他有关保证金的用语。对于它们之间的差异，很多人都比较困惑，我们现在给每个概念一个尽可能明确的解释：

要求保证金。这个词与保证金要求基本是同一个意思，只是文字上存在差异，都是指你需要为你开立的头寸支付的保证金数量或者比率。

账户保证金。这个用语指的是你交易账户中所有的资金数量，也就是属于你的那部分资金。

占用保证金。这是为了保证你当前开立的头寸，而被经纪商锁定的那部分资金。虽然这些资金仍旧属于你，但是你不能动用它们，除非交易商将它们解除锁定。

可用保证金。这是你的账户中可以用来开立新头寸的那部分资金。

保证金通知。如果账户中的权益低于你的可用保证金数额，那么你将收到（追加）保证金的通知，并且你开立的所有或者部分头寸将被按照市价强行平掉。

四、保证金通知的例子

假如你现在准备交易英镑。你开立了一个迷你账户，并且存入了 10000 美元初始保证金。当你第一次登录账户时，你将在账户信息窗口的权益/净值（Equity）一

栏看见 10000 美元。

同样你也将看到占用保证金（Used Mrg）一栏是
"0.00"，而可用保证金（Usbl Mrg）一栏则是 10000 美元，
我们截取了下面的账户信息来说明（见图 7-1）。

Accounts	Balance	Equity	Used Mrg	Usbl Mrg
007	$10000.00	$10000.00	$0.00	$10000.00

图 7-1 账户信息（1）

你的可用保证金将始终等于权益减去占用保证金。

也就是：可用保证金 = 权益 − 占用保证金。

注意：是权益（净值）而不是余额（Balance）决定可
用保证金。同时，你是否收到保证金通知也是由权益决定的。

只要你的权益大于你的占用保证金，你就不会收到追
加保证金通知。一旦你的权益等于或者小于你的占用保证
金时，你将收到一个保证金通知。这时，你应该回去好好
做两个月的模拟交易。

假定你的经纪商的保证金要求是 1%，而你决定买进一
手 EUR/USD。你的权益仍旧是 10000 美元，占用保证金则
是 100 美元，因为一个迷你账户的一迷你手交易需要占用
保证金 100 美元；而可用保证现在变成了 9900 美元（见图
7-2）。

Accounts	Balance	Equity	Used Mrg	Usbl Mrg
007	$10000.00	$10000.00	$100.00	$9900.00

图 7-2 账户信息（2）

如果你决定在同样的价位上了结这手 EUR/USD 头寸，
也就是卖出这一迷你手，那么你的占用保证金将变成 0.00
美元，而你的可用保证金将变成 10000 美元；而你的权益
回到以前的 10000 美元。

但是如果你突然信心倍增，不但没有了结这一手 EUR/
USD，反而加仓买进了 79 手的 EUR/USD，这时候你持有的

总头寸是 80 迷你手 EUR/USD。你的权益将维持不变，但是你的占用保证金将变成
8000 美元，也就是 80 手乘以每手 100 美元的保证金；而你的可用保证金将变成
2000 美元。如图 7-3 所示。

Accounts	Balance	Equity	Used Mrg	Usbl Mrg
007	$10000.00	$10000.00	$8000.00	$2000.00

图 7-3 账户信息（3）

虽然这是一个冒失的举动，但你也可能侥幸获得一个汇率上的大幅上升，因而
你赚了不少。但是，事情一般并不会这么如意。

假定你突然遭遇了 EUR/USD 的大幅度下滑，我们来看看这种情况下你的账户
上的栏目将会有什么变化。

由于欧元兑美元开始下滑，你的 80 手都面临浮动亏损。你将看见权益项目和
可用保证金项目在下降，占用保证金项目还处在 8000 美元。一旦你的权益跌破
8000 美元，那么你将收到一个追加保证金的通知。这意味着你的 80 手头寸部分或
者全部将被以市价平掉。

假定你以同一价格买入了这 80 手单子，那么如果价格下跌 25 点则你将收到追
加保证金的通知。实际上价格移动 25 点经常是一眨眼就能发生的事情。从这里来
看，你的举动确实太冒险了。

一个点在迷你账户的情况下相当于 1 美元，你开立 80 手单，并且价格反方向
离开你的进场价格 25 点（包括点差），那么你将浮动亏损 80×25×1 美元，也就是
有 2000 美元的浮动亏损，这时候你的净值将下降到 8000 美元，刚好等于你的占用
保证金，这样你就处于追加保证金的情况了。

图 7-4 就是你当时的账户情况，净值下降到了 8000 美元，占用保证金仍旧为
8000 美元，可用保证金为 0.00 美元。注意：净值是计算了浮动盈亏的资金总额，
而余额则只是已经兑现了盈亏的资金总额。所以，在持有亏损未了结头寸的情况
下，余额大于净值；在持有盈利未了结头寸的情况下，余额小于净值。

Accounts	Balance	Equity	Used Mrg	Usbl Mrg
007	$10000.00	$8000.00	$8000.00	$0.00

图 7-4 账户信息（4）

注意：一旦你的可用保证金接近 0 时，你就要被强行平仓了。

当你的所有仓位被强行平掉以后，你的账目如图7-5所示。由于没有持有开立的头寸，所以你的占用保证金为0，而你的权益变成了8000美元，你的余额也是8000美元，可用保证金也是8000美元。

Accounts	Balance	Equity	Used Mrg	Usbl Mrg
007	$8000.00	$8000.00	$0.00	$8000.00

图7-5　账户信息（5）

一下子你就损失掉了账户的20%。这对于交易者的信心是个不小的打击。

当然，我们那25点的移动当中还计算进去了点差，如果除去点差，价格移动得更少也能够让你被强行平仓。所以在开立头寸时一定要先计算出你能承受的最大亏损幅度。这就是我们在这里提供这个简单例子的根本出发点。

五、更高的杠杆

我们已经向你展示了保证金在实际交易中的影响。现在我们来看看杠杆，并且向你展示它是如何淘汰那些神志不清的交易者的。

我们曾经看到过高达2000:1的杠杆，这令我们非常怀疑交易商资格的合法性。但是通常200:1和400:1的杠杆你还是经常能够看到的。我们想澄清的是，交易商这里说的杠杆其实是你交易时可以使用的最大杠杆。这个杠杆比率取决于你的交易商所要求的保证金。例如，如果交易商要求的保证金为1%，则你拥有的最大杠杆为100:1。

我们这里想谈的是你的真实杠杆。真实杠杆就是你头寸的总价值除以交易账户的总价值。我们举一个例子：

你在账户中存入了初始资金10000美元，你可在汇率为1.0000时购买100000美元的EUR/USD。你所持有的总头寸就是100000美元，而你的余额则是10000美元。你的真实杠杆比率为10:1，具体来说就是用100000美元除以10000美元。

如果你在同样的价格购买了另外一标准手EUR/USD，也就是购买了价值同样为100000美元的EUR/USD，则你的头寸总价值将达到200000美元，而你的账户余额仍旧是10000美元。这样一来，你的真实杠杆率就是20:1。具体来说，就是200000

美元除以 10000 美元。

你对市场行情依然看好，因此你在同一价格又买进了 3 标准手的 EUR/USD。这时候你的头寸总价值就是 500000 美元，而你的账户余额仍旧是 10000 美元。你的真实杠杆比率现在变成了 50:1。具体来说，就是 500000 美元除以 10000 美元。

假定交易商要求 1% 的保证金。如果你大致计算一下，你的账户余额和权益都将是 10000 美元，而占用保证金将是 5000 美元，可用保证金是 5000 美元，每个点的价值为 10 美元（见图 7-6）。

Accounts	Balance	Equity	Used Mrg	Usbl Mrg
007	$10000.00	$10000.00	$5000.00	$5000.00

图 7-6 账户信息（6）

如果价格下跌 100 点，你将收到追加保证金通知。具体来说，就是 EUR/USD 的汇率由目前的 1.0000 美元下跌到 0.9900 美元，在权益/净值等于占用保证金时，你的仓位将被强行平掉。如果交易商平掉了你的所有仓位，那么你将损失 5000 美元，也就是亏损 50%。

我们现在重新假定你存入账户的初始资金是 100000 美元，而不是 10000 美元。

你在 EUR/USD 为 1.0000 时买进了 1 标准手。那么你的头寸价值为 100000 美元，并且你的账户余额将是 100000 美元，而你的真实杠杆比率为 1:1。图 7-7 就是你当时的账户情况。

Accounts	Balance	Equity	Used Mrg	Usbl Mrg
007	$100000.00	$100000.00	$1000.00	$99000.00

图 7-7 账户信息（7）

在这种情况下，如果你要收到保证金通知，则需要价格至少移动 9900 点。具体来说就是用可用保证金的 99000 美元除以 10 美元/点。

这意味着 EUR/USD 的汇率必须由目前的 1.0000 美元跌到 0.0100 美元。这意味着价格必须变动 99% 才能达到这个要求！

假定你在此价位上又买进了 19 标准手 EUR/USD，那么你目前的头寸总价值就是 2000000 美元，而你的账户余额将是 100000 美元，你的真实杠杆比率为 20:1。

在这种情况下，只有当价格下跌 400 点时，你才会收到追加保证金通知。这意味着 EUR/USD 的汇率将由目前的 1.0000 美元跌到 0.9600 美元，也就是价格下降

4%。

在收到追加保证金时，假定你的所有头寸被强行平掉，那么你的账户情况如图7-8所示。

Accounts	Balance	Equity	Used Mrg	Usbl Mrg
007	$20000.00	$20000.00	$0.00	$0.00

图 7-8　账户信息（8）

你将亏损80000美元。这就是说价格只要下跌4%，你账户里面80%的资金就泡汤了。

现在你应该看到杠杆的威力了吧？账户所使用的杠杆放大了价格运动的影响。

表7-2显示了在不同杠杆比率的情况下，汇率变动的百分比所引起的账户净值变动百分比。

表 7-2　杠杆比率与账户盈亏变化幅度（1）

杠杆比率	保证金要求	账户损益变化
100:1	1%	100%
50:1	1%	50%
33:1	1%	33%
20:1	1%	20%
10:1	1%	10%
5:1	1%	5%
3:1	1%	3%
1:1	1%	1%

假定你在120.00买进了USD/JPY，而之后它上升到了121.20。如果你交易了1标准手的合约，也就是100000美元的合约，那么表7-3是各种保证金要求下的损益情况。

表 7-3　杠杆比率与账户盈亏变化幅度（2）

杠杆比率	要求保证金	账户损益变化
100:1	$1000	+100%
50:1	$2000	+50%
33:1	$3300	+33%
20:1	$5000	+20%

续表

杠杆比率	要求保证金	账户损益变化
10:1	$10000	+10%
5:1	$20000	+5%
3:1	$33000	+3%
1:1	$100000	+1%

再举一个例子。我们假定你再以 120.00 买进 USD/JPY，之后汇率下跌到 118.80。如果你同样是交易 1 标准手，也就是价值 100000 美元的合约，表 7-4 列出了各种保证金要求下的损益比率。

表 7-4　杠杆比率与账户盈亏变化幅度（3）

杠杆比率	要求保证金	账户损益变化
100：1	$1000	−100%
50：1	$2000	−50%
33：1	$3300	−33%
20：1	$5000	−20%
10：1	$10000	−10%
5：1	$20000	−5%
3：1	$33000	−3%
1：1	$100000	−1%

你利用的真实杠杆越高，则你留给市场的活动空间越小，你就越容易收到追加保证金通知。

或许你可能认为自己是一个日内交易者，你不需要太多的市场活动空间，你仅使用 20~30 点的固定止损。那么，我们来看一下实例：

实例 1

你开立了一个 500 美元迷你账户，账户的最小交易单位是 1 迷你手，也就是总价值为 10000 美元的合约，而且这个账户的保证金要求为 0.5%。

你买进了 2 迷你手的欧元兑美元，真实杠杆为 40:1，

> 杠杆越高，你正确的时候，能够从市场榨取的利润越多；你错误的时候，能够被市场榨取的利润也越多。

也就是 20000 美元除以 500 美元。你放置了 30 点的停损。如果这个停损被触发，则你的损失将达到 60 美元。也就是说，你将损失掉你账户 12%的资金。你的账户余额现在变成了 440 美元。

你认为自己碰上了倒霉的一天。

第二天，你再次自我感觉不错，并且想一举弥补昨天的亏损。因此你决定加倍买进，你买进了 4 迷你手的 EUR/USD。你的真实杠杆比率为 90:1，也就是 40000 美元除以 440 美元。你还是设立了 30 点的固定停损。如果你的止损被触发，则你的损失将为 120 美元。

结果你的止损又再次被触发，现在你的账户余额变成了 320 美元。

你相信汇率最终将会转向对你有利的方向，因此你买进了 2 手 EUR/USD。你的真实杠杆比率为 63:1。你设定了 30 点的停损，但是情况再次变得对你不利。你的 30 点固定止损被触发，你损失了 60 美元。

你这次损失了账户金额的 19%，也就是 60 美元除以 320 美元。你的账户余额现在变成了 260 美元。

你现在感到非常的失望，觉得自己成功无望。你现在想静下心来看看究竟什么地方做错了。你认为你的止损放置过窄了。

在接下来的一天，你买进了 3 迷你手欧元兑美元，你的真实杠杆比率为 115:1，也就是 30000 美元除以 260 美元。你将止损放置到 50 点。交易一开始就不顺，最后你被市场止损出场了。

但是这次更为糟糕的是，你收到了一个追加保证金通知!

由于你在仅剩 260 美元的账户上开立了 3 迷你手的头寸，所以你的占用保证金为 150 美元。那么你的可用保证金就为 110 美元。由于汇率反向波动了 37 点，所以你收到了追加保证金通知。你的头寸以市场价被强行平掉。

现在你那可怜的账户只剩下 150 美元了，这是占用保证金返回后你所留下的资金。

在你 4 次交易之后，你的账户资金从 500 美元下降到 150 美元，损失了 70%。照这样下去，你亏掉所有的钱也为期不远了（见表 7-5）。

表 7-5 实例 1

交易序号	交易前资金	开立头寸数目 （迷你手）	停损点	交易结果	交易后资金
1	$500	2	30	−$60	$440
2	$440	4	30	−$120	$320

交易序号	交易前资金	开立头寸数目 (迷你手)	停损点	交易结果	交易后资金
3	$320	2	30	−$60	$260
4	$260	5	50	Margin Call	$150

连续 4 笔交易都出现亏损，并没有什么稀奇的。经验丰富的交易者都有过类似的交易经历，甚至连续亏损次数更多。他们之所以还能成功是因为他们使用很低的真实杠杆比率。他们绝大多数使用 5:1 的真实杠杆，仅有少数时候高于这个水准，并且比较稳定的是保持在 3:1。

经验丰富的交易者成功的另外一个原因是他们的起始资金非常恰当，不会太少。

如果你的起始操作资金太少，那么你成功的概率将大大下降。资金太少使你没有办法降低你的真实杠杆比率。

较低的真实杠杆和足够的起始资金使你能够在经历较小的亏损后还能继续在市场中把握机会。由于交易是一种概率游戏，所以你必须交易足够多的次数才可能最终看出交易的效果，如果头几笔交易就让你出局，那么你就没有机会把握机会出现了。

实例 2

闫先生开立了一个 5000 美元的账户，他采用了标准手进行交易，也就是每手的合约价值为 100000 美元。他采用了 20:1 的真实杠杆。汇率在一天之内移动 70~200 点是非常平常的事情。为了保护账户，他采用了一个 30 点的止损。如果市场朝与他建立头寸方向的反方向移动 30 点他将亏损 300 美元。他感觉这样的止损点设置非常合理，但是他真的是低估了市场的波动性。所以，这样做的结果就是他经常被市场震出局。

在四震出局后，他已经受够了。所以他决定放宽一点止损，这样可以避免市场的噪声波动。他将止损扩大到 100 点。

现在闫先生的真实杠杆比率不再是 20:1 了。由于连续四次亏损，他每次损失 300 美元。现在他的账户里只剩下 3800 美元了。但是他仍旧在 100000 美元一手的水平上交易，现在他的真实杠杆比率已经大于 26:1 了。

他决定还是将停损点缩小到 50 点。他开立了两手头寸，并且设置了 50 点的止损。两个小时后他的止损被触及，亏掉了 1000 美元。现在他的账户只剩下 2800 美元了。他的真实杠杆比率现在是 35:1。

他仍旧采用两手进行交易，这次市场上涨了 10 点，他因此赚到了 200 美元的利润。账户资金轻微增长到了 3000 美元。

他又开立了另外两手头寸。市场接着就下跌了 50 点，他再次出局。现在他账户上只剩下了 2000 美元了。

他认为真的是见鬼了，不相信市场一直会与自己对着干，因此他开立了另外的一手头寸。市场又下跌了 100 点，由于他有 1000 美元作为保证金被锁定，所以他只有 1000 美元的可用保证金。现在市场下跌 100 点，他的可用保证金变为了 0，他收到了追加保证金的通知。当然他的所有头寸都被强行平掉了。

现在他的账户仅仅剩下 1000 美元了，这连开立一手头寸的资金都不够。

8 笔单子，他总共损失了 4000 美元，也就是初始资金的 80%，而市场仅移动了 280 点，你要知道市场移动 280 点并非很罕见的事情。

现在你知道为什么杠杆是外汇交易员的头号杀手了吧。

> 当你没有明确的交易策略时，赚钱了你认为自己是天才，亏钱了你就会与市场赌气。

六、杠杆是如何影响交易成本的

除了放大你的亏损，杠杆还能通过另外的方式扼杀你。当然这是一种慢性死亡，好比持续暴露在高水平的辐射之中。绝大多数交易者并没有意识到它，但是当他们意识到时已经无法挽回败局了。

这个排名第二的杠杆杀手就是高杠杆带来的交易成本。**你要知道杠杆不仅扩大了你的亏损，同时它也增加了你的交易成本。**

假定你开立了一个 500 美元的迷你账户，买入了 5 迷你手的 GBP/USD。1 迷你手的合约价值为 10000 美元。交

易商对 GBP/USD 提供的点差为 5 个点。这个时候你的真实杠杆为 100:1，具体来说就是 50000 美元除以 500 美元。但是，你要注意，你这里支付了 25 美元的点差，具体来说就是 1 美元/点乘以 5 点然后再乘以 5，这相当于你账户资金的 5%。在这次交易中，就算价格没有移动你也损失了 5%。如果你的交易再出现损失，那么你的亏损就更加严重了。当你账户余额下降时，你的真实杠杆就在上升。当你真实杠杆增加，你的点差费用就会上升，从而吃掉你更多的账户余额。这样下去就成了一个恶性循环了。现在你明白我说的慢性死亡了吧，这真的是一个影子杀手。

你的杠杆越高，则你的交易成本就越高。

如果你开立了一个迷你账户，并且以 5 点的点差开立头寸，这相当于支付了 5 美元的交易费用。那么我们就来看看随着你的真实杠杆比率的上升，你的交易成本将如何变化（见表 7-6）。

表 7-6 杠杆比率与交易成本占比

杠杆比率	要求保证金	交易成本占要求保证金的比例
200：1	$50	10%
100：1	$100	5%
50：1	$200	2.5%
33：1	$330	1.5%
20：1	$500	1%
10：1	$1000	0.5%
5：1	$2000	0.25%
3：1	$3300	0.10%
1：1	$10000	0.05%

现在你知道杠杆这把"双刃剑"的厉害了吧，它既可以增加你的利润，同样还能放大你的亏损和增加你的交易成本。

真实杠杆并不等同于保证金。真实杠杆是你控制资金占你整个账户金额的倍数，而最大的控制资金数额取决于你的保证金要求。

七、不要低估了杠杆

什么时候采用高杠杆？什么时候采用低杠杆？

绝大部分初级交易者低估了杠杆的潜在破坏性，而这将导致他们很快铩羽而归。**懂得什么时候利用杠杆，利用多大的杠杆对于你的交易成功至关重要。**

杠杆是一个威力无比的工具，但是不管是经验丰富的交易者还是初入汇市的交易者都对杠杆认识不足。这样他们很快就坏了一个账户。这是一种令人痛心疾首的现象。其实乱用杠杆的人越多，我们谨慎的交易者反而越容易赚到钱，因为短期投机是个零和的游戏。

外汇经纪商不怕大家来开户，就怕大家不用超高杠杆。

较高的杠杆比率是众多外汇经纪商的一个卖点。但是他们知道你可以使用杠杆作为屠杀别的投机客的武器，当然这个武器也能让你丧命。

经纪商们希望你以短期的心态进行交易，他们希望你尽可能多地交易。因为他们要通过这种方式赚钱。一两个点对他们而言是极其重要的，你交易得越多，则你支付的交易费用就越多，他们赚得也就越多。若你慎重交易、减少不必要的交易，就不符合他们的利益。

如果你真的想要成功，首先学会以较低杠杆成功交易。这样，你就可以安全地度过最初的学习阶段，并且保护好你的资本。

当你能够持续不断地赚取利润时，你就可以释放这个终极武器的力量了。利用杠杆，击败你的对手，但是别伤了自己。

外汇交易应该被当作一项工作或者是一门生意。不要轻信他人，这是生意之道。不要认为经纪商向你提供什么推荐什么，你就必须按照他们的意图进行使用。好好思考，学会尊重这个市场，而不是经纪商。

让你的盈利期望更加现实些，并且保持接受自我交易的恰当意愿。

如果你不这样做，那么你就是这个市场上的羔羊，不久就会成为他人的口中之物。

当然，你首先失去的是你的资金。**当你失去资金后，你就失去了武器**，而失去武器不仅是在外汇市场，在所有的人生战场你都将退避三舍而无力回击。

中阶课程

水因地而制流，兵因敌而制胜。兵无常势，水无常形，能因敌变化而取胜者，谓之神！

——《孙子兵法·虚实篇》

日本蜡烛图技术

一、蜡烛线的构成

在前面的课程中，我们已经粗略地了解了蜡烛图的知识，现在我们要深入地介绍蜡烛图的一些细节问题。我们先进行一个简要的复习。

几百年前，日本的大米交易商开始使用蜡烛线进行交易分析，其中最为著名的是本宗间久，他写了一本书《三猿金泉录》，他的方法被称为酒田战法。斯蒂芬·尼森将蜡烛图介绍到西方国家，被称为"西方蜡烛图之父"。斯蒂芬·尼森跟随日本同行学习、研究、琢磨蜡烛图的形式、实质和精神。经过斯蒂芬·尼森的努力，蜡烛图在20世纪90年代成为西方技术分析的热门技术。

那么究竟什么是蜡烛线呢？解释蜡烛线的最好方式是通过图形（见图8-1）。

蜡烛线是由开盘价、最高价、最低价和收盘价构成的：

如果收盘价格高于开盘价格，那么蜡烛线通常就是空心的，也就是白色的。

如果收盘价格低于开盘价格，那么蜡烛线通常就是实

本宗间久通过蜡烛线将市场的动量直观化了。

国内阳线习惯于用红色，阴线习惯于用绿色。国外阳线习惯于用绿色，阴线习惯于用红色。这与文化有关，红色在中国代表吉利，在国外却与流血等噩兆有关。

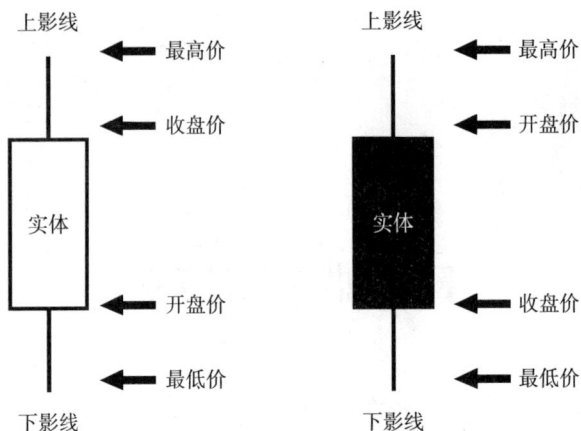

图 8-1　蜡烛线构造

心的，也就是黑色的。

　　蜡烛线空心或者填充的部分被称为"实体"（Real Body）。

　　蜡烛线实体以外的较细的部分被称为"影线"（Shadow）。

　　上影线（Upper Shadow）的顶端就是最高价（High）。

　　下影线（Lower Shadow）的底端就是最低价（Low）。

二、实体和影线

1. 实体

　　就像人有高矮胖瘦一样，蜡烛线也有不同的实体大小。而且进行外汇交易分析时，检查蜡烛实体是一件很重要的事情（见图 8-2）。

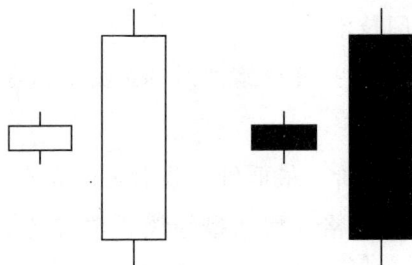

图 8-2　实体

较长的实体意味着买卖的力量强劲，实体部分越长意味着买卖的强度越大。

较短的实体表明买卖某方的力量不占优势。用外汇交易的术语来讲就是看多意味着买家占优势，看空意味着卖家占优势。

较长的白色蜡烛线表明存在强劲的买方力量。白色蜡烛线越长，则收盘价越是高于开盘价。这反映了价格从开盘到收盘运行了较长的距离，买方相当激进。换言之，多方击败了空方取得了市场的支配权。

较长的黑色蜡烛线表明存在强劲的卖方力量，黑色蜡烛线越长，则收盘价越是低于开盘价。这反映了价格从开盘到收盘运行了较长的距离，卖方相当激进。换言之，空方击败了多方取得了市场的支配权。

2. 影线

蜡烛线上面的上影线和下影线提供了交易时段内的主要线索。

上影线表明了交易时段内的较高价格。下影线表明了交易时段内的较低价。拥有较长影线的蜡烛线表明交易活动远离了开盘和收盘的价格（见图8-3），拥有较短影线的蜡烛线表明了交易活动基本上局限于开盘和收盘价格之内。

> 如何才能正确地理解K线的博弈含义呢？第一，看一根K线的形成过程；第二，结合基本面来理解，特别是消息数据；第三，将一根K线放在整体走势中来理解。

> 影线很多时候比实体的指示意义更强大。

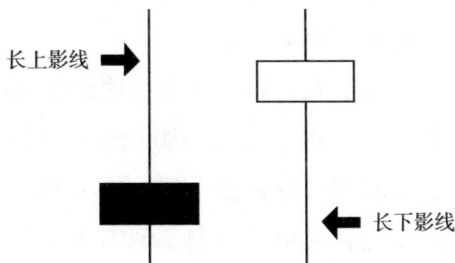

图8-3　长影线

如果一根蜡烛线拥有较长的上影线和较短的下影线，那么这意味着买方用力推高价格，但是卖方更加强力的打压使得价格下跌从而接近其开盘价。

> 受利好预期上涨后，当利好公布时，出现上影线，意味着什么？在相反情况下，受利空预期下跌后，当利空公布时，出现长下影线，又意味着什么？我现在看K线，都会结合基本面来解读，所谓战胜不复，没有任何形态相同K线背后的基本面完全一样。

如果一根蜡烛线拥有较长的下影线和较短的上影线，那么这意味着卖方用力打压价格，但是买方更加强力的推动使得价格上涨接近其开盘价。

三、蜡烛线的基本形态

1. 纺锤线（Spinning Tops）

拥有较长的上影线和下影线，以及较短实体的蜡烛线被称为纺锤线（见图8-4）。实体的颜色，也就是蜡烛线本身是阴线还是阳线并不重要。

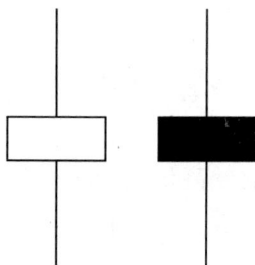

图8-4　纺锤线

这种基本的蜡烛线形态预示了买家和卖家双方的犹豫不决或者势均力敌。

较小的实体，不论是阴线还是阳线，表明收盘价离开盘价非常近；较长的影线表明买卖双方都力图成为胜者，但没有哪一方占据上风。在交易时段内，价格虽然有显著的变化，但最终又归于原有水平附近。买方和卖方都没能取胜，在收盘时处于一个僵持的局面。

在什么样的基本面情况下，纺锤线会出现呢？

如果一个纺锤线在一个上升趋势中形成，那么这通常意味着买家力量比较而言已经丧失了优势，价格趋势很可能出现反转（见图8-5）。

图 8-5 上升走势中的纺锤线

如果一个纺锤线在一个下降趋势中形成，那么这通常意味着卖家力量比较而言已经丧失了优势，价格趋势也很可能出现反转（见图 8-6）。

图 8-6 下跌走势中的纺锤线

2. 实体线（Marubozu）

实体线表明蜡烛线中不存在影线部分。在阴线中，最高价与开盘价相同，最低价与收盘价相同；在阳线中，最高价与收盘价相同，最低价与开盘价相同。如图8-7所示，这里存在两种不同的蜡烛线类型。

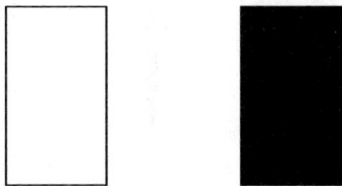

图8-7　实体线

一个白色实体线包含了一个较长的白色实体，没有影线。其开盘价等于最低价，收盘价等于最高价。这是一种后市看涨的蜡烛线，因为它表明在此时段内买家一直处于主导地位。它经常成为牛市持续或者熊市反转的信号。

一根黑色实体线包含了一个较长的黑色实体，没有影线。其开盘价等于最高价，收盘价等于最低价。这是一个后市看跌的蜡烛线，因为它表明在此时段内卖家一直处于主导地位。它经常成为熊市持续或者牛市反转的信号。

3. 十字线（Doji）

十字蜡烛线的开盘价和收盘价是相同的，或者至少相差不远，以至于没有实体或者实体极短。换个角度来说，十字蜡烛线拥有的实体几乎是一条横线。

十字蜡烛线显示了买家和卖家之间的反复争夺，但结果显示势均力敌。价格在盘中远离开盘价，但是在收盘的时候价格非常接近甚至等于开盘价。无论买家还是卖家都想控制局势，并且最终结果显示只是个平局而已。

根据上下影线长短的不同可以形成四种类型的十字线：长脚十字、蜻蜓十字、墓碑十字、一字线（见图8-8），而且十字既是指单个十字线，又是指十字线与其他蜡烛线的组合。

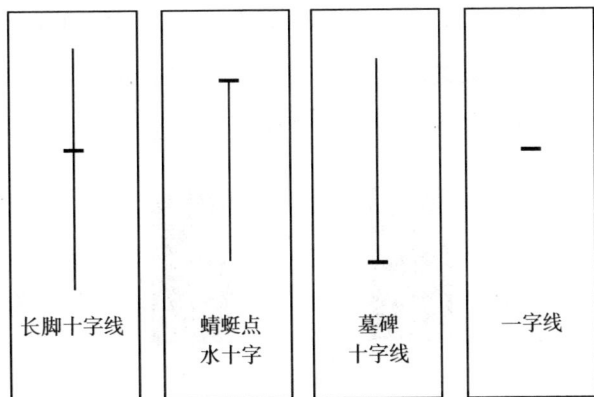

图 8-8　十字线

当一个十字线在你的图表上出现时，注意它之前的一根蜡烛线。

如果一根十字线出现在一系列的类似实体线的长阳实体线之后，那么十字线就发出了买方力量衰竭或者减弱的信号。为了价格继续上涨，这里需要更多的买家进场，但却没有这么多力量加入。卖方力量继续加入并使得价格处于停顿状态。

记住在一个十字线形态之后，并不表明可以不加以思考地自动做空。确认仍旧是必需的步骤。等待一个看跌的蜡烛线出现，并且这根蜡烛线的开盘要在长白色实体蜡烛线开盘价的下方（见图 8-9）。

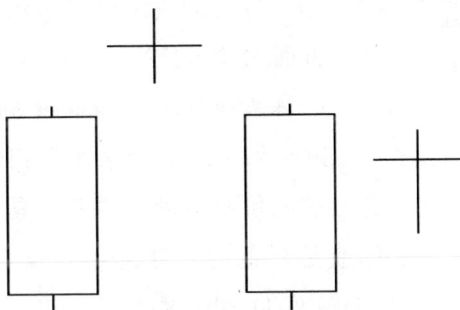

图 8-9　长阳线接十字线

如果一根十字线出现在一系列的类似实体线的长阴实体线之后，那么十字线就发出了卖方力量衰竭或者减弱的

从坚决到犹豫，市场的心态为什么会发生这样的变化？

121

信号（见图 8-10）。为了价格继续下跌，这里需要更多的卖家进场，但却没有这么多力量加入。买方力量继续加入并使得价格处于停顿状态。

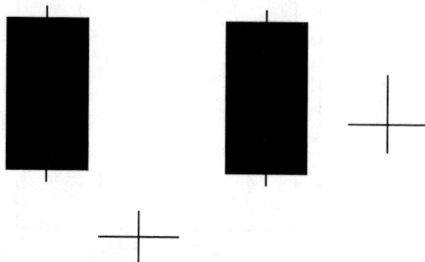

图 8-10 长阴线接十字线

虽然下降的停顿是由于缺少新的卖方，更进一步的买进行动则要求确认反转的存在。寻找一根长实体的白色蜡烛线收盘于长实体的黑色蜡烛线开盘价之上。

四、反转形态（Reversal Patterns）

在反转形态出现之前必须存在一段趋势，这样，当反转形态出现时才能得到确认。看涨的反转形态要求先前的趋势是下跌的，而看跌的反转形态要求先前的趋势是上涨的。趋势方向的决定可以运用趋势线、移动平均线，或者其他方面的技术分析。

1. 锤头和吊颈（Hammer and Hanging Man）

锤头和吊颈看起来非常相似，但其含义的不同在于两者之前的价格运动。两者都具有较小的实体部分，或是黑色或是白色的，并且具有较长的下影线或者没有上影线（见图 8-11 和图 8-12）。

锤头是一个看涨的反转形态，它形成在一个下降的趋势中。因为此时市场正在夯实底部，所以这个形态被称为锤头（见图 8-13）。

题材的性质决定了 K 线的性质。什么样的题材会导致反转形态出现呢？

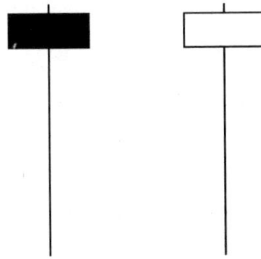

图 8-11 锤头线和吊颈线

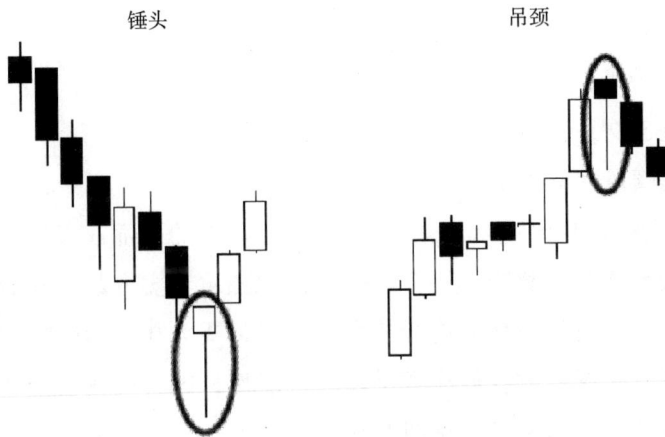

锤头   吊颈

图 8-12 锤头和吊颈

下降后出现的锤头

图 8-13 下跌之后的锤头

当价格正在下降，锤头发出信号：底部将近而价格要开始回升了。较长的下影线表明卖方推动价格下降，但买方却能够打败卖方将收盘价推高到开盘价附近。

我们一定要谨慎行事，因为当你看见一个锤头出现在下降趋势时，并不意味着你可以就此设立一个买进订单！需要进一步的看涨信号用来确认前面的锤头，只有经过确认之后你才能扣动扳机。一个比较好的确认办法是等到白色蜡烛线的收盘价高于左边的锤头线的开盘价之时，这叫作"后线收盘确认"。

确认的法则：

（1）下影线的长度是实体的两倍或者三倍以上。

（2）没有上影线，或者只有很短的上影线。

（3）实体位于交易区域的上端。

（4）实体的颜色并不重要。

吊颈是一个看跌的反转形态，它表明了一个可能的顶部或者是一条强有力的阻力线。当价格处在上升趋势中，一个吊颈的出现预示着卖方数量开始压倒买方。较长的下影线表示卖方打压价格到更低的水平，但是买方却仅能够将价格推高到开盘价附近收盘。这种情况提醒我们注意反转的可能性，因为现在已经缺乏买家来提供必要的动能维持价格继续上升（见图 8-14）。

图 8-14 上涨之后的锤头

确认的法则：

（1）下影线的长度是实体的两倍或者三倍以上。

（2）没有上影线，或者只有很短的上影线。

（3）实体位于交易区域的上端。

（4）实体的颜色并不重要，虽然一个黑色的实体比一个白色的实体更显空方的力量。

2. 倒锤头和流星（Inverted Hammer and Shooting Star）

倒锤头和流星看起来似乎也是相同的，唯一的差别是它们先前的趋势是下降还是上升。两种蜡烛线都只有很小的实体，而不管这种实体本身是什么颜色，两者都具有较短的下影线和较长的上影线，有时候甚至没有下影线（见图8-15和图8-16）。

影线与"兑现"是什么关系？K线形态是对未来预期的贴现，如何"贴现"预期？利空兑现了，容易出现什么形态？利多兑现了，容易出现什么形态？

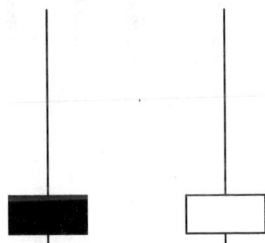

图8-15 倒锤头和流星

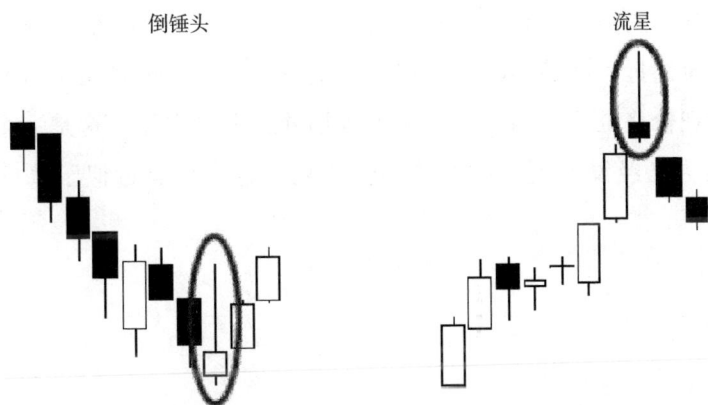

图8-16 倒锤头和流星

在价格下降的趋势中出现了倒锤头（见图8-17），这意味着一个可能的反转。较长的上影线表明买家试图把价

格推得更高。然而，卖家察觉后则极力进行打压。幸运的是，买家力量足够大，使得卖方只能把价格打压到开盘价附近。因为卖家不能够创造出新的低价格，所以这可能意味着没有新的卖家入场，并且如果最后一个卖家都进场了，那么剩下的大概就只有买家了吧！

图 8-17　下跌之后的倒锤头

　　在价格上升的趋势中出现了流星，这意味着一个可能的反转。它的形状表明开盘价在其最低价附近，在该时段中价格曾经上涨，但最后被打压至区间的底部。这表明买家试图把价格推到新高，但是卖家入场并且占据主导。这是一个确定无疑的看跌信号，因为已经没有更多的买方力量入场。这个形态近似于墓碑十字（见图 8-18）。

图 8-18 上涨之后的流星

五、典型的蜡烛线形态

在多种技术分析工具中，蜡烛线形态最能反映金融市场的群体心理，它是职业投资者进行市场行为分析的常用工具。当汇率在一个长期单边走势（连续下跌、连续上涨、连续横盘三种情况之一）后形成一个或者多个经典的蜡烛线组合，是波段操作的最重要信号提示。下面我们就来一一描述那些经过验证比较典型的蜡烛线形态。

1. 节节高升

汇率在前一根蜡烛线的最高价附近开盘，形成阳线，第二根蜡烛线再次挨着前一蜡烛线的最高价开盘，且高走高收（见图 8-19）。此图形为多方占优走势，一般预示着空头的溃败，汇率可能会快速上行，连拉阳线。交易者应认真观察第二根蜡烛线高开后的走势，如汇率在技术指标

市场下跌或者横盘后出现连续阳线，你就要思考基本面有什么重大变化吗？

的配合下顺势高走，可顺势介入操作。要同时认真观察基本面和相关的数据发布，以提防大型做市商借此形态骗线出货。

图 8-19　节节高升

2. 鏖战天地

汇率跳空高开突破后，连拉两根顺次向上的阳线，多头很快将战线向前推进到离第一根蜡烛线跳空缺口较远的地方，这是市场多方占优的行情，一般表明空头基本处于劣势（见图 8-20）。该蜡烛线组合中跳空缺口往往预示着多头背水一战的决心。本蜡烛线组合中，第二根蜡烛线的走势非常关键，如能在技术指标配合下平开（或略微低开）高走，一般可及早介入，等待汇率上涨。要同时认真观察相关货币对的基本面和消息面，以提防某些做市商借此形态骗线出货。

缺口是一种变态的实体线。

图8-20　鏖战天地

3. 趁火打劫

汇率上升途中，**市场多头连续向空头发起进攻**，且攻势不断。反映在蜡烛线图上，**汇率连收阳线，而阳线实体也越来越大**，这常常是汇率将加速上行的先兆（见图8-21）。因为本蜡烛线组合中连续阳线的实体是由小变大，通常表明多方进攻日见顺利，将借助这个势头向空方发起总攻。运用本蜡烛线组合进行汇率分析时应注意，如蜡烛线组合中阳线实体相对比较大，特别是第三根和第四根阳线已是中大阳线时，就说明多方力量十分强大，即使遭致空方猛烈反扑，也不过是极短时间内的调整，反而成为短线买进该货币对的良好机会。要同时认真观察该货币对相关的基本面和消息面，以提防某些大型做市商借此形态骗线出货。

4. 平步天庭

随着汇率上升，在**中大阳线后常会出现或多或少的类十字星**。这些类十字星只是上涨途中的暂时整理而已，第二根蜡烛线若汇率上扬且伴随技术指标的强势，一般为介

预期越来越明确的时候，实体就会越来越大。预期明朗后，就是行情加速发展的时候，至于持续性，那就要看有无"新意"可供炒作了。

入信号，通常将再出现一波快速上冲行情。本蜡烛线组合中类十字星数量多少不定，少则一根蜡烛线是十字星，多则三四根（见图8-22）。总之，无论星线多少，

图 8-21　趁火打劫

图 8-22　平步天庭

只要再次打实体上攻，即会加速上扬，故投资者一般应在实体放大时及时介入，坐享趋势行云流水之乐。具体操作中，要同时认真观察该货币对相关的基本面和消息面，以提防某些大型做市商借此形态骗线出货。

5. 击剑嚎天

随着市场气温回暖，看涨该货币对的人迅速增多，导致汇率以较大缺口向上跳空开盘，其后虽受短线获利盘打压向下回落，该线尾盘时仍被拉高至开盘价附近收市，从而收出一根跳空的剑形线（见图8-23）。此图通常表明空头反抗力量十分薄弱，如第二根仍以高上跳空的形式开盘，汇率一般会加速上扬。蜡烛线组合中剑形线的长下影说明空方也曾拼死抵抗，却根本无法阻止汇率上行，这种情况常常导致一些较敏感的空方反手做多，汇率上行速度将会加快，因此投资者一般应在第一根价格线结束前及时跟进，最迟应在第二根价格线跳高开盘时趁早杀入，否则可能错失一波快速上扬行情。具体操作中，要同时认真观察该货币对相关的基本面和消息面，以避免数据公布导致技术面失效。

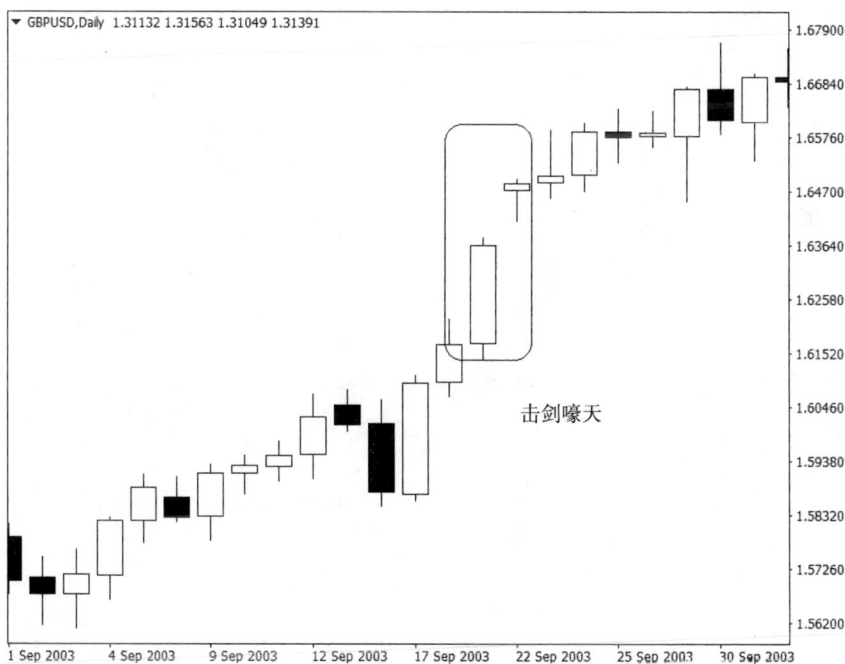

图8-23　击剑嚎天

6. 流星望月

汇率上升途中，多方发力向上，但遭空方狙击，不得不回撤至较低价位，从而在蜡烛线图上走出一根长上影蜡烛线（即流星线）（见图8-24）。由于蜡烛线组合中空方力量在制造"流星"过程中已消耗殆尽，因而流星线形成时即为交易的最佳时机，即使第二根蜡烛线不能形成将这一流星线包容在内的大阳，汇价上行趋势一般不会改变。**如在第二根蜡烛线形成时，多方尽全力向上冲击，将前一流星线全部抹去，则股价将加速上行，连收阳线。**如第二根蜡烛线多方不能攻上流星线最高点，而是收出一根包含在此流星线长上影之内的中小阳线，就说明多方上攻遇到较大阻力，虽然不能就此妄言汇率见顶，但其后上攻速度将放慢。具体操作中，要同时认真观察该货币对相关的基本面和消息面，以避免数据公布导致技术面失效。

任何力量都对第二次攻击缺乏足够的反击力量。

图 8-24　流星望月

7. 天高云淡

多方连续发力向上，在收出阳线的次日股价大幅高开，至尾市时收盘价落至开盘价以下，但仍高于前一日收盘价，形成高档小压迫线（见图 8-25）。此种图形通常表示空头的压制力量有限，多方将乘虚而入，将股价推上新高。高档的小压迫线本身常常意味着空头力量薄弱，故在形成压

迫线当天一般是入货良机，或者在第二天开市时可以介入。如果压迫线与前一天的阳线之间留有跳空缺口（即该压迫线没有下影线），考虑及早介入。具体操作中，要同时认真观察该货币对相关的基本面和消息面，以避免数据公布导致技术面失效。

缺口是很好的"试金石"。

图 8-25　天高云淡

8. 螳臂当车

汇率上升途中，多方向空方发起猛烈进攻，导致汇率大幅高开，空头方也不甘示弱，尽力将汇率向下打压，连续两根价格线收出阴线，**但两根阴线的收盘价都高于前一价格线的收盘价**，形成伪阴线（见图 8-26）。本蜡烛线组合中连续两根小阴线都无法遏制多方的进攻，通常会导致多空力量对比更加不平衡，汇率一般将加速上行。故交易者一般可在第二根阴线处考虑加入多方阵营，以便分享胜利成果。具体操作中，要同时认真观察该货币对相关的基本面和消息面，以避免数据公布导致技术面失效。

小实体线之后市场怎么走是一种较为明确的表态。

图 8-26　螳臂当车

9. 跃入金波

汇率正在上行，多方发力向上，连拉阳线，其后遭空方拼死抵抗，报收小阴。**第二根价格线多方再次发力，从下到上统吃前一小阴，将前一根价格线的空头一网打尽**（见图 2-27）。在本蜡烛线组合中，一般稳妥的入货时机是第二根蜡烛线的多头上攻，将汇率拉至前一阴线的开盘之上的时候。其时正是烟消云散之时、万里晴空之始，此时考虑介入，收效既快，战绩也好。具体操作中，要同时认真观察该货币对相关的基本面和消息面，以避免数据公布导致技术面失效。

10. 回头照面

在汇率上升过程中，某一价格线收出一根阴线，似乎要进行调整，但第二根价格线却峰回路转，多方一开盘即已稳占上风，**在前一根阴线的开盘价之上开盘并高走高收**，形成上升中途归顺线（见图 8-28）。此间，一旦多方将战火烧到空头防线（即前一阴线的收市价）之后，则通常为空方将全线崩溃的先兆，交易者可考虑此时介入，而不必等待阳线的形成。具体操作中，要同时认真观察该货币对相关的基本面和消息面，以避免数据公布导致技术面失效。

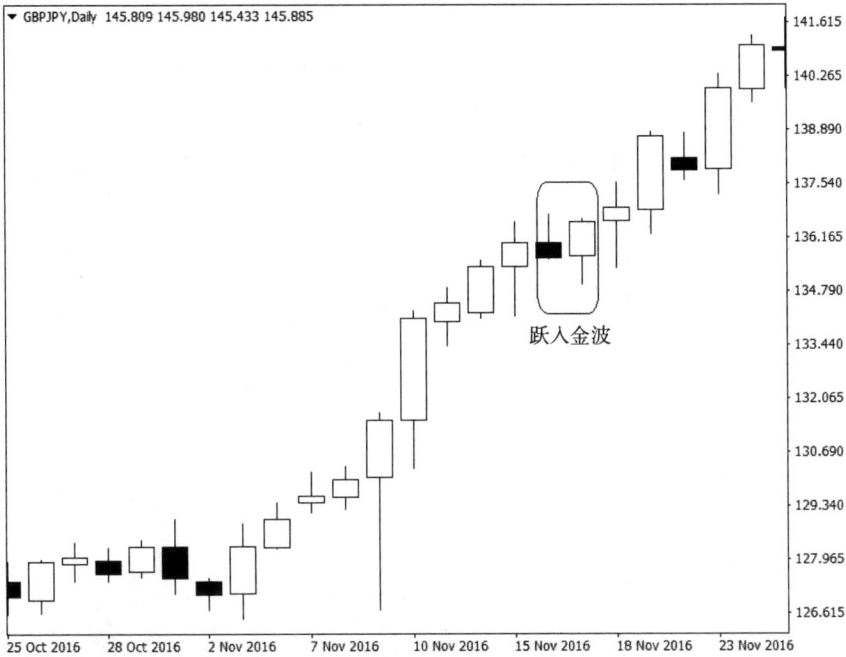

图 8-27　跃入金波

图 8-28　回头照面

11. 面南而尊

在汇率上升途中，空方不甘于承认自己的失败，死命想压住股价，从而收出阴

线，谁知第二根蜡烛线即遭到多方更加猛烈的攻击，**在前一根阴线的实体之内开盘并收盘于前一阴线的开盘价之上**，形成上升中途的上拉线，这通常是汇率将加速上行的预兆（见图8-29）。由于空头已经不能守住自己的阵地，一开盘即被多头轻骑奔袭，杀到己方防线后面，这常常是空头大厦将倾的征兆。一般情况下，交易者可考虑在形成阴线的第二根蜡烛线一开盘就及时介入。具体操作中，要同时认真观察该货币对相关的基本面和消息面，以避免数据公布导致技术面失效。

图 8-29　面南而尊

12. 神光射心

汇率持续上行后拉出一根实体较大的阳线，**第二根价格线却走出一根包孕在前一阳线实体内的小阴线**，这通常是汇率将加速上行的迹象（见图8-30）。由于本蜡烛线组合中的小阴线连前一阳线的开盘价都无力攻克，说明空方抵抗力量非常薄弱，此时可以考虑常常是买方加码的大好时机。具体操作中，要同时认真观察该货币对相关的基本

消化一下更能发展，这就是趋势的特征。

面和消息面，以避免数据公布导致技术面失效。

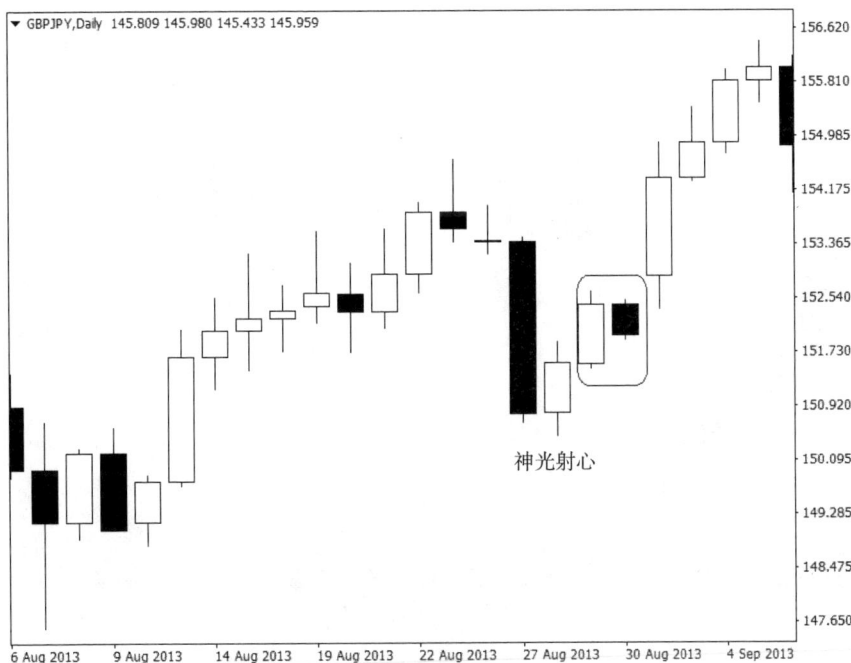

图 8-30 神光射心

13. 水满天池

多方正在拉抬汇率，却遭空方狙击，**收出覆盖性或包容性阴线，第二根价格线顺势低开后并未继续低走，而是反复向上，拉出一根切入线**（见图 8-31）。这通常说明前一阴线只是短期回档，汇率仍将震荡上行。蜡烛线组合中的阳切线通常是一种攻击形态，要注意分析该切入线的力度，如果是"斩回线"，则汇率有可能快速上行；如果只是"插入线"，则将以震荡向上的方式为主，交易者一定要有耐心。具体操作中，要同时认真观察该货币对相关的基本面和消息面，以避免数据公布导致技术面失效。

14. 身负天鹰

汇率正在上行，**前一根蜡烛线收出一根实体较大的阳线，第二根蜡烛线却拉出一根包孕在前一阳线实体内的小阳线**，这通常是汇率上行受挫的迹象，其上升速度将有所减缓（见图 8-32）。如果第三根蜡烛线能高开收阳，则考虑介入。具体操作中，要同时认真观察该货币对相关的基本面和消息面，以避免数据公布导致技术面失效。

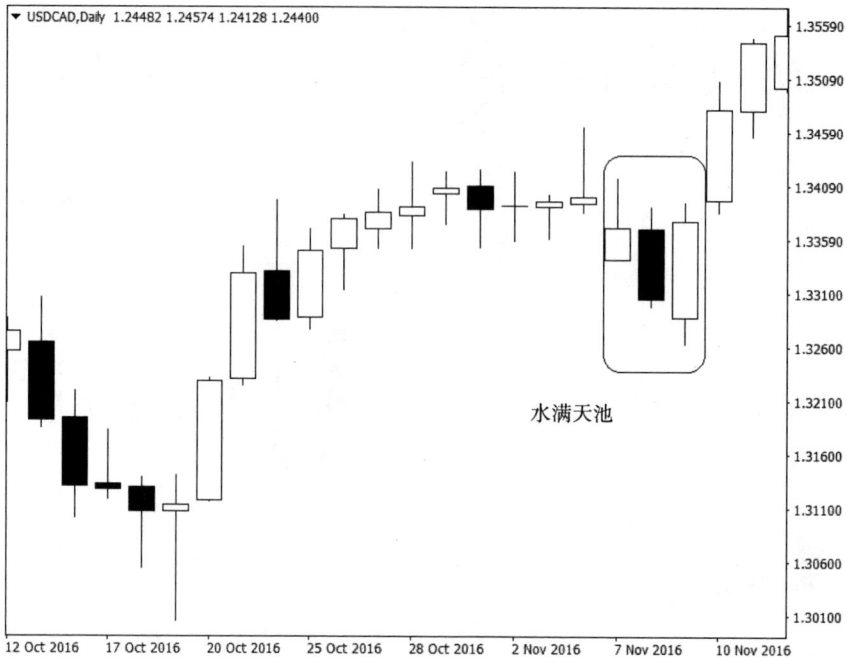

图 8-31　水满天池

图 8-32　身负天鹰

15. 傲视群雄

汇率持续上升，**在拉出阳线后的第二根价格线又收出一根与其几乎并排的阳线**，这通常是汇率将继续上行的先兆（见图 8-33）。由于并排阳线本身就是多头遭受意外挫折的一种蜡烛线组合，故其后汇率虽将继续向上，但多以震荡盘上为主要方式。在特殊情况下，也可能出现一段快速向上行情，但概率较小。具体操作中，要同时认真观察该货币对相关的基本面和消息面，以避免数据公布导致技术面失效。

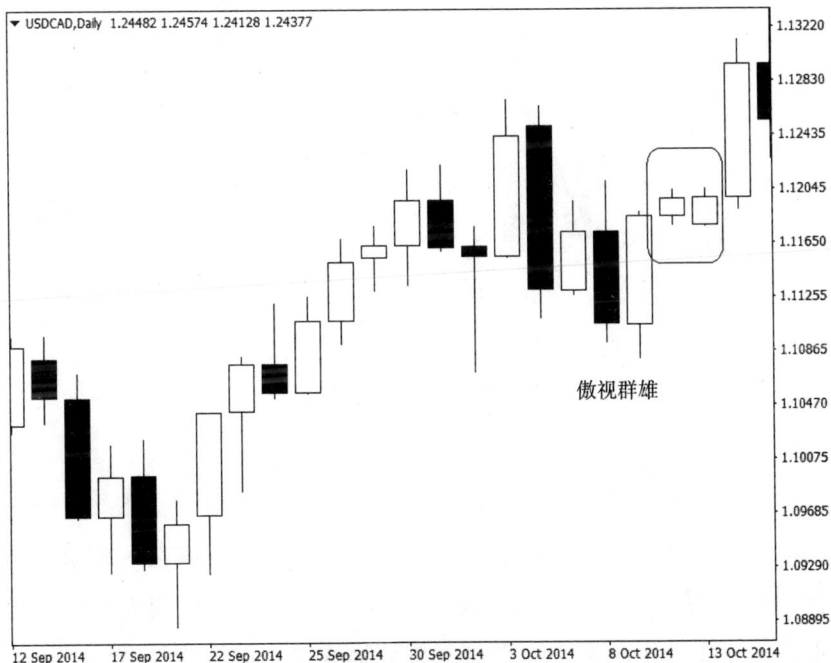

图 8-33 傲视群雄

16. 涤天荡地

在汇率涨升的途中，**大阳线之后出现连续三根整理的小阴线，紧接着就是一条力度较大的阳线，统吃前三根小阴线**，这常常是蓄势待发的征兆，汇率通常将上升（见图 8-34）。这是较为典型的"上升三法"走势，"三法"的含义是"买、卖、休息"，本线组合三连阴也就是上升途中多方休息的迹象。由于空头已能连拉三阴，实力有所增强，

调整说明需要消化或者确认，什么 K 线出现表明消化完成和确认有效呢？

故其后汇率虽然仍将上行，但速度将比较缓慢，多半是一种盘升的走势，而且有可能再次出现这种上升三法的形态，交易者一定要有耐性。具体操作中，要同时认真观察该货币对相关的基本面和消息面，以避免数据公布导致技术面失效。

图 8-34 涤天荡地

17. 后浪永济

在上升行情中，多方鼓勇向前，使汇率高开高走，形成跳空阳线，随后空方全力反扑，在前一阳线实体内开盘后继续发力，汇率低伏，**补去前一根价格线的跳空缺口**，从而形成所谓的"上升空跳三法"（见图 8-35）。这是较为典型的多头市场中的回档形态，其中的下拖阴线通常是多头以退为进，继续为拉升做准备。在本蜡烛线组合中，较理想的入场时机是最后一根阴线的下端。一般本蜡烛线组合是一种震荡盘升信号，其后汇率的上升速度不一定很快，交易者可以考虑耐心等待。具体操作中，要同时认真观察该货币对相关的基本面和消息面，以避免数据公布导致技术面失效。

18. 天地独尊

汇率上升到一定高度后，空方开始反扑，收出覆盖线或压迫线，显示汇率已有调整压力。此后如出现再创新高的阳线，**通常表明汇率已结束调整，将重返升途**（见图 8-36）。汇率结束调整，再创新高，通常是强势的表现。一般而言，汇率再

创天价之时可能是买入时机。具体操作中，要同时认真观察该货币对相关的基本面和消息面，以避免数据公布导致技术面失效。

图 8-35 后浪永济

图 8-36 天地独尊

19. 心怀天下

汇率正持续向上，在收出阳线的第二根价格线却跳低至前一阳线开盘价之下开市，随后反复向上，收盘于前一阳线的收市价之上，**形成阳包阳之势**（见图 8-37）。这种走势虽然暗示多方上攻时曾受到某种意外打击，其后攻势必定小心谨慎，但上攻决心并不会就此泯灭。本蜡烛线组合一般是震荡上行的定式之一，交易者可考虑耐心持仓。想加码的人可考虑在第二根价格线汇率被拉升至前一天收盘价附近时再采取行动。具体操作中，要同时认真观察该货币对相关的基本面和消息面，以避免数据公布导致技术面失效。

盘中洗盘的方式，大家心里应该有个数。

图 8-37 心怀天下

20. 愿者上钩

低档盘整过程中，某一价格线汇率被大幅打低，但收盘仍回到开盘价附近，收出**一根极长下影的小蜡烛线**（见图 8-38）。蜡烛线组合中长下影往往是做市商有意所为，且常常都创出历史新低，暗示已有交易商暗中收集，通过

大幅打低，既震荡吸筹，又探明了底部。本蜡烛线组合一般出现在汇率极度低迷时期，交易大众尚未对此汇率加以注意，只有个别有心人在暗中运作。由于本蜡烛线组合只是一种底部震荡吸筹的图形，真正的发动尚需时日。所以持仓的交易者可考虑要捂紧头寸，不要被轻易震仓出局。没有持仓的交易者则不必急于入货，可等做市商正式发动行情（放大量、拉大阳）时考虑介入。但是，具体操作中，要同时认真观察该货币对相关的基本面和消息面，以避免数据公布导致技术面失效。

图 8-38　愿者上钩

21. 凤凰觅食

汇率滑落至低档后，持仓者一般都有"死猪不怕开水烫"的心态，不会轻易出脱手中的多头头寸。为了以尽可能低廉的建仓成本获得尽可能多的筹码，主力通常只有通过拉高汇率，才能将中小交易者手中的筹码骗出来。表现在蜡烛线图上，则是**某一价格线汇率在盘中被大幅拉高，然后又滑落回开盘价附近收市，从而留下长长的上影线**（见图 8-39）。本蜡烛线组合通常是国际大机构拉高建仓的信号，交易者应耐心等待主力此后大幅拉抬，不要对其后盘整失去耐心。由于本蜡烛线组合多出现在原始底部区域，故通常情况下汇率越往下打压，则考虑逢低吸纳，千万不要被震出手中的头寸。具体操作中，要同时认真观察个股基本面和消息面，以提防某些主力和机构借此形态骗线出货。

图 8-39　凤凰觅食

22. 如箭在弦

汇率**在低档经过长时间盘整**，底部已十分扎实。突然，汇率在盘中被大幅拉高，尾盘又回落至较低位收盘，从而该蜡烛线上**留下一条长上影阳线**。长长的上影乃主力试盘所为，通常意味着主力的收集已经完成，即将开始拉抬。**接下来一根价格线如拉出大中阳线突破向上，一般反弹开始**（见图 8-40）。本蜡烛线组合一般为反转行情的启动信号，通常情况下，交易者应尽早杀入做多，以享受国际大交易商抬轿的乐趣，获取超额利润。具体操作中，要同时认真观察该货币对相关的基本面和消息面，以避免数据公布导致技术面失效。

23. 日旋烈焰

汇率经横盘整理后，底部已经构筑得十分坚实，向上突破只是时机问题。突然，**汇率突破盘整区域，长阳报收，且收盘价高过此前横盘区价位，创出最近时段新高**（见图 8-41）。本蜡烛线组合是低档盘整后的突破信号，由于整理时间较长，浮筹已清洗殆尽，通常一旦突破，一般势不可当。交易者应在大阳突破局势已定时考虑跟进。具体操作中，要同时认真观察该货币对相关的基本面和消息面，以避免数据公布导致技术面失效。

图 8-40 如箭在弦

图 8-41 日旋烈焰

24. 三足鼎立

汇率**在低档经过较长时间的整理之后，连续走出三根小阳线**，形成"红三兵"走势，一般是一波行情启动的信号，汇率将向上扬升。本蜡烛线组合中三根小阳线的收盘价逐日向上移动，武士勇往直前的形象跃然纸上，底部趋升的形势较明显（见图8-42）。本蜡烛线组合通常是低档突破向上的信号，但相对而言，本蜡烛线组合中汇率的上升速度比较缓慢，也比较稳定，没有差价可做，一般要在接近一波次级行情的尾声时才会出现加速走势，故交易者可以考虑耐心持仓，做足波段行情。具体操作中，要同时认真观察该货币对相关的基本面和消息面，以避免数据公布导致技术面失效。

图 8-42 三足鼎立

25. 衰极必盛

汇率连番下挫，空方疯狂肆虐，**在低档连拉三条大阴线**，这是汇率即将陷入短期谷底的先兆，行情将改由多方主控，在极端弱势之中产生反弹（见图8-43）。本蜡烛线

连续大阴线出来，基本面肯定有大的异动。

组合一般是汇率短期见底的征兆，由于底部未能盘实，故只能当作反弹对待。具体操作中，要同时认真观察该货币对相关的基本面和消息面，以避免数据公布导致技术面失效。

图 8-43 衰极必盛

26. 炼狱成佛

汇率加速下挫，**在低档连续三次跳空收出阴线**，这通常是多头即将死绝、汇率将要止跌的信号（见图 8-44）。所谓"多头不死，跌势不止"，因而此时汇率反弹的可能性较大。但是，尽管本蜡烛线组合为比较强烈的反弹信号，但由于其最终的下跌幅度深不可测，交易者应慎之又慎，不要轻易介入抢反弹，以免被汇率的惯性下挫所伤害。具体操作中，要同时认真观察该货币对相关的基本面和消息面，以避免数据公布导致技术面失效。

27. 忤地生金

在大跌行情中，汇率在低档连续收出大中阴线，第二根价格线跳空开出十字星，一般暗示卖方已在犹豫，无力继续打压汇率。如第三根蜡烛线出现一根力度较大的阳线，

大阴线后接十字星可能意味着利空兑现，但也"仅是可能"，你要结合基本面来分析。

147

就表明多头已控制住局面，即将展开一轮上攻。十字星本为转折线，本蜡烛线组合的十字星犹如即将燎原的星星之火，一般意味着汇率筑底已经完成，是反弹的征兆（见图 8-45）。本蜡烛线组合中最后一根大中阳线是对转势的确认，投资者为确保

图 8-44　炼狱成佛

图 8-45　忤地生金

安全，一般可不必在十字星出现之后的那根价格线介入，而可以考虑在第三根蜡烛线及时介入。具体操作中，要同时认真观察该货币对相关的基本面和消息面，以避免数据公布导致技术面失效。

28. 春暖花开

汇率在低档收出长下影阴线，第二根价格线再收一条阴线，但此阴线未能突破前一根阴线下影，一般暗示空头力竭，买方即将展开反攻（见图8-46）。本蜡烛线组合通常是股价中短期见底的信号，可以考虑在出现长下影后第三根价格线介入。具体操作中，要同时认真观察该货币对相关的基本面和消息面，以避免数据公布导致技术面失效。

图8-46 春暖花开

29. 风凋枯树

在连续下挫行情中，空方全力打压，在低档收出中长阴线，由于短期内下跌过快，空头战线拉得太长，补给不济，终于遭到多头拼死抵抗，稍低开盘后即转盘向上，以接近该时段最高价收盘，**将前一蜡烛阴线完全包住**，给了空头有力一击（见图8-47）。本蜡烛线组合出现后，部分原来的空头看到势头不妙，往往阵前反戈相向，故很容易形成V字走势，交易者可以考虑介入。具体操作中，要同时认真观察该货币对相关的基本面和消息面，以避免数据公布导致技术面失效。

图 8-47 风凋枯树

30. 小桥流水

在连续下挫行情中，汇率在低档收出大阴，空方大获全胜。第二个价格线本应乘胜追击，不料被多头打了个措手不及，**以高开价开盘**。卖方虽全力压制，却无力将股价打至前一收盘价之下，最终以阳线报收（见图 8-48）。本蜡烛线组合一般是低档反弹信号，但反弹力度取决于资金量的配合以及第三根蜡烛线的市况。具体操作中，要同时认真观察该货币对相关的基本面和消息面，以避免数据公布导致技术面失效。

31. 落花有意

落花有意，流水无情的情况太多了。

汇率快速下挫，在低档收出大中阴线，**第二根价格线却遇多方奋力抵抗，低开高走，反收一根中长阳线**（见图 8-49）。**此阳线收盘价至少位于前一条阴线的中心值附近。**如第三根价格线继续收阳，一般预示着反弹开始。为确保安全，投资者最好等第三根价格线收阳时再考虑择机入市。由于缺少底部盘整，此种图形几乎不可能出现在原始下跌

图 8-48　小桥流水

图 8-49　落花有意

行情底部，而往往是中级或次级下调行情的反弹信号，一般不要恋战。具体操作中，要同时认真观察该货币对相关的基本面和消息面，以避免数据公布导致技术面

失效。

32. 声东击西

汇率在低位跌势加速，收出中大阴线，第二根蜡烛线多方奋起反击，还以颜色，以中大阳线报收（与前一根阴线构成阳包阴或阳切阴），第三根价格线空头拼死反扑，又拉出一根中大阴线（覆盖线或包容线），但此阴线常常是空方最后一击，只要其后能收出中阳线，反弹就将开始（见图 8-50）。本蜡烛线组合通常属低档大幅震荡的走势，多空争夺十分激烈，前三根蜡烛线虽然构成两阴夹一阳的极弱态势，实际上空头常常是回光返照，交易者不应被空头的汹汹气势吓倒，可以考虑入市。具体操作中，要同时认真观察该货币对相关的基本面和消息面，以避免数据公布导致技术面失效。

图 8-50　声东击西

33. 万象更新

汇率在低档加速下挫，形成中大阴线，第二根蜡烛线由于某些重大利好消息影响，汇率直接跳高至前一阴线的实体内开盘，并顺势上攻，高收于偏高价位，走出一根实体长大的上拉阳线（见图 8-51）。这通常是汇率止跌反弹的信号之一，虽然随后几根价格线汇率可能再向下回落，但只要空头无法将这根上拉阳线吃掉，汇率可能将向上反弹。本蜡烛线组合通常是低档大幅震荡的走势，多空双方全力施为，形势变化极快。由于有基本面的配合，力量的天平一般会向多方倾斜，虽然还需要一些时间来筑底，但要再创新低也是比较困难之事，故交易者一般考虑改投多头阵营。具体操作中，要同时认真观察该货币对相关的基本面和消息面，以避免数据公布导致技术面失效。

什么样的利好可以让参与者迫不及待地高开拉升？

图 8-51　万象更新

34.双剑顿定

汇率加速下跌后，在低位接连拉出两根剑形线，第三根价格线低开后以稍高价位收盘，且汇率波动幅度也在减小，这常常说明短期内汇率下跌空间有限，如果第四根价格线跳高开市则汇率将开始反弹（见图 8-52）。实际上，蜡烛线组合中第二根长下影通常是对第一天所探底部的再

再而衰，三而竭！

次试探和确认，当第三根价格线汇率没法再创新低时，交易者即可考虑介入。具体操作中，要同时认真观察该货币对相关的基本面和消息面，以避免数据公布导致技术面失效。

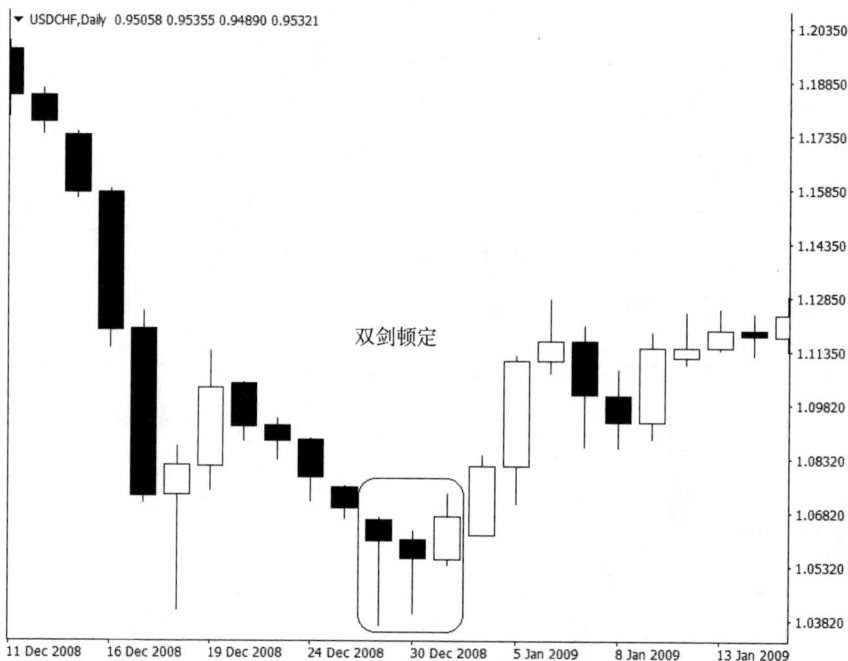

图 8-52　双剑顿定

35. 乌云漫天

汇率持续上扬，在高档连续拉出多条阴线，常常显示汇率上涨无力，即将进入调整（见图 8-53）。此图形是在高位横盘区域连拉阴线，表明汇率虽有上冲欲望，但买气减弱，上方的压力较大，调整将至。除非随后能再拉大阳向上突破，否则应该反手做空为益。具体操作中，要同时认真观察该货币对相关的基本面和消息面，以避免数据公布导致技术面失效。

36. 回光返照

汇率在高档连续走出两根顺沿向下的阴线，第三根价格线多头展开反击，再拉一根中大阳线，将前两根阴线尽数吞没（见图 8-54）。看起来似乎买盘力度又有增强，实质却可能是主力正在了结多头并反手做空，因而也是做多交易者难得的逃命线。只要最后一根大阳线之后再拉阴线，本蜡烛线组合较有把握。因此，即使在拉出大阳的蜡烛线不了解多头，那么在汇率降至大阳收盘价之下时也应考虑获利了结。具体操作中，要同时认真观察该货币对相关的基本面和消息面，以避免数据公

布导致技术面失效。

图 8-53　乌云漫天

图 8-54　回光返照

37. 战雾迷离

汇率在高档横盘整理，连日小阴小阳不断，突然大幅向上跳空高开，由于得不到大部分交易者的认同，汇率回落至其横盘区域收市，形成高位的大阴线（见图8-55）。其后汇率继续在高档横向整理，再也无力向上发起攻击，最后一般向下突破，可能展开一段下跌行情。汇率在高档横盘即是多头乏力的迹象，再加上一根高开低走的大阴线，调整意味较浓，即使汇率并不会就此展开快速回调，持股人士也应考虑了结多头，适当建立空头头寸。具体操作中，要同时认真观察该货币对相关的基本面和消息面，以避免数据公布导致技术面失效。

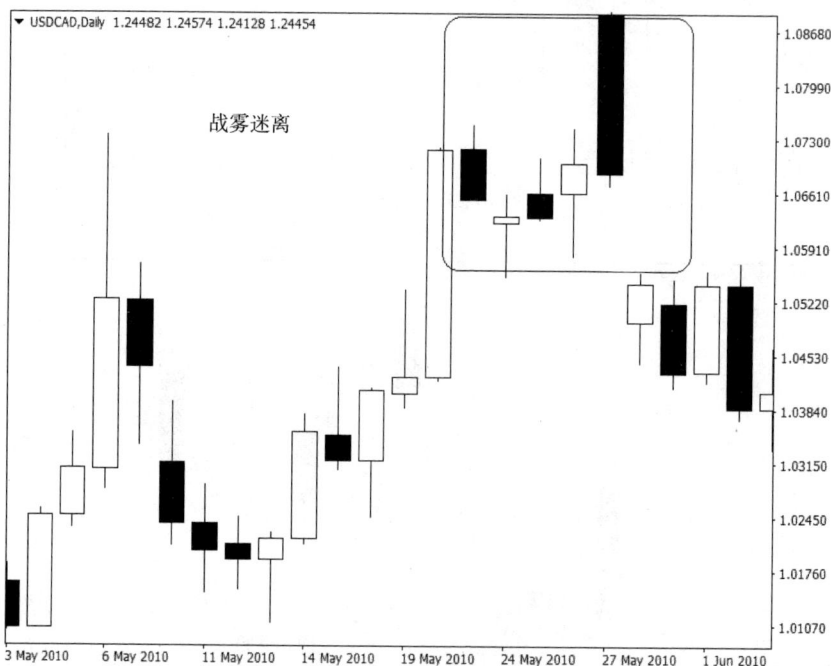

图8-55 战雾迷离

38. 大雨倾盘

当行情长期上涨后，在高档接连两次走出滑行线组合，其间仅发生过一次微弱反弹，夹杂着一根小阳线，通常可断定此前高价已是天价，汇率上涨乏力，即将向下回落（见图8-56）。如汇率在高档走出本K线组合，通常意味着

如果一根阴线之后紧接着出现第二根阴线，且中间也没有跳空缺口，价格也在逐渐向下滑落，就叫作滑行线，滑行线是典型的弱势组合。

原上升通道已被打破，加上多次拉出连阴，说明上档压力十分沉重，一般应考虑了解多头头寸，并适当建立空头头寸。具体操作中，要同时认真观察该货币对相关的基本面和消息面，以避免数据公布导致技术面失效。

图 8-56　大雨倾盘

39. 妖气蔽日

汇率惯性上冲，**在高档连续两次高开低走形成伪阴线组合，紧接着再拉一根下降阴线**，这三根阴线就成为典型的"见顶三鸦"，通常是主力在高位了结多头，建立空仓的明显迹象（见图 8-57）。通常情况下，出现"见顶三鸦"则可能出货。即使不一定随即出现快速回调，落袋为安、规避风险确有必要。具体操作中，要同时认真观察该货币对相关的基本面和消息面，以避免数据公布导致技术面失效。

40. 银河九天

汇率在高档横向整理，前进方向未明，**最后以一根大阴线向下突破，确立行情调整的格局**（见图 8-58）。此前的高位震荡通常是国际大机构的了结多头，建立空头的手

震荡后大实体线突破，新基本面才有新价格区间。

法之一，蜡烛线组合中大阴线具有决定性意义，常常是空头一击而中，汇率一泻千里，多方唯有认输出局，一般不要因当天跌幅太大而妄想有反弹走货机会，以免越

图 8-57　妖气蔽日

图 8-58　银河九天

陷越深，可以顺势做空。具体操作中，要同时认真观察该货币对相关的基本面和消息面，以避免数据公布导致技术面失效。

41. 天狗吞日

汇率在高档盘整一段时间后连拉三根向下的阴线，通常情况下，这是较大调整开始的信号，汇率常常从此一蹶不振（见图 8-59）。本蜡烛线组合是在高位横盘后出现三只乌鸦，通常暗示汇率的调整将幅度巨大、时间持久。由于汇率调整刚刚开始，投资者一般既不要等反弹，更不应该抢反弹做多，应该考虑了结多头头寸，适当建立空头头寸。具体操作中，要同时认真观察该货币对相关的基本面和消息面，以避免数据公布导致技术面失效。

图 8-59 天狗吞日

42. 阴阳悖逆

汇率在高档加速上升，连续收出三根中大阳线，由于短期升幅过大，多方力量后续不济，很容易产生回档（见图 8-60）。除非货币基本面出现了实质性变化或利好，否则，高档连拉三阳线之后总要发生一定幅度的调整。因此，一般应在第三根大阳线形成之时考虑获利了结多头头寸，进取型投资者也可等汇率拉出第一条阴线时再考虑在具体操作中采取行动，要同时认真观察该货币对相关的基本面和消息面，以避免数据公布导致技术面失效。

图 8-60　阴阳悖逆

43. 孤家寡人

在涨幅已大的情况下，**汇率大幅上扬，形成一根十字线，第二根价格线却向下跳空拉出一根阴线，**这是行情即将转盘下跌的先兆（见图 8-61）。高位十字星本身

图 8-61　孤家寡人

通常表明多头上攻时已十分犹豫，再加上一根实体较长的下跳阴线，出局信号较明确。一般情况下，即使不再出现高档十字星的当天获利了结，也应考虑在第二天跳低开盘时及时退出。当然，具体操作中，要同时认真观察该货币对相关的基本面和消息面，以避免数据公布导致技术面失效。

44. 天妒英才

在高价圈出现一根大幅向上的流星线，第二根蜡烛线随即收出一根实体较长的阴线，通常表示汇率经大幅涨升后高位遇阻，多头出师不利，自然要进行调整（见图 8-62）。一般情况下，持有多头仓位的交易者应赶紧了结，并适当建立空头头寸。具体操作中，要同时认真观察该货币对相关的基本面和消息面，以避免数据公布导致技术面失效。

图 8-62　天妒英才

45. 壮志未酬

汇率在高档急速上扬，大幅高开后向下回落，至接近收盘时才被拉回到开盘价附近，如第二根蜡烛线低开低走，使前边剑形线成为前后皆空的吊颈线，通常是行情见顶的

剑形 K 线是一种下长影线短上影线的十字星或类十字星形线。

明显信号，汇率即将进入调整（见图8-63）。尾盘的拉高可能是多头交易者最好和最后的出局良机。具体操作中，要同时认真观察该货币对相关的基本面和消息面，以避免数据公布导致技术面失效。

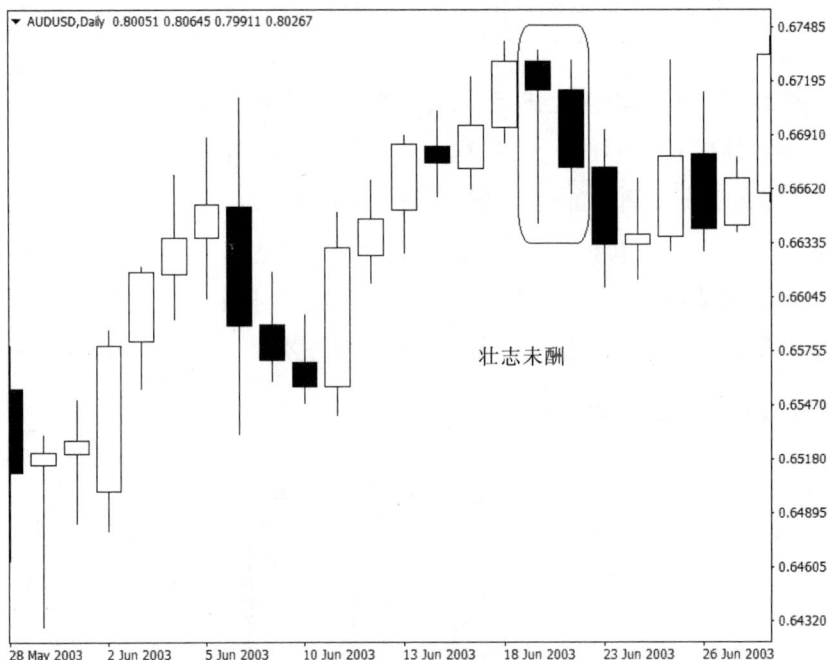

图 8-63　壮志未酬

46. 日过中天

在持续涨升后走出一根带有较长上影线的中大阳线，随后收出一根实体被包孕在前一阳线上影线内的小阳线（见图8-64）。由于它并没有超越前一天高点，通常说明汇率已上涨乏力，即将开始回调，可以考虑逢高出货。具体操作中，要同时认真观察该货币对相关的基本面和消息面，以避免数据公布导致技术面失效。

47. 独孤九剑

在一段持续上扬行情之后，汇率大幅向上跳空高开，因为遭到获利盘压制而回落至前一收盘价附近报收，第二根蜡烛线顺势低开低走，留下一根空前绝后的阴线高耸云端（见图8-65）。蜡烛线组合中孤独九剑的高开通常是国

看跌吞没的确认版！

际大机构为触发空头止损盘而有意为之，因而也可能成为我们多头头寸了结的良机。具体操作中，要同时认真观察该货币对相关的基本面和消息面，以避免数据公

图 8-64　日过中天

图 8-65　独孤九剑

布导致技术面失效。

48. 夕阳斜下

> 本例中的上影线其实也在说话！

汇率加速上升，在高档拉出跳空阳线，不料第二根价格线风云突变，一开盘就大幅向下跳空至前一阳线开盘价之下，收出高档反叛线或伪阳线，为一波下挫行情定下基调（见图 8-66）。这个蜡烛线组合通常意味着多头气势盛极而衰，第二根蜡烛线大幅低开时即应考虑建立空头头寸。具体操作中，要同时认真观察该货币对相关的基本面和消息面，以避免数据公布导致技术面失效。

图 8-66　夕阳斜下

49. 巨星陨落

汇率在高档升势加速，收出一根向上大幅高开低收的阴线，第二根价格线汇率跳高至前一阴线的实体内开盘，但无法企稳，尾盘回落至比前一根蜡烛线收市价更低的价位收盘，形成高档的跳空滑行线（见图 8-67）。高档上跳阴线已是警戒信号，第二根蜡烛线再高开低走，更显弱势，此时可以考虑出货，可以在收盘之前退出。具体操作中，

要同时认真观察该货币对相关的基本面和消息面，以避免数据公布导致技术面失效。

图 8-67　巨星陨落

50. 风云突变

汇率经连续上涨后再拉阳线，第二根价格线顺势高开后因获利回吐压力沉重，抛盘源源不断地涌出，同时很多交易者趁势做空，多头放弃抵抗，接盘稀少，导致汇率持续向下，并最终以低于前一阳线开盘价的价位收市，一口**吞掉前一根阳线，形成高位阴包阳之势**（见图 8-68）。通常情况下，前一阳线开盘价是多头生命线，只要跌穿这一价位，持有多头的交易者可以考虑退出观望，适当建立空头仓位。具体操作中，要同时认真观察该货币对相关的基本面和消息面，以避免数据公布导致技术面失效。

51. 英雄末路

汇率在高档遭空头狙击，收出阴线，**第二根价格线再拉一根高开低走的大阴线，将前一阴线从头到脚一口吃掉**，这通常是汇率见顶反转的信号（见图 8-69）。此时，多头

暴跳如雷，其实是黔驴技穷！

主力一般已到最后阶段，不需再遮遮掩掩，高开长阴通常是最后一次拉高了多头头寸，因而也可能是中小多头交易者难得的逃命线。一般而言，阴包阴出现后的第二

图 8-68　风云突变

图 8-69　英雄末路

根价格线高开时是较理想的多头了结点位，此时多头可以考虑迅速出场，以免深套，而此时正是空头建仓的好时机。具体操作中，要同时认真观察该货币对相关的基本面和消息面，以避免数据公布导致技术面失效。

52. 极光洞天

汇率快速上扬，在高档收出一根吊颈线，第二根蜡烛线汇率再次跳高开盘，但在空头的强力攻击下无法在高处企稳，不得不向下回落，在前一蜡烛线最低价之下收市，从而将前一吊颈线完全包容在内（见图8-70）。本蜡烛线组合中空头连续打压汇率，并终于在低位建立防线，通常表示汇率已至天顶，行情即将回软。此时，空头交易者应该及时建立空头头寸，等待下跌趋势的完全展开。具体操作中，要同时认真观察该货币对相关的基本面和消息面，以避免数据公布导致技术面失效。

图8-70　极光洞天

53. 隆冬将至

汇率在连续拉升后收出一根实体较长的阳线，随后遭空头反击，汇率低开收阴，**其开盘与收盘价都未能突破前一阳线的高低点，这通常表明汇率上涨力道不足，可能将向下回档**（见图8-71）。如第三根价格线再拉一根实体或上影较长的阴线，则可能是汇率暴跌的先兆。此时，空头交易者应该及时建立空头头寸，等待下跌趋势的完全展开。具体操作中，要同时认真观察该货币对相关的基本面和消息

面，以避免数据公布导致技术面失效。

图 8-71　隆冬将至

54. 大势已去

汇率在高档收出一根阳线，之后再收一根小阳线，且完全孕育在前一根阳线的实体内，这通常是汇率上升乏力的迹象，表明汇率即将回档整理（见图8-72）。本组合图形看起来就像夕阳西下，虽然十分美丽，却常常是黑夜即将来临的先兆。此时，空头交易者应该及时建立空头头寸，等待下跌趋势的完全展开。具体操作中，要同时认真观察该货币对相关的基本面和消息面，以避免数据公布导致技术面失效。

55. 敲山震虎

汇率连续扬升，在高档走出大阳线，第二根价格线汇率顺势高开，由于受到获利回吐盘和做空盘的影响，汇率持续滑落，**并跌至前一阳线实体之内收盘**，从而形成覆盖线组合（见图8-73）。此覆盖线出现在长期上涨后的高位，可能构成行情见顶的信号。此时，空头交易者应该及时建立空头头寸，等待下跌趋势的完全展开。具体操作中，要同时认真观察该货币对相关的基本面和消息面，以避免数据公布导致技术面失效。

图 8-72　大势已去

图 8-73　敲山震虎

56. 英雄暮年

汇率高档走出大阳线，接着被一条长阴（包括湮没线、阴包阳、下拖线）所吞

没，第三根价格线多头再发余威，奋力拉高，却只能拉出一根切入线，通常暗示汇率已到达天价区，只要接下来再出现覆盖线，多头交易者就应考虑出局（见图8-74）。蜡烛线组合中多方攻势连续两次被空头成功阻截，呈现高位阴阳震荡的态势。当第四根价格线汇率下跌至前一阳线开盘价之下时，通常就是多头最后的出局机会，随之而来的回调走势有可能非常凌厉。此时，空头交易者应该及时建立空头头寸，等待下跌趋势的完全展开。具体操作中，要同时认真观察该货币对相关的基本面和消息面，以避免数据公布导致技术面失效。

图8-74　英雄暮年

57.王者逝去

汇率高档拉出中大阳线，不料第二根价格线买气突然消失，汇率跳低至前一阳线实体内开盘，并在空头大力打压下低走至前一阳线开盘价下收市，形成高档下拖线（见图8-75）。汇率长期攀升本已造成大量获利盘，再遭此突然袭击，多头上攻欲望必定大打折扣，汇率调整也势在必行。通常情况下，当汇率跳低开盘，且无望反弹时，多头应考虑趁早了结。此时，空头交易者应该及时建立空头头寸，等待下跌趋势的完全展开。事实上，下拖线往往没有上影线，即使有也十分短小，因而一般等待反弹是不明智的。具体操作中，要同时认真观察该货币对相关的基本面和消息面，以避免数据公布导致技术面失效。

图 8-75　王者逝去

58. 危机重重

汇率随大而有力的阴线向下急挫，在低档稍做整理，接下来若出现跳空阴线或大阴线，则通常是另一波大跌的起步（见图 8-76）。一般情况下，这种盘整不过是

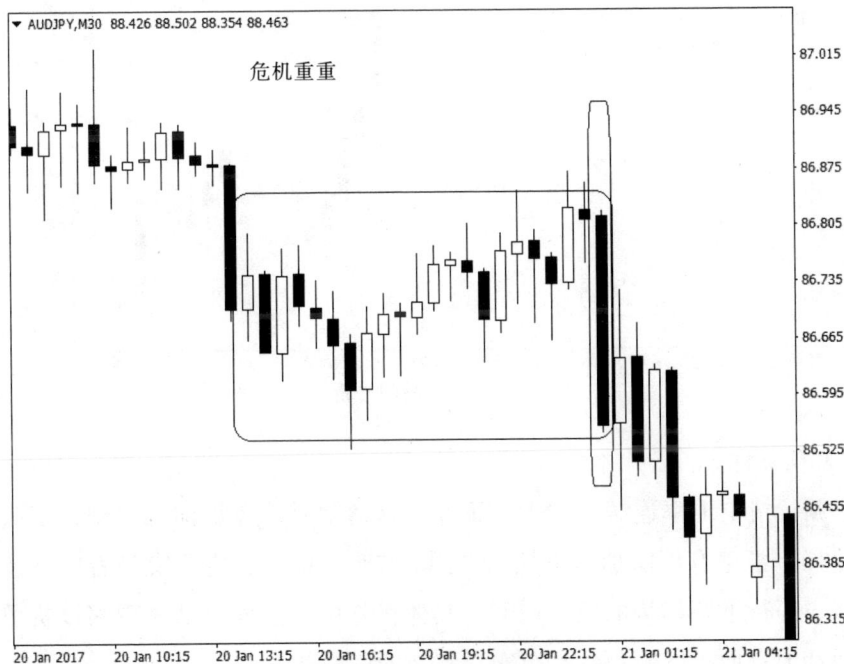

图 8-76　危机重重

中段弱势整理，时间一般在四根到十根价格线间，休整结束后汇率仍将下挫。多头此时应痛下决心，斩仓出局。此时，空头交易者应该及时建立空头头寸，等待下跌趋势的完全展开。如果再形成向下突破，随后的调整幅度与速度可能都会超出人们的想象。当然，具体操作中，要同时认真观察该货币对相关的基本面和消息面，以避免数据公布导致技术面失效。

59. 满门抄斩

汇率受重大利空打击，一开盘即大幅下跌，并一直将跌至收盘，从而在 K 线图上形成一根巨大阴线（见图 8-77）。通常情况下，这可能是买盘彻底崩溃的信号，汇率将飞流直下，一泻千里。此时，空头交易者应该及时建立空头头寸，等待下跌趋势的完全展开。当然，具体操作中，要同时认真观察该货币对相关的基本面和消息面，以避免数据公布导致技术面失效。

图 8-77 满门抄斩

60. 大敌当前

在下调行情中汇率连续两次大幅下跌，这通常是买盘崩溃的表现，多头交易者应及早出局，汇率有可能加速下挫（见图 8-78）。此时，空头交易者应该及时建立空头头寸，等待下跌趋势的完全展开。具体操作中，要同时认真观察该货币对相关的基本面和消息面，以避免数据公布导致技术面失效。

图 8-78　大敌当前

61. 顺水行舟

汇率开始下调，连拉三根阴线，且实体越来越大，即汇率下行加速迹象越来越明显，这也是提醒多头要抓紧出货，以避开随之而来的巨幅回调（见图 8-79）。一

图 8-79　顺水行舟

般说来，如果这三连阴都只是中小阴线，则很有可能紧接着拉出第四根、第五根阴线；若是它们的实体已经长大，特别是当第三根阴线是大阴线时，通常说明空头的打压已经肆无忌惮，随后的下挫将迅猛有力。此时，空头交易者应该及时建立空头头寸，等待下跌趋势的完全展开。具体操作中，要同时认真观察该货币对相关的基本面和消息面，以避免数据公布导致技术面失效。

62. 故布疑阵

汇率下行过程中连续出现小阳线，但其开盘价和收盘价却逐渐降低，形成伪阳线组合，这通常是汇率将快速下行的前兆，提醒多头交易者考虑中途出局（见图8-80）。此时，空头交易者应该及时建立空头头寸，等待下跌趋势的完全展开。由于反弹时机尚未成熟，多头交易者还是应该继续坚持持币观望的方针。具体操作中，要同时认真观察该货币对相关的基本面和消息面，以避免数据公布导致技术面失效。

图8-80　故布疑阵

63. 下落九天

汇率持续下行一段后遭多头反抗，拉出一根小阳线，由于力量有限，反弹无力，空头正好乘虚而入，在第二根价格线就全力施为，将前一根小阳线从上到下一

口吃掉（见图 8-81）。当汇率低走至前一阳线收盘价之下时，投资者可考虑做空，而不必等到阴包阳组合形成以后才仓促行动。具体操作中，要同时认真观察该货币对相关的基本面和消息面，以避免数据公布导致技术面失效。

下跌走势中的看跌吞没。

图 8-81   下落九天

64. 龙再入渊

汇率下行一段时间以后，遭多头抵抗，拉出一根向上的阳线。但反弹昙花一现，第二根价格线一开盘，**汇率就直接跳低至前一阳线开盘价之下开盘**，将前一根蜡烛线买进的交易者全部套住（见图 8-82）。此蜡烛线组合通常意味着多头再次失势，此时空头交易者应该及时建立空头头寸，等待下跌趋势的完全展开。当然，具体操作中，要同时认真观察该货币对相关的基本面和消息面，以避免数据公布导致技术面失效。

65. 空降奇兵

汇率下行途中收出一根小阳线，第二根蜡烛线即再遭空头沉重打击，汇率直接跳低至小阳线实体内开盘，并走

低至其开盘价之下收盘，形成一根下拖线（见图 8-83）。交易者一般在汇率跳低开盘时可以考虑做空。具体操作中，要同时认真观察该货币对相关的基本面和消息

图 8-82　龙再入渊

图 8-83　空降奇兵

面，以避免数据公布导致技术面失效。

66. 雷霆一击

汇率连续下滑后遭多头反抗，收出阳线，但随即受卖方压制，第二根价格线稍高开盘后就有许多卖盘涌出，将汇率向下压低至前一阳线实体内收市，形成下降途中覆盖线组合（见图 8-84）。第二根价格线汇率下滑至前一阳线收盘价之下时，考虑做空。此外，本蜡烛线组合下行速度与该阴线覆盖阳线的深度很有关系，如果是"盖帽线"，下行速度就将较为缓慢；假如是"灭顶线"，就会有快速下探的机会。当然，具体操作中，要同时认真观察该货币对相关的基本面和消息面，以避免数据公布导致技术面失效。

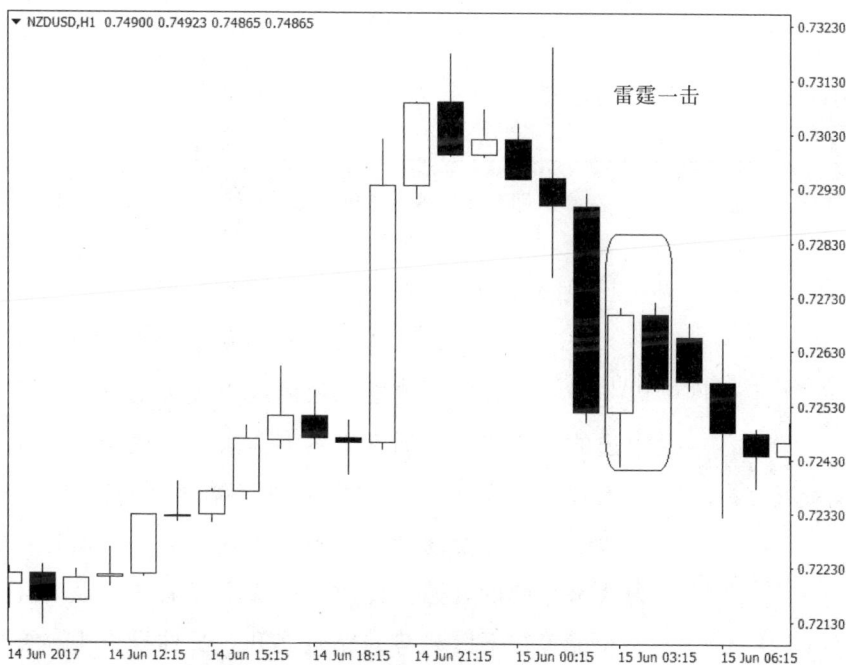

图 8-84　雷霆一击

67. 似水年华

汇率连续下挫，由于短时间内跌幅较大，汇率暂时失去下行动力，于是在前一阴线收盘价之上开出，并且走高收阳，从而与前一阴线形成阴孕阳组合（见图 8-85）。蜡烛线组合中的孕阳线通常表明多头的抵抗力量极其有限，反弹将十分微弱。此时通常应考虑做空。具体操作中，要同时认真观察该货币对相关的基本面和消息面，以避免数据公布导致技术面失效。

图 8-85　似水年华

68. 致命之吻

汇率连续下挫，连拉三根阴线，随后多方大举反攻，以一根大阳收复了前面三根阴线所丧失的领地，这种下跌中途的"三连击"通常表示多头平仓，由于多方在反弹中已消耗了全部力量，因而汇率将继续下行（见图8-86）。一般情况下，交易者千万不要被这根大阳线所迷惑，误以为这是反弹的开始。此时，空头交易者应该及时建立空头头寸，等待下跌趋势的完全展开。具体操作中，要同时认真观察该货币对相关的基本面和消息面，以避免数据公布导致技术面失效。

69. 云行流布

行情持续向下，出现一根大阴线，随后多头展开防守反击，连拉三根向上的小阳线（见图8-87）。然而，买方在上升行动中并未有太大获利，甚至无法弥补大阴线的损失。多方防守力量如此薄弱，自然会导致空头乘虚而入，于是顺理成章地形成了第二根大阴线，从而预示着股价将

继续下滑。通常情况下，汇率虽然连拉三阳但由于缺少筑底过程，故而随后可能仍将下跌。此时，空头交易者应该及时建立空头头寸，等待下跌趋势的完全展开。具

图 8-86　致命之吻

图 8-87　云行流布

体操作中，要同时认真观察该货币对相关的基本面和消息面，以避免数据公布导致技术面失效。

70. 藏于九地

在下跌行情中收出切入线或是奉承线，汇率发生短暂而微弱的反弹，接着又打穿此前阳线创出的短期底部，再创新低，这通常是汇率将续跌的信号（见图 8-88）。此时，空头交易者应该及时建立空头头寸，等待下跌趋势的完全展开。具体操作中，要同时认真观察该货币对相关的基本面和消息面，以避免数据公布导致技术面失效。

图 8-88　藏于九地

六、小　结

蜡烛线由开盘价、最高价、最低价和收盘价形成。

如果收盘价高于开盘价，则形成一根阳线；如果收盘价低于开盘价，则形成一根阴线。

镂空或者填充颜色的部分被称为实体。

实体上下的细线被称为影线。

上影线的顶部被称为最高价；下影线的底部被称为最低价。

较长的实体意味着强劲的买方或者卖方力量，较短的实体意味着买卖的行为较弱。在外汇术语中，看多意味着买方的出现并占据主导，而看空则意味着卖方的出现并占据主导。上影线显示交易区间的高端，下影线显示了交易区间的底端。

拥有一个较长上下影线和较小实体的蜡烛线被称为纺锤线，这个形态反映了买卖双方的僵持。

实体线则是除了实体之外没有任何影线。在阴实体线中，开盘价是最高价，收盘价是最低价，而在阳实体线中，开盘价是最低价，收盘价是最高价。

十字线的开盘价和收盘价相同，或者几乎相同。因此，它的实体非常短，是一条直线或者很短的实体。

锤头是一个看涨的反转形态，它处在一个下降的趋势之中。之所以命名为锤头，是因为市场此时正在夯实底部。

吊颈是一个砍跌的反转形态，它处在一个上升的趋势之中，表明一个可能的顶部或者一个强有力的阻力水平。

当价格处于下降趋势时出现倒锤头预示着一个反转的可能性。

流星是一个看跌的反转形态，它形态上类似于倒锤头，但之前的价格是上升的。

另外，我们还给出了几十个典型的蜡烛线组合形态，这些归纳是启发式的，不希望大家僵化于此，冥顽不化。从中找出本质之处，方是明智之举。

第九阶

支撑和阻力，趋势线和通道

一、支撑和阻力

交易中使用得最为广泛的概念之一是支撑和阻力。但是很奇怪的是，几乎每个交易者都有自己的一套度量支撑和阻力的观念和方法。

支撑与阻力为我们进场和出场提供了某些潜在的基础，不过这仅是基础而已。

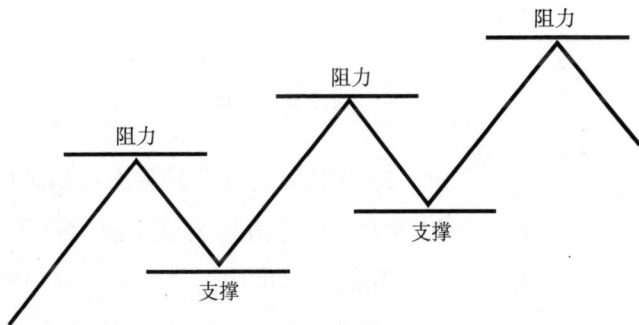

图 9-1　支撑和阻力

如图 9-1 所示，正如你所看到的一样，曲曲折折的模式最终体现了向上的趋势，一个牛市。当市场上升后回调，在回调到目前的阻力线之前价格创出了新的高点。

趋势向上究竟可以怎么定义？

当价格继续上升时，在市场回撤到现在的支撑之前它

183

就又开始上升了。当市场波动前进时，阻力和支撑就这样形成了。真正的反转出现在下降趋势形成之时。

1. 找出阻力和支撑水平

需要记住的一个要点是阻力和支撑水平并不是一个精确的数字。你将经常看到一个阻力或者支撑水平被突破，但之后不久却发现市场仅是测试了一下这个阻力和支撑水平。运用蜡烛图，这些阻力和支撑的测试经常以影线呈现出来（见图 9-2）。

图 9-2　影线与阻力水平

注意：2500 的阻力水平是怎么被蜡烛影线呈现出来的。在这些时间中，似乎市场突破了阻力水平。但是，借助于蜡烛的影线我们发觉市场仅是测试了这一阻力水平。

阻力与支撑代表了"位"，而 K 线则是对"位"的有效性的测试与确认。

关于支撑和阻力，有两点需要我们注意：①当价格穿越阻力水平后，阻力就变成了支撑；②一个阻力或者支撑水平受到的价格测试越多，这个阻力或者支撑水平的力度就越强（见图 9-3）。

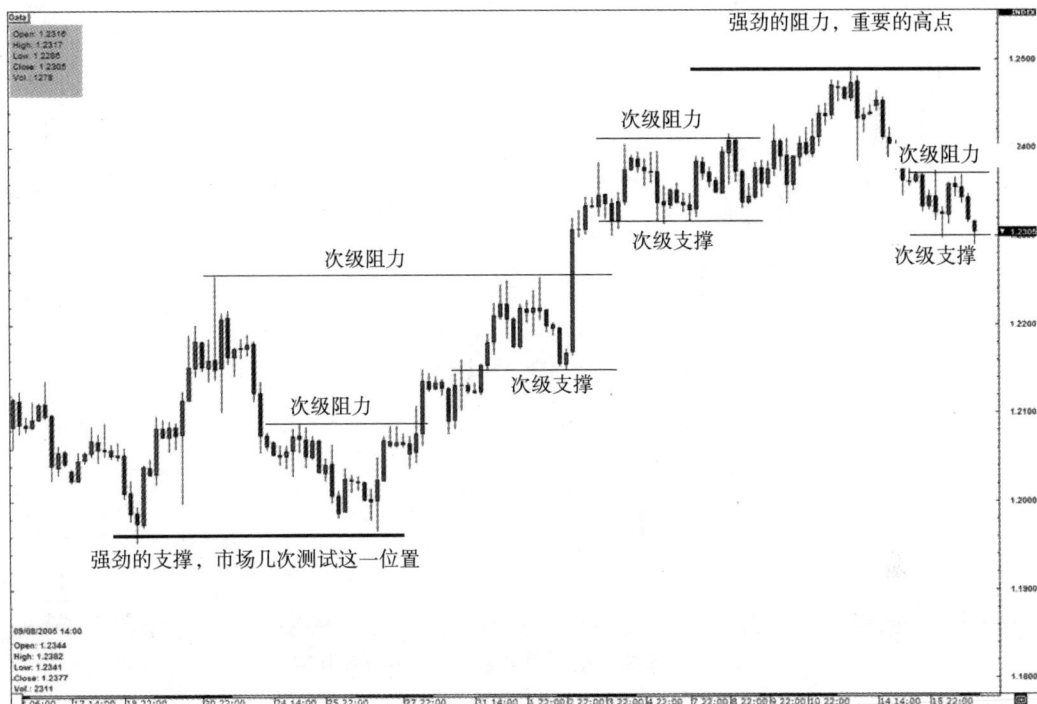

图 9-3 支撑与阻力的强度

2. 如何确认支撑或者阻力真的被突破

对于这个问题，我们没有准确的答案。部分交易者主张如果市场的收盘价高于该阻力水平或者低于此支撑水平，就表明这一阻力或者支撑被突破了。然而，你会发现情况并不总是这样的。让我们在上面的例子中进行分析，如果价格确实收盘于 2500 的阻力位置之上，那么接下来将发生什么呢？

在这个例子中，价格两次收盘于 2500 阻力位置以上，但两次都跌破该位置。如果你相信这两次是真实的突破，并且进场买进这个货币对，那么最终你将被狠狠地踹一脚！现在仔细看看图 9-4，你将得到结论：阻力水平其实并没有被突破，实际上它完整无损，现在甚至变得更加强大。

所以，为了过滤掉那些假突破，你应该更多地将阻力支撑作为一个区域，而不是一个精确具体的数字。一种帮助你寻找这些区域的方法就是在线图而不是蜡烛图上分析

重要阻力被突破后又再度跌破，就是所谓的"多头陷阱"，市场上有专门交易这类机会的策略。

价格收盘于阻力线之上，但仍旧跌下了该阻力线

阻力
Resistance

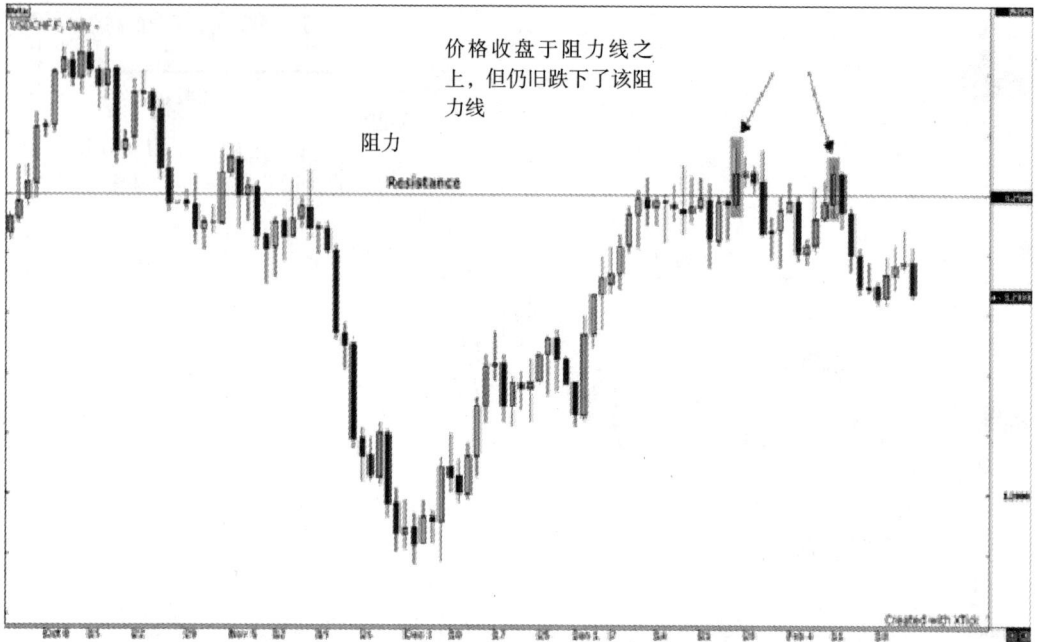

图 9-4 价格收盘于阻力之上仍旧会再度跌破

阻力支撑。原因是线图仅向你描绘了收盘价，而蜡烛图则把极端的高价和低价都给出来了。**最高价和最低价是市场情绪造成的噪声运动，它们极其容易误导你的突破分析。**

现在看看图 9-5，在价格形成的若干顶和谷所在的区域进行阻力和支撑分析。

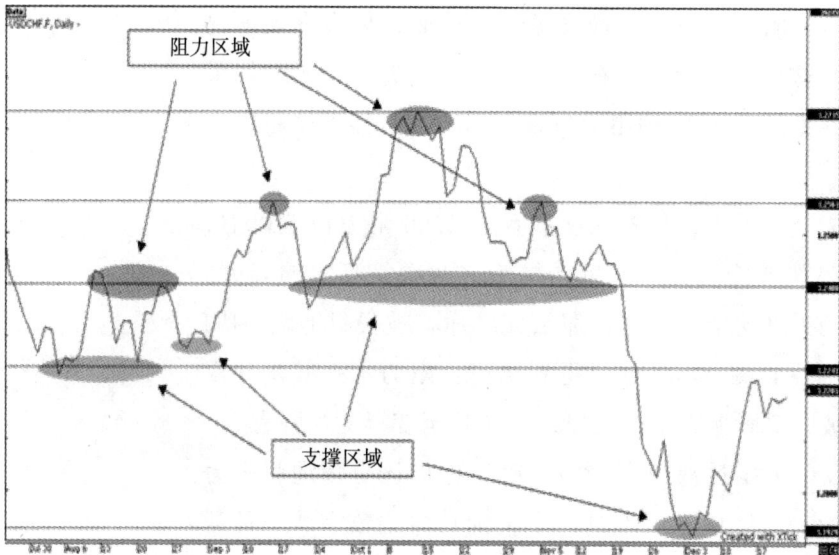

阻力区域

支撑区域

图 9-5 阻力区域与支撑区域

二、趋势线

趋势线可能是今天使用最为普遍的分析技术，但也是最没有得到充分运用的技术。如果画法正确，那么趋势线可以同其他任何方法的精确度相媲美。非常不幸的是，绝大多数交易者并没有正确地画出趋势线，或者这些交易者试图使趋势线完全符合市场，而不是采用一种大致的方法。

一般所谓的趋势线都是狭义趋势线，也就是直边趋势线，这就把均线排除在外了。

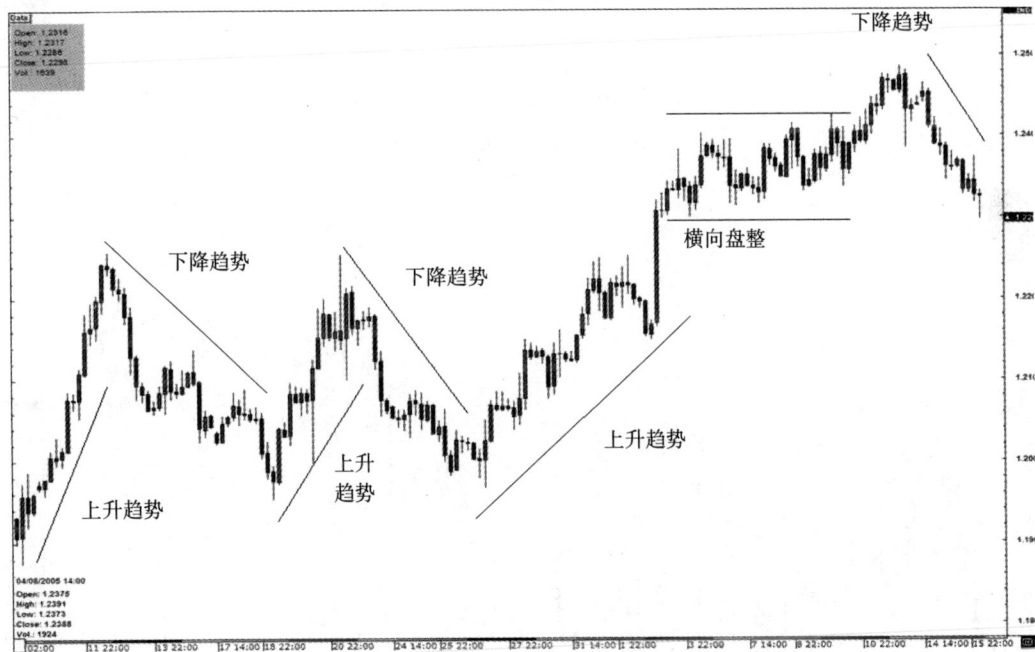

在趋势线最一般的画法中，上升趋势线是沿着容易辨认的底部支撑区域（谷底）做出的；下降趋势线是沿着容易辨认的顶部阻力区域（峰顶）做出的（见图 9-6）。

图 9-6　上升趋势线和下降趋势线

三、通　道

艾略特波浪理论需要借助通道来识别第五浪的某些定量特征。某些交易策略也会借用通道来确认方向。

如果我们在趋势线理论上更进一步，则可以画出两条上升或者下降角度相同的平行线，这样我们就建立了一个通道。

为了建立一个上升通道，我们首先画出一条上升趋势线，然后找到最近一个峰顶，以此峰顶为起点，做一条平行于上升趋势线的射线。这就是上升通道的作图方法。

为了创建一个下降通道，我们先画出一条下降趋势线，然后找到最近一个谷底，以此谷底作为起点，做一条平行于下降趋势线的射线。这就是下降通道的作图方法（见图9-7）。

当价格触及底部趋势线时，是一个买入机会。

当价格触及顶部趋势线时，是一个卖出机会。

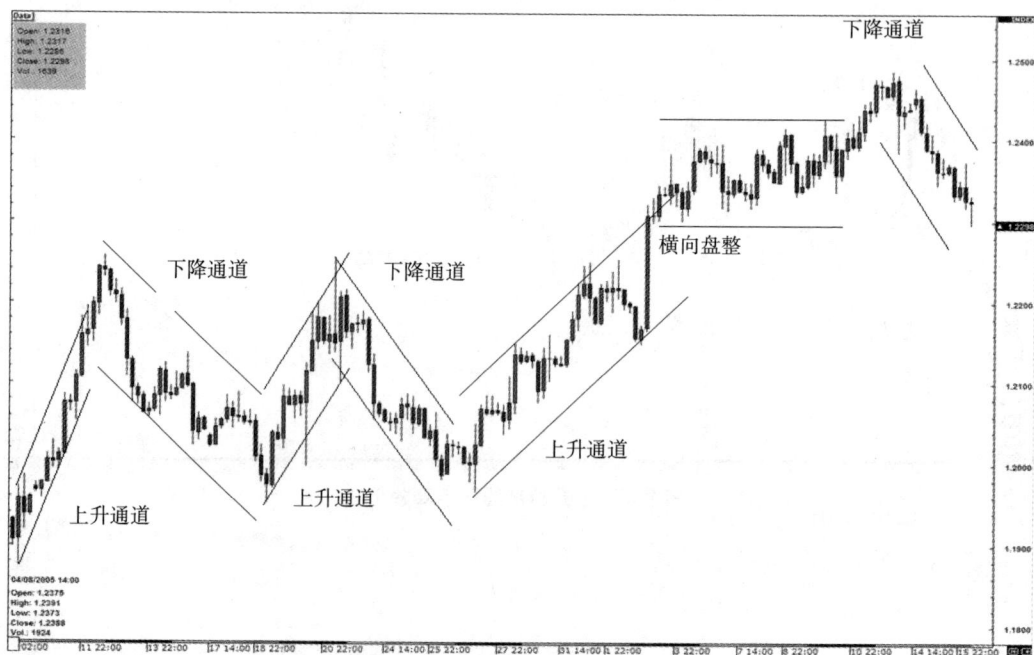

图9-7　上升通道和下降通道

四、利用阻力和支撑的交易系统

我们经常提到"见位做单，破位做单"，这里的"位"就是阻力和支撑水平。在许多人最开始的交易中，都会先尝试基本面的分析，结果发现毕竟自由交易者能获得的有效信息量有限，无法通过对基本面的准确把握达到短期时间框架上赚钱的目的。所以，这些交易者会逐渐拿起"价格反映一切"的技术分析信条。

于是，利用技术分析找到市场的趋势和进出场的关键位置就成了重中之重。下面我们要提到的就是这种技术交易思维中较为重要和常用的一种交易策略，这种策略也可以说是轴线点系统、斐波那契分割系统乃至其他阻力支撑分析交易系统运作的基础。所以，希望你能慢慢明白本节所提供的思路，进而构建你自己的方向和位置交易系统。

这类交易系统一般非常简单：在阻力位做空（轻仓），在支撑位做多（轻仓），突破阻力位反手做多（重仓），突破支撑位反手做空（重仓）。通常是在关键位置反市场运动方向开立头寸，突破关键位置后再顺着市场方向操作。这类系统既是一个反向系统，也是一个趋势系统，既适合区间市场也适合趋势市场。

如果我们能够利用蜡烛线等其他技术工具识别出突破的有效程度，那么我们就可以进行有选择性的操作，而不会一味地先反向再顺势操作。我们在交易中会面临假突破的频繁出现，当出现假突破时，要果断平掉追突破时的单子。当然这里要用到许多其他的技术工具进行判断。

阻力位和支撑位是要首先确定的，然后才是根据价格在这些区间的位置和运动方向决定操作策略，接着就是具体的执行。对于阻力和支撑位置的确定，我们采用以下方法：

见位进场和破位进场是最为常见和重要的两种进场方式，在《外汇交易三部曲》和《外汇短线交易的24堂精品课》中有更为深入和全面的剖析和讲解。

趋势信号和形态信号可以过滤位置信号，也就是"势"和"态"可以过滤和修正，以及确认"位"。还有更进一步的过滤，那就是用情绪信号和基本面信号来过滤。

（1）成交密集区上沿和下沿是阻力位和支撑位的位置。

（2）前期高点和低点也是阻力位和支撑位的位置。

（3）当价格向前期的成交密集区运动时，前期的成交密集区对价格有压力，这里也是阻力和支撑的位置。

（4）斐波那契回调线和扩展线位置。

（5）轴线点系统确定的关键位置。

（6）前日的最高价、最低价和今日的开盘价。

我们的具体操作策略如下：

第一策略：当价格正处于成交密集区里面时，上沿就是阻力，当突破上沿时，此时所有在此成交密集区的交易投资者做多方将心情舒畅，因为他赚钱了，他继续加仓做多的可能性将增加；而在此成交密集区的做空方将会"一颗心提到嗓子眼"，因为他亏钱了，很可能急于止损，于是他将平掉空单。

这样，突破上沿就会有两股力量产生：一股是加多单的力量，另一股是平空单的力量，都是让价格继续向上的力量。此时笔者会"突破阻力位反手做多（重仓）"。同理，向下突破下沿的时候也会有向下的力量出现。如果此时突破以后没有向预料的方向发展，则表明投资者对这个方向不认可，当然就要向另一个方向运动了，价格就会向另一个边沿去试探。"当出现假突破时，要果断平掉追突破时的单子，而且可反手开新仓"。

一个方向不认可，一般价格会向另一个边沿运动甚至突破，此时的突破一般都是真突破，毕竟喇叭形态形成的可能性比较小，喇叭形态是在投资者都比较疯狂的情况下才产生。

第二策略：价格从成交密集区突破出来，会冲出离成交密集区一段距离。这一段距离就是我的利润。在商品期货市场和某些情况下的外汇市场里，这一冲很快，要在刚开始冲的一瞬间（突破）完成平仓和反手开仓的动作，这时就要比谁敲单快了，有时几乎来不及，所以笔者建议胆子小的人在成交密集区上沿不要挂空单，而是等它突破以后建多单。价格冲出一段距离以后，市场将恢复平静，将会形成另一个成交密集区，此时成交量将比冲出来的时候小很多，此时我们要做的就是平掉盈利单，休息，等待下

一个赚钱机会。

第三策略：突破阻力位，产生一个高点以后可能会有反扑的情况出现，此时反扑就会反扑到由原来阻力位转换成的新的支撑位。此时可在此支撑位上做多，如果破了，就平仓且反手。

归纳起来，价格会在阻力位和支撑位中不停运动，交易者对这些阻力位、支撑位要心中有数，围绕"破"做文章。最好是不破不立。我们需要的是通过设定一些有效的价格运动分区来把握汇率的波动，从而制定一个风险报酬比合理的交易框架，进而严格执行。

表 9-1 是一张我们交易专用的表格，你可以参考这张表格进行设计（该表格具有独创性，请尊重相关权利）。

表 9-1　区间市交易表格

编号（　　）							
帝娜区间市交易表格 DINA ZONE MARKET ANALYSIS 汇率（　/　）　时间级别（　　）　交易起止（　　）-（　　）							
第二位 [　]	设立依据		止盈金额　/　比率				
见位做单　　破位止损　　破位做单　　见位止盈							
止损位 [　]	反身位 [　] 突破20点		设立依据			止损金额　/比率	
第一位 [　]	背离	成交密集区	前期顶底	对称关系	黄金率	菲波数字	尾市格局
居间 R/S [　]	设立依据				止盈金额　/　比率		
	中途不做新单						
居间 R/S [　]	设立依据				止盈金额　/　比率		
	中途不做新单						
居间 R/S [　]	设立依据				止盈金额　/　比率		
	中途不做新单						
居间 R/S [　]	设立依据				止盈金额　/　比率		
	中途不做新单						
第一位 [　]	背离	成交密集区	前期顶底	对称关系	黄金率	菲波数字	尾市格局
止损位 [　]	反身位 [　] 突破20点		设立依据			止损金额　/比率	
见位做单　　破位止损　　破位做单　　见位止盈							
第二位 [　]	设立依据		止盈金额　/　比率				
交易总结： 盈亏兑现+（　　）　/　-（　　）　　比例（　　）							

五、小 结

当市场向上移动然后回调时，在回调到现在阻力线之前创立了新高。

当市场继续上升时，在它回到现在支撑线之前就回升了。

在最一般的形式中，一条上升趋势线是连接容易辨认的支撑区域（谷底）做出的射线。在一个下降的趋势中，一条下降趋势线是连接容易辨认的阻力区域（峰顶）做出的射线。

为了做出一条上升通道，首先画出一条上升趋势线，然后找到一个峰顶，以此出发做一条与上升趋势线平行的射线。这就是上升通道。

为了做出一条下降通道，首先画出一条下降趋势线，然后找到一个谷底，以此出发做一条与下降趋势线平行的射线。这就是下降通道。

利用水平的趋势线（支撑和阻力线）和斜趋势线（上升下降趋势线）我们就可以界定市场运动的区间，进而寻求合理风险报酬比率的交易机会。我们提供了一个交易策略的范例，并且使用表格的形式具体化，你可以仿照这个例子进行拓展，找出适合你的交易策略。

斐波那契

一、什么是斐波那契

在我们的交易中将大量使用斐波那契比率，所以你必须认真学习它，把它当宝贝看待。斐波那契是一个庞大的课题，并且对于它的研究分门别类，但我们主要研究两个方面的问题：回调和扩展。

让我们首先认识一下斐波那契概念的发明人：列昂莱多·斐波那契。

列昂莱多·斐波那契是一个著名的意大利数学家，他有一次顿生灵感，发现一系列简单的数字，这类数字所包含的比率描述了广泛存在于宇宙中的一个自然比例。

这个比率来自以下数列：1，1，2，3，5，8，13，21，34，55，89，144……

这个数列是这样推导出来的：前两个数字相加得到第三个数字，第二个数字和第三个数字相加得到第四个数字，第三个和第四个数字相加得到第五个数字，一直这样加下去。

除了这个数列的前几个数字，后面的数字之间，也就是一个数字和后面一个更大数字之间的比率关系是 0.618。

斐波那契又翻译为"斐波纳奇"，在 MT4 等交易软件上多采用"斐波那契"的名称。

0.618 和 π 都属于比较神奇的数字。不少金融分析的玄妙理论都是建立在这两个数字基础上的。

如 34 除以 55 等于 0.618。

如果你度量相隔的两个数字之间的比率，你将得到 0.382 这个比率，如 34 除以 89 等于 0.382。

这些比率被我们称为黄金分割率。至于那些学术上的东西我们就不深究了，现在笔者只就与外汇交易相关的内容给出几个必须知道的比率。

斐波那契回调常用比率：0.236，0.382，0.500，0.618，0.764（见图 10-1）。

图 10-1 斐波那契回调线

斐波那契扩展常用比率：0.382，0.618，1.000，1.382，1.618（见图 10-2）。

你不必真的掌握如何计算这些比率。一般来说，现在交易图表软件都提供了这些计算功能，如著名的 MT4 平台。但是熟悉该指标后面的基本原理总是有益处的。

交易者们经常使用斐波那契回调水平作为支撑和阻力水平。因为如此多的交易者观察这些同样的水平位置，并且在这些位置附近设置买卖进场订单和停损订单，这些支

行情走过之后，你会发现价格确实在特定的斐波那契点位停留，但是你如何事先确认价格最有可能在哪一点位止步呢？

图 10-2 斐波那契扩展线

撑和阻力水平变成了一个自我实现的预期。

交易者们使用斐波那契扩展水平作为利润兑现目标位置。由于如此多的交易者观察这些水平位置，在此位置上放置盈利兑现订单，所以这项工具经常带来自我实现预期的现象。

绝大多数的图表软件都包含了斐波那契回调线和扩展线工具。为了在你的图表中应用斐波那契水平线，你将需要确认波段高点和波段低点。

一个波段高点是这样构成的：一根蜡烛线的前后至少各有一根高点更低的蜡烛线，这根蜡烛线的高点就是波段高点。

一个波段低点是这样构成的：一根蜡烛线的前后至少各有一根低点更高的蜡烛线，这根蜡烛线的低点就是波段低点。

二、斐波那契回调

在一个上升的趋势中，总的思想是在一个回调中做多市场，而具体的进场位置

和时机则是等到回调到斐波那契支撑水平附近时进场，而该斐波那契水平阻力的有效性经常还要借用蜡烛线的反转线形态进行确认。为了知道一个回调水平，你需要点击一个显著的波段低点，然后移动光标到最近的波段高点。这样在高点和低点之间的每个回调水平位置就显示出来了，同时具体的回调比率一般也标注出来了。让我们看一些市场处在上升趋势中的例子。

我们来观察在具体图中绘出斐波那契回调线的方法。图 10-3 是一幅 USD/JPY 的小时图。下面是在该图中绘出斐波那契回调位置的方法。首先选择工具中的斐波那契回调线，然后点击波段低点 110.78，该点处在 2005 年 7 月 12 日，接着拖动光标到波段高点 112.27，该点位于 2005 年 7 月 13 日。你可以看到所有默认的斐波那契回调线都让软件给描绘了出来。回调位置有 111.92（0.236）、111.70（0.382）、111.52（0.500）和 111.35（0.618）。现在如果 USD/JPY 从高点回调，那么它将找到一个斐波那契回调线作为支撑，因为交易者们将在市场回调时在这些位置附近放置买进订单。

图 10-3　上升趋势中绘制斐波那契回调点位的步骤（1）

现在，让我们继续看下去，当波段高点出现之后发生了什么。如图 10-4 所示，市场回调时击穿了 0.236 的水平位置，然后在第二天继续下挫，跌破 0.382 回调位

置，但实际上小时线的收盘价从没有跌穿此位置。这天稍后的时间里，市场重拾其上涨过程。显然，在 0.382 回调位置买进是一个很好的短期交易进场点。

图 10-4　上升趋势中绘制斐波那契回调点位的步骤（2）

　　现在，我们来看看如何在一个下降的趋势中运用斐波那契回调线这个工具。图 10-5 是一个 EUR/USD 的小时图。正如你所看到的那样，我们在 1.3278 发现波段高点，此高点发生在 2005 年 2 月 28 日，并且在十几个小时后出现了波段低点 1.3169。那么利用软件的斐波那契回调线工具，我们绘出了如下的关键回调位置：1.3236（0.618）、1.3224（0.500）、1.3211（0.382）和 1.3195（0.236）。如果下降趋势中，汇率从低点反弹，那么这些斐波那契回调位置将成为关键的阻力位置，因为很多交易者在这些斐波那契回调位置附近放置了卖出订单，但市场真的反弹到这些位置时，它们将成为阻力。

　　接下来，我们来看市场的运动状况。如图 10-6 所示，现在市场确实进行了反弹，但它仅上穿了 0.5 的斐波那契回调位置，最高点位在 1.3227，而收盘价位于 0.5 回撤位置之下。这根蜡烛线之后，你可以看见反弹开始回落，下降趋势得到延续，可以在 0.382 的位置进场卖出。

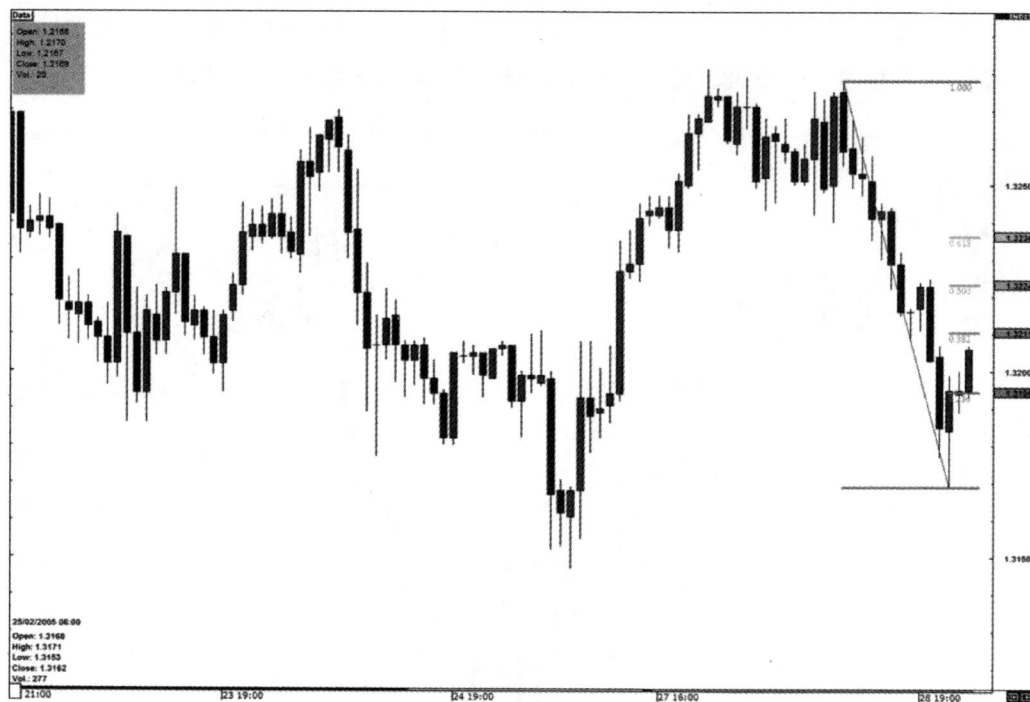

图 10-5　下降趋势中绘制斐波那契回调点位的步骤（1）

图 10-6　下降趋势中绘制斐波那契回调点位的步骤（2）

下面是另外一个例子。图 10-7 使用的是 GBP/USD 的小时图。我们利用波段的高点 1.7438 和波段的低点 1.7336 来绘制斐波那契回调位置。最后绘出了这几条关键水准：1.7399（0.618）、1.7387（0.500）、1.7375（0.382）和 1.7360（0.236）。在图 10-7 中，市场看起来几次力图突破 0.5 的水准，但都以失败告终。那么在 0.5 水准放置卖出订单是一个很好的交易吗？

回调到什么程度结束，除了斐波那契回调线之外，你还能运用什么工具确定？

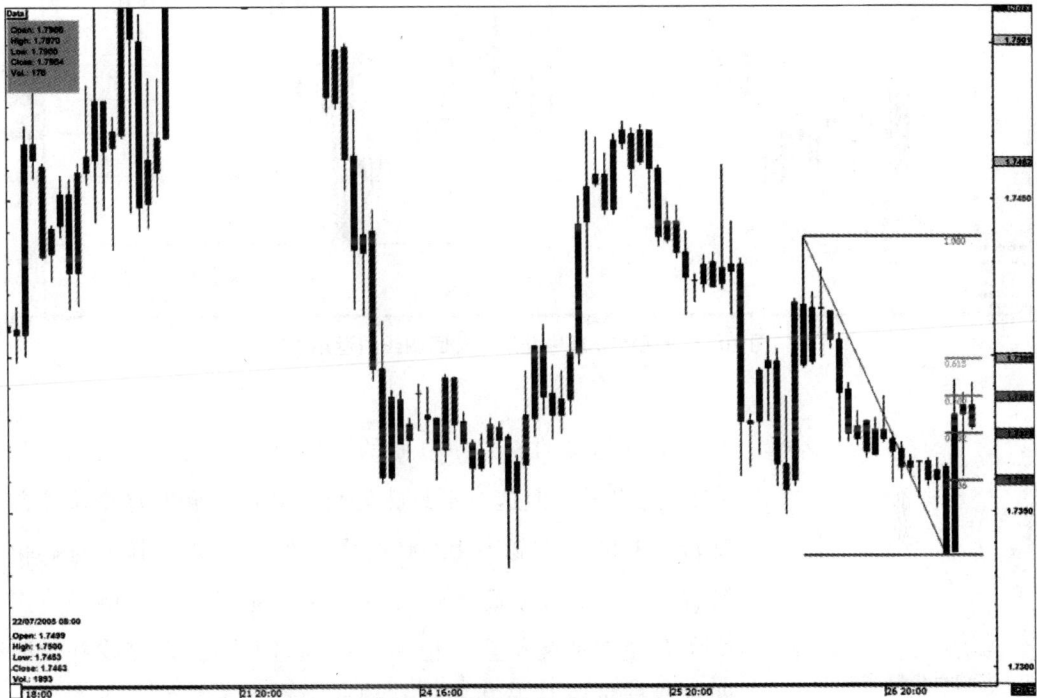

图 10-7　GBP/USD 中斐波那契回调线的运用（1）

如果真的这样做，那么你将损失惨重！看看发生了什么吧，波段低点看起来成了下降趋势的底部，市场上升到了波段高点之上（见图 10-8）。

从上面这些例子，你可以看出来市场经常在斐波那契回调水平找到至少暂时的支撑（在上升趋势中）或者阻力（在下降趋势中）。很显然，存在少许问题需要解决。我们**还不知道哪一具体水准提供支撑**。0.236 看起来是最弱的支撑/阻力位置，而其他位置作为有效支撑/阻力水平出现的频

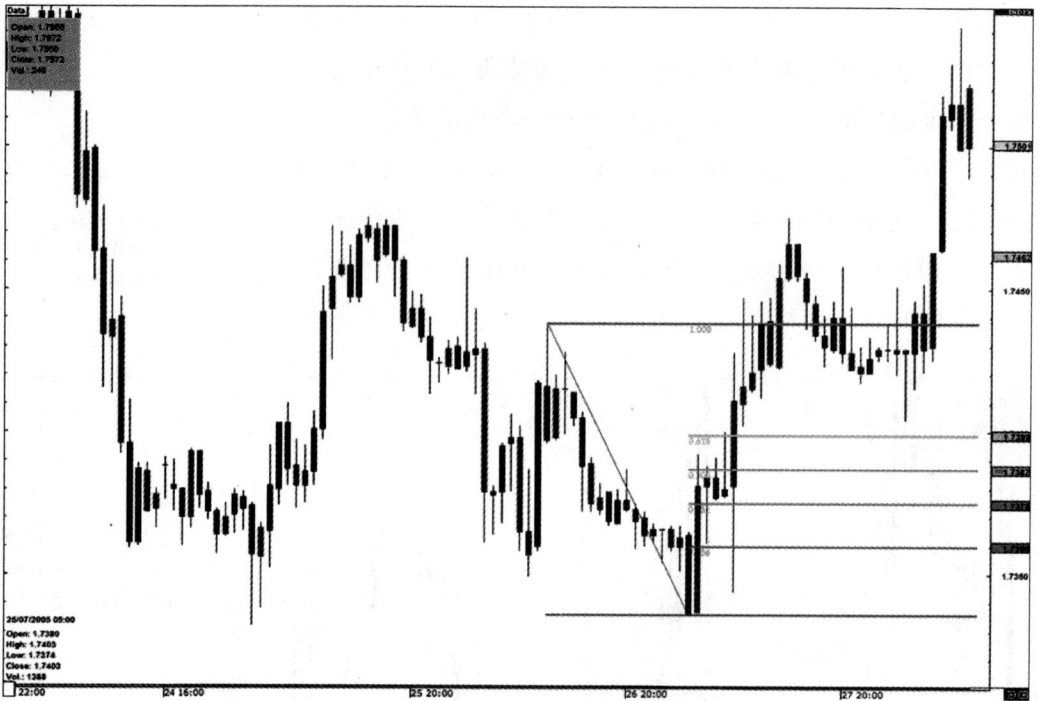

图 10-8　GBP/USD 中斐波那契回调线的运用（2）

率是接近相等的。即使上面的图表显示市场经常仅回撤到 0.382 的水平，但这并不意味着价格每次都触及这个位置并反转。有时价格触及 0.500 的水平然后反转，其他时候价格触及 0.618 的位置然后反转，并且还有些时候市场将忽略所有斐波那契位置。记住，市场将并不总是在找到暂时性支持后重拾其上升趋势，相反它会创下新低。对于一个下降趋势也是同样的道理，市场或许会在看似的反弹中持续上升。

停损点的放置对交易者来说真的是一个严峻的挑战。一个可能的最好做法是：**在一个上升的趋势中，将停损点放在最近波段的低点；在一个下降的趋势中，将停损点放在最近波段的高点。但这样做也有一个前提，即要考虑由此带来的潜在亏损与潜在报酬的比例是否合理。这个考虑的对象简称风险报酬比。**在后面的课程中，你将学习到更

斐波那契点位提供了一项重要的风险报酬率评估工具。

多的关于资金管理和风险控制的技巧，还要学习如何只进

200

行特定风险报酬比的交易。

另一个问题是创建斐波那契水平线所需要的波段低点和高点如何选择。交易者观察图的角度存在差异，因此对于作图所需要选择的波段低点和高点存在各异的观点。但是，糟糕的一面是这使得斐波那契作图有时候变成一个猜测的游戏。

三、斐波那契扩展

斐波那契的第二个用途是给出兑现利润的潜在目标位置。首先，我们在一个上升趋势中给出一个相关的例子。

在一个上升的趋势中，总的思想是在一个斐波那契扩展位置兑现一个多头头寸。通过运用鼠标单击图中的三个点你就可以画出斐波那契扩展线。首先，单击一个显著的波段低点；其次，拖动你的光标并单击最近的一个波段高点；最后，往下拖动光标并单击价格回调的波段低点。最终这将给出价格扩展的每个关键水平以及对应的具体回撤比率。

在艾略特波浪理论当中，斐波那契回调更多用于确定二四浪等调整浪，而斐波那契扩展则更多运用于确定三五浪等扩展浪。

我们来观察在具体图中绘出斐波那契扩展线的方法。如图 10-9 所示，拖动光标单击波段高点 1.2593，最后在拖动光标单击回撤波段的低点 1.2541，最终得出了一系列的斐波那契扩展线。具体的斐波那契扩展水平和相应比率有：1.2597（0.382）、1.2631（0.618）、1.2687（1.000）、1.2743（1.382）、1.2760（1.500）和 1.2777（1.618）。

现在我们看看在回撤到低点之后市场实际发生了什么：如图 10-10 所示，市场上涨到 0.500 的水准，跌到回撤的波段低点，后重新上涨到 0.500 的水准，轻微下跌，上涨到 0.618 的水准，之后回跌到 0.382 的水准，此时这一水准作为一个支撑，然后一路上涨到 1.382 的水准，进行巩固

调整，接着上涨到 1.500 水准。

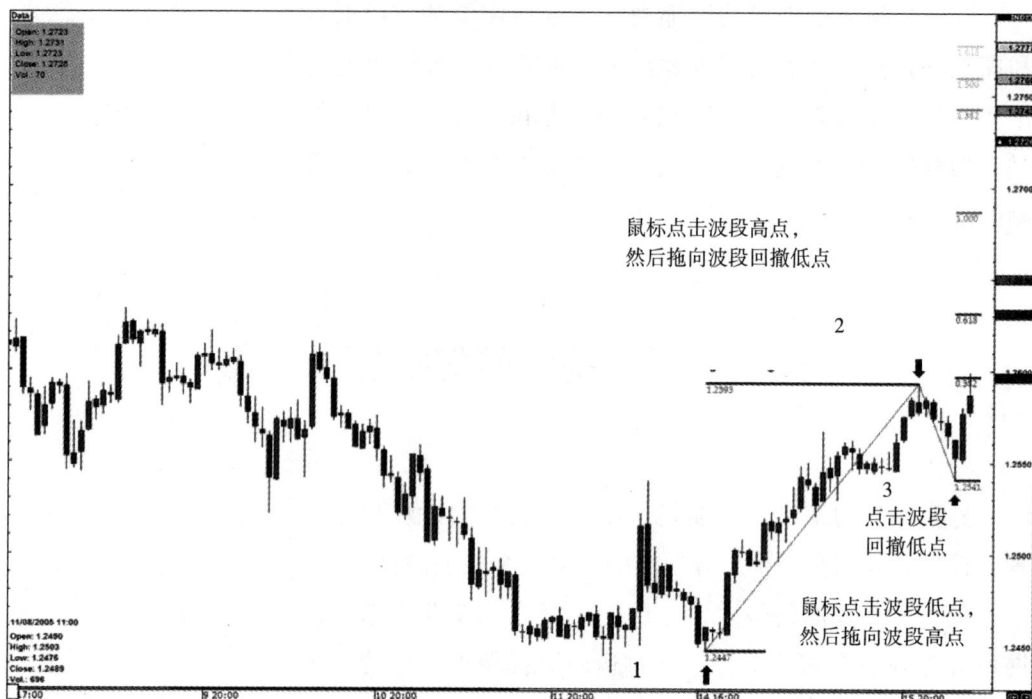

图 10-9　绘出上升趋势中的斐波那契扩展线（1）

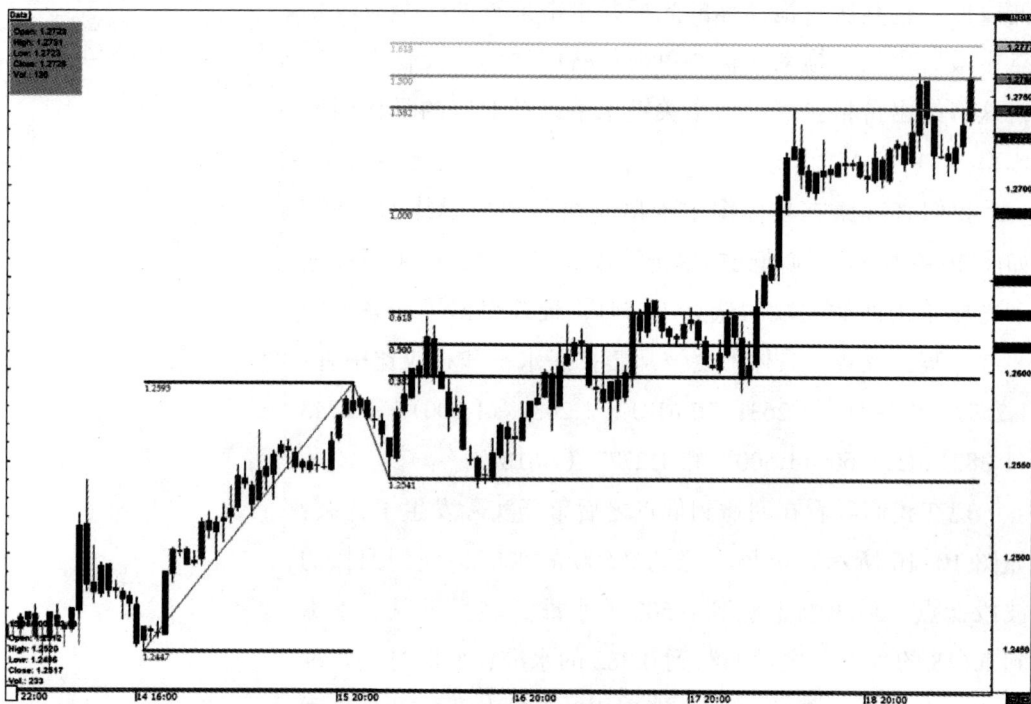

图 10-10　绘出上升趋势中的斐波那契扩展线（2）

从上述例子可以发现，市场经常在斐波那契扩展水平找到至少暂时的支撑，但却不总是这样。如同斐波那契回调线一样，这里也存在若干问题有待解决。首先，我们不知道哪条扩展线提供有效的阻力。在上述例子中，对于做多交易而言，0.5 是一个非常好的有效位置，因为市场在接触此位置后都有不同程度的回撤，但是如果你不在此位置兑现全部或者部分利润，那么你的利润将有相当大的一部分被回调吃掉。

其次，另外一个需要解决的问题是，如何决定创建斐波那契扩展线的起始波段低点。一种方法如同我们在上述例子中做的一样，另一种方法就是以过去三十根价格线的波段低点作为起始点。再次重申，不存在唯一正确的方式解决这个问题，因此这个问题的解决带有一定的主观性色彩。

现在，我们来看看斐波那契扩展线如何运用于一个下降趋势中。在一个下降的趋势中，总的来说，我们是在一个斐波那契扩展位置兑现我们的空头利润，理由是市场经常在这些扩展位置找到至少暂时的支撑。

图 10-11 是 EUR/USD 的小时图，我们通过下列步骤做出该图最近的斐波那契扩展线系列：首先点击波段高点 1.2137，接着拖动光标到波段低点 1.2021，然后拖动光标到反弹高点 1.2085。最终创建了如下的扩展线：1.2041（0.382）、1.2027（0.500）、1.2013（0.618）、1.1969（1.000）、1.1925（1.382）、1.1911（1.500）和 1.1897（1.618）。

现在我们看看市场接下来究竟发生了什么：如图 10-12 所示，市场下跌到 0.382 水平附近，这一线现在作为支撑区域。市场然后在反弹的波段高点和 0.382 一线震荡。最后，市场突破 0.382 一线，停留在 0.500 一线，跟着市场突破了 0.500 水平，并且一直跌到 1.000 水平。

前一波市场运动的中点往往是一个比较敏感的市场位置，当市场不确定即将公布的消息是什么时，价格会先在这个中点附近运动。

图 10-11　绘出下降趋势中的斐波那契扩展线（1）

图 10-12　绘出下降趋势中的斐波那契扩展线（2）

单单依靠斐波那契线并不能保证你的交易绩效。但是，斐波那契水平作为一个高效交易方法的一部分毫无疑问是有用的。当然前提是这个交易方法还包括其他的分析和技术工具。你现在应该明白了：**高效交易系统由少数的指标组成，这些指标以一种不为大众知晓的方式进行运用。**

所有成功的交易者都知道使用的指标和综合这些指标的方式决定了交易的胜败。本阶的课程使我们明白斐波那契线可以作为一种有效的工具，但是永远不要仅依靠斐波那契线就决定我们的交易。

> 斐波那契比率与艾略特波浪理论，以及加特力波浪理论关系密切，有关这一比率的各种复杂和高级运用方法，请参考《斐波那契高级交易法：外汇交易中的波浪理论和实践》（第2版）。

四、小　结

斐波那契回调水平包括 0.236、0.382、0.500、0.618、0.764。

交易者们使用斐波那契回调线作为支撑和阻力水平。因为许多交易者在观察同样的水平，并且在这些位置放置买卖订单以便进场或者停损，所以这些阻力和支撑水平经常成为自我实现的预期。

斐波那契扩展水平包括 0.382、0.618、1.000、1.382、1.618。

交易者使用斐波那契扩展线作为兑现利润的位置。理由与上述一样：由于有如此多的交易者在观察同样的这些位置，并且在这些位置上放置买卖订单以兑现利润，所以这些工具经常由于自我实现预期的效应而发挥作用。

为了将斐波那契线运用于你的图标上，你需要确认波段的高点和波段的低点。

一个波段的高点就是一根蜡烛线的最高点，而这根蜡烛线的前后至少各有一根蜡烛线的最高点低于此蜡烛线的最高点。

根据我们在 2007 年的统计，英镑兑美元的 5 分钟走势图中，0.764 这个比率出现得最为频繁。

一个波段的低点就是一根蜡烛线的最低点，而这根蜡烛线的前后至少各有一根蜡烛线的最低点高于此蜡烛线的最低点。

我们日常的交易中，经常定时统计这些斐波那契比率出现的频率，表 10-1 就是我们统计经常用到的一张表。

表 10-1　斐波那契比率统计表

货币 [　　/　　]　　　　帝娜边框基准统计表 [延伸]　　　　编号

次数＼比率	0.236	0.382	0.618	1.00	1.236	1.382	1.618	2.618	3.618	0.764	备注
1											
2											
3											
4											
5											
6											
7											
8											
9											
10											
11											
12											
13											
14											
15											
16											
17											
18											
19											
20											
21											
22											
23											
24											
25											
26											
27											
28											

移动平均线

一、使价格运动平滑

一条移动平均线可以使价格随着时间的运动变得平滑（见图 11-1）。移动平均线的最新值就是过去一段时间内各根价格线收盘价的平均值。

图 11-1　移动平均线

就像其他技术指标一样，一条移动平均线可以帮助我们预测未来的价格。通过观察移动均线的坡度，你能够大体上预测价格的未来运动方向。

正如我们的标题所指一样，移动平均线平滑了价格运动。这里存在几种不同类型的移动平均线，每一种移动均线都有其自身的平滑水平。总体来讲，移动平均线

比起直边趋势线，移动平均线更为客观一些。

的平滑程度越高，则它对价格运动的反应越迟钝；移动平均线的起伏越大，则它对价格运动的反应越灵敏。

我们先来介绍一些神奇数字均线，**斐波那契数字作为参数的均线都有某些非凡的预测能力**，我们来看看。

图 11-2 是一幅 34 期简单移动均线的英镑兑美元小时图。

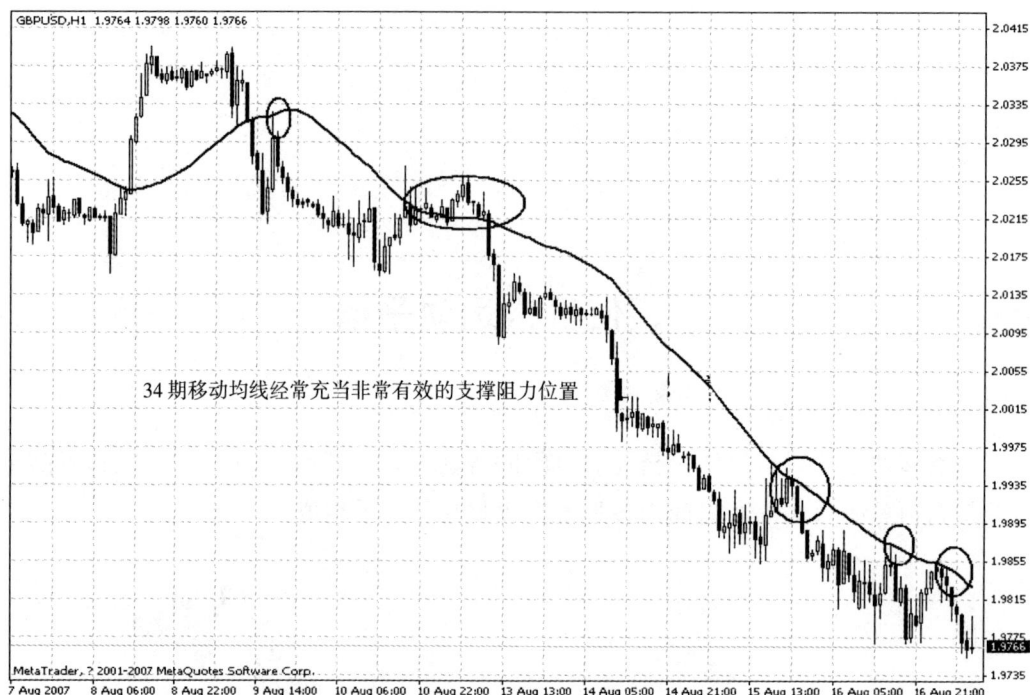

34 期移动均线经常充当非常有效的支撑阻力位置

图 11-2　34 期简单移动均线

在 A 股市场中，5 期、10 期、20 期、30 期、60 期、120 期和 200 期移动平均线也比较受欢迎。技术分析家约翰·墨菲非常倚重 200 期移动平均线，认为这是中期趋势的重要标准。

图 11-3 是一幅 55 期简单移动平均线的英镑兑美元小时图。

图 11-4 是一幅 89 期简单移动平均线的英镑兑美元小时图。

除了上面三个参数外，其他的斐波那契数字也可以使用，如 13、21、144 等。

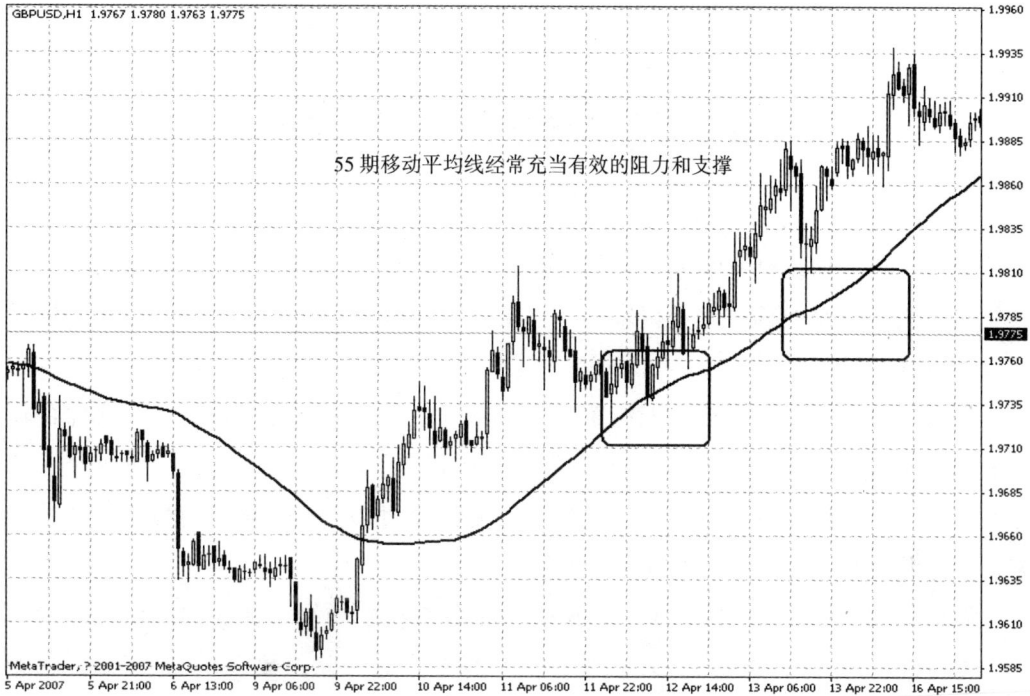

图 11-3　55 期简单移动均线

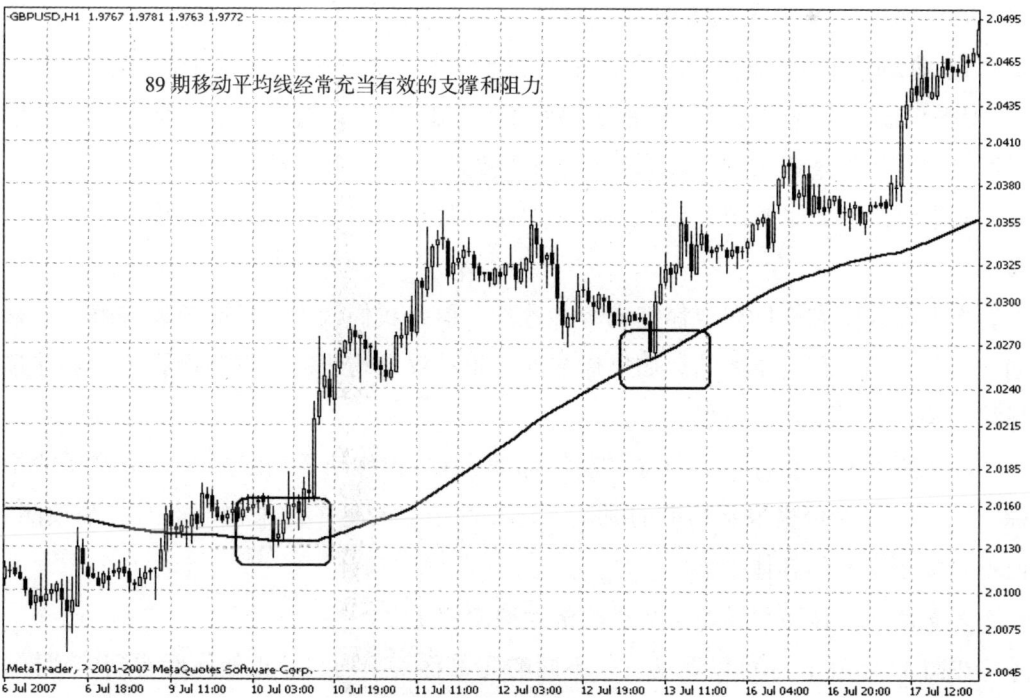

图 11-4　89 期简单移动均线

二、简单移动平均线（SMA）

简单移动平均线是移动平均线最简单的类型。概括而言，一条简单移动平均线就是对过去若干个时期的收盘价求和，然后除以时期数。现在让我们仔细讲解简单移动平均线的计算过程。

如果你在小时图上计算 5 期简单移动平均线，那么你要加总过去 5 个小时的所有收盘价，也就是加总过去 5 个收盘价，然后用这个总和除以数字 5。把这个数字放在最新一个小时线对应的时间上，然后重复这个过程，最后将所有数字用线连起来。现在你就得到了一条简单移动平均线。

如果你在 10 分钟图上计算一个 5 期的简单移动平均线，那么你应该加总过去 50 分钟的收盘价，也就是 5 个收盘价，然后用这个总和除以数字 5。把得出的这个数字放在最新一个与 10 分钟价格线对应的时间上，然后重复这个过程，最后将所有数字用线连起来。这样你就画出了该处要求的一条移动平均线。

如果你想要在一个 30 分钟图上计算一个 5 期的简单移动平均线，那么你应该加总过去 150 分钟的收盘价，也就是过去 5 个收盘价。然后用这个总和除以数字 5。把得出的结果放在最新的一根价格线对应的时间上，然后重复这个过程，最后将所有数字用线连起来。这样你就画出了该处要求的一条移动平均线。

如果你想在 4 小时图上计算一条 5 期简单移动平均线，那么你应该知道该怎么做了吧？

绝大多数图表软件会帮你完成所有计算。但是我们认为不嫌麻烦地讲解简单移动均线的计算过程是重要的。如果你掌握了每种移动均线的计算，那么你能够在选择移动均线种类上做得更好。

就像所有其他指标一样（除了斐波那契工具），移动平均线总是一个滞后的指标。因为当你对价格取平均值的时候，你实际上仅看见了对未来价格的一个预测，而不是关于未来的具体景象。

下面是一个移动均线如何平滑价格运动的例子。

在图 11-5 中，你可以看见三条不同的简单移动平均线。正如你所看到的那样，简单移动平均线的时期参数越大，则其滞后价格运动的特性越显著。注意图中的

62 期简单移动平均线比起 5 期和 30 期的简单移动均线离目前的价格更远。这是因为目前的 62 期移动平均线值是过去 62 期收盘价的平均数。你使用的时期数字越大，则该移动均线对价格运动的反应越是迟钝。

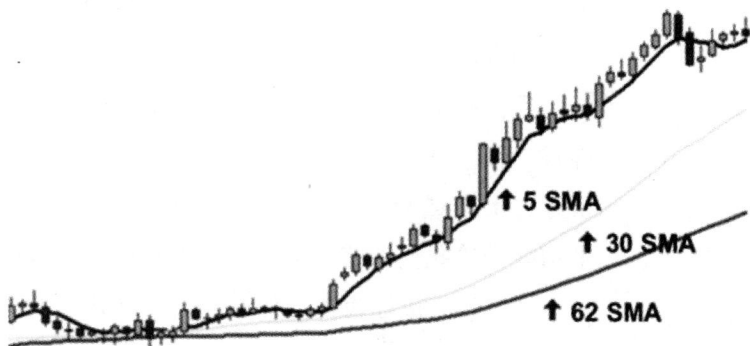

图 11-5　简单移动平均线

　　图中的简单移动平均线向你显示了市场在此刻的整个情绪。这样有一个更宽阔的视野，而不仅是当下的价格运动，移动平均线使得我们可以对未来价格的运动给出一个总体的预估。

三、指数移动平均线（EMA）

　　虽然简单移动平均线是一个伟大的发明，但其本身却存在一个非常大的缺点。简单移动平均线非常容易受到价格突变的影响。我们用一个例子来演示我所讲的东西：

　　我们在 EUR/USD 的日线图上做一条 5 期简单移动平均线，并且该图过去 5 天的收盘价如下所示：

　　第一天：1.2345。

　　第二天：1.2350。

　　第三天：1.2360。

　　第四天：1.2365。

　　第五天：1.2370。

　　那么，简单移动平均线最新值的计算如下所示：

$$(1.2345 + 1.2350 + 1.2360 + 1.2365 + 1.2370) / 5 = 1.2358$$

如果第二天的价格是1.2300，情况会怎样呢？结果导致简单移动平均线的值更低，这将使得你认为价格实际上下降了，但事实上第二天只是一个暂时的事件导致价格突变，如利率下调。

我在此想表达的意思是：某些时候简单移动平均线或许过于简单了。如果这里存在一种方式能够过滤掉这些价格上的突变或者不平滑变动，那么我们就能避免简单移动平均线带给我们的错误信息。这里确实存在这样一种工具。

这个工具被称为指数移动平均线（见图11-6）。

图11-6　指数移动平均线

指数移动平均线给予最近时期以更多的权重。在我们上述的例子中，指数移动平均线将给予第三天和第五天以更多的权重，这意味着第二天将获得一个较小的权重，并因此将减小对结果的影响。这种计算方法给予交易者们现在进行的行为以更多的重视。

当你进行交易时，知道交易者们正在做的事情比知道他们过去一周或者一月做的事情更为重要。

我们将在稍后解释每种类型的优点和缺点，但现在我们将研究一下各种不同类型的移动平均线，并看看它们的计算过程。

不同的平均方式只不过是一种"术"层面的优化尝试，真正决定成败的是对"道"的理解。什么是金融交易的"道"？这个问题你问过自己吗？

四、简单移动平均线和指数移动平均线比较

　　首先，我们来谈谈指数移动平均线。**如果你想一条移动平均线能够相当迅速地对价格运动做出反应，那么指数移动平均线则是最好的选择。**这类移动平均线能够非常早地帮助你抓住趋势，而这通常意味着更高的利润。事实上，你越是早地抓住一个趋势，则你越能在趋势中待得足够久，结果是攫取更多的利润!

　　但是这类灵敏移动均线的弱点在于它可能欺骗你。因为这类移动平均线对价格运动反应迅速，所以当你认为趋势形成时，事实上只是一个近期的价格突变而已。

> 技术指标一般倾向于解决战术问题，那么战略问题谁来解决呢?

　　对于简单移动平均线来说，它具有这种过滤近期价格突变的优势。当你想要一条更加平滑和对价格运动反应稍慢的移动平均线时，那么简单移动平均线，特别是时期较长的这类线将是一个最好的选择。

　　虽然简单移动平均线对价格运动的反应非常缓慢，但它将使得你能够过滤某些虚假信息。它的缺点在于它对于价格的反应滞后，容易使得你错失掉较好的交易机会（见表 11-1）。

表 11-1　移动平均线优劣比较

	简单移动均线（SMA）	指数移动均线（EMA）
优势	显示出平滑的图表，提出绝大多数的虚假信号	迅速移动，对于近期价格波段反应良好
劣势	慢速地移动，导致买卖信号上面的滞后	容易受到近期价格影响而产生频繁过多的错误交易信号，特别是在震荡市场中

　　那么哪一种移动均线更好呢？这个问题的回答相当大程度上取决于你的决定。许多交易者在图上叠加了若干不同类型和期限的移动平均线，他们用这个方法来利用两种类型均线的优势，同时力图规避劣势。他们使用一条较长

时期的简单移动平均线来发觉整体趋势，然后用一条较短时期的指数移动均线来找出具体进场的好时机。

实际上，许多交易系统是围绕所谓的"移动均线交叉法"建立起来的。在本课程的稍后部分我们将向你举例说明如何在你的交易系统中使用移动均线。

五、葛氏均线八法

对于均线的使用存在一种较为出名和系统的解释，这就是葛氏均线八法。这里我们将用图示的方法详细解释葛氏均线八法的含义（见图 11-7 至图 11-12）和具体运用（见图 11-13 至图 11-14）。

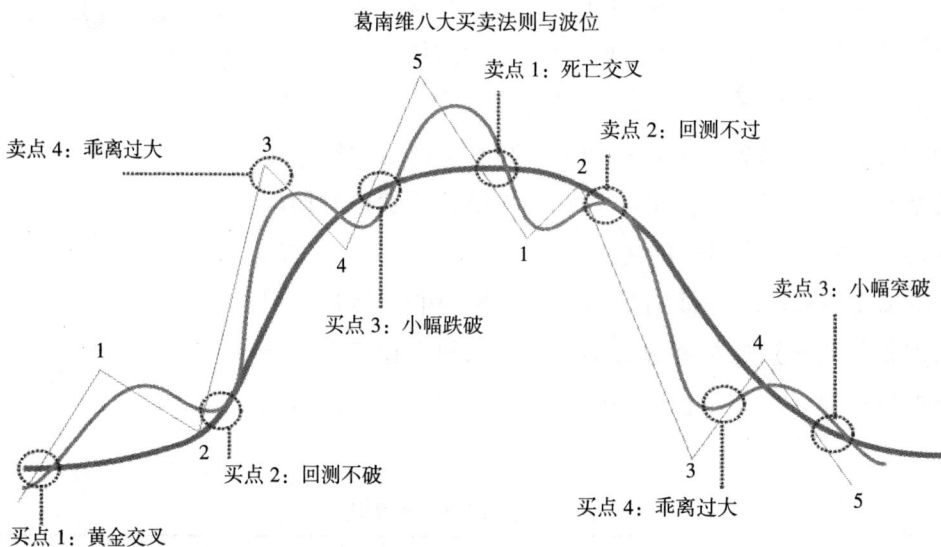

图 11-7　葛氏均线八法

葛南维八大买卖法则的买点 1

买点 1：黄金交叉
长期 MA 走平，短期 MA 持续上扬，完成黄
金交叉代表趋势可能反转，价作小修正，完
成后上攻为买点 1

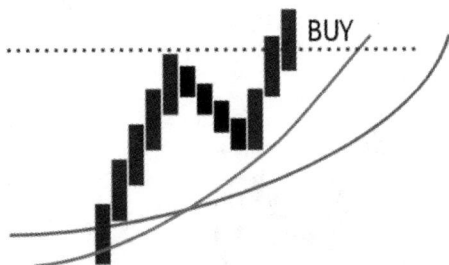

买点 2：回测不破
短期 MA 走平微幅下弯，回测长期 MA 不破，
长期 MA 持续上扬代表趋势持续，修正乖离
完成后上攻为买点 2

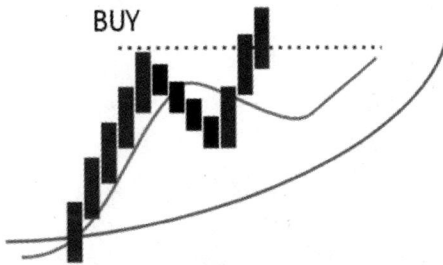

口诀：
长走平，短走升，黄金交叉，价突破——买

口诀：
短走平，长走升，回测不破，价突破——买

图 11-8 葛氏买点类型一

葛南维八大买卖法则的买点 2

买点 3：
短期 MA 下弯与长期 MA 交叉，长期 MA 持续
上扬代表趋势持续，修正乖离完成后上攻为
买点 3
跌破立即拉上来——较强

为何讨论较强和较弱，因买点 3 以第 4 波及
第 B 波最有可能，故要记着可能第 5 波会失
败，随时跑路
跌破整理后才拉上来——较弱

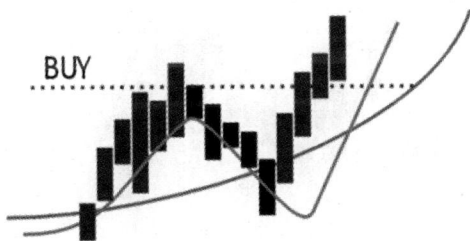

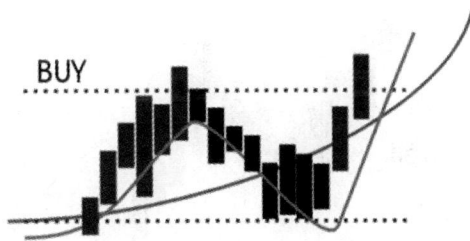

口诀：
短走跌，长走升，小跌破，价突破——买

图 11-9 葛氏买点类型二

葛南维八大买卖法则的卖点 1

卖点 1：死亡交叉
长期 MA 走平，短期 MA 持续下弯，完成死亡交叉代表趋势可能反转，价作小修正，完成后下跌为卖点 1

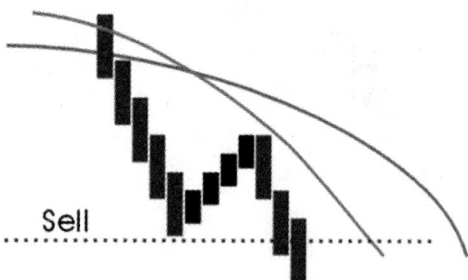

卖点 2：回测不过
短期 MA 走平微幅上扬，回测长期 MA 不过，长期 MA 持续下探代表趋势持续，修正乖离完成后续跌为卖点 2

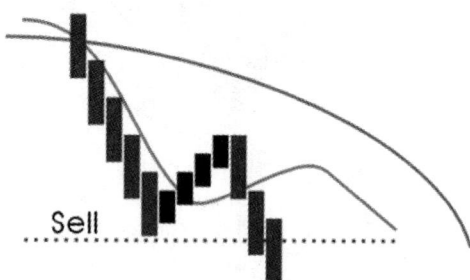

口诀：
长走平，短走跌，死亡交叉，价跌破——卖

口诀：
短走平，长走跌，弹不过，价跌破——卖

图 11-10　葛氏卖点类型一

葛南维八大买卖法则的卖点 2

卖点 3：小幅突破
短期 MA 上弯与长期 MA 交叉，长期 MA 持续下跌代表趋势持续，修正乖离完成后下跌为卖点 3
突破立即续跌——较强

为何讨论较强和较弱，因卖点 3 以第 4 波及第 b 波最有可能，故要记着可能第 5 波会失败，随时跑路
突破整理后才跌——较弱

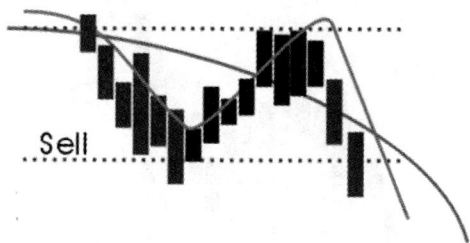

口诀：
短走升，长走跌，小突破，价跌破——卖

图 11-11　葛氏卖点类型二

葛南维八大买卖法则中的乖离过大处

买点4：乖离过大 　　　　　　　　　　　　　　　卖点4：乖离过大

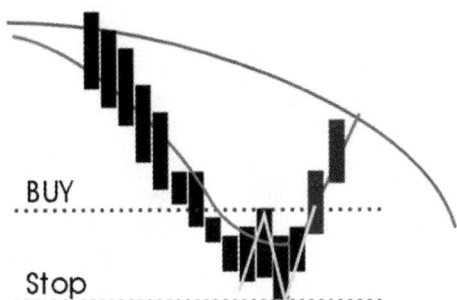

乖离过大的买卖点为"逆势而为"，看口诀超长即知，非有短线战技者不适用，一般建议在此以调节顺势单为主就好，不要贪心抢短

口诀：

乖离大，抢反弹，末跌高，被突破成正N，手脚快，守停损，赚即出

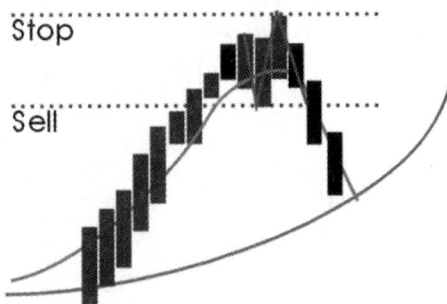

口诀：

乖离大，抢回档，末升低，被跌破成倒N，手脚快，守停损，赚即出

图 11-12　乖离过大类型的买卖点

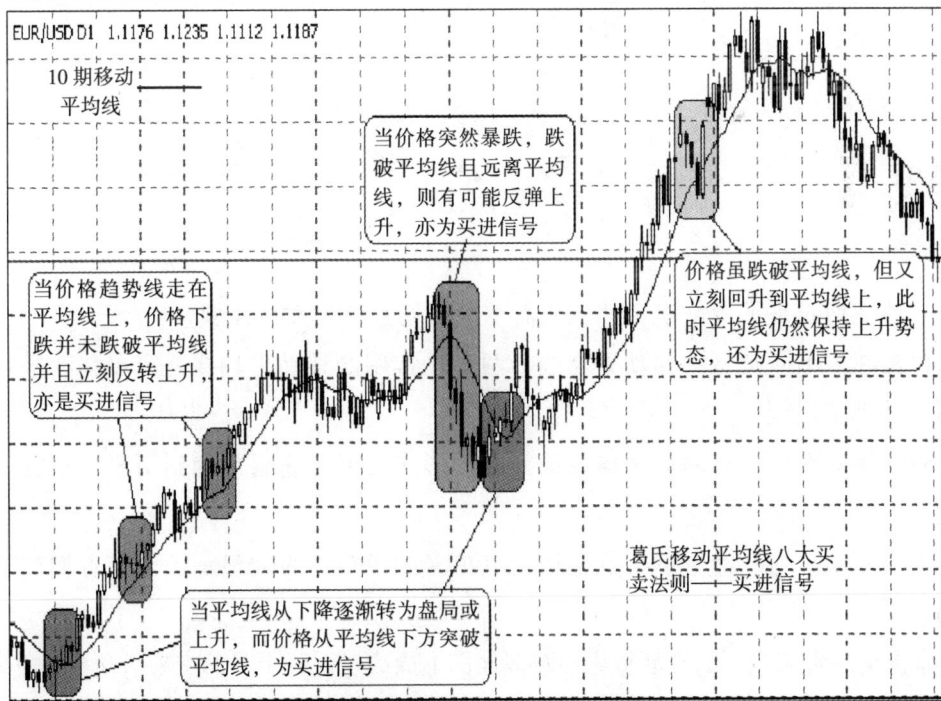

EUR/USD D1　1.1176 1.1235 1.1112 1.1187

10 期移动平均线

当价格突然暴跌，跌破平均线且远离平均线，则有可能反弹上升，亦为买进信号

价格虽跌破平均线，但又立刻回升到平均线上，此时平均线仍然保持上升势态，还为买进信号

当价格趋势线走在平均线上，价格下跌并未跌破平均线并且立刻反转上升，亦是买进信号

当平均线从下降逐渐转为盘局或上升，而价格从平均线下方突破平均线，为买进信号

葛氏移动平均线八大买卖法则——买进信号

图 11-13　葛氏买入信号实例

EUR/USD D1 1.1176 1.1235 1.1112 1.1191

当平均线从上升逐渐转为盘局或下跌，而价格向下跌破平均线，为卖出信号

当价格突然暴涨，突破平均线，且远离平均线，则有可能反弹回跌，亦为卖出信号

当价格虽然向上突破平均线，但又立刻回跌至平均线以下，此时平均仍然保持持续下跌势态，还为卖出信号

当价格趋势线走在平均线下，价格上升却并未突破平均线且立刻反转下跌，亦是卖出信号

葛氏移动平均线八大买卖法则——卖出信号

10 期移动平均线

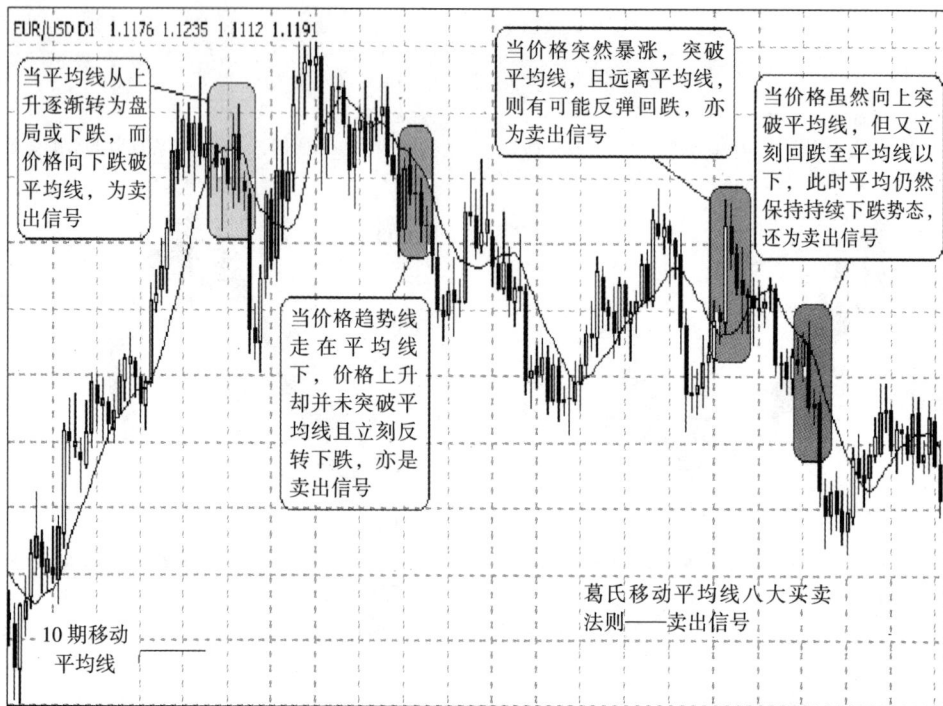

图 11-14　葛氏卖出信号实例

六、小　结

移动平均线是平滑价格运动，从而掌握市场整体运动的工具。

存在许多不同类型的移动平均线。两种最常用的移动平均线是简单移动平均线和指数移动平均线。

简单移动平均线是移动平均线最简单的形式，但是它容易受到历史价格突变的影响。

指数移动平均线给予近期价格运动以更多的权重，因此显示了交易者们当下的行为。

掌握交易者们当下的交易行为比掌握他们上周或过去一个月的交易活动更为重要。

简单移动平均线比指数移动平均线更为平滑。

较长时期的移动平均线比较短时期的移动平均线更为平滑。

指数移动平均线对近期价格运动的反应更为迅速，并因此能够帮助我们尽早抓

住趋势。但是，因为它们的灵敏性也容易使得我们为近期的价格突变所迷惑。

平滑的移动平均线对近期价格运动的反应更为迟钝，但是也过滤了不少近期的价格突变造成的假信号。但是，由于它们的反应迟缓，我们错失了不少交易机会。

利用移动平均线的最好方式就是将不同类型的移动平均线放在图标上，这样你就可以同时兼顾短期和长期运动。

最后我们提供了均线的八种使用方法，希望大家在具体交易中能够有的放矢。

常用图表技术指标

祝贺你来到第十二阶课程的学习！随着你逐渐进入更高层阶的学习，越来越多的交易工具将添加到你的交易者工具箱中。那么什么是交易者的工具箱呢？简单地说就是你用来建立你交易系统所用到的和可能用到的工具的集合。在你交易工具箱中的工具越多，则你建立交易系统的灵活性越大。

备选工具多不应该成为你的负担，要由博返约。

对于本节课程来说，当你学到一种新的交易工具时，就把它们当作你的交易工具箱的一样新武器吧。你未必会使用这里介绍的每一种工具，但是有选择的余地总是好的。现在让我们去了解这些交易工具吧。

一、布林带（Bollinger Bands）

1. 布林带简介

布林带用以度量市场的波动率。简单来讲，这个工具告诉我们市场是安静的还是汹涌的。当市场处于安静状态时，布林带将收缩；而当市场处于激动状态时，布林带将扩张。注意图 12-1，当价格运动微弱时，带子是收紧的；但是当价格大幅度运动时，带子就分开了。

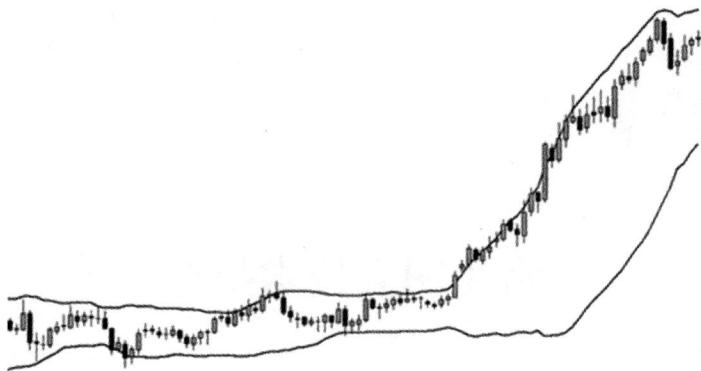

图 12-1　布林带

大概搞清楚指标的计算公式，然后就是观察期历史表现和特征，最后就是在未来的走势中继续观察和实践一段时间。

大体上布林带的含义就是这些。当然我们也可以追溯一下布林带的起源，它的计算过程、背后的数学原理等。但是我们不会这样做，因为我们关注的是能为提高交易效率带来些什么结果。

诚实而言，你不需要掌握太多理论上的名词术语。我们认为向你展示若干运用布林带的具体方式是更为重要的事情。如果你想深入了解布林带的各个方面，那么你可以访问这个网站：www.bollingerbands.com。

2. 布林带反弹（The Bollinger Bounce）

布林带的中轨是一条引力线，布林带的上轨和下轨是阻力支撑线。

对于布林带你需要了解的一点是价格倾向于回到布林带的中轨。这就是布林带反弹背后的整个思想。如果这一观点是正确的，那么请问在图 12-2 中价格将向哪个方向运动？

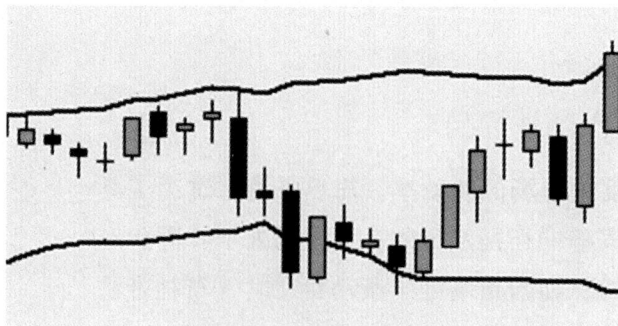

图 12-2　布林带反弹（1）

如果你的回答是价格向下运动，那么你就答对了！正如你所看到的一样，价格回调并朝着中轨区域运动（见图12-3）。

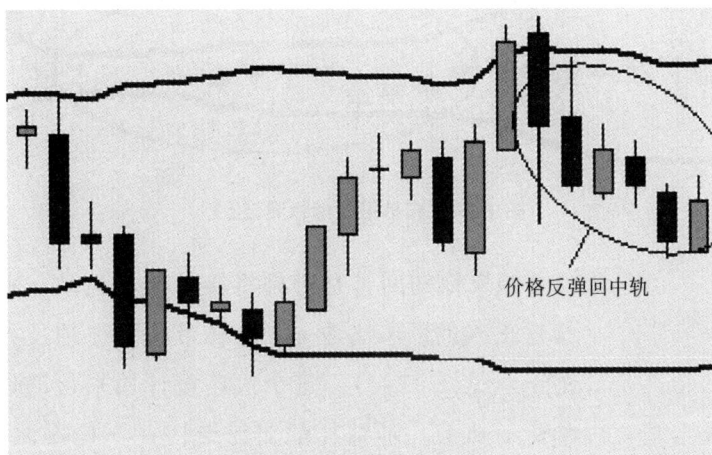

图 12-3　布林带反弹（2）

这就是我们在这里要谈到的布林带反弹，现在你也通过上面的图示知道了它是什么含义。**价格触及布林带外轨后反弹的原因是布林带充当了一个迷你的支撑和阻力水平。**使用的时间框架越长，则布林带的支撑阻力能量越大。许多交易者基于这类反弹开发了很多类型的交易系统，特别是当整个市场处于区间震荡时这种策略最为有效。

3. 布林带收缩（Bollinger Squeeze）

布林带收缩是个不说自明的术语。当外轨向中轨收缩时，市场就在告知我们一个突破将要发生了。如果蜡烛线向上突破上轨，那么突破之后的运动经常是接着向上。如果蜡烛线向下突破了下轨，那么突破之后的运动经常是接着向下。

在图 12-4 中，你可以看见布林带上下轨也就是外轨向中间收缩，而价格刚好突破上轨。根据这些信息和我们提到的收缩原理，你认为接下来价格将向什么方向运动呢？

布林带与基本面结合起来使用效果更好。如布林带刚好到上轨，这个时候出现一则利空数据，5 分钟 K 线形成了看跌形态，这对于日内交易者而言是非常好的做空机会。

布林带收缩后的突破容易发生在欧洲早盘时段，有日内交易者专门做这个形态的，绩效不错。如果能够结合数据发布来操作，那就更好了。

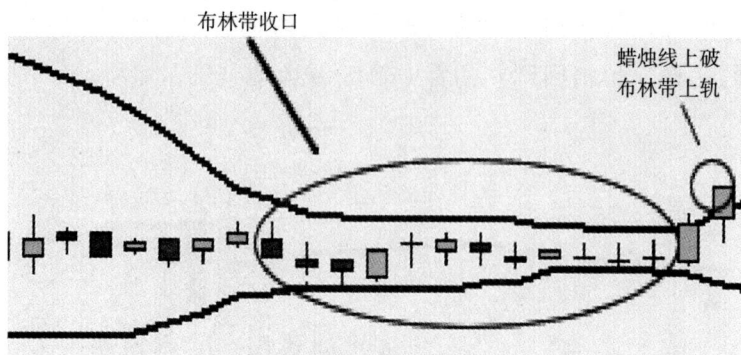

图 12-4　布林带收缩和突破（1）

　　如果你的回答是价格将接着向上运动，那么你的回答就是正确的！这就是一个布林带收缩原理发挥作用的典型例子（见图 12-5）。这个策略设计用来帮助你尽早抓住一个交易机会。像这样的交易结构并不是天天都会发生的，但是当你在 15 分钟图上查看它们的时候一周总能发现几次。

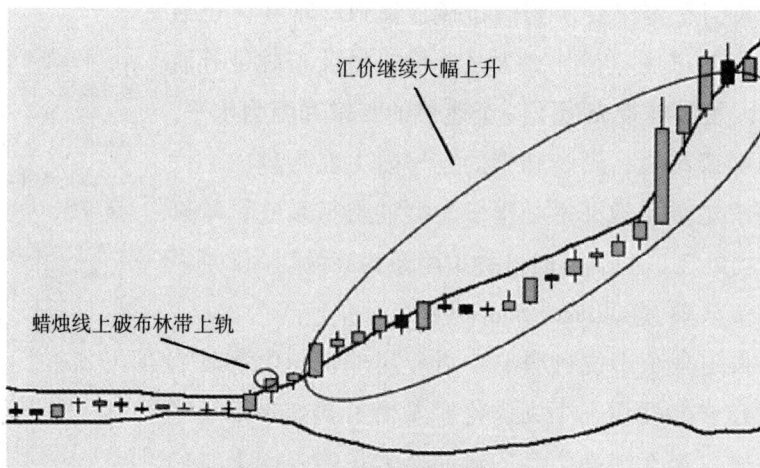

图 12-5　布林带收缩和突破（2）

布林带的中轨体现了趋势和价格回归倾向，外轨则体现了波动。理论上，布林带似乎兼具了趋势和波动，不过实际上你也无法很好地预判到底是趋势还是波动。

对于布林带的使用，下面给出一个简要的总结：

（1）一般来说，**布林带中轨代表着市场的主要运行趋势。**

（2）当市场上升强势趋势形成后，布林带的下轨线出现转头向下，市场趋势可以暂时结束。

（3）**当布林带越收越紧时，常意味着市场转势。**个人观点，转势时要综合 RSI、KDJ 判断向上还是向下。当你选

择的指标无明显卖出信号，但价格触及布 带上轨时，表明这是持续信号。

（4）W底识别：如果价格二次探底时，没有像第一次探底时冲破下轨线，那么即使价格绝对数创新低，也认为是探底成功。

（5）头肩顶识别左肩上攻时，力度最强，价格往往超出布林带之外，头部上攻，价格创新高，并能达到上轨，但很少超过上轨。右肩上攻，但是却无力触及上轨线。

（6）在价格处于上升趋势期间，价格行走在布林带上的主要特点是：价格不断地触及上轨线，同时还常常向上突破上轨线。下降趋势同理。

（7）当市场进入横向整固状态时布林带常会收窄，均线走平。当布林带口子越收越小时，此时一定要看其他指标综合判断，密切关注消息面的变化，毕竟消息面总是扮演着市场催化剂的角色。个人观点：早晨小时图上轨为今日的阻力位，下轨为支持位。小时图布林线上下轨是众多分析师的汇评操作依据。

（8）当布林带在放大状态结束后要么是盘整，要么反转，而不太可能是持续状态。

（9）日线图上，如果价格逐步上移至布林带的上轨并行走在上轨，分析指标同时呼应转强，那么，就可以判断上升趋势即将形服。下降趋势同理。

（10）顶部形态较底部形态复杂，因此分析顶部要有更大的耐心。

（11）建议用MACD配合布林带使同。

（12）买入信号组合：价格不断触及上轨且摆动指标为正。卖出信号组合：价格不断触及下轨且摆动指标为负。

我一般只看基本面分析师的文章，技术面则只相信自己的系统。好的基本面分析必然是逻辑严密，证据兼顾正反面的，而不是仅有观点和主张。

二、MACD

MACD 是 Moving Average Convergence Divergence 的缩写，它的全称翻译起来很拗口，所以通常我们都称它为 MACD（见图 12-6）。这个工具用来确认趋势，其原理就是基于两条不同时期参数的移动平均的距离来分析市场的趋势。毕竟我们在交易中的首要任务就是发现趋势，因为趋势就是利润所在。

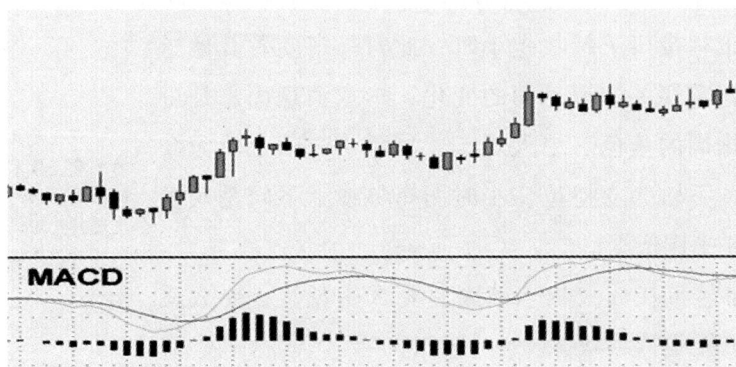

趋势有了看法，那么进场点和出场点怎么确定呢？

图 12-6　MACD

在一个 MACD 的图形界面上，你将经常看到用于设置其状态的三个参数：

第一个数字用于设定最快一条移动平均线的时期数。

第二个数字用于设定较慢的那条移动平均线的时期数。

第三个数字则用于计算上述两条移动平均线差值的移动平均线的时期数。

例如，如果你是用了"12，26，9"作为 MACD 的一组参数，那么下面就是对这组参数的解释（其实，这种参数是系统的默认参数，一般的 MACD 指标都被设定为这组参数）：12 代表较快移动平均线的时期数是 12；26 代表较慢

移动平均线的时期数是 26；9 代表对 12 期移动平均线和 26 期移动平均线之间的差值进行移动平均后再进行 9 期的移动平均。

人们对于 MACD 线存在普遍的误解，MACD 图中的两条线并非是价格的移动平均线，实际上它们是两条价格移动平均线的差值的平均线。

在上述例子中，较快的那条移动平均线是 12 期和 26 期价格移动平均线的差值的移动平均线，而较慢的那条移动平均线则是较快那条移动平均线的移动平均线。对于上面的例子，我们说最后这条线就是那条 9 期移动平均线。

> MACD 反映了走势的动能，而这种动能的平均值可以作为判断背离的主要手段。

这意味着对较快的 MACD 线进行 9 期的移动平均计算，并将计算出来的这条线放在图中作为较慢的那条 MACD 线。这条线比前面计算出来的那条 MACD 线更为平滑。

图 12-6 中的柱体帮助我们标出了两条 MACD 线之间的距离。当两条线分开时，柱体变长了，这称作"乖离"（Divergence），因为快线正在远离慢线。当两条线相互接近时，柱体变短了。这称作"收敛"（Converging）。这也能解释 MACD 的全称"Moving Average Convergence Divergence"是什么意思了。

我们在这里主要介绍 MACD 交叉（MACD Crossover）。由于这里存在两条速率不一的移动平均线，较快的这条线对价格的反应明显比较慢的这条线更快。当一个新的趋势产生时，较快的线将首先反映并因此而穿越较慢的线。当"交叉"发生时，较快的线开始远离较慢的线，这通常预示着一个新趋势的形成。

从 12-7 可以看出，快线穿越慢线预示着一个新的下降趋势。注意：穿越发生时，柱体暂时消失了。这是因为两条线之间此时的差值为 0。当下降趋势开始后，快线迅速远离慢线，柱体开始变大，而这表明了一个强劲的趋势。

MACD 也存在一个缺陷。从性质来讲，移动平均线存在滞后于价格运动的特点。毕竟移动平均线是历史价格的

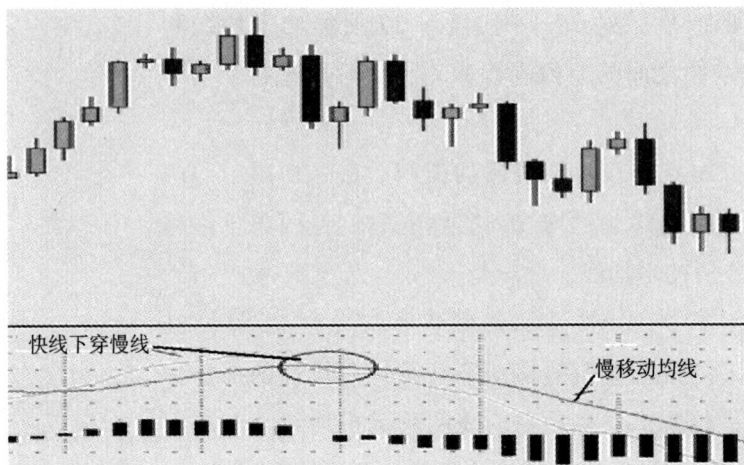

图 12-7　MACD 交叉

MACD 可以帮助你过滤掉很多不必要的趋势交易。

一个平均。因为 MACD 代表对其他移动平均线的再平均，并且因此更为平滑，同时存在的滞后问题也更为严重，但它因此也能过滤不少虚假交易信息。所以，今天很多交易者仍旧把它作为最好的交易工具之一使用。

在《外汇短线交易的 24 堂精品课：面向高级交易者》（第 2 版）第十一课中，我们介绍了一个 4 小时 MACD 外汇策略，这个交易策略近十年来在国外比较流行。

三、抛物线（Parabolic SAR）

抛物线的灵敏度相对 MACD 更高，这也意味着更容易被噪声所干扰。

截至目前，我们查看了那些力图抓住新趋势开端的指标。虽然确认新趋势是非常重要的，但确认趋势的结束同样也是非常重要的。毕竟，好的交易既离不开一个好的进场同样也离不开一个好的出场。

有一个指标可以帮助我们决定趋势是否结束，这个指标就是抛物线（Parabolic Stop and Reversal）。抛物线指标将一系列小原点放在图表中预示潜在的趋势反转位置。从图 12-8 中可以看到这些小圆点在上升趋势中位于蜡烛线的下

方，当趋势反转朝下的时候这些小圆点开始位于蜡烛线的
上方。

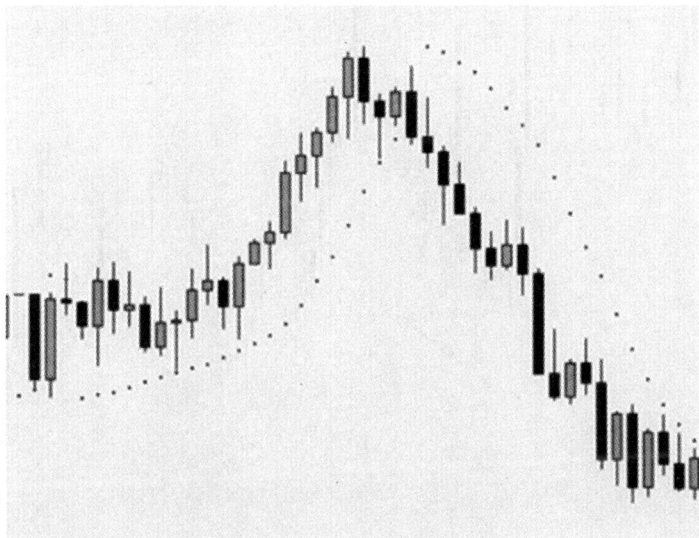

图 12-8　抛物线

对于抛物线而言，它的应用是非常简单的。简单来讲，
当圆点位于蜡烛线下方时，是一个持有多头仓位的信号；
当圆点位于蜡烛线上方时，是一个持有空头仓位的信号。
这是一个最容易解释的指标，因为它假定价格要么朝上要
么朝下。如此看来，这个指标最适合用在趋势市场中。当
然，你肯定不希望在震荡市场中运用这一指标。

下面是两幅真实交易图表中的抛物线指标（见图 12-9
和图 12-10），从中你可以看出交易品种间存在的运动差
异，对于趋势交易者来说，我们需要交易抛物线更为连贯
和平滑的品种，图 12-10 中的英镑兑瑞士法郎。

趋势指标的死穴在哪里
呢？什么走势中趋势指标的假
信号最多？

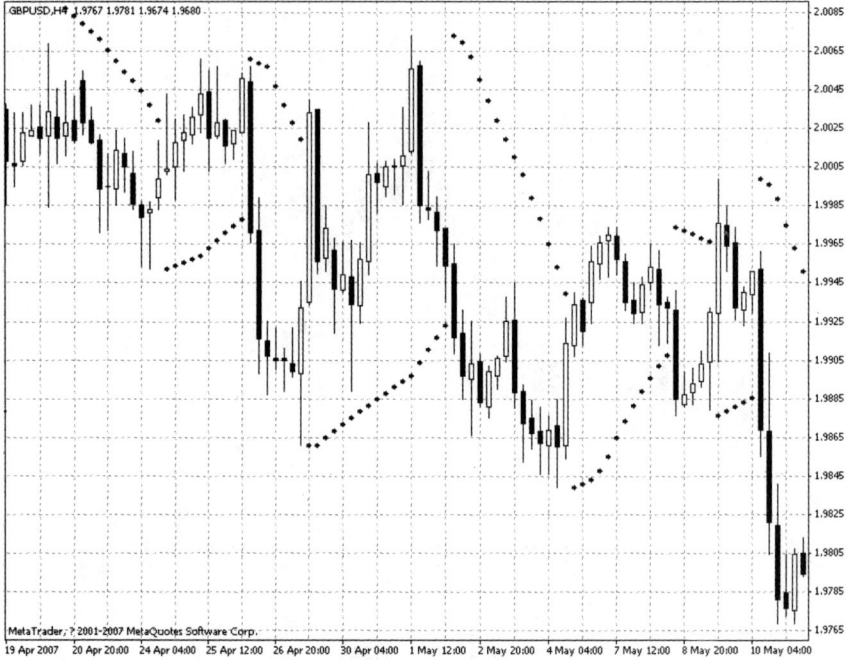

图 12-9　英镑兑美元 4 小时走势中的抛物线指标

图 12-10　英镑兑瑞士法郎 1 小时走势中的抛物线

四、随机震荡指标（Stochastics）

随机震荡指标是另外一个帮助我们决定趋势是否结束的指标（见图 12-11）。根据定义，随机指标就是一个度量市场中超买（Overbought）和超卖（Oversold）条件的指标。图中两条线一根是快线，一根是慢线。

随机震荡指标（Stochas-tics）与相对强弱指数（Relative Strength Index）其实都属于一类指标，只不过前者比后者更加灵敏，同时噪声也更多。

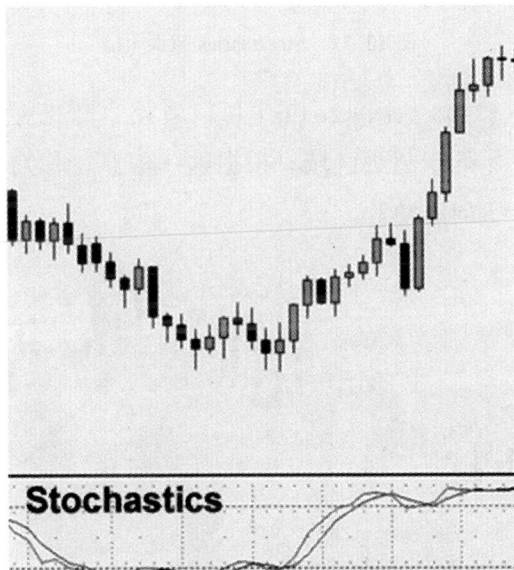

图 12-11　随机震荡指标（Stochastics）

就像我先前说的那样，随机震荡指标告诉我们市场是否处于超卖或者超买状态。随机震荡指标的刻度值从 0 到 100。当随机指标线大于 70 时，意味着市场处于超买状态；当随机震荡指标线小于 30 时，意味着市场处于超卖状态。作为一个经验法则，我们在市场处于超卖的市场买进，在市场处于超买的市场卖出。

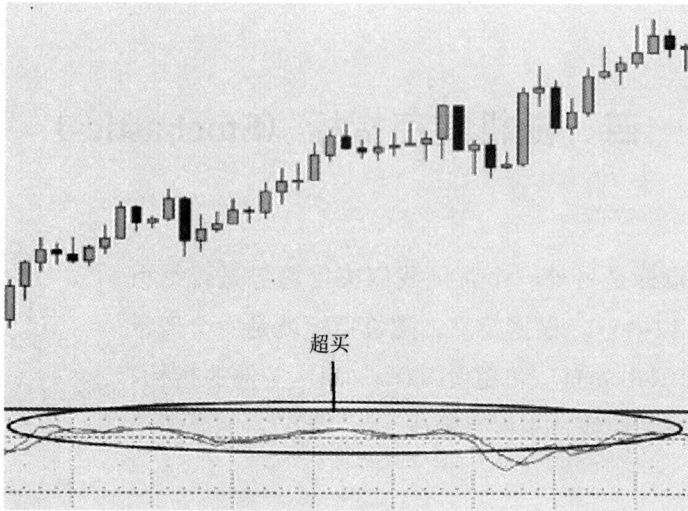

图 12-12　Stochastics 超买（1）

从图 12-12 中可以看到，随机震荡指标线很多时候都处于超买区域。根据这一信息，你判断价格将要往什么方向运动？

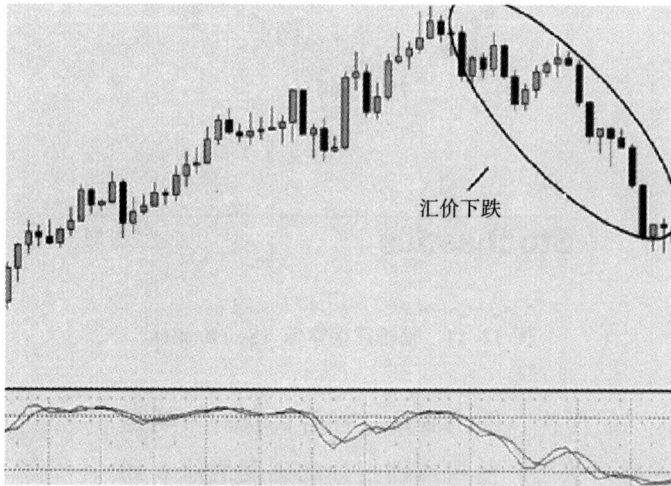

图 12-13　Stochastics 超买（2）

如果你的回答是价格将下降，那么你就是完全正确的！因为市场在如此长的时间内处于超买状态，一个反转必将来临（见图 12-13）。但是，我们也要防止连续处于超买或者超卖的情形，这被称为指标钝化，在强有力的趋势市场中极易出现，此时高抛低吸的观念就不合适了。

基本面没有重大消息的时候，钝化就不容易出现。基本面出现重大变化的时候，钝化就很容易出现。

这些就是随机震荡指标的基础。许多交易者以不同方式使用随机震荡指标，但总的目的都是利用这个指标告诉我们市场处于中性区域还是极端区域。随着你的经验增长，你将找到适合自己交易风格的随机震荡指标的用法。

五、相对强弱指数（Relative Strength Index）

相对强弱指数（RSI）是一个类似于随机震荡指标的工具，它同样也是用来确认市场超买和超卖条件的（见图 12-14）。它的刻度值也是从 0 到 100。一般来说，读数小于 20 代表着超卖状态，而当读数大于 80 则代表着超买状态。当然这些规则是可以变通的。

超卖和超买状态可以与斐波那契点位结合起来使用。超卖与超买状态也可以与 K 线结合起来使用，但是效果没有超买与超卖状态与均线结合起来使用好。

图 12-14 相对强弱指数

相对强弱的使用类似于随机震荡指标。当相对强弱指数小于 20 时，确认一个处于超卖的市场（见图 12-15）。在价格下跌之后，很快回升展开了。

相对强弱指数是一个非常流行的分析工具，因为它也能够用于确认趋势的形成。如果你认为趋势正在形成，那么扫视一下相对强弱指数，看看它是否在 50 上或 50 下。

我们在《斐波那契数高级交易法》一书中介绍了一种基于驱动—调整浪的交易策略，其中的趋势识别部分就是依靠日线上 RSI 的 50 基准。

233

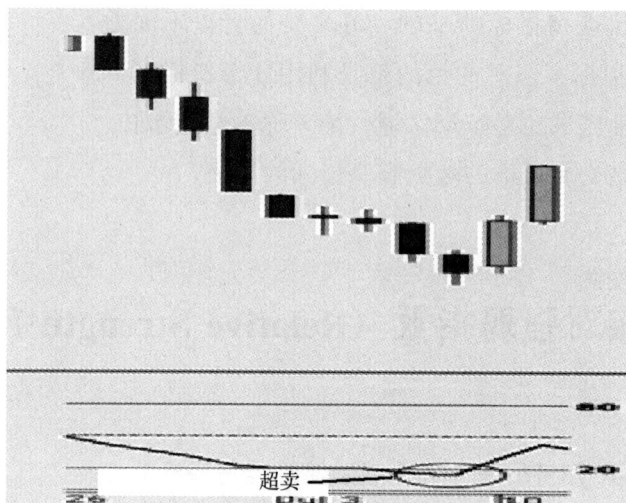

图 12-15   RSI 超卖

如果你正在查看潜在的上升趋势，那么确保相对强弱指数位于 50 以上；如果你正在查看潜在的下降趋势，那么确保相对强弱指数位于 50 以下。

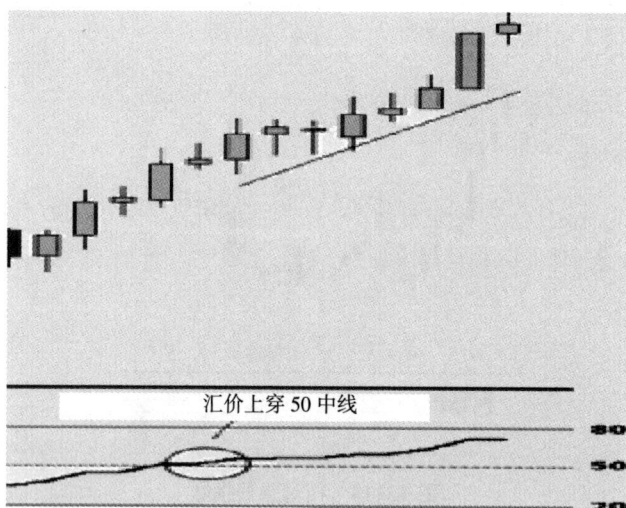

图 12-16   RSI 上穿 50

在图 12-16 中可以看出刚开始一个潜在的上升趋势正在形成。为了过滤虚假信号，我们等待相对强弱指数向上穿越 50 来确认我们认为的趋势。当相对强弱指数真的向上穿越 50 时，我们确认上升趋势形成了。

六、凯尔特通道（Keltner Channel）

凯尔特通道是基于平均真实波幅原理而形成的指标，对价格波动反应灵敏，它可以取代布林带（Standard Deviation）或百分比通道（Percentage Envelopes）作为判市的新工具（见图12-17）。

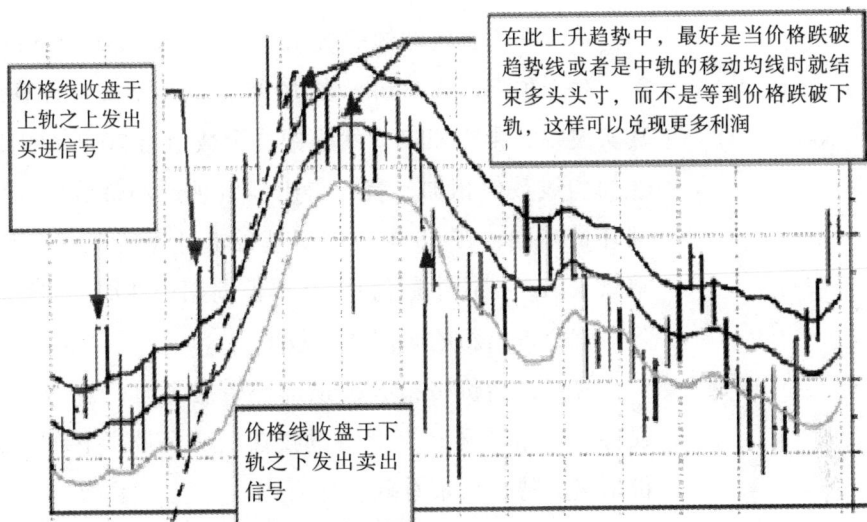

图中文字框：

价格线收盘于上轨之上发出买进信号

在此上升趋势中，最好是当价格跌破趋势线或者是中轨的移动均线时就结束多头头寸，而不是等到价格跌破下轨，这样可以兑现更多利润

价格线收盘于下轨之下发出卖出信号

图 12-17　凯尔特通道

凯尔特通道是由两根围绕线性加权移动平均线波动的环带组成的，其中线性加权均线的参数通道是20。

价格突破带状的上轨和下轨时，通常会产生做多或做空的交易信号，指标的发明人是 Chester Keltner，后来这一指标由 Linda Raschke 再度优化改进，她采用10单位的线性加权均线来计算平均真实波段（ATR）。类同于所有的包络线或环带状系统，价格倾向于在环带内运动，当价格突破环带时，通常意味着会产生做多或做空的机会。

当价格报收在顶部环带之上时，通常意味着向上动能的突破，其后价格会继续走高。当价格报收在底部环带之下时，则预期价格会走低。

在一个上升的市道里，中线或20单位线性加权均线，对价格能够产生支撑作用；相反，在下降的市道里，中线会压制价格上行。

和所有的跟随趋势系统一样，凯尔特通道在上升和下降趋势里表现出色，在盘整市内则有所逊色，原因很简单，跟随趋势系统不会致力于寻底猜头。凯尔特通道应当和其他指标混合应用，如 RSI 和 MACD，这样可以对市场的强度进行确认。与趋势线和其他指标配合的出场策略十分重要，从图 12-17 的案例中，我们能够明白这一点，等待价格收在底部环带之下，意味着一个良好趋势中的许多利润会被侵蚀掉。

基于平均真实波幅的凯尔特通道运算方法如下：

对于顶部环带来讲，在 10 单位周期基础上计算出平均真实波幅，乘以双倍，然后把这个数值与 20 单位周期的线性加均线数值相加，就会得出新的顶部环带数值。对于底部环带来讲，在 10 单位周期基础上计算出平均真实波幅，乘以双倍，把这个数值从 20 单位周期线性加权均线数值扣除，就会得出新的底部环带数值。

信号：当价格报收在顶部环带之上时，意味着价格呈强势，后市看涨；当价格报收在底部环带之下时，意味着价格呈弱势，后市看跌。

凯尔特通道发出的信号会一直有效，直到价格报收于另一侧波带之外，不过，与其他指标配合之后，经过调和优化的凯尔特通道交易法能够给出更好的出场机会。

图 12-18 是一幅真实走势中的凯尔特通道图。

鱼和熊掌不可兼得。早期做交易的时候我们热衷于短线高抛低吸或者动量交易，过了几年之后我们会倾向于趋势交易。这个过程也会使我们在技术指标的选择上发生变化。

图 12-18　英镑兑瑞郎 1 小时走势中的凯尔特通道

七、真实波动幅度均值（ATR）

真实波动幅度均值是优秀的交易系统设计者的一个不可缺少的工具，它称得上是技术指标中的一匹真正的劲马。每一位系统交易者都应当熟悉 ATR 及其具有的许多有用功能。其众多应用包括参数设置、入市、止损、获利等，甚至是资金管理中的一个非常有价值的辅助工具。

在仓位管理方面，ATR 具有极其重要的作用。

1. 计算真实波动幅度均值（ATR）

波动幅度是单根蜡烛线图最高点和最低点间的距离，真实波动幅度是以下三个波动幅度的最大值。当天最高点和最低点间的距离即前一天收盘价和当天最高价间的距离，或前天收盘价和当天最低价间的距离。

当日蜡烛线图出现缺口时，真实波动幅度和单根蜡烛

线的波动幅度是不同的。真实波动幅度均值就是真实波动幅度的平均值。为了让 ATR 反映近期波动性，可以使用短期 ATR（2~10 根蜡烛线图）；为了让 ATR 反映"长期"波动性，可以使用 20~50 根蜡烛线或更多。

2. ATR 的特征及其优点

ATR 是一个评价市场价格运动的通用指标，而且是一个真正的自适应指标。下面这个例子能帮助解释这些特征的重要性。

如果我们计算一下玉米在两天内的平均价格波动幅度，如 500 美元，日元合约的平均价格波动幅度可能是 2000 美元或更多。**如果我们要建立一个交易系统分别为玉米或日元设置合适的止损水平，那么我们会看到这两者的止损水平是不同的，因为两者的波动性不同。**我们可能在玉米上设定 750 美元的止损水平，而在日元合约上是 3000 美元。如果我们要建立一个能同时适用于这两个市场的交易系统，我们很难在这两个市场上让用美元数量表示的止损水平相等。750 美元的止损水平对玉米来说是合适的，但对日元来说可能太小了；3000 美元的止损水平对日元来说是合适的，但对玉米来说太大了。

然而，我们不妨假定在上面的例子中，玉米在两天内的真实波动幅度均值（ATR）是 500 美元，日元在两天内的真实波动幅度均值（ATR）是 2000 美元。如果我们把止损水平设置为 1.5 倍的 ATR（即用 ATR 表示的止损水平），我们就能在这两个市场使用相同的标准（即 1.5 倍的 ATR），玉米的止损水平会是 750 美元，日元的止损水平会是 3000 美元。

现在让我们假定市场条件变了，玉米波动性变得很高，两天之内运动了 1000 美元；而日元变得很平静，两天之内只运动了 1000 美元。如果我们还使用以前的用美元数量表示的止损水平，即玉米的止损水平仍然定为 750 美元，日元的止损水平仍然定为 3000 美元，那么现在玉米的止损水

ATR 止损可以兼具客观性和适应性。

238

平定得太近了，而日元的止损水平又定得太远了。然而，用 ATR 的某一倍数表示的止损水平能适应市场的变化，1.5 倍 ATR 的止损水平将自动调整玉米和日元的止损水平分别为 1500 美元。**用 ATR 表示的止损水平能自动适应市场的变化，同时不会改变原先的止损标准，新情况下的止损标准与以前的止损标准一样，同是 1.5 倍 ATR。**

ATR 作为市场波动性指标具有的通用性和适应性的使用价值无论怎样肯定都不过分。ATR 对于建立坚实的交易系统是非常有价值的（也就是说交易系统可能在未来同样有效），而且他们能不加修饰地用于多个市场。ATR 既可以适用于玉米市场，同样也可以在没有任何修改的情况下用于日元市场。但是，或许更重要的是，你可以建立一个系统，不仅在玉米的历史数据测试中表现良好，同样也很有可能在未来即使玉米市场变化很大的情况下仍然表现良好。

3. ATR 追踪止损策略

在写作本书第一版的过程中每天平均波动欧元大概是 80~150 点，GBP 大概是 100~200 点。和常用的百分数不同，这个数值在激烈不同的市场时期波动会变化。

基本思想是非常简单的，我们先选定一个合理的起始价格，然后每天加某一倍数的 ATR，得到一个跟踪止损点。由该方法生成的止损点不仅能随着时间的增加不断上移而且同时也能适应市场波动性增减。与我们以前采用的由抛物转向指标得到的止损点相比，其优点在于：使用 ATR Ratchet，我们能更自由地选择起始价格和增减速度。此外我们还发现基于 ATR 的止损点能更快更准确地反映波动性变化，从而使我们能比传统的跟踪止损法锁定更多的利润。

例如，当我们 1ATR 以上的盈利目标实现时，我们选择一个近期低点（如最近十天的最低价）作为起始价格，然后根据我们持仓天数每天将最低价增加零点几倍的 ATR（如 0.05ATR）。如果我们已经持有仓位 15 天了，那么我们把 0.05ATR 乘以 15 天，然后将其乘积 0.75ATR 加到起始价位上。20 天后，我们将把 1.0ATR（0.05 乘以 20 天）加到最近十天的最低价上。

该策略不像抛物转向指标，ATR Ratchet 能非常容易地在我们交易过程中的任何时候使用。我们可以在进入交易的第一天就开始使用这种止损策略，也可以等发生某些有利事件后再使用止赢策略。我建议等到实现盈利后再使用该止损策略，原因正如你我都看到的那样，这种止损点会在有利的市场环境中迅速向上移动。

波动性增加会使止损点上移速度增加，这是 ATR Ratchet 策略的重要特征。在一个快速移动的市场中，你会看到许多缺口和长长的 K 线图。市场趋势加速时市场波动性也会增加，因而在我们盈利迅速增加时，ATR 也会迅速增加。由于我们要往起始价格中增加一定数量的 ATR，所以 ATR 的每一次增加都会使止损点突然向上跳跃，止损点就变得更靠近入场后的最高价。如果我们已经持有仓位 40 天，那么 ATR 的任何增加都会对止损点产生 40 倍的影响。这正是我们想要的。我们发现，当市场给我们丰厚的盈利时，ATR Ratchet 止损点也会令人惊讶地迅速上移，从而很好地为我们锁定浮动盈利。

这个方法有以下几个参数：

起始价格：ATR Ratchet 的一个非常好的特性是我们可以在任何中意的地方设置起始价格。例如，我们可以像抛物转向指标一样在一些重要的低点设置起始价格，我们还可以在摆动区间的底部，或支撑水平，或某通道的底部，或者低于入场点一定数量 ATR 的地方设置起始价格。如果我们等到账面产生数量可观的盈利后，我们可以把起始价格设置在甚至是高于入场点的地方。这样就可以和自己所使用的交易系统配合。

ATR Ratchet 的启动时机：优先采用基于时间而不是价格的参数（或者是时间和价格的参数组合）来启用上述的离市策略。例如，我们启用离市当且仅当一项交易开仓至少十个交易日之后并且获利超过一个 ATR 的幅度。总的来说，只有在交易达到了相当大规模的盈利目标之后才是 ATR Ratchet 启动的最佳时机。这看起来是一种很好的获利平仓策略，但需注意的是，如果在一次交易获利之前就启动 Ratchet，有可能让你过早出局而丧失此次机会。

如上所述，ATR Ratchet 最引人入胜的一点在于它的适用性和灵活性。下面介绍如何启用 Ratchet 策略的另一种思路。我们可以在 15 根条形图之后再启用 ATRRatchet 而不必计算这前期的 15 步运作过程。在编制程序代码时，我们可以设置在交易的第 15 根条形图之后再启用 Ratchet 而用交易产生后的条形图数量减去 10 再乘以 ATR 的单位值，

或者用交易产生后的天数先除以某一个常数后再乘以 ATR 的单位值。这种方法将简化 Ratchet 的计算程序,尤其是在交易初期首次启用离市策略的时候。好好琢磨一下 ATRRatchet,看看你能够由此产生一些什么样的创造性思维。

ATRRatchet 每天移动量:刚开始研究使用的 ATRRatchet 每天移动量经测试表明太大了。对于我们的交易时间框架来说,太大的 ATRRatchet 每天移动量(百分之几的 ATR)会让我们的止损点向上移动的过分快。经过一段时间的试验和失败后,我们发现用我们的持仓天数乘以 ATRRatchet 的每天移动量 0.05~0.10ATR [5%~10%ATR(20 天期)]能让止损点上移的速度比你想象的要快得多。

作为该策略的变通方法,我们可以在最初使用较小的 ATRRatchet 每天移动量,然后一旦我们获得很大的浮动盈利,我们就可以使用较大的 ATRRatchet 每天移动量。

ATR 周期长度:正如我们在以前使用 ATR 过程中发现的,我们用来计算 ATR 的时间周期长度是非常重要的。如果我们希望 ATR 能快速反映市场短期波动区间的变化,我们可以使用较短期的均值(如 4~5 根 K 线);如果我们希望一个更加平滑的 ATR,不会对一两天的异常波动敏感,我们可以使用长期均值(20~50 根 K 线)。我在工作中使用的 ATR 大部分是 20 天均值,除非我有充分的理由希望 ATR 变得更敏感或更不敏感。

ATRRatchetwt 作为一种盈利工具,我们尤其喜欢它带给我们的灵活性本。

图 12-19 是真实走势图中的 ATR 指标。

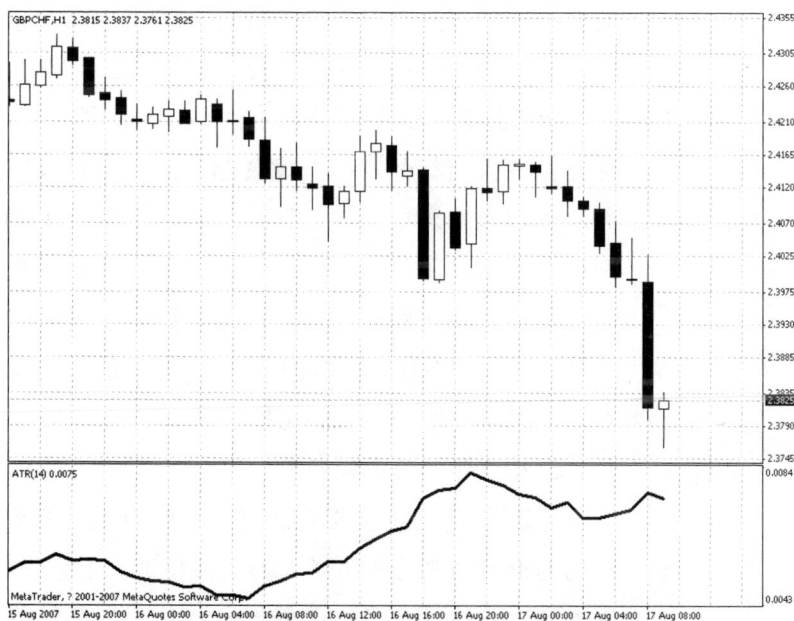

图 12-19 英镑兑瑞郎 1 小时走势中的 ATR 指标

八、KDJ 指标

1. KDJ 指标的原理

随机指标 KDJ 一般是根据统计学的原理，通过一个特定的周期内出现过的最高价、最低价及最后一个计算周期的收盘价及这三者之间的比例关系，来计算最后一个计算周期的未成熟随机值 RSV，然后根据平滑移动平均线的方法来计算 K 值、D 值与 J 值，并绘成曲线图来研判走势。

随机指标 KDJ 是以最高价、最低价及收盘价为基本数据进行计算，得出的 K 值、D 值和 J 值分别在指标的坐标上形成的一个点，连接无数个这样的点位，就形成一个完整的、能反映价格波动趋势的 KDJ 指标。它是主要利用价格波动的真实波幅来反映价格走势的强弱和超买超卖现象，在价格尚未上升或下降之前发出买卖信号的一种技术工具。它在设计过程中主要是研究最高价、最低价和收盘价之间的关系，同时也融合了动量观念、强弱指标和移动平均线的一些优点，因此，能够比较迅速、快捷、直观地研判行情。

随机指标 KDJ 最早是以 KD 指标的形式出现，而 KD 指标是在威廉指标的基础上发展起来的。不过威廉指标只判断超买超卖的现象，只是具有方向的概念，在 KDJ 指标中则融合了移动平均线速度上的观念，形成比较准确的买卖信号依据。在实践中，K 线与 D 线配合 J 线组成 KDJ 指标来使用。由于 KDJ 线本质上是一个随机波动的观念，故其对于掌握中短期行情走势比较准确。

2. KDJ 指标的一般研判

随机指标 KDJ 主要是通过 K、D 和 J 这三条曲线所构成的图形关系来分析市场上的超买超卖，走势背离及 K 线、D 线和 J 线相互交叉突破等现象，从而预测股价中短期及

这个指标在 A 股交易者当中比较流行，MT4 软件自带指标当中没有这个工具，一些提供外汇行情的期货软件当中有这个工具，如文华财经和博易大师等。

长期趋势。KDJ 是市场上绝大多数投资者熟知的分析工具，但具体运用时，投资者可能会发现 KDJ 的分析结果和实际走势存在着特别大的差别，有时还会得出相反的结论，这其中原因主要是绝大多数投资者只知道 KDJ 的一般分析原理和方法，而对 KDJ 分析指标的一些内涵和特定的分析技巧知之甚少。本书在介绍汇市分析中市场上流行的 KDJ 的一般研判技巧和分析方法上，重点挖掘 KDJ 指标的内在规律，详细分析 KDJ 的一些特殊研判功能。

KDJ 指标是三条曲线，在应用时 KDJ 指标的一般研判标准主要是从 KDJ 三个参数的取值，超买超卖信号，KDJ 曲线的形态，KDJ 曲线的交叉，KDJ 曲线的背离，KDJ 曲线的运行状态以及 KDJ 曲线同蜡烛线的配合七个方面来考虑。

（1）KDJ 的取值范围。KDJ 指标中，K 值和 D 值的取值范围都是 0~100，而 J 值的取值范围可以超过 100 和低于 0，但在分析软件上 KDJ 的研判范围都是 0~100。通常就敏感性而言，J 值最强，K 值次之，D 值最慢；而就安全性而言，J 值最差，K 值次之，D 值最稳。

（2）超买超卖信号。根据 KDJ 的取值，可将其划分为几个区域，即超买区、超卖区和徘徊区。按一般划分标准，K、D、J 这三值在 20 以下为超卖区，是买入信号；K、D、J 这三值在 80 以上为超买区，是卖出信号；K、D、J 这三值介于 20~80 为徘徊区，宜观望。

一般而言，当 K、D、J 三值在 50 附近时，表示多空双方力量均衡；当 K、D、J 三值都大于 50 时，表示多方力量占优；当 K、D、J 三值都小于 50 时，表示空方力量占优。

（3）KDJ 曲线的形态。KDJ 指标的研判还可以从 KDJ 曲线的形态来分析。当 KDJ 指标曲线图形形成头肩顶底形态、双重顶底形态（即 M 头、W 底）及三重顶底等形态时，也可以按照形态理论的研判方法加以分析。KDJ 曲线出现的各种形态是判断行情走势、决定买卖时机的一种分析方法。另外，KDJ 指标曲线还可以画趋势线、压力线和

KD 和 KDJ 都可以用来判断顶背离和底背离。

243

支撑线等。

当 KDJ 曲线在 50 上方的高位时，如果 KDJ 曲线的走势形成 M 头或三重顶等顶部反转形态，可能预示着汇率由强势转为弱势，汇率即将大跌，应及时平多建空。如若 K 线也出现同样形态则更可确认，其跌幅可以用 M 头或三重顶等形态理论来研判。

当 KDJ 曲线在 50 下方的低位时，如果 KDJ 曲线的走势出现 W 底或三重底等底部反转形态，可能预示着汇率由弱势转为强势，汇率即将反弹向上，可以逢低少量建立多头头寸。如果 K 线也出现同样形态更可确认，其涨幅可以用 W 底或三重底形态理论来研判。

KDJ 曲线的形态中，M 头和三重顶形态的准确性要大于 W 底和三重底。

（4）KDJ 曲线的交叉。KDJ 曲线的交叉分为黄金交叉和死亡交叉两种形式。一般而言，在一个完整的升势和跌势过程中，KDJ 指标中的 K、D、J 线会出现两次或两次以上的"黄金交叉"和"死亡交叉"情况。

当市场经过一段很长时间的盘整行情，并且 K、D、J 三线都处于 50 线以下时，一旦 J 线和 K 线几乎同时向上突破 D 线时，表明汇率即将转强，盘整和跌势已经结束，将开始上行，可以开始建立多头，进行中长线建仓。这是 KDJ 指标"黄金交叉"的一种形式。

当市场经过一段时间的上升过程中的盘整行情，并且 K、D、J 线都处于 50 线附近徘徊时，一旦 J 线和 K 线几乎同时再次向上突破 D 线，表明市场处于一种强势之中，汇率将再次上涨，可以加码做多或多头持仓，这就是 KDJ 指标"黄金交叉"的另一种形式。

当市场经过前期一段很长时间的上升行情后，汇率涨幅已经很大的情况下，一旦 J 线和 K 线在高位（80 以上）几乎同时向下突破 D 线时，表明市场即将由强转弱，汇率将下跌，这时应平掉多头建立空头，这就是 KDJ 指标的

指标的死叉和金叉可以通过数据发布来验证有效性。

"死亡交叉"的一种形式。

当市场经过一段时间的下跌后，汇率向上反弹的动力缺乏，各种均线对股价形成较强的压力时，KDJ曲线在经过短暂的反弹到80线附近，但未能重返80线以上时，一旦J线和K线再次向下突破D线时，表明市场将再次进入弱市，汇率还将下跌，应当平掉多头建立空头，这是KDJ指标"死亡交叉"的另一种形式。

（5）KDJ曲线的背离。KDJ曲线的背离就是指当KDJ指标的曲线图的走势方向和K线图的走势方向正好相反。KDJ指标的背离有顶背离和底背离两种。

当K线图走势一峰比一峰高，汇率在向上涨，而KDJ曲线图上的KDJ指标的走势是在高位一峰比一峰低，这叫顶背离现象。顶背离现象一般是市场将高位反转的信号，表明汇率中短期内即将下跌，是卖出的信号。

当K线图走势一峰比一峰低，汇率在向下跌，而KDJ曲线图上的KDJ指标的走势是在低位一底比一底高，这叫底背离现象。底背离现象一般是市场将低位反转的信号，表明汇率中短期内即将上涨，是买入的信号。

与其他技术指标的背离现象研判一样，KDJ的背离中，顶背离的研判准确性要高于底背离。当汇率在高位，KDJ在80以上出现顶背离时，可以认为市场即将反转向下，投资者可以及时平多建空；而汇率在低位，KDJ也在低位（50以下）出现底背离时，一般要反复出现几次底背离才能确认，并且投资者只能做战略建仓或做短期投资。

（6）KDJ曲线运行的状态。当J曲线开始在底部（50以下）向上突破K曲线时，说明市场的弱势整理格局可能被打破，汇率短期将向上运动，投资者可以考虑少量建仓。

当J曲线向上突破K曲线并迅速向上运动，同时曲线也向上突破D曲线，一般市场的中长期上涨行情已经开始，投资者可以加大力度。

当K、D、J曲线开始摆脱前期窄幅盘整的区间并同时

背离是一个比较有效的技术信号，但是准确率也不会如大家预期的那么高。

向上快速运动时，说明市场已经进入短线拉升行情，投资者应持多待涨。

当 J 曲线经过一段快速向上运动的过程后开始在高位（80 以上）向下掉头时，说明汇率短期上涨过快，将开始短线调整，投资者可以短线平掉多头。

当 D 曲线也开始在高位向下掉头时，说明市场的短期上涨行情可能结束，投资者应中线平多建空。

当 K 曲线也开始在高位向下掉头时，说明市场的中短期上涨行情已经结束，投资者应逐步建空进行试探。

当 K、D、J 曲线从高位同时向下运动时，说明市场的下跌趋势已经形成，投资者应建立空头。

（7）KDJ 曲线与蜡烛线的配合使用。当 KDJ 曲线与蜡烛线从低位（KDJ 值均在 50 以下）同步上升，表明市场中长期趋势向好，短期内股价有望继续上涨，投资者应继续持仓或回调做多。

当 KDJ 曲线与蜡烛线从高位（KDJ 值均在 50 以上）同步下降，表明短期内市场将继续下跌趋势，投资者应继续持空仓或回调做空。

当 KDJ 曲线从高位回落，经过一段时间强势盘整后再度向上并创出新高，而 K 线也在高位强势盘整后再度上升创出新高，表明市场的上涨动力依然较强，投资者可继续持多或加仓。

当 KDJ 曲线从高位回落，经过一段时间盘整后再度向上，但到了前期高点附近时却掉头向下、未能创出新高时，而 K 线还在缓慢上升并创出新高，KDJ 曲线和股价曲线在高位形成了相反的走势，这可能就意味着市场上涨的动力开始减弱，KDJ 指标出现了顶背离现象。此时投资者应千万小心，一旦蜡烛线下跌，应果断平多建空。

当 KDJ 曲线在长期弱势下跌过程中，经过一段时间弱势反弹后再度向下并创出新低，而蜡烛线也在弱势盘整后再度向下创出新低，表明市场的下跌趋势依然较强，投资者可继续持空。

当 KDJ 曲线从低位向上反弹到一定高位，再度向下回落，但回调到前期低点附近时止跌企稳、未能创出新低时，而蜡烛线还在缓慢下降并创出新低，KDJ 曲线和蜡烛线在低位形成相反的走势，这可能就意味着市场下跌的动能开始衰弱，KDJ 指标出现了底背离现象。此时投资者也应密切关注市场动向，一旦向上就可以短线做多，等待反弹的出现。

九、综合运用

在一个理想的交易市场中，我们可以仅选择其中一种交易工具，严格按照它给出的信号进行交易。但问题是我们并没有在一个如此完美的市场中进行交易。并且**每一个指标本身就存在问题**。所以许多交易者都将许多不同的指标结合起来运用，这样他们就可以利用多个指标信号来相互过滤。他们一般拥有 3 种不同类型的指标，除非 3 个指标给出了同样的信号，否则他们不会进行交易。当然也有另外的情况。

当你在外汇交易之路上不断迈进时，你将逐渐发觉对你最为合适和有效的指标。我们可以告诉你我们偏爱的指标是随机震荡指标，三重移动平均线。但或许你有一个完全不同的偏好。任何一个交易者都试图找出指标的"魔幻组合"，也就是那些总是给出正确信号的指标组，但事实是没有这样的东西存在，即使有也会很快失效。

我们建议你先分别学习和实践你选择的部分指标，当你准确了解它们的优劣点之后，再进行综合的应用，这期间可以同时学习其他新的指标。在这个过程中，你将逐渐形成你自己的交易风格。本课程的稍后部分将向你展示一个集合了不同指标的交易系统，在这个系统中指标形成互补。

> 一个趋势指标，一个震荡指标/斐波那契点位指标加上 K 线应该就足够了。

十、小　结

你学习的任何东西都好比加入交易工具箱中的一样工具。这些工具可以帮助你更好地和更容易地交易，也可以

作为你自创交易工具的典范。

布林带（Bollinger Bands）：用以度量市场的波动性，可以作为迷你的支撑和阻力线使用。

布林带反弹：这个策略认为价格总是倾向于回到布林带的中轨。当价格触及布林带下轨时买进；当价格触及布林带上轨时卖出，这个策略用于震荡市场中。

布林带收缩：这个策略用于抓住早期的突破。当布林带收缩时，意味着市场出于安静状态，一个突破就要发生。一旦突破发生，我们顺着突破的方向进场交易。

MACD：用于抓住趋势早期阶段，并且也能够帮助我们发现趋势的反转。它包括了两条移动平均线（一条快线和一条慢线）以及一些垂直的柱体，这些柱体用于度量两条移动均线之间的差值。不像通常认为的那样，图中的两条线并不是价格的直接移动平均线，它们是其他移动平均线的移动平均线。MACD的短处在于它的滞后性，因为它使用了太多的移动平均线计算。使用MACD的一种方法是等待快线上穿或者下穿慢线，这时候顺着穿越方向进场建立头寸，因为交叉意味着新的趋势开始。

抛物线（Parabolic SAR）：这个指标用于发现趋势的反转，因此这个指标被命名为抛物线式停止并反转指标（Parabolic Stop And Reversal）。因为这个指标仅给出看涨或者看跌两类信号，所以对它的解释相对而言显得更为简单。当小圆点位于蜡烛线下方时，发出持有多仓的信号；当小圆点位于蜡烛线上方时，发出持有空仓的信号。这个指标最适合用于趋势市场，这类市场中包含了大段的单边走势。

随机震荡指标（Stochastics）：用于确认市场处于超卖或者超买的条件。当指标线位于70以上时，意味着市场处于超买状态并且我们将寻求卖出；当指标线位于30以下时，意味着市场处于超卖状态并且我们将寻求买进。

相对强弱指数（Relative Strength Index）：这个指标类似于随机震荡指标，因为它同样也是提示市场是否处于超买或是超卖状态。当相对强弱指数处于80以上的区域时，意味着市场处于超买状态，我们将寻求卖出。当相对强弱指数处于20以下的区域时，意味着市场处于超卖状态，我们将寻求买进。相对强弱指数同样也可以作为确认趋势的工具。如果你认为一个趋势正在形成，那么等待相对强弱指数上穿或者下穿50来确认趋势。如果相对强弱确认了趋势，那么你可以进场交易。

凯尔特通道（Keltner Channel）：和所有的跟随趋势系统一样，凯尔特通道在上升和下降趋势里表现出色，在盘整市内则有所逊色。当价格报收在顶部环带之上时，通常意味着向上动能的突破，其后价格会继续走高；当价格报收在底部环带之

下时，则预期价格会走低。在一个上升的市道里，中线或 20 单位线性加权均线，对价格能够产生支撑作用；相反，下降的市道里，中线会压制价格上行。

真实波动幅度均值（ATR）：ATR 是一个评价市场价格运动的通用指标，而且是一个真正的自适应指标。我们先选定一个合理的起始价格，然后每天加某一倍数的 ATR，得到一个跟踪止损点。由该方法生成的止损点不仅能随着时间的增加不断上移，同时也能适应市场波动性增减。

KDJ 指标：随机指标 KDJ 主要是通过 K、D 和 J 这三条曲线所构成的图形关系来分析市场上的超买超卖、走势背离及 K 线、D 线和 J 线相互交叉突破等现象，从而预测股价中短期及长期趋势。

每一款指标都有其不完备性，这就是为什么交易者们总是组合许多不同种类的指标进行信号过滤的原因了，在你漫长的交易生涯中，你将逐渐领悟到适合你的交易指标是什么，以及它们应该如何组合，最终你将形成自己独特的交易风格。

这个课程比较长，可能你对前面的东西已经比较模糊了，因为我们建议你复习一下，特别是那些你还没有完全搞懂的东西。有时候掌握某些东西仅需要你再多花一点时间。

一旦你掌握了这些指标的概念，那么找一个合适的交易图表工具来实践这些指标。我们推荐 MT4 作为首选的交易图表工具，在网络上搜一下就可以找到下载的地方和可选的服务器了。在 MT4 上可以学习如何运用这些指标观察价格的运动。

当你彻底掌握了一种指标的含义和用法时，它就成为你的交易工具箱中的一个新工具。随着你的努力累积，最后市场必定加倍补偿你。

主要经济数据详解

对于中国股市的政策市性质大家肯定耳熟能详，外汇市场也确实是一个政策满天飞的市场。其实早在政策出来之前，市场就已经开始大幅度调整了，这是因为数据是政策制定的依据。所以，面对外汇市场的政策性质，我们需要对各种主要的经济数据有足够的了解和掌握。那么，重要的经济数据有哪些呢？由于凯恩斯主义在"二战"后兴起，所以就业、通货膨胀率、增长率、利率这些现代国民经济指标是非常重要的。它们是国家财政政策、货币政策、国际收支政策制定的基础。下面我们就来看看这些重要的经济数据。

本阶主要以美国经济数据为例说明。外汇交易涉及两个国家的基本面情况，因此任何汇率的分析至少需要关注两国的经济数据。

一、失业率

市场重要程度：☆☆☆☆☆

意义：全球金融市场翘首以盼的经济数据，具有极其重要的经济、社会和政治意义。

发布该数据的主页地址：stats.bls.gov。

发布数据的主体：美国劳工部统计局。

发布时间：每个月第一个星期五，美国东部时间上午8

点 30 分。

频率：每月一次。

覆盖时段：刚结束的月份。

修正情况：修正的可能性非常大。

失业率（Unemployment Rate）是指一定统计时期内全部就业人口中有就业意愿但是没有工作的劳动力占总劳动力的比率。通过这个指标可以判断该时期内经济体内劳动人口的就业情况。

长期以来，失业率被看作一个反映整体经济状况的指标，在美国它又是每个月最先公布的经济数据之一，所以外汇交易员与其他金融市场的分析人员都倾向于利用失业率指标，来对工业生产、个人收入甚至新房屋兴建等其他相关的指标进行预测。在外汇交易的基本面分析中，失业率指标被称为所有经济指标的"皇冠上的明珠"，它是市场上最为敏感的月度经济指标。因为凯恩斯主义一个很重要的特征就是就业优先。虽然，货币主义曾经兴盛过一段时间，但是凯恩斯的思想仍然牢牢控制着当代政策制定者的思维，现在新凯恩斯主义的抬头更是如此。

在没有引发恶性通胀的前提下，失业率下降，表明整体经济健康发展，利于货币升值；如果情况相反，失业率上升，则代表经济发展放缓衰退，因而不能创造充足的就业岗位，不利于货币升值。

另外，就业、经济发展、通胀、利率之间存在紧密的关系。若将失业率配以同期的通胀指标来分析，则可知当时经济发展是否过热，是否会构成加息的压力，或是否需要通过减息以刺激经济的发展。面对持续加息的预期，对外汇市场构成利好。

美国劳工统计局每月均对全美国家庭抽样调查，如果该月美国公布的失业率数字较上月下降，表示雇用情况增加，整体经济情况较佳，有利于美元上升。如果失业率数字大，显示美国经济可能出现衰退，对美元有不利影响。

> 美国人口数据这个指标比非农数据先公布，现在影响力越来越大，需要我们关注。

1997 年和 1998 年，美国的失业率分别为 4.9% 和 4.5%，1999 年失业率又有所下降，达到 30 年来的最低点。这显示美国经济状况良好，有力地支持了美元对其他主要货币的强势。

凡事都有两面性，就像硬币都有两面一样。失业率数字的反面是就业数字（The Employment Data），其中最有代表性的是非农业就业数据。非农业就业数字为失业数字中的一个项目，该项目主要统计从事农业生产以外的职位变化情形，它能反映出制造行业和服务行业的发展及其增长情况，数字减少便代表企业减低生产，经济步入萧条。

当社会经济发展较快时，消费自然随之增加，消费性以及服务性行业的职位也就增多。当非农业就业数字大幅增加时，理论上对汇率应当有利；反之则相反。因此，该数据是观察社会经济和金融发展程度和状况的一项重要指标。

美国非农就业和失业率的历史数据如图 13-1 和图 13-2 所示。

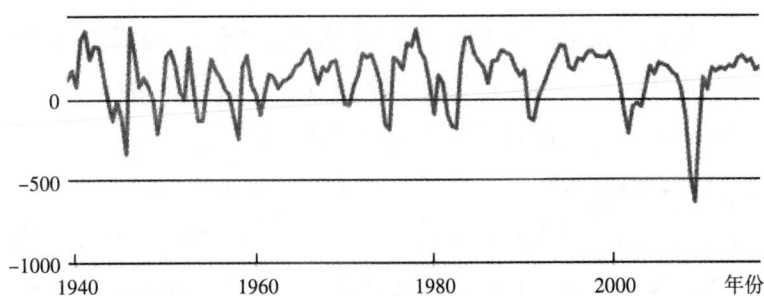

图 13-1 美国非农就业历史数据

资料来源：Oanda。

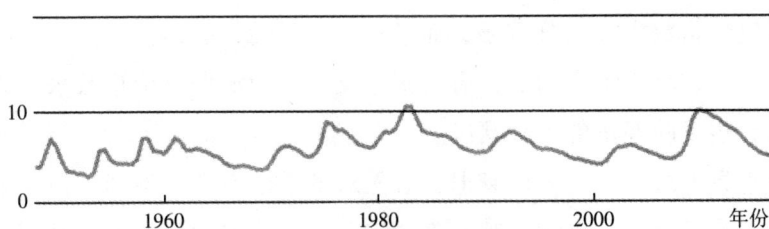

图 13-2 美国失业率历史数据

资料来源：Oanda。

二、消费者物价指数

市场重要程度：☆☆☆☆☆

意义：普遍使用的零售商品和服务总体价格变动测算。

发布该数据的主页地址：www.bls.gov/cpi/。

发布数据的主体：美国劳工部统计局。

发布时间：报告当月的第二周或者第三周，美国东部时间上午 8 点 30 分。

频率：每月一次。

覆盖时段：刚结束的月份。

修正情况：修正能上溯 5 年。

消费者物价指数（Consumer Price Index）是对固定篮子的最终消费品价格的衡量，主要反映消费者购买的最终商品和劳务的整体价格变化情况，也是一种常用的度量通货膨胀水平的工具，以百分比变化为表达形式。

该指标较生产者物价指数更为滞后，但是对于衡量通胀对消费的影响具有重要意义。在美国构成该指标的主要商品共分七大类，其中包括：食品、酒和饮品，住宅，服饰，交通，医药健康，娱乐，其他商品及服务。在美国，消费物价指数由劳工统计局每月公布，有两种不同的消费物价指数：一是工人和职员的消费物价指数，简称 CPW；二是城市消费者的消费物价指数，简称 CPIU。

消费者物价指数指标十分重要，而且具有启示性，必须慎重把握，因为有时公布了该指标上升，货币汇率向好，有时则相反。因为消费物价指数水平表明消费者的购买能力，也反映经济的景气状况。

如果该指数下跌，反映经济衰退，必然对货币汇率走势不利。但如果消费物价指数上升，汇率是否一定有利好呢？不一定，须看消费物价指数"升幅"如何。倘若该指数升幅温和，则表示经济稳定向上，当然对该国货币有利。但如果该指数升幅过大则有不良影响，因为物价指数与购买能力成反比，物价越贵，货币的购买能力越低，必然对该国货币不利。

如果考虑对利率的影响，则该指标对外汇汇率的影响作用更加复杂。当一国的消费物价指数上升时，表明该国的通货膨胀率上升，亦即是货币的购买力减弱，按照购买力平价理论，该国的货币应走弱。相反，当一国的消费物价指数下降时，表明该国的通货膨胀率下降，亦即是货币的购买力上升，按照购买力平价理论，该国的货币应走强。但是由于各个国家均以控制通货膨胀为首要任务，通货膨胀上升同时亦带来利率上升的机会，因此，反而利好该货币。假如通货膨胀率受到控制而下跌，利率亦同时趋于回落，反而会利淡该地区的货币了。降低通货膨胀率的政策会导致"龙舌兰酒效应"，这是拉美国家常见的现象。

> 通胀预期对利差预期的影响最大。

美国的消费者物价指数的历史数据如图 13-3 所示。

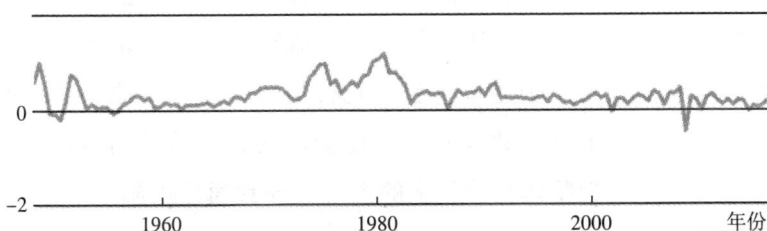

图 13-3　美国消费者物价指数的历史数据

资料来源：Oanda。

三、生产者物价指数

市场重要程度：☆☆☆☆☆

意义：这个指标与消费者物价指数相互参照可以发觉很多重要的经济活动迹象。

发布该数据的主页地址：www.bls.gov/ppi。

发布数据的主体：美国劳工部统计局。

发布时间：报告当月末的两周后，美国东部时间上午 8 点 30 分。

频率：每月一次。

覆盖时段：刚结束的月份。

修正情况：月度数据 4 个月修正一次。

生产者物价指数（Producer Price Index）是度量制造商和农场主向商业部门出售商品的价格指数。它主要反映生产资料的价格变化状况，用于衡量各种商品在不同生产阶段的成本价格变化情况。

一般是统计部门通过向各大生产商搜集各种产品的报价资料，再加权换算成百进位形式以方便比较。例如，中国有 1980 年不变价、1990 年不变价，美国是以 1967 年的指数当作 100 进行比较的。该指标由劳工部每月公布一次，对未来（一般在 3 个月后）的价格水平的上升或下降影响很大，也是预示今后市场总体价格的趋势。

从经济运行和生产流程的角度来讲，生产者价格指数是一个通货膨胀的先行指数，当生产原料及半制成品价格上升，数个月后，便会反映到消费产品的价格上，进而引起整体物价水平的上升，导致通胀加剧。

相反，当该指数下降，即生产资料价格在生产过程中有下降的趋势，也会影响到整体价格水平下降，减弱通胀的压力。但是，该数据由于未能包括一些商业折扣，故无法完全反映真正的物价上升速度，以致有时出现夸大的效果。

另外，由于农产品是随季节变化的，而且能源价格也会周期性变动，对该价格指标影响很大，所以使用该指标时须加以整理或剔除食品和能源价格后才宜做分析。

由于这个指标同样是关乎通胀的关键指标，所以在外汇交易市场上，交易员都十分关注该指标。如果生产物价指数较预期为高，则有通货膨胀的可能，央行可能会实行紧缩货币政策，对该国货币有利好影响。如果生产物价指数下跌，则会带来相反效果的影响。

美国生产者物价指数的历史走势如图 13-4 所示。

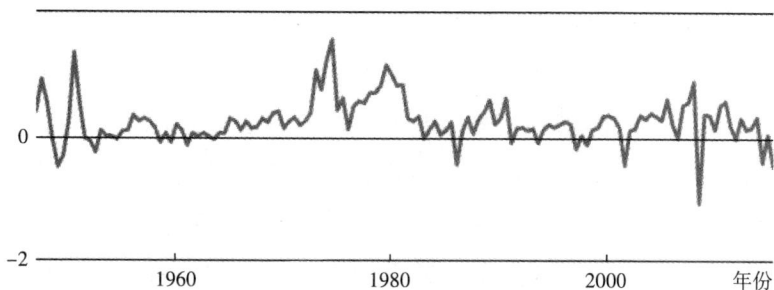

图 13-4　美国生产者物价指数的历史趋势

资料来源：Oanda。

四、利率（美国联邦储备委员会的褐皮书）

市场重要程度：☆☆☆☆☆

意义：公开市场委员会负责利率的制定，而褐皮书是该委员会决策的重要依据。

发布该数据的主页地址：www.federalreserve.gov。

发布数据的主体：美国联邦储备委员会。

发布时间：每次公开市场委员会会议前的两个星期三发布，美国东部时间下午2点。

频率：每年八次。

修正情况：不进行修正。

褐皮书的正式名称为"地区联储对当前经济形势的评论概要"，这个报告是对来自 12 个联储地区的一些信息的汇编，这些材料将为下一次公开市场委员会使用。公布市场委员会负责制定利率政策。

利率，就其表现形式来说，是指一定时期内利息额同借贷资本总额的比率。多年来，经济学家一直在致力于寻找一套能够完全解释利率结构和变化的理论。"古典学派"认为，利率是资本的价格，而资本的供给和需求决定利率的变化；凯恩斯则把利率看作"使用货币的代价"。

马克思认为，利率是剩余价值的一部分，是借贷资本家参与剩余价值分配的一种表现形式。利率通常由国家的中央银行控制，在美国由联邦储备委员会管理。现在，所有国家都把利率作为宏观经济调控的重要工具之一。当经济过热、通货膨胀加剧时，便提高利率、收紧信贷；当过热的经济和通货膨胀得到控制时，便会把利

257

率适当地调低。因此，利率是重要的基本经济因素之一。

由于利率平价的影响，**利率水平对汇率有着非常重要的影响，利率是影响汇率最重要的因素**。我们知道，**汇率是两个国家的货币之间的相对价格**。和其他商品的定价机制一样，它由外汇市场上的供求关系所决定。

外汇是一种金融资产，人们持有它，是因为它能带来资本的收益。人们在选择是持有本国货币，还是持有某一种外国借币时，首先也是考虑持有哪一种货币能够给他带来较大的收益。各国货币的收益率首先是由其金融市场的利率来衡量的。某种货币的利率上升，则持有该种货币的利息收益增加，吸引投资者买入该种货币，因此，对该货币有利好支持；如果货币利率下降，持有该种货币的利息收益便会减少，该种货币的吸引力也就减弱了。因此，可以说"利率升，货币强；利率降，货币弱"。

现在我们来讲讲利率平价理论。从经济学意义上讲，在外汇市场均衡时，持有任何两种货币所带来的收益应该相等，这就是：$R_i = R_j$（利率平价条件）。其中，R 代表收益率，i 和 j 代表不同国家的货币。如果持有两种货币所带来的收益不等，则会产生套汇：买进 A 种外汇，而卖出 B 种外汇。这种套汇，不存在任何风险。因而一旦两种货币的收益率不等时，套汇机制就会促使两种货币的收益率相等。

也就是说，不同国家货币的利率内在地存在着一种均等化倾向和趋势，这是利率指标对外汇汇率走向影响的关键方面，也是我们解读和把握利率指标的关键。例如，1987 年 8 月后，随着美元下跌，人们争相购买英镑这一高息货币，致使在很短的时间内英镑汇率由 1.65 美元升至 1.90 美元，升幅近 20%。为了限制英镑升势，1988 年 5~6 月，英国连续几次调低利率，年利率由 10%降至 7.5%，伴随着每次减息，英镑都会下跌。但是，由于英镑贬值过快、通货膨胀压力增加，英格兰银行被迫多次调高利率，英镑汇率又开始逐渐回升。

什么情况下利率升，汇率贬值？经济危机出现，资本外逃的时候。

在资本和贸易双重开放的经济条件下，国际资本流动规模巨大，大大超过国际贸易额，表明金融全球化的极大发展。**利率差异对汇率变动的影响比过去更为重要了。**当一个国家紧缩信贷时，利率会上升，国际市场上形成利率差异，将引起短期资金在国际间移动，资本一般总是从利率低的国家流向利率高的国家。这样，如果一国的利率水平高于其他国家，就会吸引大量的资本流入，本国资金流出减少，导致国际市场上抢购这种货币；同时资本账户收支得到改善，本国货币汇率得到提高。反之，如果一国松动信贷时，利率下降，利率水平低于其他国家，则会造成资本大量流出，外国资本流入减少，资本账户收支恶化，同时外汇交易市场上就会抛售这种货币，引起汇率下跌。

利差预期和风险偏好可以解绝大多数外汇行情。

在其他条件严格相等的前提下，美国利率下跌，美元的走势就疲软；美国利率上升，美元走势向好。从美国国库券（特别是长期国库券）的价格变化动向可以探寻出美国利率的动向，因而可以对预测美元走势有所帮助。

如果投资者认为美国通货膨胀受到了控制，那么在现有国库券利息收益的吸引下，尤其是短期国库券，便会受到投资者青睐，债券价格上扬。反之，如果投资者认为通货膨胀将会加剧或恶化，那么利率就可能上升以抑制通货膨胀，债券的价格便会下跌。

20世纪80年代前半期，美国在存在着大量的贸易逆差和巨额的财政赤字的情况下，美元依然坚挺，就是美国实行高利率政策，促使大量资本从日本和西欧流入美国的结果。美元的走势，受利率因素的影响很大。

美国的基准利率是联邦基金利率，这个利率的历史走势如图13-5所示。

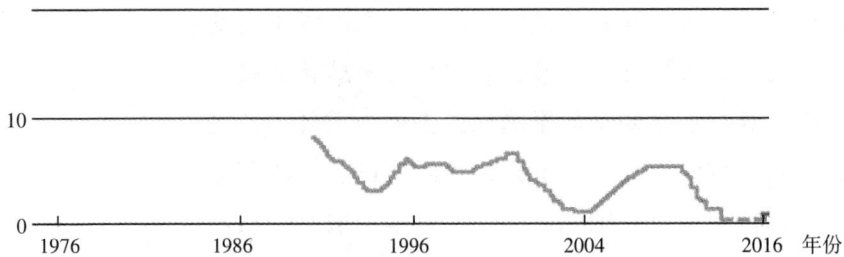

图 13-5 美国联邦基金目标利率历史数据

资料来源：Oanda。

五、国内生产总值

市场重要程度：☆☆☆☆

意义：经济状况的总度量，主要是衡量经济的产出能力。

发布该数据的主页地址：www.bea.doc.gov。

发布数据的主体：美国商业部经济分析局。

发布时间：1月、4月、7月、10月的最后，美国东部时间上午8点30分。

频率：每个季度一次。

覆盖时段：刚结束的季度。

修正情况：月度修正是轻微的，7月进行年度修正。

所谓国内生产总值（Gross Domestic Product），是指在一定时期内（一个季度或一年），一个国家或地区的经济中所生产出的全部最终产品和劳务的价值。这个指标现在在世界范围内饱受批评，因为它导致了一系列负面的影响。但是这个指标仍然是现存较好的度量福利水平的指标，因为它不但可以反映一个国家的经济表现，更可以反映一国的国力与财富。一般来说，国内生产总值共有四个不同的组成部分，其中包括消费、私人投资、政府支出和净出口额。用公式表示为：

GDP = C + I + G + X

式中：C为消费，I为私人投资，G为政府支出，X为净出口额。

如果我们要判断一个国家或地区的经济究竟处于增长阶段抑或衰退阶段，从这个数字的变化便可以观察到。一般而言，GDP公布的形式不外乎两种，以总额和百分比率为计算单位。

当GDP的增长为正时，即显示该地区经济处于扩张阶段；反之，如果为负，即表示该地区的经济进入衰退时期了。由于国内生产总值是指一定时间内所生产的商品与劳务的总量乘以"货币价格"或"市价"而得到的数字，即名义国内生产总值。

名义国内生产总值增长率等于实际国内生产总值增长率与通货膨胀率之和。因此，总产量即使没有增加，仅价格水平上升，名义国内生产总值仍然是会上升的，在价格上涨的情况下，国内生产总值的上升只是一种假象。

然而，有实质性影响的却是实际国内生产总值变化率，所以使用国内生产总值这个指标时，还必须通过GDP缩减指数，对名义国内生产总值做出调整，从而精确地反映产出的实际变动。因此，一个季度GDP缩减指数的增加，便足以表明当季的通货膨胀状况。如果GDP缩减指数大幅度增加，便会对经济产生负面影响，同时也是货币供给紧缩、利率上升，进而外汇汇率上升的先兆。

如果一国的GDP大幅增长，那么表示该国经济发展蓬勃，国民收入增加，消费能力也随之增强。在这种情况下，该国中央银行将有可能提高利率，紧缩货币供应，国家经济表现良好及利率的上升会增加该国货币的吸引力。

GDP数据对于汇率中期走势有比较大的影响。

反过来说，如果一国的GDP出现负增长，则显示该国经济处于衰退状态，消费能力降低。此时，该国中央银行将可能减息以刺激经济再度增长，利率下降加上经济表现不振，该国货币的吸引力也就随之而降低了。

因此，一般来说，高经济增长率会推动本国货币汇率的上涨，而低经济增长率则会造成该国货币汇率下跌。例如，1995~1999年，美国GDP的年平均增长率为4.1%，而欧元区11国中除爱尔兰较高外（9.0%），法、德、意等主要国家的GDP增长率仅为2.2%、1.5%和1.2%，大大低于美国的水平。这促使欧元自1999年1月1日启动以来，对美元汇率一路下滑，在不到两年的时间里贬值了30%。但

实际上，经济增长率差异对汇率变动产生的影响是多方面的：

（1）一国经济增长率高，意味着收入增加，国内需求水平提高，将增加该国的进口，从而导致经常项目逆差，这样，会使本国货币汇率下跌。

（2）如果该国经济是以出口导向的，经济增长是为了生产更多的出口产品，则出口的增长会弥补进口的增加，减缓本国货币汇率下跌的压力。

（3）一国经济增长率高，意味着劳动生产率提高很快，成本降低改善本国产品的竞争地位而有利于增加出口、抑制进口，并且经济增长率高使得该国货币在外汇市场上被看好，因而该国货币汇率会有上升的趋势。

美国国内生产总值这个指标在美国由商务部负责分析统计，惯例是每季估计及统计一次。每次在发表初步预估数据（The Preliminary Estimates）后，还会有两次的修订公布（The First Revision & The Final Revision），主要发表时间在每个月的第三个星期。国内生产总值通常用来与去年同期做比较，如有增加，就代表经济较快，有利其货币升值；如有减少，则表示经济放缓，其货币便有贬值的压力。以美国来说，国内生产总值能有3%的增长，便是理想水平，表明经济发展是健康的，高于此水平表示有通胀压力；低于1.5%的增长，就显示经济放缓和有步入衰退的迹象。

美国国内生产总值的历史走势如图13-6所示。

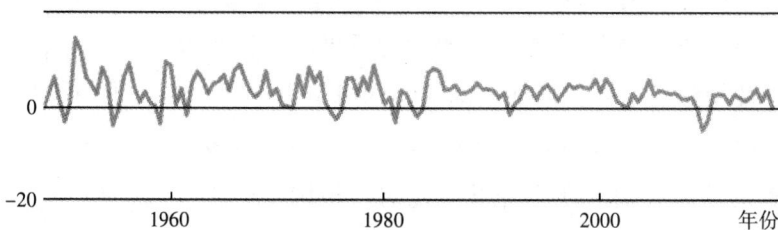

图13-6　美国国内生产总值的历史走势

资料来源：Oanda。

六、贸易余额

市场重要程度：☆☆☆☆

意义：美国进出口商品和服务的月度报告。

发布该数据的主页地址：www.bea.govs。

发布数据的主体：美国商务部统计局和经济分析局。

发布时间：每个月第二周，美国东部时间上午8点30分。

频率：每月一次。

覆盖时段：刚结束的月份。

修正情况：每月都会修正，年度修正通常在6月进行。

所谓的贸易余额（Trade Balance）其实反映了国与国之间的商品贸易状况，是判断宏观经济运行状况的重要指标，也是外汇交易基本分析的重要指标之一。如果一个国家的进口总额大于出口，便会出现"贸易逆差"的情形；如果出口大于进口，便称之为"贸易顺差"；如果出口等于进口，就称之为"贸易平衡"。美国贸易数字每月公布一次，每月末公布上月的数字。我国至少每季也要公布进出口数字。

倘若一个经济体经常出现贸易逆差现象，国民收入便会流出国外，使国家经济表现转弱。政府若要改善这种状况，就必须要把国家的货币贬值，因为币值下降，即变相把出口商品价格降低，可以提高出口产品的竞争能力。因此，当该国外贸赤字扩大时，就会利淡该国货币，令该国货币下跌；反之，当出现外贸盈余时，则是利好该种货币的。因此，国际贸易状况是影响外汇汇率十分重要的因素。

日美之间的贸易摩擦充分说明了这一点。美国对日本的贸易连年出现逆差，致使美国贸易收支恶化。为了限制日本对美贸易的顺差，美国政府对日施加压力，迫使日元升值；而日本政府则千方百计防止日元升值过快，以保持较有利的贸易状况。

从一个经济体外贸状况对汇率的影响出发，可以看出国际收支状况直接影响一国汇率的变动。如果一国国际收支出现顺差，对该国的货币需求就会增加，流入该国的外汇就会增加，从而导致该国货币汇率上升。相反，如果一国国际收支出现逆差，对该国货币需求就会减少，流入该

资本是否愿意流入该国，也会影响该国的汇率。在什么样的情况下，即使该国贸易呈现逆差，也会出现货币升值？

国的外汇就会减少，从而导致该国货币汇率下降，该国货币贬值。

　　具体来说，在国际收支诸项目中对汇率变动影响最大的除了上面的贸易项目外，还有资本项目。贸易收支的顺差或逆差直接影响着货币汇率的上升或下降。例如，美元汇率下跌的一个重要原因，就是美国的贸易逆差日益严重。相反，日本由于巨额的贸易顺差，国际收支情况较好，日元的外汇汇率呈不断上升的趋势。同样，资本项目的顺差或逆差直接影响着货币汇率的涨跌，当一国资本项目有大量逆差，国际收支的其他项目又不足以弥补时，该国国际收支会出现逆差，从而引起本国货币对外汇率下跌。反之，则会引起本国货币汇率的上升。

　　美国贸易余额的历史数据如图 13-7 所示。

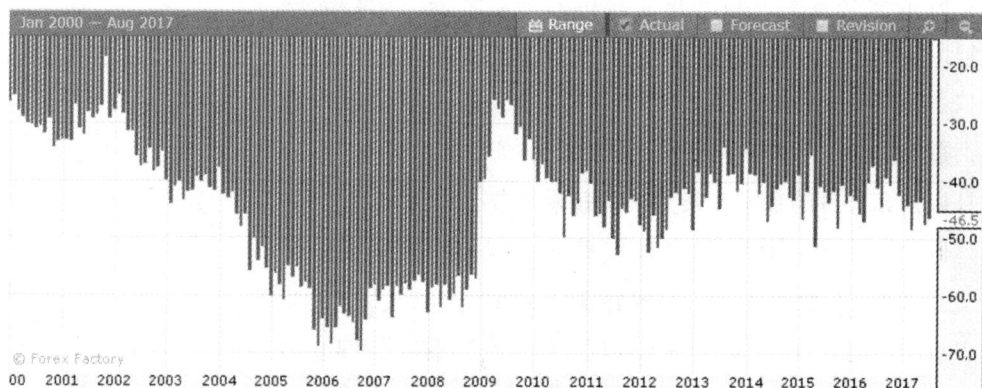

图 13-7　美国贸易余额的历史数据

资料来源：Forex Factory。

七、经常账

市场重要程度：☆ ☆ ☆

意义：较贸易账包含范围更为广阔的国际贸易投资衡量指标。

发布该数据的主页地址：www.bea.doc.gov。

发布数据的主体：美国商务部经济分析局。

发布时间：季度结束后两个半月，美国东部时间上午 8 点 30 分。

频率：每季度一次。

覆盖时段：刚结束的季度。

修正情况：一般适当地进行修正。

经常项目，俗称经常账（Current Account），为一国收支表上的主要项目，内容记载一个国家与外国因为商品、劳务进出口、投资所得、其他商品与劳务所得以及其他因素所产生的资金流出与流入的状况。如果其余额是正数（顺差），表示本国的净国外财富或净国外投资增加；如果是负数（逆差），表示本国的净国外财富或投资减少。

经常账的内容大致包括五大项：

（1）商品，为一国货物的进口及出口。

（2）劳务，包括商品进出口有关的运输及保险费、旅客运费及港口费用及本国居民在国外旅行、观光及外国人到本国旅行、观光等的收支。

（3）投资所得，指国民购买外国的股票、债券及其他资产所赚取的股利或利息，加上本国对外借款或外国人来本国投资，所产生的利息支出与红利支出等。

（4）其他商品、劳务及所得，指前面没有被列入的各项居民与非居民有关劳务与所得的交易，领使馆的支出，以及居民在外国工作获得的报酬，外国政府或国际组织设在本国各种机构的费用等。一般所谓的贸易余额是指前面所提四项的总和。

（5）片面转移，指现金或实物的捐赠、救济、一国的对外援助及对国际机构经费的分摊。

按照传统的经济理论，一国经常账逆差扩大，该国币值将贬值，顺差扩大，该国货币将升值。在西方国家，通常每月或每季度都会公布经常账数据，但一个月的贸易数据对市场的参考作用并不大，每个季度经过调整的经常账才较为重要。在20世纪七八十年代，经常账赤字曾经对外汇市场有着较大的影响，目前这种影响力已经有所消退，但对于美国，经常账赤字仍然对美元有着较大的影响力。

经常账，学术上一般称为经常项目，涵盖了贸易账。

八、耐用品订货量

市场重要程度：☆ ☆ ☆ ☆

意义：预测未来生产活动的重要指标。

发布该数据的主页地址：www.census.gov。

发布数据的主体：美国商务部普查局。

发布时间：相关月份结束后三到四周发布，美国东部时间上午 8 点 30 分。

频率：每月一次。

覆盖时段：刚结束的月份。

修正情况：修正的可能性非常大。

耐用品订货量，又称耐用品订单（Durable Good Orders），代表未来一个月内，对不易耗损的物品订购数量，该数据反映了制造业活动情况。就定义而言，订单泛指有意购买，而预期马上交运或在未来交运的商品交易。该统计数据包括对汽车、飞机等重工业产品和制造业资本用品，其他诸如电器等物品订购情况的统计。

军工订单会影响耐用品订单数据的真实度。

耐用品订货量包括国防部门用品及运输部门用品，这些用品均为高价产品，这两个部门数据变化对整体数据有很大的影响，故市场也较注重扣除国防部门用品及运输部门用品后数据的变化情况。总体而言，若该数据增长，则表示制造业情况有所改善，利好该国货币；若降低，则表示制造业出现萎缩，对该国货币利空。市场一般最为重视美国耐用品订单指数。在美国，一般在每月下旬公布前一个月的数据。图 13-8 是美国耐用品订单的历史数据图。

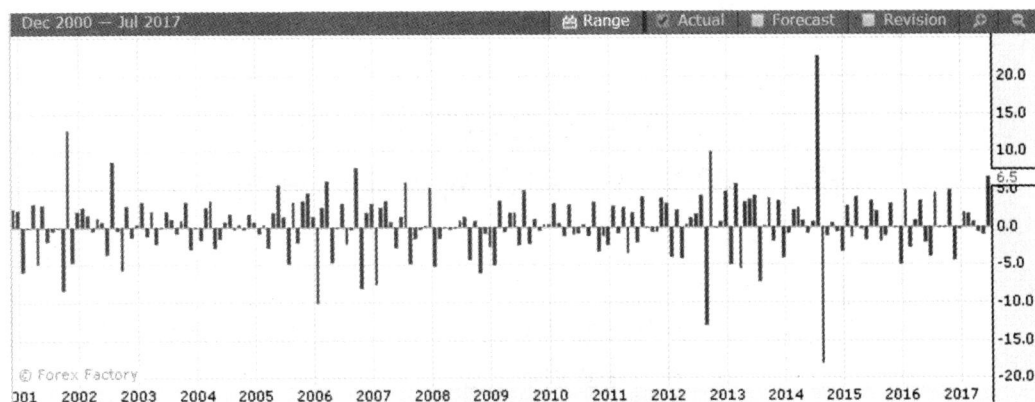

图 13-8　美国耐用品订单历史数据

资料来源：Forex Factory。

九、预算赤字

市场重要程度：☆☆☆

意义：表明预算执行情况，对经常项目有影响。

发布该数据的主页地址：www.cbo.gov。

发布数据的主体：美国财政部。

发布时间：美国东部时间上午 8 点 30 分。

频率：每月一次。

覆盖时段：刚结束的月份。

修正情况：修正的可能性非常大。

预算赤字（Budget Deficit）这个数据由财政部每月公布，主要描述政府预算执行情况，说明政府的总收入与总支出状况：若入不敷出即为预算赤字；若收大于支即为预算盈余；收支相等即为预算平衡。

外汇交易员可以通过这一数据了解政府的实际预算执行状况，同时可借此预测短期内财政部是否需要发行债券或国库券以弥补赤字，因为短期利率会受到债券发行与否的影响。一般情况下，外汇交易市场对政府预算赤字持怀疑态度，当赤字增加时，市场会预期该货币走低，当赤字减少时，会利好该货币。

十、供应链管理协会指数
（制造业调查报告和非制造业调查报告）

市场重要程度：☆☆☆☆☆（制造业调查报告），☆☆☆（非制造业调查报告）

意义：首份以制造业为焦点的月度经济报告，首份关于服务经济的报告。

发布该数据的主页地址：www.ism.ws。

发布数据的主体：美国供应链管理协会。

发布时间：对应月份结束后的第一个工作日和第三个工作日，美国东部时间早上10点。

频率：每月一次。

覆盖时段：刚结束的月份。

修正情况：不进行月度修正，但是每年1月会进行季度调整。

供应链管理协会指数是由美国供应管理协会公布的重要数据，反映了美国经济繁荣程度，它对美元走势有非常重要的影响。其中一个重要组成部分是采购经理人指数。

该报告的发布机构——美国供应管理协会（the Institute for Supply Management，ISM）是全球最大、最权威的采购管理、供应管理、物流管理等领域的专业组织。该组织成立于1915年，其前身是美国采购管理协会，目前拥有会员45000多名、179个分会，是全美最受尊崇的专业团体之一。ISM指数分为制造业指数和非制造业指数两项。

供应链管理协会制造业指数（见图13-9）由一系列分项指数组成，其中以采购经理人指数最具代表性。该指数是反映制造业在生产、订单、价格、雇员、交货等各方面综合发展状况的"晴雨表"，通常以50为临界点，高于50

这个指数的重要性越来越大，其他国家的这个指标也在对金融市场发挥重要的影响力。

268

被认为是制造业处于扩张状态，低于 50 则意味着制造业的萎缩，影响经济增长的步伐。

该指数近些年的走势如图 13-9 所示。

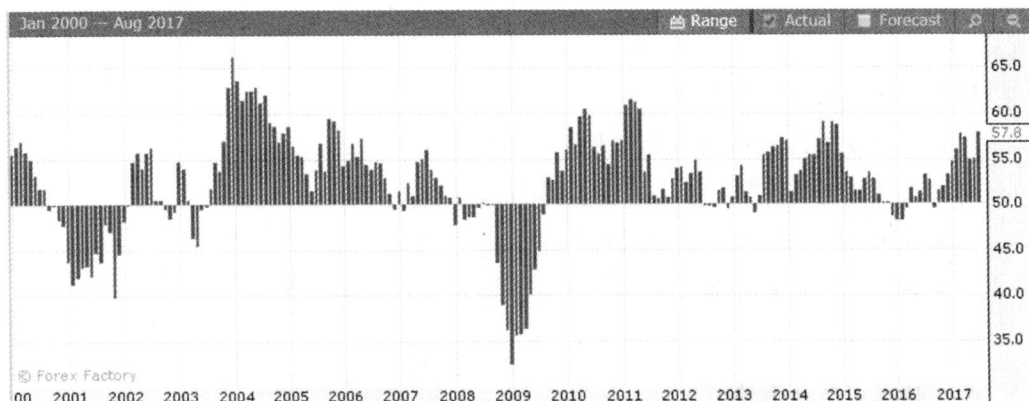

图 13-9　美国供应链管理协会制造业指数历史数据

资料来源：Forex Factory。

供应链管理协会非制造业指数（见图 13-10）反映的是美国非制造业商业活动的繁荣程度，当其数值连续位于 50 以上的水平时，表明非制造业活动扩张，价格上升，往往预示着整体经济正处于一个扩张状态；反之，当其数值连续位于 50 以下的水平时，往往预示着整体经济正处于一个收缩状态。由于美国经济中第三产业的比重逐渐上升到一个关键水平，所以该指数的重要性在逐步增加。

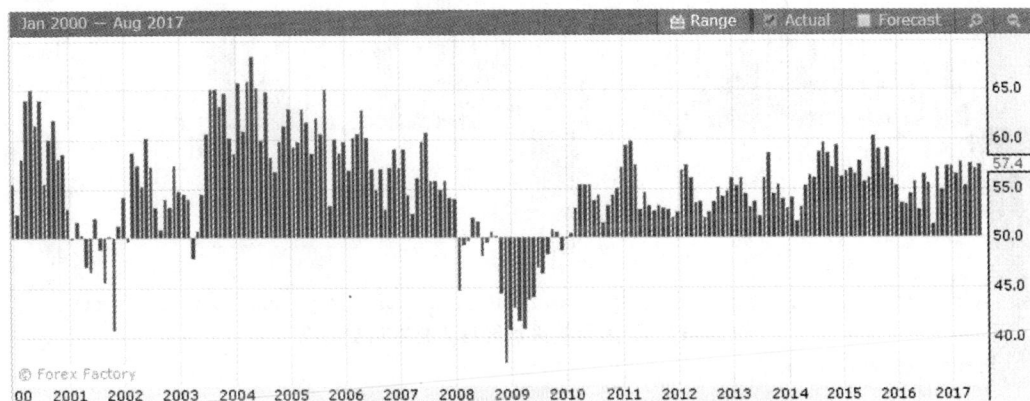

图 13-10　美国供应链管理协会非制造业指数历史数据

资料来源：Forex Factory。

十一、采购经理人指数（芝加哥）

市场重要程度：☆☆☆☆

意义：衡量美国的经济活动水平。

发布该数据的主页地址：www.napm-chicago.org。

发布数据的主体：供应链管理协会芝加哥分会。

发布时间：对应月份最后一个工作日，美国东部时间上午10点。

频率：每月一次。

覆盖时段：刚结束的月份。

修正情况：不进行月度修正，但在每年1月会进行季度修正。

采购经理人指数（Purchase Management Index，PMI）衡量了制造业在生产、新订单、商品价格、存货、雇员、订单交货、新出口订单和进口八个方面的状况。我们这里主要考虑的是芝加哥的采购经理人指数（见图13-11），因为全美的采购经理人指数在供应链管理协会的制造业和非制造业调查报告中已经包含。

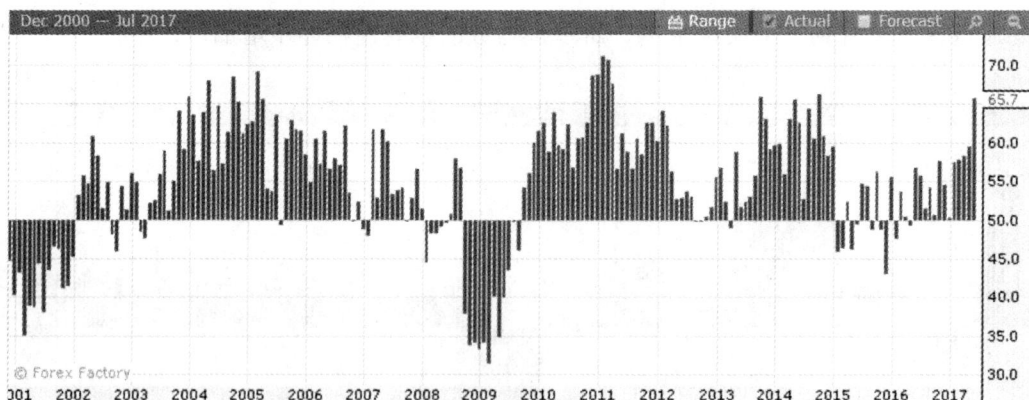

图 13-11　芝加哥的采购经理人指数历史数据

资料来源：Forex Factory。

采购经理人指数以百分比来表示，常以50%作为经济强弱的分界点：当指数高于50%时，被解释为经济扩张的信号；当指数低于50%，尤其是非常接近40%时，则有经济萧条的预示。它是领先指标中一项非常重要的附属指标，我们这里重点讲

芝加哥采购经理人指数。因为市场较为看重美国采购经理人指数，它是美国制造业的体检表，在全美采购经理人指数公布前，还会公布芝加哥采购经理人指数，这是全美采购经理人指数的一部分，市场往往会就芝加哥采购经理人的表现来对全国采购经理人指数做出预期。除了对整体指数的关注外，采购经理人指数中的支付物价指数及收取物价指数也被视为物价指标的一种，而其中的就业指数更常被用来预测失业率及非农业就业人口的表现。

十二、德国 IFO 经济景气指数

市场重要程度：☆☆☆☆

意义：德国商业领先经济指标。

发布该数据的主页地址：www.ifo.de。

发布数据的主体：德国 IFO 经济研究所。

发布时间：调查当月第四周，法兰克福时间上午 10 点。

频率：每月一次。

覆盖时段：刚结束的月份。

这个指数与美国供应链管理协会的制造业报告表现出高度的正相关性，最近几年供应量管理协会的数据较 IFO 指数晚半年运动。经济景气指数（IFO Business Climate Index）由德国 IFO 研究机构所编制，是观察德国经济状况的重要领先指标。IFO 是德国经济信息研究所注册协会的英文缩写，1949 年成立于慕尼黑，是一家公益性的、独立的经济研究所，被称为德国政府智库之一。

这个指数是对包括制造业、建筑业及零售业等各产业部门每个月均进行调查，每次调查所涵盖的企业家数在 7000 家以上，依企业评估目前的处境状况，以及短期内企业的计划及对未来半年的看法而编制出的指数。

因为 IFO 经济景气指数为每月公布信息，并且调查了企业对未来的看法，而且涵盖的部门范围广，因此在经济走势预测上的参考性较高。

十三、日本短观报告

市场重要程度：☆☆☆☆

发布该数据的主页地址：www.boj.org.jp。

发布数据的主体：日本银行。

发布时间：4月、7月、10月、12月中旬发布，东京时间上午8点50分。

频率：每季度一次。

覆盖时段：刚结束的季度。

修正情况：极少修正。

除了美国之外，日本拥有世界上最为广泛的经济数据，而短观报告被看作其中最为重要的一个数据项目。日本政府每季会对近一万家企业做未来产业趋势调查，调查企业对短期经济前景的信心，以及对现时与未来经济状况与公司盈利前景的看法。负数结果表示对经济前景感到悲观的公司多于感到乐观的公司，而正数则表示对经济前景感到乐观的公司多于感到悲观的公司。

根据历史数据的统计，日本政府每季公布的企业短观报告数据极具代表性，能准确地预测日本未来的经济走势，因此与股市和日元汇率波动有一定的联动性。

十四、美国新屋开工及建造许可证

市场重要程度：☆☆☆☆

意义：显示了美国新屋开工和未来建造许可证的数量，反映了投资的水平。

发布该数据的主页地址：www.census.gov。

发布数据的主体：美国商务部统计局。

发布时间：对应月份结束后两到三周发布，美国东部时间上午8点30分。

频率：每月一次。

覆盖时段：刚结束的月份。

修正情况：适当地修正，每年 4 月进行季度调整。

由于投资在现代国民经济周期中波动很大，因此对投资波动的考量是经济分析非常重要的一个方面，而房地产则是投资中的大项。建筑类指标在各国公布的数据体系中一般占有较重要的地位，因为房地产业对于现代化经济体都有举足轻重的地位，而且一国经济景气与否也往往会在建筑类指标上反映出来。

正如我们上面讲到的一样，房屋的建设属于投资，是拉动国民经济增长的重要动力。在美国，营建许可（Buibling Permits）（见图 13-12）和新屋开工（Housing Starts）（见图 13-13）是建筑类指标中较为重要的两个，考察的基本上是居民住宅或非工业用途的建筑范畴。

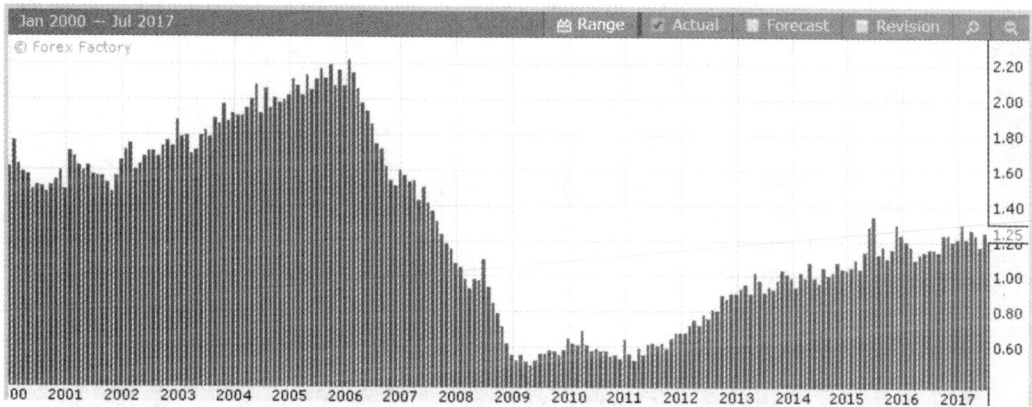

图 13-12 美国营建许可历史数据

资料来源：Forex Factory。

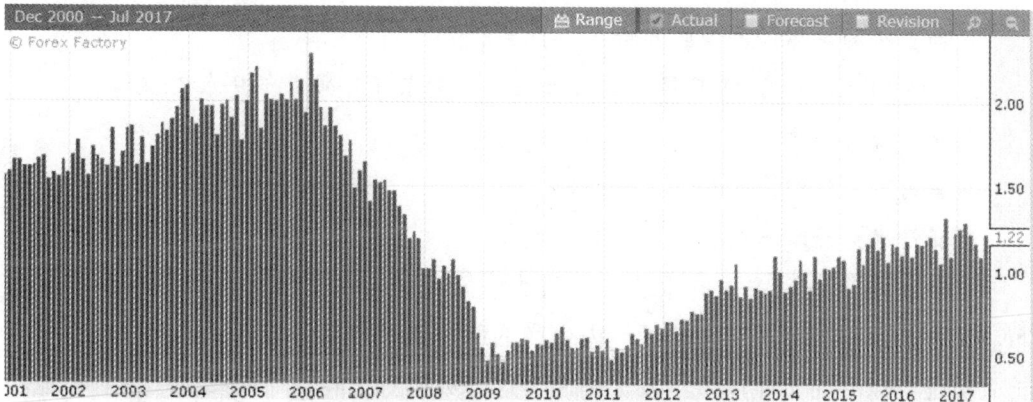

图 13-13 美国新屋开工历史数据

资料来源：Forex Factory。

一般来讲，住宅动工的增加将使建筑业就业人数增加，新近购房的家庭通常会购买其他耐用消费品，通过乘数效应，使得其他产业的产出和就业增加，建筑业对商业循环非常重要，因为住宅建设的变化将直接指向经济衰退或复苏。

由于幅员辽阔，在美国，一般新屋开工分为两种：独栋住宅与群体住宅。独栋住宅开始兴建时，一户的基数是1，一栋百户的公寓开始兴建时，其基数为100，依此计算出新屋开工率。专家们一般较重视个别住家的兴建，因为群体住宅内的单位可以随时修改，波动性较大，数据通常无法掌握。 在美国，新屋开工通常在每月的16~19日公布。

在其他条件相同的前提下，新屋开工与营建许可的增加，理论上对于该国货币来说是利好因素，将推动该国货币走强，新屋开工与营建许可的下降或低于预期，将对该国货币形成压力。

十五、美国工业产值和产能利用率

市场重要程度：☆☆☆

意义：反映了美国的工业产出和闲置产能，对于度量产能缺口和考量通胀水平有重要意义。

发布该数据的主页地址：www.federalreserve.gov。

发布数据的主体：美国联邦储备委员会。

发布时间：每个月15日报告上月数据，美国东部时间上午9点15分。

频率：每月一次。

覆盖时段：刚结束的月份。

修正情况：修改一般不大。

美联储两个备受关注的报告——工业产值和产能利用报告同时在每月中旬公布。工业产值报告覆盖了在美国境内生产的所有物质产品。经济学家和金融市场分析人员之所以盯住工业产值不放，是因为这个数据对于经济周期反应迅速。产能利用率（Capacity Utilization）也叫设备利用率，是工业总产出对生产设备的比率，简单的理解，就是到底有多少实际生产能力在运转发挥生产作用。

美联储在统计产能利用率时，涵盖的范围包括制造业、矿业、公用事业、耐久商品、非耐久商品、基本金属工业、汽车业及汽油八个项目，代表上述产业的产能利用程度。

我们可以根据产能利用率来推断现有经济处在什么周期阶段。一般来说，当产能利用率超过95%以上，代表设备使用率接近全部，通货膨胀的压力将随产能无法应付而急速升高，在市场预期利率可能升高的情况下，对一国货币是利多。反之，如果产能利用率在90%以下，且持续下降，表示设备闲置过多，经济有衰退的现象，在市场预期利率可能降低的情况下，对该国货币是利空。市场一般最为重视美国的产能利用率数据（见图13-14）和工业生产数据（见图13-15）。

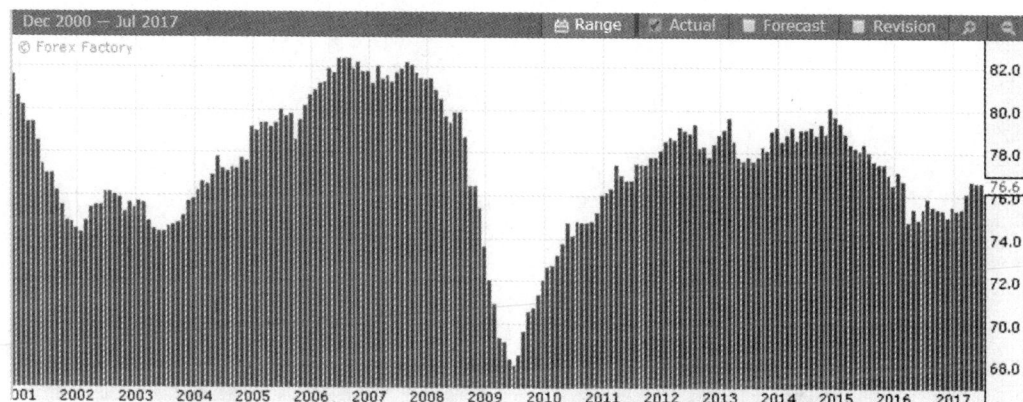

图13-14　美国产能利用率（Capacity Utilization Rate）历史数据

资料来源：Forex Factory。

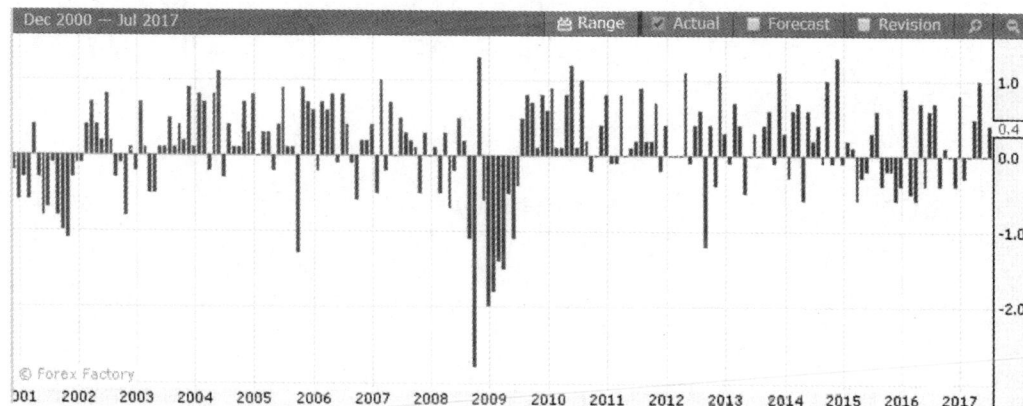

图13-15　美国工业生产历史数据

资料来源：Forex Factory。

震荡指标和动量指标

一、领先指标和滞后指标

我们已经向你介绍了几种交易工具，这些工具能够帮助你分析图表并且确认趋势。事实上，你现在可能因为接收信息太多而不能有效率地加以运用。

在本节课程里，我们将告诉你高效使用这些指标的方法。**我们希望你能够彻底掌握每类指标的优势和劣势**。这样你就能够判断什么指标对你的交易有效。

1. 领先指标和滞后指标

首先，我们先讨论部分概念。这里存在两种类型的指标：领先类和滞后类。

一个领先指标在新趋势或者趋势反转发生前就给出交易信号；一个滞后指标则在趋势已经开始或者基本形成时才给出交易信号。

你或许会想："我用领先指标当然能够发财，因为我能够在趋势刚开始时就进场。"你是对的——你将抓到每一次趋势的发动，前提是领先指标每次都是正确的。但是事实它并不是每次都准确无误。

刚开始进行外汇交易的时候，我们总是热衷于寻找"完美的指标"，这是一个不得不走的弯路。

当你的指标足够敏锐时，你不仅抓住了趋势，也纳入了噪声。

　　当你使用领先指标时，你将经历很多虚假的信号。领先指标因为给出许多误导交易者的信号而大失颜面，所以我们需要深入研究其中的利弊所在。

　　另一个选择是使用滞后指标，这个指标不会让你一开始就骑在趋势的头上。**滞后指标在价格发生变化并明显形成一个趋势时才给出信号。**这类指标的弱点在于当你发现趋势时入场的位置已经变差，可能时机也错过了。因为在外汇市场中，最大的利润总是发生在趋势开始的几根价格线上。所以，如果使用滞后指标，你将错失掉很大的利润份额。

　　2. 震荡指标和趋势跟随型指标

　　根据本节课程的目的，我们把所有技术指标大体上归为两类：震荡指标和趋势跟随指标（或者说动能指标）。震荡指标是领先指标，动能指标是滞后指标。

　　虽然两者可以相互支持对方，但是它们更可能相互矛盾。我们并不是说两者必须分开单独用，但是你应该知道各自的潜在陷阱所在。

二、震荡指标/领先指标

　　震荡体就是在两点之间摆动的任何一个物体或者数据项目。换言之，它是一个物体总是在 A 点和 B 点之间运动。

　　把我们的技术指标值的状态想为"开"或者"关"，就像电灯的状态一样，它总是在两种状态之间运动。具体而言，我们的震荡指标经常发出两种信号："卖出"或者"买进"，但是它有时候也处于这之间。

　　这听起来很熟悉吗？确实如此！随机震荡指标、抛物线指标以及相对强弱指标都是震荡指标，或者说摆动指标。所有这类指标都被设计来预示一个可能的反转：先前的趋

> 一般的趋势当中，特别是日内趋势性运动，滞后指标容易错失大部分利润。但是在日线上的重大趋势中，滞后指标可以让你吃掉大部分的丰厚利润。

势已经到头了而价格准备改变运行方向。

下面我们来看一个例子。

在如图 14-1 所示的 EUR/USD 小时图上，我们叠加一个抛物线指标，以及一个相对强弱指标和随机震荡指标。正如你先前已经学到的一样，当随机震荡指标和相对强弱指标开始离开超卖区域时，这是一个买进信号。

震荡指标其实反映了局部的价格运动，或者说波段。

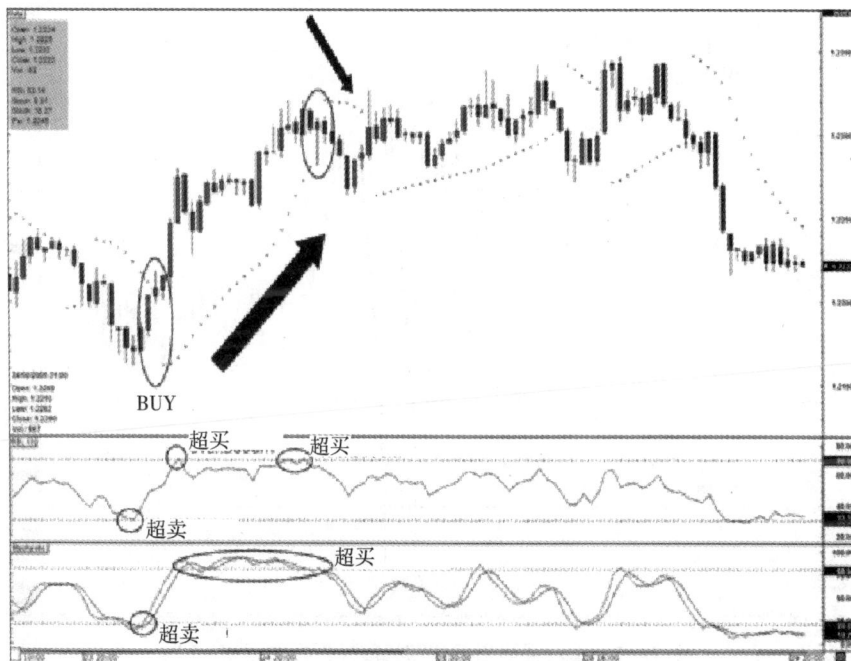

图 14-1　相对强弱指标和随机震荡指标的运用（1）

我们在 2005 年 8 月 24 日美国东部时间凌晨 3:00 和早上 7:00 得到了买进信号。所有这三个买进信号都在一个或者两个小时之内发生，并且这是一个很棒的交易。

我们同样也在所有三个指标上获得卖出信号，时间是 2005 年 8 月 25 日美国东部时间凌晨 2:00 到 5:00。正如你所看到的那样，随机震荡指标处在超买区域，并且持续了很长时间，大约 20 个小时。通常情况下，当震荡指标处于超卖或者超买区域很长一段时间意味着存在一个很强的趋势。在这个例子中，因为随机震荡指标持续处于超卖，所

这个实例其实是一个值得大家仔细思考的材料,如何用趋势指标来过滤震荡指标的信号,本例中隐含了非常实用有效的策略。《黄金高胜算交易》中的"1 小时交易系统"其实是利用了类似的原理设计,很多读者来信说受此启发而形成了自己的高效盈利策略。

以你看到这里存在一个强劲的上升趋势。

现在,我们来看看领先的震荡指标做得很糟糕的情况,这样你就知道它们发出的信号并不完美。如图 14-2 所示,你可以很快地发现这里有很多的虚假信号。你将看到一个指标让买进,而同时另一个指标却仍旧让卖出。

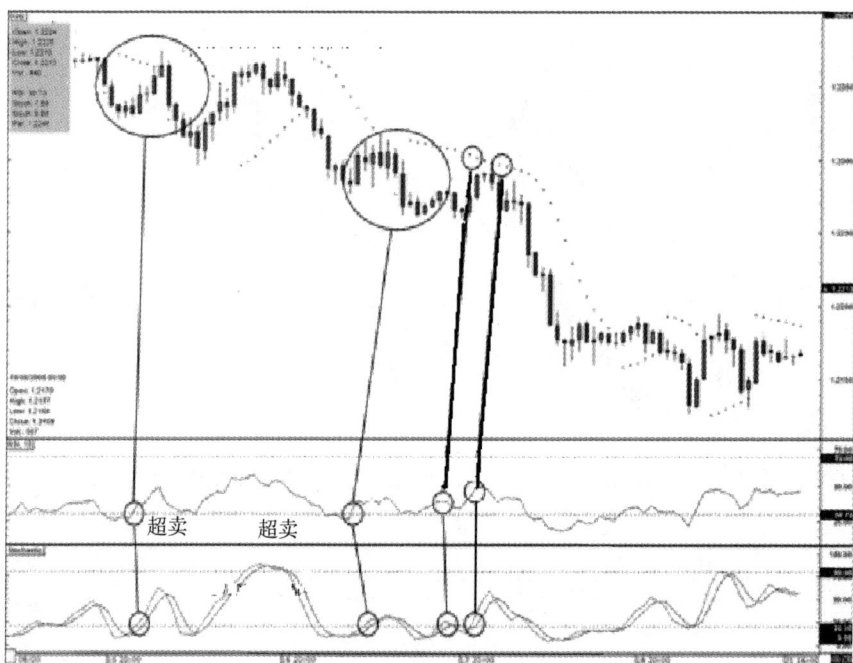

图 14-2　相对强弱指标和随机震荡指标的运用（2）

在 2005 年 8 月 16 日凌晨 1 点左右,相对强弱指标和随机震荡指标都给出了买进信号,虽然这时候抛物线指标仍旧给出卖出信号。大约 3 个小时过后抛物线指标给出买进信号,但是一小时之后它又再次给出了卖出信号。你会发现抛物线位于它之下的这根价格线,这是一根红色的价格线并且只有很短的影线,下一根价格线收盘在它之下。这肯定不是一个很好的多头交易。

随机震荡指标在过去给出了两次超卖（买进）的信号,相对强弱指标没有给出一次信号,但是抛物线指标给出了卖出信号。究竟是怎么回事?它们给了你不同的信号!

这组指标究竟出现了什么状况？

答案在于各个指标的计算方法。随机震荡指标基于时期内的高点和低点范围，但是没有考虑一个小时到另外一小时之间的变化。相对强弱指数使用一个收盘价到另外一个收盘价之间的变化，而抛物线指标用于具有更为独特的计算方法从而产生了更多的分歧信号。

这就是震荡指标的特点，它们认为特定的图形形态总是导致同样的反转。当然，这并不全错。虽然我们要注意领先指标存在的问题，但是却不能忽略对它们的运用。如果你得到一系列混乱的信号，停止交易比胡猜乱碰要好。如果一个图形并不满足你的交易原则，那么不要勉强交易！移向下一次交易找到那些符合你交易原则的机会再进行交易。

三、动能指标/滞后指标

我们如何发现一个趋势呢？已经介绍过的 MACD 和移动平均线可以完成这类工作。这些指标在趋势确立时能够发现它们，当时代价却是错过进场的最早时机。这类指标的好处就是很少犯错。

动量指标与动能指标经常容易混淆在一起，因此我们认为用"趋势指标"来代表"滞后指标"更好。

图 14-3 是一幅 EUR/USD 小时图，在图中 MACD 有一次看涨的交叉，并且 10 期指数移动均线也同时上穿 20 期指数移动均线。这两个信号在这里都是准确的，但是如果你非要等到两个指标都给出信号才进场交易，你将错过这次交易的大部分利润。粗算一下你大约会少赚 159 点。

我们再来看看交叉信号有时也会愚弄你的情况。我们称这些信号为假信号。在图 14-4 中，在我们上面讨论的金叉之后，MACD 出现了一次看跌的死叉，也就是快线下穿慢线。

10 期移动均线上穿 20 期移动均线发出看涨信号

MACD 金叉

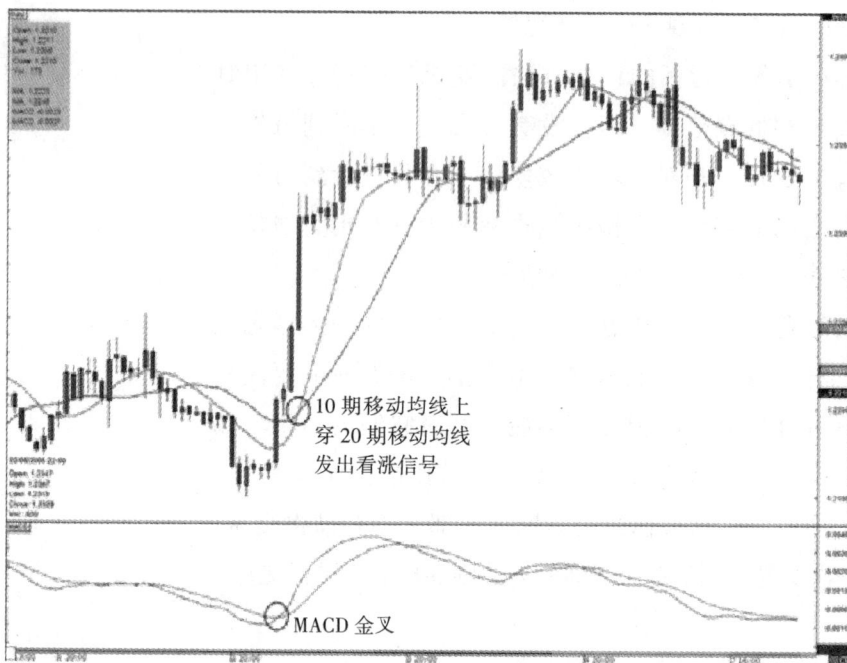

图 14-3 均线与 MACD 的运用（1）

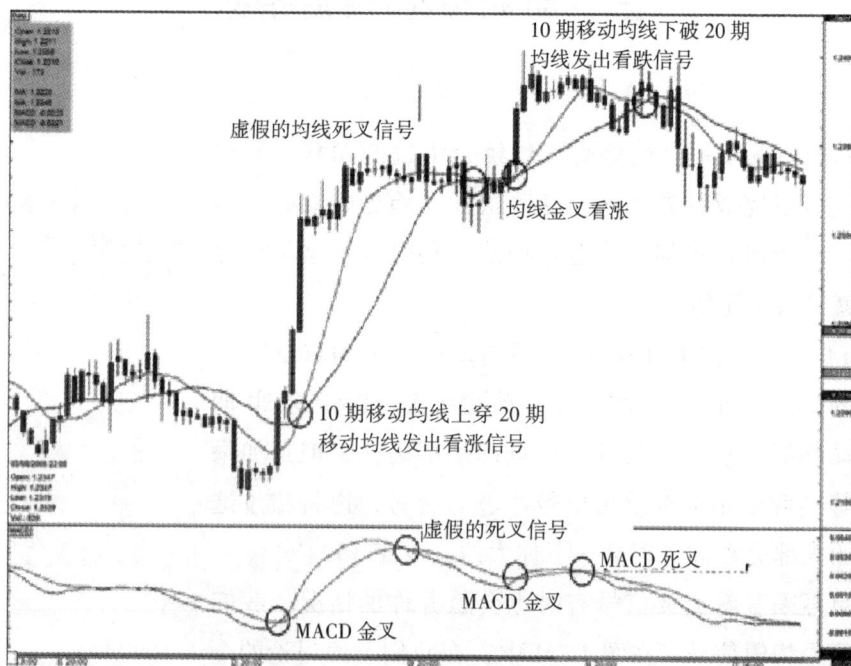

10 期移动均线下破 20 期均线发出看跌信号

虚假的均线死叉信号

均线金叉看涨

10 期移动均线上穿 20 期移动均线发出看涨信号

虚假的死叉信号

MACD 死叉

MACD 金叉

MACD 金叉

图 14-4 均线与 MACD 的运用（2）

10 个小时后，20 期指数移动均线低于 10 期移动均线给出了一个卖出信号。正如你所见到的一样，价格并没有就此往下，在横盘整理后继续其上升趋势。这次，

两个指标都发出同样的看跌信号，导致你在一个波段的底部进场做空，结果亏掉了先前到手的不少利润。

采用均线或者 MACD 交易有一个问题，那就是出场怎么定义？以前有同事在刚进入外汇交易的时候，发现 MACD 很有利于抓住大行情，但是有一个问题，怎样出场？

四、小　结

1. 价值百万美元的问题

你如何将振荡指标和趋势跟随指标结合起来使用呢？毕竟我们知道它们的设计思想有些相互对立的地方。

这可能是有关技术分析最具有挑战性的问题。这也是我称它为价值百万美元的原因所在。

我们将在未来的课程中给出这个价值百万美元问题的答案。

现在，你仅需要知道：一旦你能够确认你所处市况的类型，你将能知道哪类指标能够发出准确的信号，并且什么指标此刻是无用的。

这件工作做起来并不容易，但这是一项你可以逐渐提高的技能，当然这需要一定的经验累积。

技术分析的圣杯在于"预判"单边走势与震荡走势，但是这个问题绝不是将趋势指标与震荡指标叠加起来使用就能解决的。当纯技术交易者认识到技术分析本身无法解决这一问题时，他们选择了另外一条路：仓位管理。

2. 总结

存在两种类型的指标：领先指标和滞后指标。

一个领先指标在新趋势开始前或是趋势反转发生前就给出进场信号；一个滞后指标在趋势已经开始后才给出进场信号。

震荡指标，或者说摆动指标是领先类的指标；动能指标是滞后类的指标。

如果你能够确认所处的具体市况是何种类型，你就可以选择恰当类型的指标进行分析和交易。

重要的图形

一、图表形态武器

现在你已经有一些武器可以在外汇交易战场上使用了。在本课中，你将增加另外一项武器：图表形态!

图表形态就好比矿藏的探测器，因为一旦你掌握这些形态，你就能够在图表上发掘金钱。

在本节课程中，我们将教会你基本的图表形态和形式。当你能够正确地确认这些形态时，往往会为你的交易绩效带来突飞猛进的提高。

我们的目的是在大规模运动发生前即觉察出它们来，这样我们就可以在趋势发动之初就占据有力的交易位置，从而赚取丰厚的利润。图表形态将极大地帮助我们确认那些市场即将突破的情形。

下面是我们将要学习形态的一个清单：对称三角形、上升三角形、下降三角形、双顶、双底、头肩顶、顶头底。

可以从图表上发掘金钱，只代表一种可能性，你如何将这种可能性变为现实性呢？这需要大量的实践和总结。

二、对称三角形

价格高点形成的边界与价格低点形成的边界聚集于一点，就形成了对称三角形，而且上下斜边的角度的绝对值大致相等。这种形态的形成是由于市场高点逐步降低，而市场低点逐步抬高形成的。这种形态表明无论是卖家还是买家都没有能力推动市场形成趋势。如果交易是买卖双方的一次战争，那么这个时候就是一个僵局。

对称三角形对应什么样的基本面情况？

这种类型的市场行为也被称为调整或者整固。

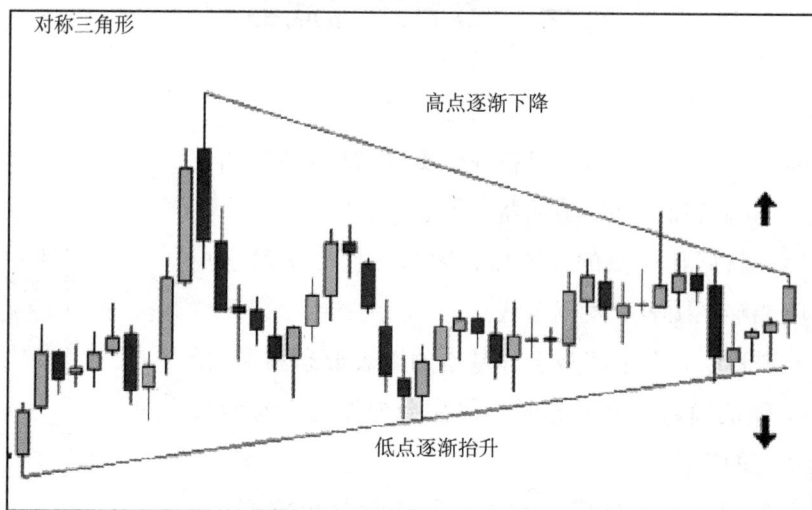

对称三角形

高点逐渐下降

低点逐渐抬升

图 15-1　对称三角形

在图 15-1 中，我们看见无论买家还是卖家都不能够把价格推向他们期望的方向。当这种情况发生时，我们就得到越来越低的高点和越来越高的低点。当高点和低点接近时，意味着突破在即。我们并不清楚突破的方向，但是我们可以知道突破就要来临。最终市场的一方将取胜。

那么，我们如何利用这个图形呢？非常简单，我们可以在上斜边之上放置买单，在下斜边之下放置卖单。因为

我们已经知道价格将要突破，所以我们做了一个马鞍式的订单，让市场帮助我们选择交易的方向（见图 15-2）。

对称三角形达到突破位置的时候，你怎么预判其突破方向？如果不能预判，那么你采用什么样的策略来放置订单？

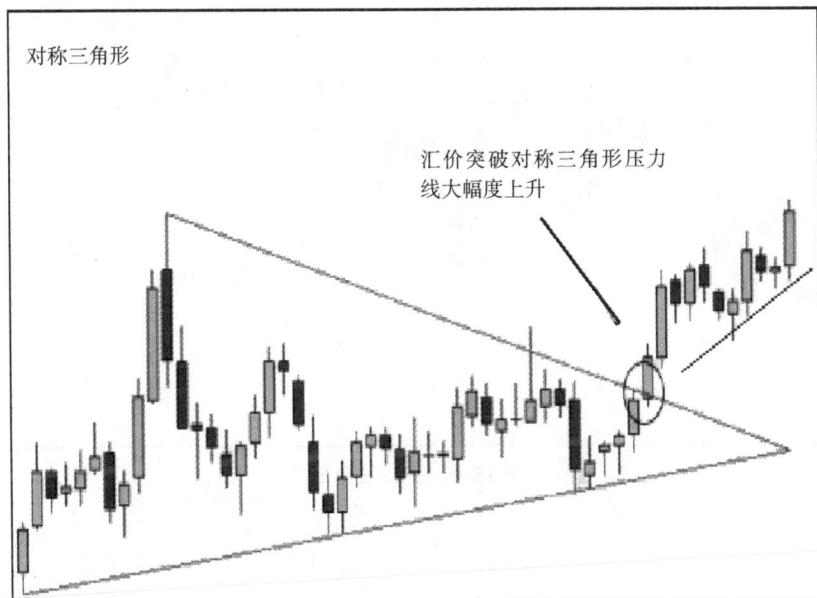

图 15-2　对称三角形的交易

在这个例子中，如果我们在上斜边之上放置买单，那么我们将获得一个良好的多头交易机会。如果你在下斜边放置了空头订单，那么当一边订单成交后取消它即可，这种情况非常适合 OCO 订单。

三、上升三角形

当一条水平的阻力线和一条逐渐抬高的上升趋势线结合时，就产生了如图 15-3 所示的上升三角形。当买家不能突破某条阻力，但又不断推进的时候就形成了这种类型的图。

上升三角形

汇价一直受制于这条阻力线

逐渐抬高的低点，表明多方
逐渐取得优势地位

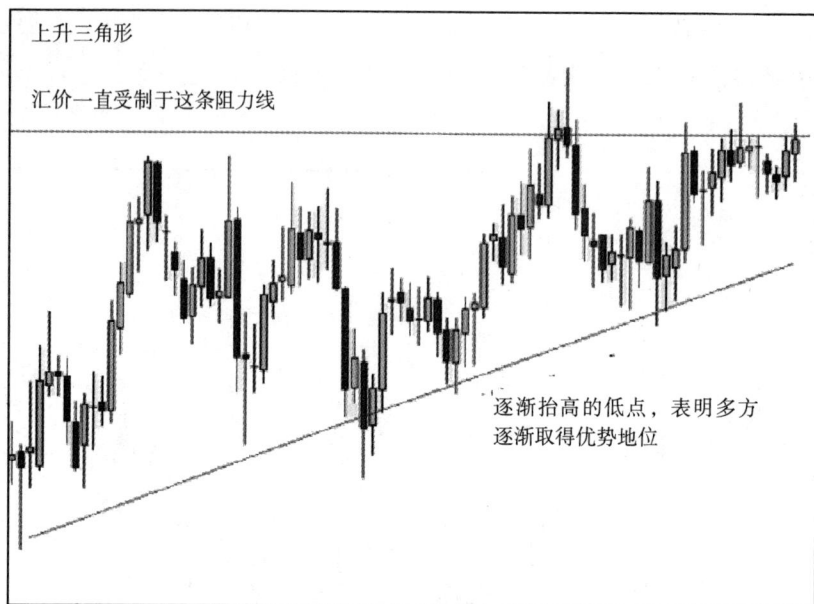

图 15-3　上升三角形

上升三角形与"顶位"做多关系密切。关于"顶位"的详细解释参考《外汇交易三部曲》（第 3 版）。

在图 15-3 中，你可以看见买方已经开始发力并逐渐占据优势，因为底部越来越高。他们持续地向阻力线发起进攻，结果是一个突破势必发生。现在的问题是突破的方向是向下还是向上呢？到底是买方推动价格突破阻力线，还是阻力线最终让买方败下阵来。

绝大多数图表分析书籍都会告诉你，买方最终将获得这场战斗的胜利，价格将最终突破上面的阻力线。但是，根据我们的经验，情况却不总是这样，这时存在的买方势力并不足以推动价格上破压力位置。

绝大多数时候，价格可能确实是偏向突破上面。但是我们在这里要强调的是，我们不在乎价格具体的突破方向，我们需要在意的是能不能在两方同时有所准备。在本例中，我们将在阻力线以上放置买进订单，而在斜支撑线下方放置卖出订单，最好是 OCO 订单，这样可以防止大幅震荡导致的"两头死"情况。

在这种价格运动形式中，买方最终赢得了战争的胜利，并且价格火箭式地喷发而上（见图 15-4）。

图 15-4 中的图形

上升三角形

汇价突破压力线，多方最终取得胜利

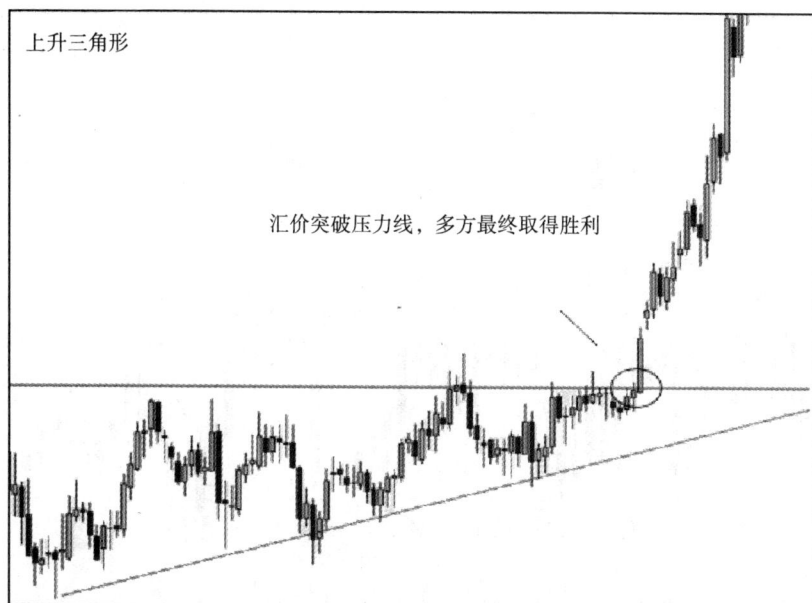

图 15-4　上升三角形的交易

四、下降三角形

正如你可能猜到的那样，下降三角形是上升三角的一个标准对立图。在下降三角形中，存在一条由逐渐下降的高点连成的斜边压力线，而下面则是一条水平的支撑线，阻止价格向下突破（见图 15-5）。

在图 15-5 中，你可以看见价格逐渐做出较低的高点，而这意味着买方相当于卖方在逐渐获得优势。在绝大部分情况下，我们认为价格最终将跌破支撑线继续下跌。

但是在某些情形下，支撑线最终被证明为牢不可破，而价格最后也反弹到继续上升的轨道。

好消息是我们不必在乎价格最终演变的方向，我们仅需要知道它突破的时间。在本例中，我们将在斜阻力线之上放置买进订单，而在水平支撑线下方放置卖出订单。

下降三角形与"顶位"做空关系密切。

图 15-5　下降三角形

在本例中，价格最终跌破支撑线继续向下运动（见图 15-6）。但是外汇市场的上涨和下跌速率并没有明显的差异，不像股票市场，因为外汇没有所谓的"重力"。

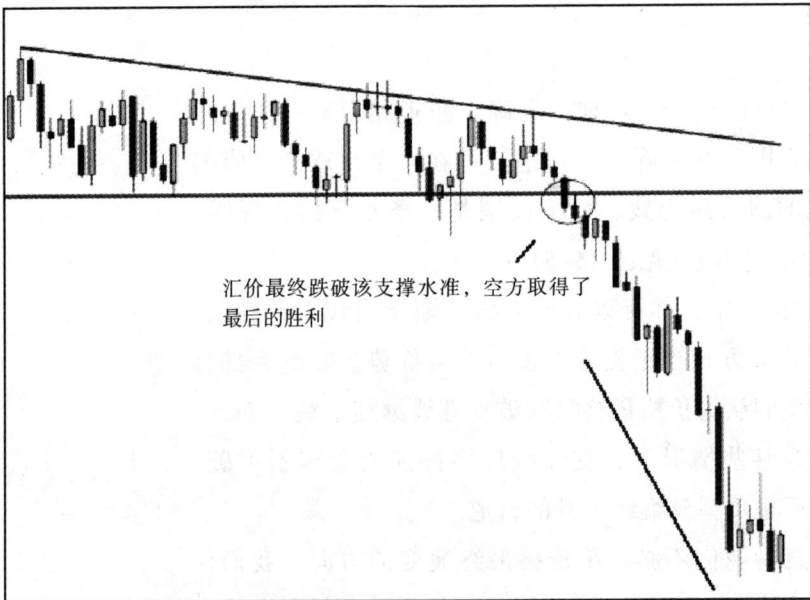

图 15-6　下降三角形的交易

五、双　顶

双顶一般被认为是反转形态，它的形成是由于价格两次冲高回落。"顶"意味着价格在触及某一阻力线后不能突破而回落。在第一次触及这一阻力水平时价格稍微回来，不久又反回来再次准备攻克该阻力水平，但又以失败告终。两次上摸阻力位置，又两次回落，这就形成了我们现在看到的双顶形态。

做双顶的时候，你最好清楚第一个顶是什么样的基本面，当价格再来到这一线附近的时候基本面又是怎样的，比较一下你就能大概预判能不能向上突破。第二个顶附近出现流星线也能进一步说明一些问题。

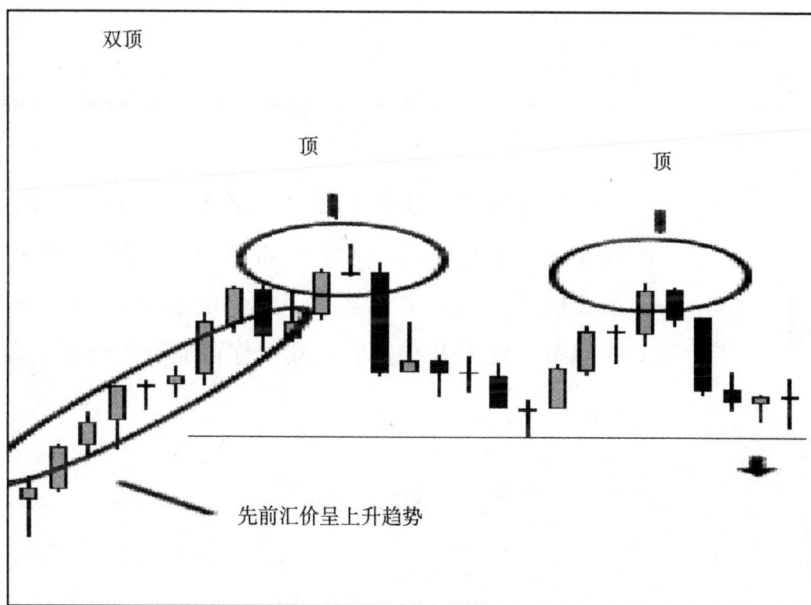

图 15-7　双顶

在图 15-7 中，你可以发现两个顶的形成是在强劲的上升之后。注意第二个顶形成所受到的前一顶的压力。这是一个反转即将发生的强有力信号，因为它告诉我们买方的力量正在被削弱耗尽。

对于双顶而言，我们可以在双顶之下的支撑线，也就是通常说的颈线位置之下放置做空订单，因为我们预料在

大多数情况下一旦跌破颈线就会产生一波向下的行情。

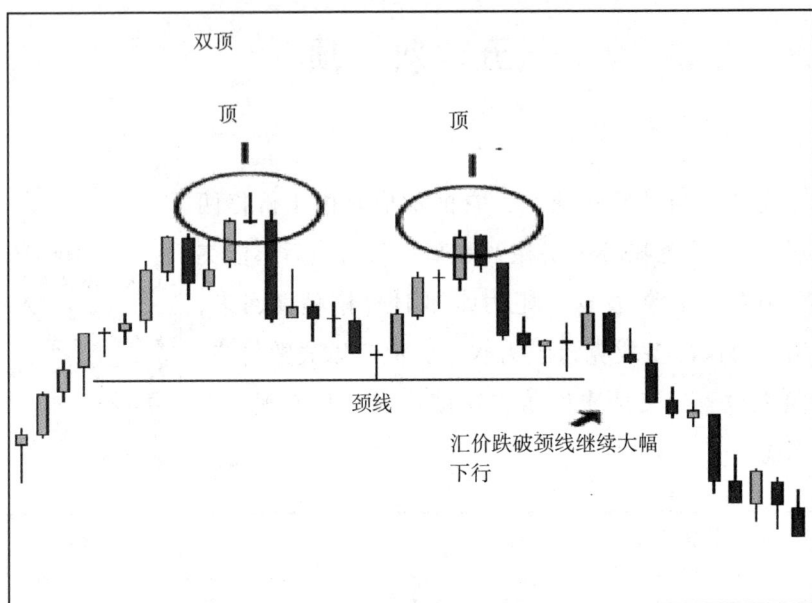

双顶

顶   顶

颈线

汇价跌破颈线继续大幅
下行

图 15-8 双顶的交易

我们这里给出的例子是比较典型和理想化的，但是可以作为一个交易的参考系。如图 15-8 所示，你可以看见价格突破了颈线，并且继续下跌。记住，双顶是一个趋势反转形态。在上升趋势的末端，你可能看见这样的反转类型。

六、双　底

双底同样也是反转形态的一种，但是在这种形态下我们是做多而不是做空。这种形态发生在下降趋势的末端，当一个类似两个低谷相邻并列的形态形成时，一个双底也就形成了。

你可以从图 15-9 看到，在先前的下降趋势之后，价格形成了两个相邻并列的谷底，表明价格不能够跌破特定水平的支撑。注意：第二个底不能突破第一个底所形成的支撑。

突破颈线的当日，如果你查看散户持仓比率这个指标，发现多数散户持有空头，那么这个信息是不是增强了你的判断呢？散户持仓比率的分析和运用请参考更高级的教程《外汇交易三部曲》。

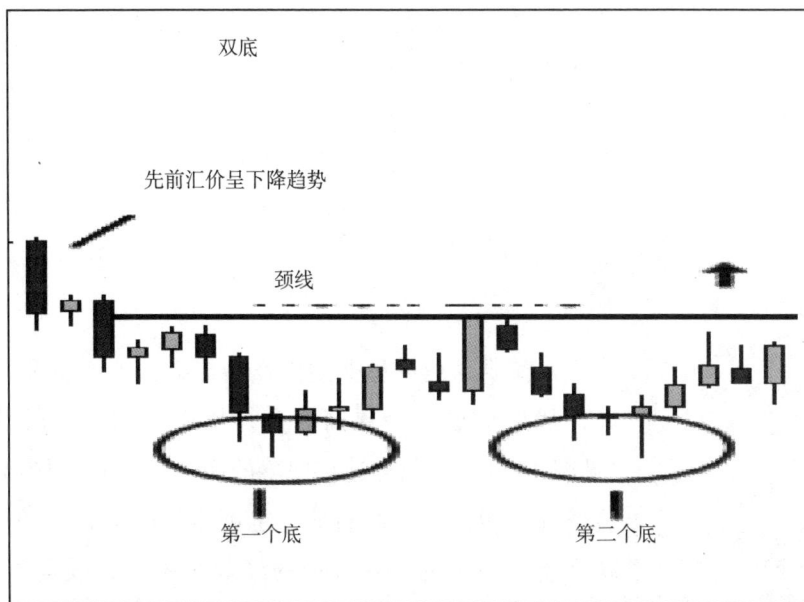

图 15-9　双底

　　这是一个信号，表明卖方的主导力量已经削弱，并且一个反转即将展开。在这种情形下，我们会在双底的颈线位置之上放置买进订单。

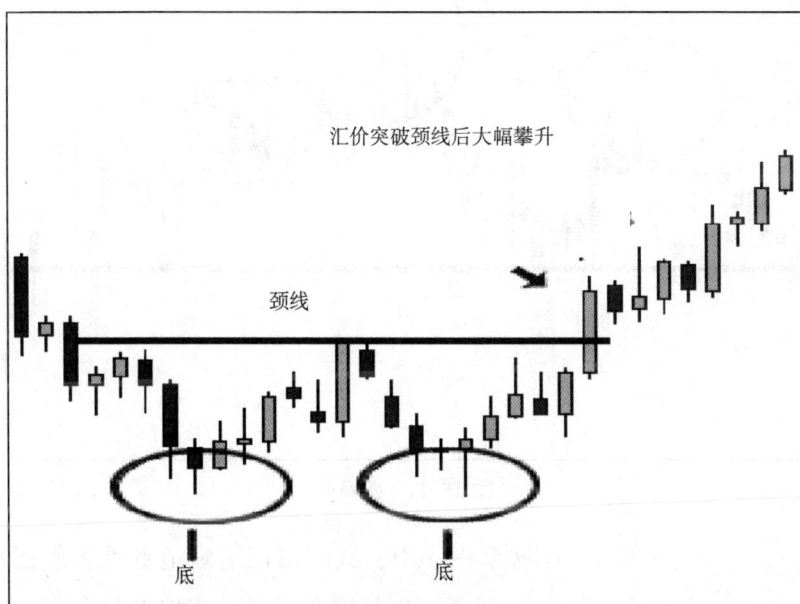

图 15-10　双底的交易

　　如图 15-10 所示，价格突破了颈线，并且继续其上升趋势。记住：就像双顶一

样，双底同样也是一种反转形态。一般你会在一段强劲的下降趋势末端看见它。

七、头肩顶

头肩顶也是一种典型的反转形态。它首先形成一个左肩，然后形成一个更高的头，接着形成一个较低的右肩（见图 15-11）。通过连接回落的两个低点我们做出了颈线。颈线既可能是向下倾斜的，也可能是向上倾斜的，少数时候可能是水平的。在我们的经验当中，颈线向下倾斜时，提高了其反转的概率。

头肩顶其实可以分解为两个形态：第一个形态是"多头陷阱"，第二个形态是"向下N字"形。

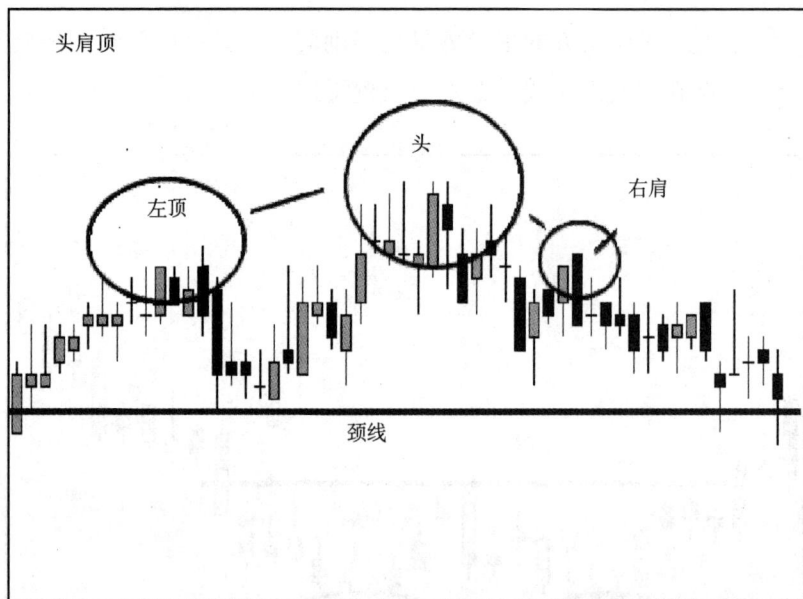

图 15-11　头肩顶

在这个例子中，我们可以清晰地看见头肩顶形态。头是第二个高点，也是这个三峰模式中的最高点。右肩并没有超过这个高点。

对于这种形态，我们在颈线之下放置卖出订单。我们

也可以计算出一个获利目标。首先度量头顶到颈线的距离，然后从颈线开始往下延伸 1~3 倍的距离，就是我们的空单盈利目标。

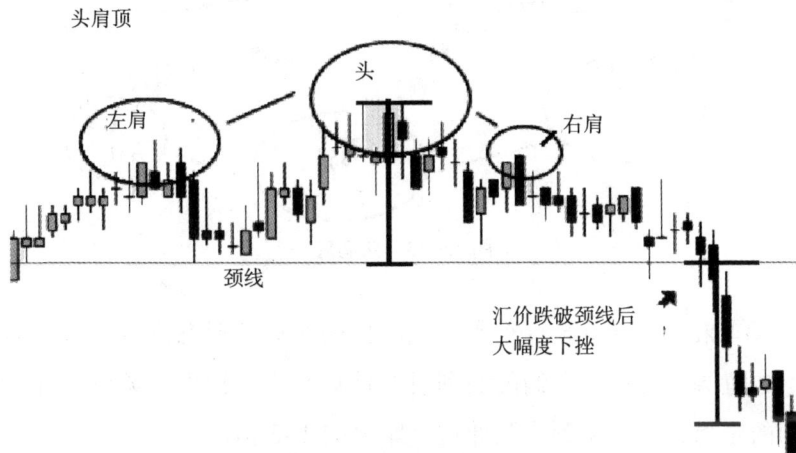

图 15-12　头肩顶的交易

你可以从图 15-12 中发现，在典型情况下价格跌破颈线之后展开了下跌趋势，但是也有很多时候价格在跌破颈线后会回测颈线，然后再下跌。还有部分时候，价格会在颈线附近震荡，甚至在此处站稳后重拾上升趋势。所以，在颈线或者头顶，以及右肩之上放置空单的停损单是非常必要的。

八、头肩底

这个名字将形态本身暴露无遗。它其实就是一个反置的头肩顶，当然也有人认为也该称它为"吉尔罗伊底"，因为他们认为它的形成原理尤其独特。一个低谷形成左肩，接着一个更低的谷底形成头，接着一个稍高一点的谷底形成右肩（见图 15-13）。这个形态通常发生在下降趋势的末端，当然也可以在趋势中间就出现，但这种情况下它就不

头肩底也可以分解为两个形态：第一个形态是"空头陷阱"；第二个形态是"向上 N 字"形。

是一个有效的反转形态了。

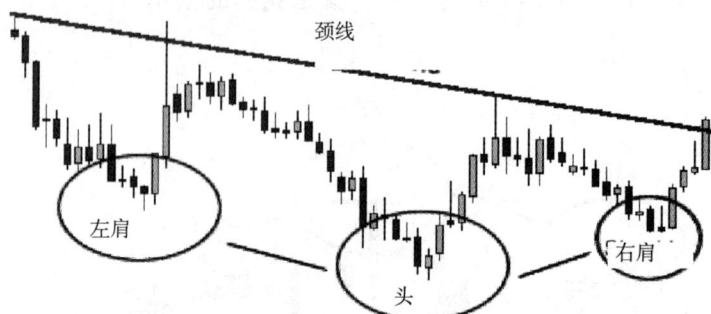

图 15-13　头肩底

从图 15-14 来看，这就是一个水中倒映出的头肩顶形态。对于这个形态，我们在颈线之上放置买进订单。我们的获利目标计算与头肩顶中的类似。首先度量头底和颈线之间的距离，然后从颈线延伸这个距离的 1~3 倍。

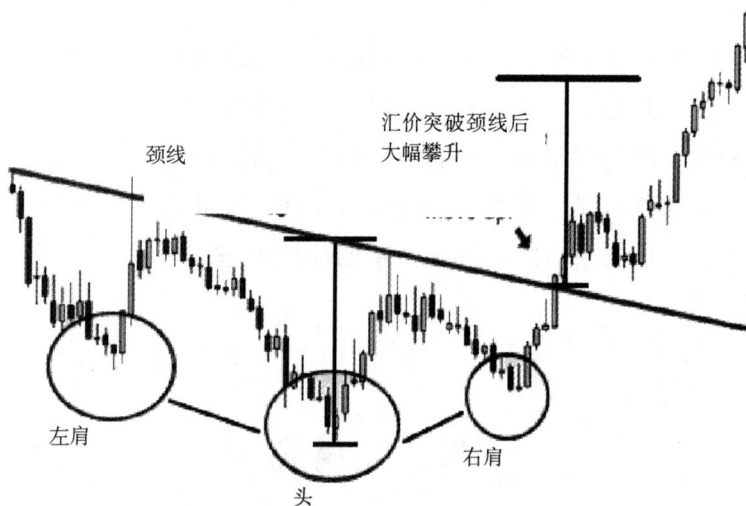

图 15-14　头肩底的交易

在典型情况下，你可以看见之后价格突破颈线。你可能会问在价格达到 1 倍目标之后，还会继续前进吗？

我们的回答是："不要太贪婪！"

如果你的目标是头底到颈线距离的 1 倍，那么现在你应该对你的利润很满意了。但是我们的建议是了结部分头寸，继续持有部分头寸，这种方法叫作复合式头寸。它可以平衡你的心理账户，同时满足保证利润和扩大利润两个要求。当然，这

些技巧你可以在后续的课程中学到。

九、小　结

图表形态经常作为一个提醒信号，向你表明突破即将发生。

1. 三角形（Triangles）

（1）对称三角形（Symmetrical Triangles）。

1）由逐渐抬高的低点和逐渐降低的高点组成。

2）在斜压力线之上放置买单，在斜支撑之下放置卖单。

（2）上升三角形（Ascending Triangles）。

1）由逐渐抬高的低点和水平的阻力线组成。

2）它经常意味着价格将要突破上面的水平阻力位置，并且继续上升。但是为了保险起见，你应该在两面同时放置订单，以防阻力水平力量过强的情况发生。

3）在阻力线之上放置买单，在支撑线下之下放置卖单。

（3）下降三角形（Descending Triangles）。

1）由逐渐降低的高点和水平支撑线组成。

2）它通常意味着价格将要跌破水平支撑，并且继续下降。但是为了保险起见，你应该在两面同时放置订单，以防支撑水平过强的情况发生。

3）在阻力线之上放置买单，在支撑线之下放置卖单。

2. 趋势反转形态（Trend Reversal Formations）

（1）双顶（Double Top）。

1）这个形态经常发生在上升趋势的末端。

2）连续两个受制于特定阻力水平的高点形成了这个形态。

3）在颈线之下放置卖出订单。

（2）双底（Double Bottom）。

1）这个形态经常发生在下降趋势的末端。

2）连续两个受制于特定支撑水平的低点形成了这个形态。

3）在颈线之上放置买进订单。

（3）头肩顶（Head and Shoulders）。

1）这个形态经常发生在上升趋势的末端。

2）首先形成一个顶，然后价格创新高后回落形成一个头，接着再次冲高，但这个高点低于头部，这样就形成了一个头肩顶。通过连接两个谷底，我们就得到了颈线。

3）在颈线之下放置你的卖出订单。

4）我们通过度量头顶到颈线的距离来估计卖出订单的利润目标。

（4）头肩底（Reverse Head and Shoulders）。

1）这个形态通常发生在下降趋势的末端。

2）首先形成一个谷底，然后价格创新低，接着价格再次下落，但这个低点高于头底，这样就形成了一个头肩底。通过连接两个峰顶，我们就得到了颈线。

3）在颈线之上放置你的买进订单。

4）我们通过度量头底到颈线的距离来估计买进订单的利润目标。

轴心点系统

一、轴心点系统（Pivot Points）

职业交易者和做市商们总是使用轴心点系统去确认重要的支撑和阻力水平。简单来讲，一个轴心点就是一个价格触及后可能反转的重要阻力或支撑区域。

对于想要利用短期价格运动赚取利润来说的短期交易者，轴心点系统是一个特别有用的工具。

轴心点系统既可以为区间交易者（见位做单）所使用，也可以为突破交易者（破位做单）所利用。区间交易者可以利用轴心点系统确认潜在的反转点，突破交易者可以利用轴心点系统确认趋势的关键突破位置。

图 16-1 是一幅 EUR/USD 的小时图，上面给出了一个轴心点系统的例子。

这个系统最早是场内交易者使用的，现在在日内交易中也非常普及。

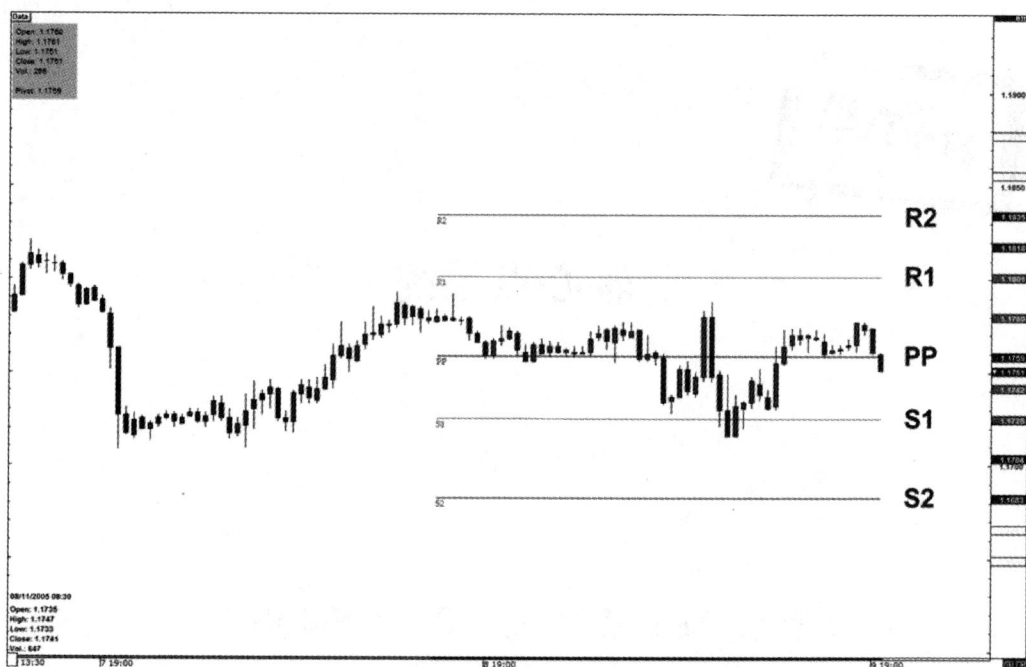

图 16-1　轴心点系统

二、如何计算轴心点

轴心点以及这些特定的支撑阻力水平是根据最近一个交易区间的开盘价、最高价、最低价和收盘价计算出来的。因为外汇市场是一个 24 小时的市场，所以绝大多数交易者都使用纽约的收盘价作为前一天的收盘价，这个价格产生的时间大致在美国东部时间下午 4：00，至于具体的北京时间我们可以在电脑的时间系统中换算。由于美国时段是外汇交易的最热时段，所以我们以美国东部时间作为全书的陈述时间。

中心的轴心点的计算公式如下：

Pivot point （PP） = （High + Low + Close） / 3

其中，H 代表最高价，L 代表最低价，C 代表是收盘价。

中心的轴心点之外的阻力和支撑水平用如下公式计算，注意：轴心点系统是由中心轴心点和两侧的支撑阻力线组构成的。

第一支撑阻力水平：

First support （S1）= （2 × PP）– High

First resistance （R1）= （2 × PP）– Low

其中，S 代表支撑，R 代表阻力。

第二支撑阻力水平：

Second support （S2）= PP –（High – Low）

Second resistance （R2）= PP +（High – Low）

不要担心你需要亲自计算这些指标，其实很多软件自带的指标可以帮助你计算出这些关键水平，MT4 有上百种这类指标，如我们经常使用的 Live charts with fibo pivots。

当然许多图形软件也提供额外的支撑阻力水平，如第三、第四组支撑阻力水平，或者是两条阻力线或者支撑线之间的中点水平线。

其他的水平线并没有我们上面讲的那五条线那么关键，但是我们关注一下它们并无妨害。图 16-2 是一个例子。

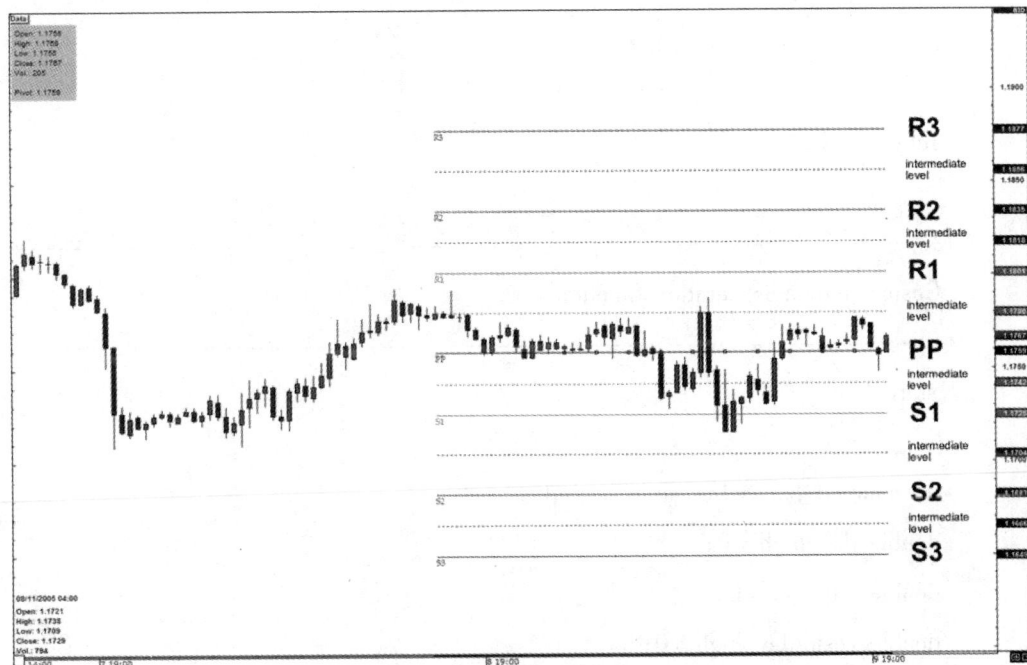

图 16-2　轴心点系统的点位

下面给出一个 MT4 上使用的 Pivot 点位的指标代码：

```
#property indicator_chart_window
//---- input parameters
extern int GMTshift = 3;
//+------------------------------------------------------------------+
//| Custom indicator initialization function                         |
//+------------------------------------------------------------------+
int init ()
   {
//----
   return (0);
   }
//+------------------------------------------------------------------+
//| Custor indicator deinitialization function                       |
//+------------------------------------------------------------------+
int deinit ()
   {
//----
   return (0);
   }
//+------------------------------------------------------------------+
//| Custom indicator iteration function                              |
//+------------------------------------------------------------------+
int start ()
   {
   int counted_bars = IndicatorCounted ();
   double day_high = 0;
   double day_low = 0;
   double yesterday_high = 0;
   double yesterday_open = 0;
```

```
double yesterday_low = 0;
double yesterday_close = 0;
double today_open = 0;
double P = 0, S = 0, R = 0, S1 = 0, R1 = 0, S2 = 0, R2 = 0, S3 = 0, R3 = 0;
//double D1 = 0.083333;
//double D2 = 0.166666;
//double D3 = 0.25;
//double D4 = 0.5;
int cnt = 720;
double cur_day = 0;
double prev_day = 0;
double rates_d1[2][6];
//---- exit if period is greater than daily charts
if (Period () > 1440)
  {
  Print ("Error-Chart period is greater than 1 day.");
  return (-1); // then exit
  }
//---- Get new daily prices & calculate pivots
while (cnt! = 0)
  {
  cur_day = TimeDay (Time [cnt] - (GMTshift*3600));
  if (prev_day! = cur_day)
    {
        yesterday_close = Close [cnt+1];
        today_open = Open [cnt];
        yesterday_high = day_high;
        yesterday_low = day_low;
        day_high = High [cnt];
        day_low = Low [cnt];
        prev_day = cur_day;
```

```
            Comment（yesterday_high + "" + yesterday_low + "" + yesterday_close）;
   }
  if（High［cnt］> day_high）
    {
     day_high = High［cnt］;
    }
  if（Low［cnt］< day_low）
    {
     day_low = Low［cnt］;
    }
  // SetIndexValue（cnt，0）;
  cnt--;


  }
//------ Pivot Points ------
R =（yesterday_high - yesterday_low）;
P =（yesterday_high + yesterday_low + yesterday_close）/3;  //Pivot
R1 = P -（R * 0.38）;
R2 = P -（R * 0.62）;
R3 = P -（R * 0.99）;
S1 = P -（R * 0.38）;
S2 = P -（R * 0.62）;
S3 = P -（R * 0.99）;
//---- Set line labels on chart window
if（ObjectFind（"P label"）! = 0）
  {
  ObjectCreate（"P label"，OBJ_TEXT，0，Time［20］，P）;
  ObjectSetText（"P label","Pivot"，8,"Arial"，Red）;
  }
else
  {
```

```
      ObjectMove ("P label", 0, Time [20], P);
    }
//----
    if (ObjectFind ("FR1 label")! = 0)
    {
      ObjectCreate ("FR1 label", OBJ_TEXT, 0, Time [20], R1);
      ObjectSetText ("FR1 label","FR1", 8,"Arial", LimeGreen);
    }
    else
    {
      ObjectMove ("FR1 label", 0, Time [20], R1);
    }
//----
    if (ObjectFind ("FR2 label")! = 0)
    {
      ObjectCreate ("FR2 label", OBJ_TEXT, 0, Time [20], R2);
      ObjectSetText ("FR2 label","FR2", 8,"Arial", LimeGreen);
    }
    else
    {
      ObjectMove ("FR2 label", 0, Time [20], R2);
    }
//----
    if (ObjectFind ("FR3 label")! = 0)
    {
      ObjectCreate ("FR3 label", OBJ_TEXT, 0, Time [20], R3);
      ObjectSetText ("FR3 label","FR3", 8,"Arial", LimeGreen);
    }
    else
    {
      ObjectMove ("FR3 label", 0, Time [20], R3);
```

```
        }
//————
    if (ObjectFind ("FS1 label")! = 0)
      {
      ObjectCreate ("FS1 label", OBJ_TEXT, 0, Time [20], S1);
      ObjectSetText ("FS1 label","FS1", 8,"Arial", Red);
      }
    else
      {
      ObjectMove ("FS1 label", 0, Time [20], S1);
      }
    if (ObjectFind ("FS2 label")! = 0)
      {
      ObjectCreate ("FS2 label", OBJ_TEXT, 0, Time [20], S2);
      ObjectSetText ("FS2 label","FS2", 8,"Arial", Red);
      }
    else
      {
      ObjectMove ("FS2 label", 0, Time [20], S2);
      }
//————
    if (ObjectFind ("FS3 label")! = 0)
      {
      ObjectCreate ("FS3 label", OBJ_TEXT, 0, Time [20], S3);
      ObjectSetText ("FS3 label","FS3", 8,"Arial", Red);
      }
    else
      {
      ObjectMove ("FS3 label", 0, Time [20], S3);
      }
    //———— Set lines on chart window
```

```
//----- PIVOT --------
if (ObjectFind ("P line")! = 0)
  {
  ObjectCreate ("P line", OBJ_HLINE, 0, Time [40], P);
  ObjectSet ("P line", OBJPROP_STYLE, STYLE_DOT);
  ObjectSet ("P line", OBJPROP_COLOR, Magenta);
  }
else
  {
  ObjectMove ("P line", 0, Time [40], P);
  }
if (ObjectFind ("FR1 line")! = 0)
  {
  ObjectCreate ("FR1 line", OBJ_HLINE, 0, Time [40], R1);
  ObjectSet ("FR1 line", OBJPROP_STYLE, STYLE_DASHDOTDOT);
  ObjectSet ("FR1 line", OBJPROP_COLOR, LimeGreen);
  }
else
  {
  ObjectMove ("FR1 line", 0, Time [40], R1);
  }
//----
if (ObjectFind ("FS1 line")! = 0)
  {
  ObjectCreate ("FS1 line", OBJ_HLINE, 0, Time [40], S1);
  ObjectSet ("FS1 line", OBJPROP_STYLE, STYLE_DASHDOTDOT);
  ObjectSet ("FS1 line", OBJPROP_COLOR, Red);
  }
else
  {
  ObjectMove ("FS1 line", 0, Time [40], S1);
```

```
        }
//————
     if (ObjectFind ("FR2 line")! = 0)

       {
       ObjectCreate ("FR2 line", OBJ_HLINE, 0, Time [40], R2);
       ObjectSet ("FR2 line", OBJPROP_STYLE, STYLE_DASHDOTDOT);
       ObjectSet ("FR2 line", OBJPROP_COLOR, LimeGreen);
       }
     else

       {
       ObjectMove ("FR2 line", 0, Time [40], R2);
       }
     if (ObjectFind ("FS2 line")! = 0)

       {
       ObjectCreate ("FS2 line", OBJ_HLINE, 0, Time [40], S2);
       ObjectSet ("FS2 line", OBJPROP_STYLE, STYLE_DASHDOTDOT);
       ObjectSet ("FS2 line", OBJPROP_COLOR, Red);
       }
     else

       {
       ObjectMove ("FS2 line", 0, Time [40], S2);
       }
//————
     if (ObjectFind ("FR3 line")! = 0)

       {
       ObjectCreate ("FR3 line", OBJ_HLINE, 0, Time [40], R3);
       ObjectSet ("FR3 line", OBJPROP_STYLE, STYLE_DASHDOTDOT);
       ObjectSet ("FR3 line", OBJPROP_COLOR, LimeGreen);
       }
     else

       {
```

```
        ObjectMove（"FR3 line"，0，Time［40］，R3）；
    }
    if（ObjectFind（"FS3 line"）！= 0）
    {
    ObjectCreate（"FS3 line"，OBJ_HLINE，0，Time［40］，S3）；
    ObjectSet（"FS3 line"，OBJPROP_STYLE，STYLE_DASHDOTDOT）；
    ObjectSet（"FS3 line"，OBJPROP_COLOR，Red）；
    }
    else
    {
    ObjectMove（"FS3 line"，0，Time［40］，S3）；
    }
//————
    return（0）；
  }
//+------------------------------------------------------------+
```

三、如何运用轴心点系统进行交易

1. 突破交易（Breakout Trades）

轴心点通常是你应该首先考虑入场的位置，因为它是最为主要的支撑和阻力位置。最大的价格运动通常发生在这个位置上。

只有当价格到达轴心点的时候，你才能够决定是进场做多还是做空，并同时设立好你的盈利目标和停损点。总体来讲，如果价格位于轴心点之上，则看多；如果价格低于轴心点，则看空。

如果价格在轴心点附近徘徊，然而收盘于轴线的下方，那么你将决定做空。如果你的停损点放置在轴线之上，而

笔者反复提到的"势位态"是笔者对技术分析的一个高度概括和总结，这是技术分析的三个要素。轴心点系统主要解决一个"位"的问题，那么你如何将趋势指标和K线结合进来呢？

你最初的盈利目标将是 S1，也就是第一支撑位置。

但是，如果你看见价格继续跌破第一支撑位置，那么你可以将停损点跟进到第一支撑线之上，并密切注意市场的发展。典型情况下，第二支撑线将是预期的日内最低位置，也就是你最终的盈利目标。

在上升的趋势中，用法就是相反的。如果价格收盘于轴心点之上，那么你将建立一个多头头寸，并且在轴心线之下设立一个停损点，同时使用第一阻力线和第二阻力线作为你的盈利目标。

2. 区间交易（Range-bound Trades）

位于轴心点系统不同水平上的支撑阻力的强度是由价格测试这些位置的次数度量的。

汇率触及某个关键位置后再折回的次数越多，则这个位置的强度越高。各轴心位置简单来说就是支撑阻力水平。

如果汇率接近上面的阻力水平，那么你可以在价格接近该位置时卖出，停损设立在此位置之上，当然最好此时在蜡烛线上有所确认，如出现十字星、黄昏之星等。注意：我们有时候省略了停损设置的讲述，只提到了进场问题，但是停损是每一项交易都必须具备的步骤，一般来讲停损要考虑市场噪声和关键位置。就关键位置而言，停损放置在阻力之上（做空时）或支撑之下（做多时），并且最好放置在布林带的外轨外侧，这样可以避免市场噪声导致错误的停损。

如果汇率继续上升并且完全突破阻力水平，那么这将被看作向上的有效突破。你应该让你的空头头寸出场，但是前提是，你认为这是一个真正的突破。关于什么是真正的突破需要考虑到更多的过滤，如蜡烛线、均线、震荡指标等。另外还需要考虑我们的风险承受能力，不能因为认为价格会回头而坐待亏损超过限度，一般浮动亏损不应该超过 8%。当你在停掉空头头寸时，可以反转做多，这就是反身交易，也就是由见位交易转变为破位交易。同时在该

这里提到的方法主要是利用收盘价来确认点位，结合我们之前学的 K 线形态，你能够想到哪些更加有效的确认点位方式吗？

水平位置之下设立多头仓位的停损点。

如果汇率接近一个较低的支撑水平，你可以在此水平附近买进并且在此支撑水平之下放置停损单。但是，我们根据实际经验而言，区间交易法更适合亚洲市场和美国下午市场，而且必须进行多重验证交易信号的方法，停损是很关键的。我们各自都曾眼见很多顶尖的区间交易高手在经历连续数十次成功交易之后一举败北，其中的关键在于他们沉迷于区间，忘记了趋势的到来。

3. 理论真的完美吗

就理论的角度而言，运用轴心点系统进行交易是非常简单的，但是它真的这么简单吗？

在真实的交易世界中，轴心点系统并不是一直都那么有效。价格在各个关键位置附近倾向于犹豫不决，有时候我们真的搞不清楚价格究竟是就此反转还是最终突破。对于这个问题，我们倾向于在 5 分钟图上进行辅助观察，观察 5 分钟图的收盘价格是否有效突破，另外我们要根据市场所处的具体时段，星期一之外的亚洲市场的突破和每天当中欧洲市场的第一次突破一般都是虚假突破。美国下午市场也经常缺乏有效的突破。当然这只是概率上的问题，并不绝对。

数据发布后的突破是真突破还是假突破？什么样的数据更倾向于带来真突破？

有时，价格将在达到关键位置之前停下来，然后反转。这导致你的盈利目标将达不到。另外一些时候，你找到一个看起来非常强的支撑水平买进，但是价格却最终跌破这个位置，让你停损出场，之后却又再次上涨。

你必须要保持谨慎，并且选择一些经过检验的构件组成一个良好运作的轴心点交易系统，然后你要严格地遵循它，定期检查，最后修改，而不能随时都在修改。

我们来看看图 16-3，揣摩轴心点系统的运用之妙。

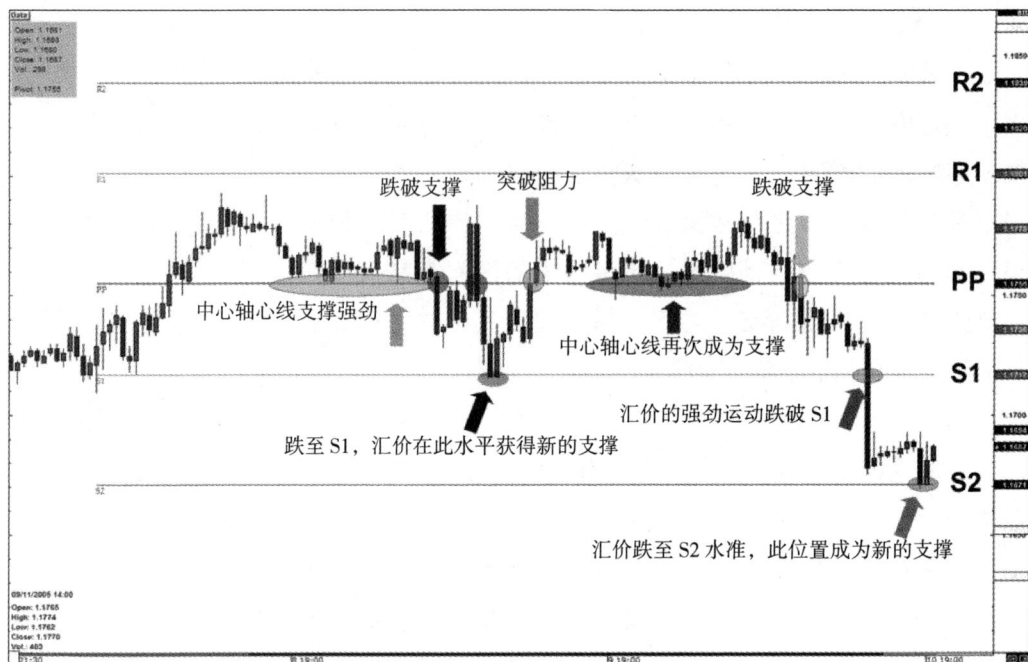

图 16-3　轴心点系统的运用

　　首先看第一个椭圆标注的位置。注意轴心点 PP 充当了一个强有力的支撑，但是如果你在 PP 位置做多，那么结果将是糟糕的，因为它之后并没有达到第一阻力位置 R1。

　　接着看第一个圆形标注的位置。汇率跌破了轴心线 PP，但是并没有直接到达第一支撑位置 S1，而是立刻返回了轴心线 PP 之上。在第二个圆形标准的位置，价格再次跌破了轴心线 PP。汇率由此下降到第一支撑位置 S1，然后再次反弹至轴心线 PP。

　　注意后续较小的那个椭圆形。第一支撑位置引起了汇率的一次强势反弹。

　　继续注意第三个圆形标准的区域。此时轴心线被突破。之后的一个椭圆区域中，轴心线充当了一个支撑位置。

　　但是，如果你在上述的各个支撑位置做多，那么除了在第一支持位置做多那次之外全部都会被停损出来。

　　就我们而言，我们是不会做买进交易的。为什么呢？这是一个事先没有说明的情形，那就是之前市场一直处于下跌趋势。这在这幅时间较短的图中并没有标示出来。

　　记住：**趋势是你的朋友。**我们喜欢与朋友相处愉快，因此我们将努力顺应趋

势。一句话，顺势则昌，逆势则亡。

在下面一节课程中，你将学习到如何使用多重时间框架进行顺应趋势方向的正确交易，那么你将因此最小化你的交易风险和损失。

四、外汇轴心点交易的建议

下面是一些比较容易记住的建议，它们可以帮助你做出明智而审慎的轴心点交易决策。

（1）如果价格位于轴心点 PP，观察一个回撤到 R1 或者 S1 的运动。

（2）如果价格位于 R1，期待一个回撤到 R2 或者 PP 的运动。

（3）如果价格位于 S1，期待一个回撤到 S2 或者 PP 的运动。

（4）如果价格位于 R2，期待一个回撤到 R3 或者 R1 的运动。

（5）如果价格位于 S2，期待一个回撤到 S1 或者 S3 的运动。

（6）如果有一则不是很重要的新闻影响市场，那么汇率将经常从 PP 位置运动到 S1 或者 R1。

（7）如果有一则非常重要的新闻影响市场，那么汇率将穿过 S1、R1 到达 S2、R2 甚至更远。

（8）S3 和 R3 是一波动的极限区域，但是在市况激烈的时候也很可能被冲破。

（9）轴心线系统在震荡和区间市场中非常适合见位交易，也就是低渣高沽，逆市但不逆势，这个时候价格经常在 R1 和 S1 之间运动。

（10）在一个强劲的上升趋势中，价格将一路过关斩

将，持续上升，这时候破位做单更为合适，也就是突破而作！单边的下降趋势也是如此。

五、小　结

（1）轴心点系统经常作为职业交易者和做市商的交易工具，他们采用这个系统决定具体进出场的位置。这些关键位置是根据前一天的开盘价、最高价、最低价、收盘价计算出来的。这个系统可以很好地帮助我们决定具体的进场位置和停损位置。当然，这之前我们需要运用其他工具帮助我们决定趋势方向。

（2）正如图 16-3 所显示的一样，轴心点系统在外汇交易中特别有用，因为许多汇率都是在若干水平之间波动。

（3）在确认一个支撑水平有效之后，区间交易者将进场做多；在确认一个阻力水平有效之后，区间交易者将进场做空。

（4）轴心点系统同样也为突破交易者提供了确认关键位置的方法，通过确认关键位置，我们可以确认关键突破，从而确认趋势强度，以此作为进场依据。这就是突破而作。

（5）轴心点系统的简单明了无疑会使它成为一种有用的工具，从而成为一个交易工具箱中的一件法宝。它可以帮助逆察觉可能的支撑和阻力，而且你的进场和停损点放置将更加合理。

（6）**学习将轴心点系统与其他技术分析工具结合起来使用，如蜡烛图形态、MACD 交叉、移动平均线交叉、振荡指标超买和超卖。**过滤越多，参验越周详，则你成功的可能性越大。但是我们也不能犯了过度优化的错误。

轴心点系统既可以和均线结合起来使用，也可以和 KD 结合起来使用，还可以和 K 线结合起来使用。你还能想到哪些可能有效的使用组合？

请参考附录"轴心点系统相关的经典外汇交易小策略"。

第十七阶

主要货币对的历史走势和影响因素

一、欧元/美元的历史走势和影响因素

1. 欧元的历史走势

欧元兑美元的历史走势如图 17-1 所示。

图 17-1　欧元兑美元历史走势

资料来源：Investing.com。

2. 欧元的特性

在后面的课程当中我们将会知道欧元占美元指数的权重为 57.6%。也就是说，欧元的比重最大，所以欧元基本上被当作美元的对手货币，也就是"反美元"。外汇交易者可通过欧元来判断美元走势的强弱。具体谈到欧元本身的货币特性和走势特点，我们要说由于其在国际交易中比重和交易量都很大，所以欧元是主要非美币种里最为稳健的货币，这就好比股票市场里的大盘股。欧元作为"龙头股"常常引导欧系货币和其他非美货币的走势，其"领头羊"的作用由此可见一斑。从这一点来讲，我们建议新手入市最好先选择欧元作为主要操作币种。至于提出这个建议，还有其他几点原因。

首先，因为欧元面市仅数年，正是在技术分析网络化和大众化的时期进行交易的，所以它的走势颇为符合技术分析的规则。其次，由于它的交易量较大，所以不容易被操纵，干扰技术走势的因素较少，仅从技术分析角度而言，对其较长趋势的把握更具有效性。最后，除了一些特殊市况和交易时段，通常情况下，对关键水准和趋势线以及形态的突破，可靠性都是相对较强的，如适合正统的突破交易原则。

3. 欧元的影响因素

影响欧元的主要基本面因素有下列这些：

（1）通胀水平。欧元区货币政策的唯一目标就是稳定价格，这与美联储的货币政策目标存在差异，因为美国的货币政策必须兼顾就业和价格稳定两方面的要求。欧元区的价格稳定主要通过调和消费物价指数（Harmonized Index of Consumer Prices，HICP）来衡量，政策要求其年增长量低于 2%。如果高于这个水平，则很可能面临加息的举措。

（2）3 个月欧洲欧元存款。这个项目的具体含义是指存放在欧元区外的银行中的欧元存款。这个利率与其他国家同种同期利率的利差也被用来评估汇率水平，因为资本具有追逐高收益的特征，所以当三个月欧洲欧元存款利率高于同期欧洲美元存款利率时，欧元兑美元的汇率就会得到提振。

（3）德国 10 年期金边政府债券。**欧元区政府 10 年期债券与美国 10 年期国库券的利差是另一个影响欧元兑美元走势的关键因素。**由于德国是欧元区的经济引擎，所以在进行具体比较时我们采用德国 10 年期政府债券作为基准。如果德国 10 年期政府债券利率水平低于同期美国国库券，但是利差逐渐缩小（即德国金边债券收益率上升或者是美国金边国库券收益率下降），理论上会提振欧元兑美元的走势。因此，两者的利差变动趋势和预期一般比两者的绝对价值更有参考意义。

（4）3月期欧洲欧元期货合约。该合约价值显示市场对三个月欧洲欧元存款利率的期望值（与合约的到期日有关）。例如，3月期欧洲欧元期货合约和3月期欧洲美元期货合约的息差将影响欧元兑美元未来走势的基本变化。

（5）重要欧元区经济数据。最重要的经济数据来自德国，因为德国目前仍是欧元区内最大和最具影响力的经济体，而且目前欧洲央行的雏形也来自德国央行。其中一个比较重要的经济数据是IFO调查，这是一个使用广泛的商业信息调查指数，我们在介绍重要经济数据时已经讲过了这个数据。

欧元区比较重要的经济数据还是与利率预期有关。

（6）欧盟成员国的财政赤字。在欧元区拥有统一的货币政策，但是在财政政策上却缺乏有效的统一，而这会威胁到欧元的稳定性。为了巩固欧元的地位和维护其稳定，欧元区制定了稳定和增长协议（the Stability and Growth Pact），这个协议规定各国财政赤字必须控制在占国内生产总值的3%以下，并且各国都要有进一步降低赤字的义务和目标。

4. 欧盟的主要贸易对象

欧盟的主要出口对象为美国、瑞士、日本。

欧盟的主要进口对象为美国、日本、中国。

二、英镑/美元的历史走势和影响因素

1. 英镑的历史走势

英镑兑美元历史走势如图17-2所示。

2. 英镑的特性

伦敦作为货币交易最为活跃的金融中心，英镑受益匪浅。英镑是曾经的世界货币，目前仍旧是投机者最为喜欢的货币，也是最值钱的货币，因其对美元的汇率较高。英

图 17-2　英镑兑美元历史走势

资料来源：Investing.com。

镑每日的波动也较大，但是其交易量则远逊于欧元。不仅是英镑兑美元，英镑兑日元和英镑兑瑞士法郎等交叉货币对也呈现出很高的波动性，其主要原因之一是伦敦作为最早的外汇交易中心，其货币交易员的技巧和经验都是顶级的，而这些交易技巧在英镑的走势上得到了很好的体现。由于上述原因，英镑相对欧元来说，投机成分因素特别多，而在短线的波动中这种特点特别明显。伦敦的交易员对经验较少的投资者的"欺骗"可谓"屡试不爽"，他们经常在伦敦开盘的时候故意触发止损，然后再向真正的运动方向走去。正因为这样，短线操作英镑是考验投资者功力的"试金石"。但是我们奉劝那些经验和技巧还不成熟的交易者对英镑最好敬而远之。

　　不管是从地缘来讲，还是从经济联系来讲，英镑都属于欧系货币。英国与欧元区经济政治密切相关，这从下面的进出口主要对象就可以看出来。正因为这种紧密的联系，**欧盟方面的经济政治变动对英镑的影响颇大**。但是，如果

伦敦金融城是每一个外汇交易者都应该去一趟的地方，此处能让你有对战全球顶尖高手的感觉。

英国加入欧元区，则英国的利率水平必须降低到欧元利率水平。因此，任何关于英国有可能加入欧元区的言论都会打压英镑汇率。

另外，由于英国在北海拥有石油，油价的上涨在一定程度上利好英镑。当然，这是在其他条件相同的情况下。

3. 英镑的影响因素

影响英镑的主要基本面因素有：

（1）基准利率。英格兰银行是英国的央行。它负责制定主要利率，这个利率是最低贷款利率（基本利率）。每月的第一周，英格兰银行都会用利率调整来向市场发出明确的货币政策信号。由于息差是导致国际资本流动的主要原因，所以基准利率变化通常都会对英镑产生较大影响。

（2）10年期金边债券收益率。英国的金边债券与同期其他国家债券或美国国库券收益率的差别也会极大地影响到英镑和其他国家货币的汇率。

（3）重要的英国经济数据。英国的主要经济数据包括：初始失业率平均收入、零售物价指数、工业生产值、国内生产总值、采购经理指数、制造业和服务业调查报告。

（4）3个月欧洲英镑存款期货。该合约的价格反映了市场对三个月以后的欧洲英镑存款利率的预期，与其他国家同期期货合约价格的差别也很可能引起英镑汇率的变化。

4. 英国的主要贸易对象

英国的主要出口对象为美国、欧元区。

英国的主要进口对象为美国、欧元区。

三、美元/瑞士法郎的历史走势和影响因素

1. 瑞士法郎的历史走势

美元兑瑞士法郎的历史走势如图17-3所示。

2. 瑞士法郎的特性

由于历史传统和国际法的规定，瑞士是传统的中立国，瑞士法郎也是传统的避险货币。在美国和非欧洲大陆的政治动荡期，能吸引避险资金流入。此外，**瑞士宪**

图 17-3　美元兑瑞士法郎历史走势

资料来源：Investing.com。

法曾规定，每一瑞士法郎必须有 40% 的黄金储备支撑，虽然这一规定已经失效，但瑞士法郎同黄金价格仍具有一定心理上的联系。黄金价格的上涨，能带动瑞士法郎一定程度的上涨。与黄金的心理联系更是加强了其避险货币的特征。

瑞士是一个金融业极其发达的国家，其苏黎世的投资客举世闻名。瑞士是一个小国，所以决定瑞士法郎汇率的更多的是外部因素。另外，因其也属于欧系货币，因此，平时基本上跟随欧元的走势，图像上是欧元的镜像倒转。

由于瑞士法郎利息较低，最近两年也成为息差交易的借入货币。

3. 瑞士法郎的影响因素

影响瑞士法郎的主要基本面因素有：

（1）基准利率。瑞士国家银行是瑞士的中央银行。它使用贴现率的变化来宣布货币政策的改变。这些政策的变化对货币有很大影响。但是，贴现率并不经常被银行作为贴现功能使用。

（2）3 个月欧洲瑞士法郎存款。存放在非瑞士银行的瑞

瑞士宣称永不加入欧元区，按照博弈论的解释，这样的承诺有什么好处呢？

320

士法郎存款称为欧洲瑞士法郎存款。该存款的利息和其他国家同期欧洲存款利息之差也是影响瑞士法郎走势的重要因素之一。

（3）重要的经济数据。对瑞士而言最重要的经济数据包括货币供应量、消费物价指数、失业率、国际收支平衡、国内生产总值和工业生产。

4.瑞士的主要贸易对象

瑞士的主要出口对象为欧元区、美国。

瑞士的主要进口对象为欧元区、美国。

四、美元/日元的历史走势和影响因素

1.日元的历史走势

美元兑日元的历史走势如图17-4所示。

图 17-4　美元兑日元历史走势

资料来源：Investing.com。

2.日元的特性

对于邻国日本的地理状况和经济情况我们比较了解。它的国内市场狭小，一直

坚持出口导向型,以教育和科学立国。特别是近十余年经济衰退,出口成为国内经济增长的救生稻草。为了抑制日元走强,日本财政部经常性地干预汇市,使日元汇率不至于过强。一直以来,保持出口产品竞争力成为日本习惯的外汇政策。日本方面干预汇市的手段主要是口头干预和直接入市。因此,日本央行和财政部官员经常性的言论对日元短线波动影响颇大,是短线投资者需要重点关注的,也是短线操作日元的难点所在。

因为日本经济的对外联系比重极其大,与重要的贸易伙伴如美国、中国以及东南亚地区密切相关。因此,日元汇率非常容易受外界因素影响。例如,中国经济的增长对日本经济的复苏日益重要,因而中国经济增长放缓的消息对日元汇率的负面影响也越来越大。

日本虽是经济大国,但却是政治上的小国,不得不唯美国马首是瞻。因此,从汇率政策上来说,基本上需要符合美国方面的意愿和利益。如1985年的"广场协议"正是政治上软弱、受制于人的结果。

石油价格的上涨对日元是负面的,虽然日本对石油的依赖日益减少,而且现在日本大量投资于油田和输油设施,所以石油价格的上涨对日本的影响已经没有以前那么大了。

3. 日元的影响因素

影响日元的主要基本面因素有:

(1)日本财政部的汇率干预。日本财政部对汇率的影响要超过美国、英国或德国财政部。日本财政部的官员经常就经济状况发布一些言论,这些言论一般都会给日元造成影响,如当日元发生不符合基本面的升值或贬值时,财政部官员就会进行口头干预。所以,日本财政部有好几任官员被称为"日元先生"。

(2)基准利率。日本银行是日本的中央银行。隔夜拆借利率是主要的短期银行间利率,由日本银行决定。日本银行也使用此利率来表达货币政策的变化,是影响日元汇率的主要因素之一。

(3)日本政府金边债券的收益率。为了增强货币系统的流动性,日本银行每月都会购买10年期或20年期的日本政府债券。10年期日本政府债券的收益率被看作长期利率的基准指标。例如,10年期日本政府债券和10年期美国国库券的基差被看作推动美元兑日元汇率走向的重要因素之一。日本政府金边债券价格下跌,也就是收益率上升,通常会利好日元。

(4)重要的经济数据。日本较为重要的经济数据包括国内生长总值、短观报

告、国际收支、失业率、工业生产值和货币供应量。

4. 日本的主要贸易对象

日本的主要出口对象为美国、中国、韩国。

日本的主要进口对象为中国、美国、韩国。

五、美元/加拿大元的历史走势和影响因素

1. 加拿大元的历史走势

美元兑加拿大元的历史走势如图 17-5 所示。

图 17-5　美元兑加拿大元历史走势

资料来源：Investing.com。

2. 加拿大元的特性

加拿大元属于后面我们将会介绍的"商品货币"。**加拿大是西方七国里最依赖出口的国家**，其出口占其国内生产总值的四成，而出口产品主要是初级农产品和海产品。另外，加拿大是西方七国里唯一一个石油出口国家，因此石油价格的上涨对加拿大元是大利好，使其在对日元的交叉盘中表现良好。

加拿大元是非常典型的美系货币，其出口的80%面向美国，加拿大与美国的经济依存度极高。表现在汇率上，就是加拿大元对主要货币和美元对主要货币走势基本一致，例如，欧元对加拿大元和欧元对美元在图形上保持良好的同向性，只是在近年美元普遍下跌中，此种联系才慢慢减弱。经常我们可以通过加拿大的经济数据推测美国的经济数据。

加拿大元日内波幅相对较小，但是日线上趋势比较明显，这点与日元类似。

3. 加元的影响因素

影响加拿大元的主要基本面因素有：

（1）大宗商品价格。加元汇率更多地受到非能源商品价格变动的影响。石油价格的上涨会为加元带来压力，因为这会削弱加元的购买力。

（2）基准利率。加拿大的中央银行就是加拿大银行，它的主要目标是维护价格稳定。作为一个商品出国口，它的经济总是容易过热，所以加拿大的利率比较高，以便保证通胀处于可以控制的范围。另外，较高利率使加拿大元成为套息交易的买入对象，而套息交易无疑加剧了加元的强势。

（3）合并和收购活动。由于加拿大和美国属于北美自由贸易区，经济联系高度密切，所以企业的并购活动此起彼伏。这些活动将导致资金的跨国流动和货币转换，对于美元兑加拿大元的走势短期内有显著的影响。

（4）重要的经济数据。加拿大的重要经济数据有失业数据、消费者物价指数、国内生产总值、国际贸易收支、生产者物价指数等。

4. 加拿大的主要贸易对象

加拿大的主要出口对象为美国、欧元区、日本。

加拿大的主要进口对象为美国、中国、墨西哥。

六、澳大利亚元/美元的历史走势和影响因素

1. 澳大利亚元的历史走势

澳大利亚元兑美元的历史走势如图 17-6 所示。

图 17-6　澳大利亚元兑美元历史走势

资料来源：Investing.com。

2. 澳大利亚元的特性

澳大利亚元也是典型的"商品货币"和"美系货币""亚系货币"。澳大利亚在煤炭、铁矿石、铜、铝、羊毛等工业原材料和棉纺品的国际贸易中占绝对优势，所以这些大宗商品价格的上涨，对于澳元的上涨有很大的推动作用。

另外，虽然澳大利亚并不是黄金的重要生产和出口国，但是澳元和黄金价格正相关的特征比较明显。石油价格也是如此，例如，近几年来代表世界主要商品价格的国际商品期价指数一路攀升，特别是 2001 年下半年之后的黄金、石油的价格大

涨提振了澳大利亚元的强势。但是 2010 年之后，随着中国经济软着陆和转型，澳大利亚元走势就比较难看，加上美元加息，其一路下挫。

3. 澳大利亚元的影响因素

影响澳大利亚元的主要基本面因素有：

（1）大宗商品价格。**澳元被称为"商品货币"，其汇率与金、铜、镍、煤炭和羊毛等商品的价格存在紧密联系，这些商品占澳大利亚总出口额的近 2/3**。因此，澳元走势的高低通常受这些商品价格趋势的较强影响。澳元经常在通胀的经济环境下获得支持，而此时正是商品价格高涨的时候。

（2）日本经济。澳大利亚与日本经济紧密联系，毕竟日本吸收了澳大利亚 20% 的出口，这可以解释为什么澳元会跟随日元的走势。例如，外汇市场中澳元兑美元的汇率与美元兑日元的汇率之间的负相关关系就比较容易识别。

（3）基准利率。澳大利亚的中央银行是澳大利亚储备银行。澳大利亚储备银行最重要的货币政策工具就是隔夜货币市场利率，或称作现金利率目标。现金利率是两家金融机构间的隔夜贷款利率。

4. 澳大利亚的主要贸易对象

澳大利亚的主要出口对象为日本、美国、中国。

澳大利亚的主要进口对象为美国、日本、中国。

高阶课程

故明君贤将，所以动而胜人，成功出于众者，先知也。先知者，不可取于鬼神，不可象于事，不可验于度，必取于人，知敌之情者也。

——《孙子兵法·用间篇》

第十八阶

多重时间框架

欢迎你进入外汇交易高阶课程的学习。在这里，我们将接触一些外汇交易的隐秘方法和普遍方法。希望你能找到你自己的交易风格，正如截拳道创始人李小龙所说："**以无法为有法，以无限为有限！**"

一、应该选择什么样的时间框架进行交易

在前面的课程中我们基本上已经接触了以技术分析为主的各种交易工具，我们也知道**只有形成工具的有机组合才能发挥作用**，问题是我们需要知道我们采用的时间结构。一个关键问题是**成功的交易者有着各自的交易节奏和时间框架**。下面我们就来谈谈这个问题。

交易者交易失败的一个主要原因在于他们没有找到适合他们个性特征的时间框架。菜鸟级交易者由于急于迅速累积财富，所以一般都采用了比较小的时间框架，如 1 分钟图或 5 分钟图。接着他们就在交易上遭受很大的挫折，原因在于他们以一个错误的时间框架开始了交易，而这个交易框架并不适合他们的性格，以及他们缺乏相应的交易技能。

除了交易之外，每个人都有不一样的人生，因此交易的时间框架必然要考虑到这一问题。

交易框架要适合个人的资本状况、时间资源、风险偏好、交易成本等具体现实。

根据我们自己在外汇交易上累计的成功经验和失败的教训，我们认为最适合外汇保证金交易的时间框架是以小时图为主的时间框架。这个时间框架不是很长，也不太短。其发出的交易信号既不太多，也不会太少。而且我们有充足的时间去分析这个市场，也比较符合人的作息规律。

我们有一位旅居北欧的好朋友，他不习惯在小时图上进行交易。因为他觉得这个时间框架对他而言过慢，在得到一个交易机会之前他已经耗费了大半时间等待。所以，他偏好 10 分钟图上的交易。当然，对于他这种 A 型性格的人来说，这也给予了他充分思考决策的时间。另外不能忽视的是，越是短的时间框架对交易者的经验和心理素质要求越高。但是，对于绝大部分人来说，这是很难做到的。因为我们的内在节奏决定了我们可能对此无所适从。

还有一位在成都的交易好手却认为在小时图上交易节奏过快，而且几乎是刮头皮的利润。因此他仅在日线图上交易。他基本上把外汇保证金交易的时间结构拉到最长。

现在，也许你要问什么是最适合你的交易时间结构。如果你认真地看了上面的那些文字，你应该已经知道这个问题的答案了：这取决于你的个性。你必须对你交易的时间架构感到合适。

当涉及真实的资金进行交易时，你将总是感到某种压力和挫折感。但是我们觉得这种挫折感既与你的资金管理有关，也与你的时间框架有关。当你选择了大于自己风险承受能力的资金进行冒险，当你选择了过快或者过慢的时间框架，这样你就容易感受到压力和挫折。

当我们刚开始进行交易的时候，我们不必死守某种时间框架。我们以 15 分钟图开始交易，接着在 5 分钟图上进行，跟着是小时图、4 小时图、日线图等。可以告诉大家，我们采用的时间框架是以小时图为主，向上兼顾 4 小时图，向下兼顾 5 分钟图。当然，你的选择还取决于你的个性。

交易的时间框架经常被划分为三类：长期（Long-term）、

日线图上的交易对于初学者而言有利也有弊，最大的弊端在于积累有效经验需要更长的时间，因为获得交易的足够样本需要非常长的时间。

短期或者波段（Short-term or Swing）、日内（Intraday or Day-trading）。

二、时间框架剖析

哪一种交易时间结构最好？这取决于你的个性。

表 18-1 是我们对交易时间框架的一个剖析，你可以找到选择的依据。

> 认识自己，认识自己的个性，认识自己的思维习惯，这需要一个漫长的过程。

表 18-1　交易时间框架的优劣比较

时间框架	描述	优势	劣势
长期	长期交易者将经常选择日线图和周线图进行交易，周线图帮助建立长期的视角，并且辅助在日线图上找出进场位置。这些交易经常跨越几周、几个月，甚至若干年	不需要紧盯日内市场，较少的交易意味着较少的情绪波动和较少的精力付出以及较少的点差	需要较大的停损，要求保持耐性，错误的代价是巨大的
短期和波段	短期交易者使用小时图、4 小时图等时间框架，并且持仓时间从几小时到一周。我们就是采用这种时间框架	更多的交易机会，较少出现月度损失。盈利来自每日的交易而不是一年中少数几笔单子，风险分散了	交易费用上升，而且过夜有时称为一种风险
日内	日内交易者使用 1 分钟图或者 5 分钟图，以及 15 分钟图。他们坚持日内了结头寸的做法，不持有过夜仓	交易机会更多，盈利来自每日交易，不存在过夜风险	交易费用最高，由于频繁交易引起情绪波动和精力不足，在心理上和具体操作上容易出现问题，进而影响交易绩效，所以非常需要机械交易系统的协助

你需要在实践中找出适合你的时间结构。

同样，你也需要考虑你交易的资本账户。较短的时间结构允许你更好地利用保证金，并且有助于你迅速止损。较大的时间结构要求较大的资金量，这样你才能捕捉那些较大的市场波段，而不会面临保证金不足的窘境。

当你最终决定了适合你的时间框架之后，那么交易的乐趣也就开始了。当然适合你的时间框架是一个多重的，一般是三重，最高一层决定市场方向，最下面一层决定具

> 适合你的时间结构并不是一开始就能发现的，有一个不断调试的过程。

其实，交易也就是方向和位置这二重性的辩证法。进出加减是具体的步骤，而位置和方向始终贯穿其中，任何交易系统、交易策略、交易技巧、交易步骤都要涉及这个二重性，谁解决得好谁就是高手。

体的进出场位置的时机，而中间一层则要同时兼顾方向和位置这两个交易要素。

三、多重时间框架涉及的问题

如果在不同时间框架的图表上查看同一货币对的走势，你将发现相互之间存在矛盾。也许在周线图上一条主要的移动均线在上升，发出了一个买进的信号，但是在日线图却给出了一个卖出信号。也许最终的买卖意见取决于小时内的情况，但是 10 分钟图却告诉我们市场在震荡。那么我们应该如何选择呢？

下面我们就结合具体的实例进行讲解。

1. 5 分钟图

图 18-1 是 EUR/USD 的 5 分钟图，这幅图是 2005 年 11 月 3 日截取的。

价格上升到 100 期简单移动平均线之上，而这是一个看涨的信号。价格最终突破并且收盘于之前的阻力线之上。那么，这是一个做多的好机会吗？如果你回答是，那么请看图 18-2，接下来汇率上冲了一点之后就大幅下跌了，看来刚才你的回答不正确。

2. 60 分钟图

让我们在更大的时间框架上查看当时的情形（见图 18-3），同样是在 2005 年 11 月 3 日。

图 18-1　多重框架分析与交易（1）

图 18-2　多重框架分析与交易（2）

图 18-3　多重框架分析与交易（3）

汇率突破了下降通道，发出一个看涨信号。并且它在 100 期简单移动平均线之上交易，而这又是一个看涨信号。最后一根蜡烛突破了先前的阻力线，并且收盘于其上，真的是发出了太多的看多信号了。

但结果价格又跌回了通道之中（见图 18-4）。看看最后一根蜡烛线，它下跌了如此之多，甚至击穿了图表的下边沿。

3. 4 小时图

现在我们移到更高一级时间框架查看同一情况。在同一时间我们查看同一汇率的 4 小时图，当你第一眼看见这幅图的时候是否会如见到 5 分钟和小时图一样看涨后市？

如图 18-5 所示，目前汇率在一个下降通道中运行，而这是一个看跌的信号。汇率触碰到了下降通道的上趋势线，这是一个极端看跌的信号。当然，汇率仍旧处在 100 期简单移动平均线之上，这算得上一个看涨信号，但是下降通道的出现不得不让我们万分惊觉，特别是这个时候汇率在上沿处进行交易。

图 18-4 多重框架分析与交易（4）

图 18-5 多重框架分析与交易（5）

如图 18-6 所示，汇率果然仍旧处于下降通道中，它触及上趋势线之后掉头急转直下。

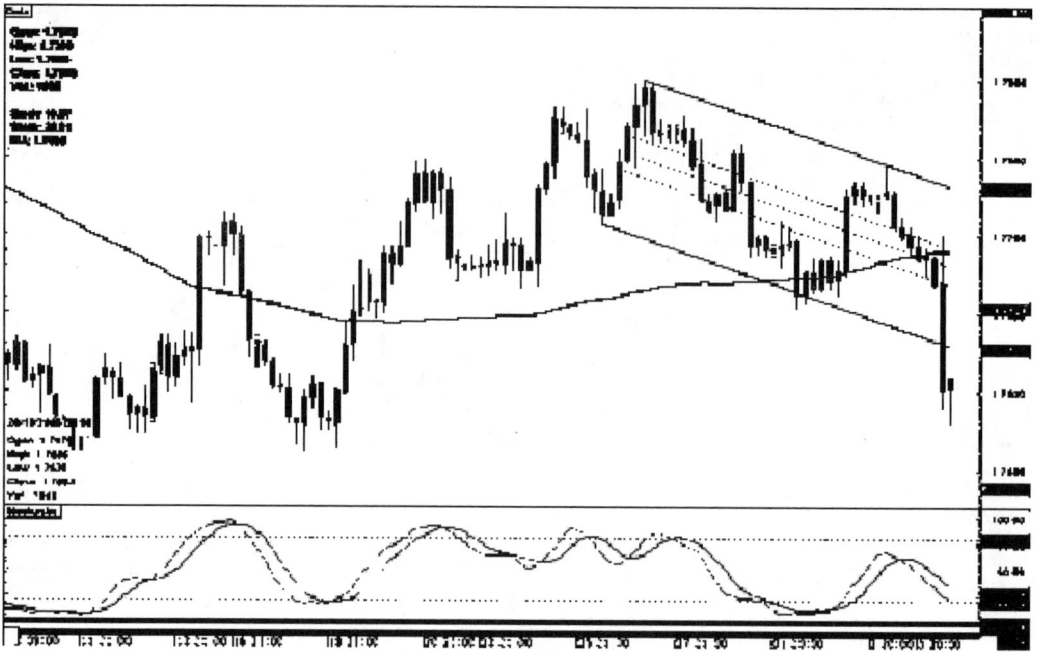

图 18-6　多重框架分析与交易（6）

4. 日线图

现在，我们继续移向更高一级的时间框架图形。从日线图上我们可以看到什
么？如图 18-7 所示汇率处在一个显著下降的趋势中。它低于 100 期简单移动平均

图 18-7　多重框架分析与交易（7）

线，并且处于下降通道当中。你注意到了最后一根蜡烛线吗？它测试了上趋势线然后反转，这可不是看涨的信号。

果然，如图18-8所示，如同我们看见的那样，下跌趋势继续。

图18-8 多重框架分析与交易（8）

那么，从上面这个例子我们可以知道什么呢？

所有的图表显示了同一汇率在同一段时间的表现。不同之处在于，每种图表采用的时间框架不同而已。现在你知道多重时间框架的重要性了吧？这个系统也被北美的部分交易者称为三重虑屏系统，因为他们使用三重时间框架进行交易。

我们可能只看了15分钟图，并且认为市场如此看好。我们也许最后还不知道为什么一个牛市突然反转。也许我们一直没有意识到应该看看较大一级时间框架的情形。当市场在15分钟图像上运动时，我们应该在更高的时间框架上寻找线索，相互参验。

我们中的一员——Shellcoder，花了几万美元才了解到时间框架越大，则支撑阻力水平越重要。应用多重交易框架使得我们可以比单独依据某一时间框架更为赚钱。多重交易框架可以让你守住某些头寸，因为你对自己在较大背景中所处的位置洞若观火。

绝大部分菜鸟级交易员仅查看一种时间框架下的图表。他们盯着单一时间结

构，在这上面应用他们的指标，并且基本忽略了其他的时间框架。问题在于，一个新的趋势基本来自另外更大的时间框架，而这个趋势经常导致那些忽略大图像的交易者亏损。

打开更广阔的视野去查看市场的运行。不要太靠近市场，应该保持一定距离。

选择你偏好的时间结构，接着移向更高一级时间框架查看市场的趋势，以便做出战略决策。然后返回你偏爱的那级时间结构做出进出的战术性决策。但是这两重时间结构就可以帮助你远胜其他依赖单一时间结构的交易者。

你能研究的时间框架数目很显然存在一个限制。我们的建议是至少使用两种时间框架，但不要超过三种，原因是更多的框架只会导致你无法决策，而且对于交易来说最为重要的是方向和位置，两重或者三重时间框架完全可以胜任这一要求了。

我们更偏好三重时间框架。最大一级时间框架告诉我们市场的方向，最小一级时间框架告诉我们市场的位置，而中间的时间框架则把方向和位置结合起来给出交易决策。

> 其实，讲深一点，震荡指标是在告诉你位置，动量指标则是告诉你方向。

你可以使用任何自己觉得合适的时间框架，前提是你选择的时间框架之间不能太近也不能太远。你可以使用下列组合之一：

1 分钟，5 分钟，30 分钟；

5 分钟，30 分钟，4 小时；

15 分钟，1 小时，4 小时；

5 分钟，1 小时，4 小时；

1 小时，4 小时，日；

4 小时，日，周。

当你选择时间框架时一定要考虑效率问题，我们在最近几个月一直在测试一种国外的最新交易程序 Dollygirl，这个程序应用了多重交易时间框架理念，但是用得比较过分，因为它将 1 分钟、5 分钟、10 分钟、15 分钟、30 分钟、1 小时、2 小时、4 小时、日、周、月等时间框架全部列出并

表明各种时间框架下的趋势。也许程序设计者的初衷是为了照顾各种时间架构的交易者，但是这样做会让交易者们无所适从。

过于复杂的多重时间框架分析系统也没有太大的实战意义。

四、多重时间框架交易系统

我们在理论上已经做了一些描述，现在我们来进行实际的分析和选择。这里我们参照 Alexander Elder 博士的三重滤网系统给出一个我们经常使用的操作框架。交易的世界并没有纸面那么理想，更多的时候不同时间框架下的指标可以提示我们同一时间的汇率既处在上升趋势，也处在下降趋势。例如，日图上均线上升，发出买入信号，然而在 4 小时图上，均线却是下降的，发出卖出信号。同样，1 小时图均线上升，提示做多，而 15 分钟图均线却下降，提示做空。那么，作为一个成熟而理智的外汇交易者，我们应当如何处理这些矛盾的信号呢？

初级水平的交易者往往会选择那些自认为最明显和重要的信号，并死死盯着一个特定的时间框架图，仅在这个时间框架上运用指标进行分析，并且完全忽略其他的时间框架，这种做法其实代表着一种机械和狭隘的分析视角，最终会让这些交易者的绩效显得惨不忍睹。**作为一个懂得自然法则和辩证规律的交易者应当密切关注不同时间框架间的互动关系。**

最低的要求是两重时间框架。

在外汇市场中，部分交易者开始使用日线做交易时赔了钱，这使他们经常一厢情愿地认为，如果加快交易频率，交易绩效会有所提高。但是事实却是如果用日线图不能赚钱，那么加快交易频率只会让交易者赔得更惨。较低时间框架下，屏幕上纷纭变动的数据让这些输家陷入了迷乱状态。

当然，也有部分更加固执的外汇交易者采取了更为极端的做法，他们通过交易商的特别服务，采用更为快速的行情数据来交易。但是，这并不管用，因为现在平台之间的同步性已经使平台间的套利变得不再可能。

总体而言，发生上述这些问题的原因不是平台反应过于迟钝，而是交易者本身的决策过程杂乱无序、毫无章法。**解决周期冲突的问题，交易者不应当进一步靠近市场去深究那些细枝末节，而是应该后撤——用大视角来把握整体。首先做出战略决策，确定市场趋势方向，然后再贴近市场，去寻找关键位置作为入场点和出场点。**这就是多重时间框架交易系统要探讨的全部内容。

在实际操作中，可能会有交易者问：如何界定长短时间框架呢？这个问题的答案就是多重时间框架交易系统避开了死板的定义，将重心放在不同时间框架间的关系上，从而巧妙地解决了这个问题。

要选取你最喜欢和擅长的交易时间框架，它被称为"中间时间框架"。如果你喜欢日线交易，那么你的中间时间框架就是日图；如果你是一名日内交易者，喜欢采用5分钟图，那么中间时间框架就是5分钟图。

我们根据多重时间框架理论的基本思想，将中间时间框架乘以5倍，即可得出长期时间框架。若你的中间时间框架是日图，长期时间框架则是周图。中间周期是五分钟图，长期时间框架则是半小时图，依此类推。选择你偏好的交易时间框架，把它定义为中期时间框架，旋即将它放大，形成上一级别的长期时间框架。在长期时间框架图表上研究趋势和方向，再下降至中期时间框架来寻找位置并设定具体的入场点和出场点。

多重时间框架交易理论的核心原则就是开始分析时，首先后退一步，采用大视角考察较长期图表，以确定市场方向和趋势。然后再贴近市场，确定关键位置以便寻找入场点和出场点。

下一级要服从上一级。

1. 多重时间框架交易系统的一般使用

第一步，在较长期时间框架上采用趋势指标判断市场趋势和方向——这是第一重时间框架。

第二步，在中期时间框架上运用震荡指标和支撑阻力指标来确定关键位置从而确定入场点和出场点——这是第二重时间框架。

第三步，利用多种方法来具体设置交易订单——这就是第三重时间框架。

我们可以采用中期时间框架或短期时间框架来安排交易单。

2. 第一重时间框架——长期时间框架

为了确定第一重时间框架，首先选择你最喜欢和擅长的交易周期，并将它定义为中间时间框架。再把它的长度乘以 5 倍，得出长期时间框架。如果你选择日线作为中间时间框架，则立刻将注意力移至周线，即在你的长期时间框架上进行分析。在这个决策过程里，暂时不要关注日图，因为这会影响你对周图的分析，从而影响对趋势的分析。

假如日内外汇交易者把 10 分钟图作为中间时间框架，则须将注意力立即移至 1 小时图。1 小时图与 10 分钟图的 5 倍，即 50 分钟图略有差异，不过无碍大局，毕竟交易只是一门不那么精确的科学。

假如你是长线外汇交易者可以选择周线作为中间时间框架，并把月线作为长期时间框架。在月线上采用趋势指标进行分析，判断出市场方向以确定做多、做空或是观望。

我们的多重时间框架交易理论采用 4 小时图的 MACD 柱线的坡度作为判断方向的趋势指标。这个指标非常敏感，发出许多买卖信号。现在我们更喜欢采用 4 小时线上的指数加权移动平均线作为长期时间框架上的主要趋势指标。其实，在我们看来，MACD 和移动平均线都是判断趋势的好指标，并无太多优劣之分。

如果在 4 小时图上采用指数加权移动平均线，那么当 4

交易最终一定是一门科学！关于有效博弈的科学！

小时图上的指数加权均线上升时，则表明汇率处于上升趋势，至少应该避免做空。当指数移动平均线下降时，则表明汇率处于下降趋势，至少应该避免做多。交易者可以测试均线的参数并寻找到适应特定市场的优化均线。其他指标也是如此。但是，我们也不必极端地想象优化的魔力，毕竟一个好的交易系统很大程度上并不依赖于参数的变化。

同时，我们建议在 4 小时图上继续运用 MACD 柱线，当指数加权均线与 MACD 柱线协调一致、彼此呼应时，则表明确立了动力十足的趋势，鼓励交易者投入较重仓位。4 小时图上 MACD 柱线与价格发生的背离，则是技术分析中最强烈的信号，甚至超过了指数加权均线的提示。

3. 第二重时间框架——中间时间框架

返回到中间时间框架，并且采用震荡指标来寻找顺应长期趋势方向的交易机会。在采用的长期时间框架为 4 小时线图的前提下，当 4 小时线趋势看涨时，等待 1 小时图线震荡指标回落进入超卖区域，进而发出买入信号。在回调时买进，比在突破时买入要更为安全。

相反情况下，当 4 小时图线看跌时，等待 1 小时图线震荡指标上涨到超买区域，进而发出做空信号。在反弹时做空，要比创新低时跟进做空安全。至于具体震荡指标的选择，取决于你的交易风格和偏好，可以选择相对强弱指标或者是随机震荡指标，也可以采用 DEMARK 指标等。

一般而言，保守的交易者会选择一个相对慢速的震荡指标，如采用 1 小时线上的 MACD 柱线或 KD 用于第二重时间框架上的分析。当 4 小时图看涨时，等待 MACD 柱线回落至零轴之下，并再度弯头向上时，或者等 KD 回落至超卖区发出买入信号时寻找做多机会。

处于下跌中的市场时则反之。当 4 小时图的趋势指标表明趋势向下，则 1 小时图的零轴之上 MACD 柱线掉头向下，或者 KD 上涨至超卖线并且发出做空信号时寻找做空机会。

通常情况下，**在主要趋势的早期阶段，慢速振荡指标效果颇佳，此阶段汇率运行较为迟缓。在趋势的加速阶段，汇率拉回修正的幅度较浅，要想跳上快速运动的趋势，交易者需采用快速的振荡指标。**

我们建议外汇交易者可采用强力指数（Force Index）。4 小时图趋势向上，1 小时图上的强力指数回落至零轴之下，则出现买入机会；4 小时图趋势向下，1 小时图上的强力指数回升至零轴之上，则出现卖出机会。图 18-9 是强力指数的图示。

图18-9 强力指数

在第二重时间框架上进行分析，**找出关键的汇率水平**，通过度量汇率在两个关键汇率水平之间所处的位置衡量交易的风险报酬比，在此基础上做出是否交易的决定，并根据关键汇率水平确定具体的进场位置和出场位置（主要是止损，在短线交易时也要设定止盈，如果是追进止损则要考虑更多的出场位置，以便随着市况而调整）。

止损是安全阀，它会截断糟糕的交易招致的损失。交易必须设止损，以防止因为一笔或几笔不利交易而爆掉账户。要想成为外汇交易的赢家，这是首要的一步。但是，我们经常见到交易者不设止损，这些交易者大多交易多年，但交易绩效非常不稳定，总体仍旧处于亏损状态，其中一个很重要的原因是他们对止损有错误心理，认为设定止损容易"两边死"，如果不设止损，原来的亏损单最终会获利。

他们的心里总是存在一种错误的观念：设止损会让他们很快遇到麻烦，因为无论如何设止损，市场一定会打掉他们的止损单。之所以他们有这种错误的观念和致命的交易习惯，主要的根源在于：第一，他们曾经因为没有设立止损的交易而获利；第二，他们缺乏合理设立止损的技巧，从而有过接连数次的被错误止损的不愉快经历。为了改变这些人的错误交易观念和习惯，我们需要理解收下内容：

高频交易在交易市场的噪声，而趋势交易则要规避市场的噪声。

首先，**将停损指令放在市场噪声区间的外围，**如布林带外轨之外。当然前提是止损必须放置在关键的阻力或者支撑水平之外。

其次，偶尔发生的两面挨打，是为保证长期安全应当付出的代价。即使你的分析能力卓然出众，也应设止损操作。只用一种方式移动止损，那就是顺着交易盈利的方向。当市场朝你有利的方向运动时，将先前的停损单调整成持平止损。在有利趋势前进的时候，一路调整止损以保护你的账面利润。专业交易者永不会让盈利变成止损。

一笔损失不能让你的总资产损失超过 8%，如果多重时间交易框架发出交易信号，经过对进出场位置的分析，你认为这笔交易采用合理的止损，可能损失超过 8% 资产。那么这笔交易就不是一笔好交易，你应该放弃它。

盈利目标的设定也要遵循一定的交易规则，主要取决于你的目的和资金情况。如果你的资金充裕，并且是长线交易者，则在汇率上升的开始阶段建立一个较大的头寸，在 4 小时图线趋势看涨的前提下，在 1 小时图出现买入机会时连续建仓。在 4 小时图指数加权平均线走平时获利出局。在汇率下跌趋势中则反之。

短线交易的盈利出场相对而言并设有趋势交易的出场那么费神。

短线交易者会采用强力指数（Force Index）作为出场依据。上升趋势中，在强力指标均线呈负值时做多，在转为正值时平仓。如果在下降趋势做空，那么在强力指数的两日均线呈正值时做空，并在转为负值时平仓。

Alexander Elder 博士说过这么一段精彩的肺腑之言："新手做交易的方式就像买彩票一样——买完彩票后，就呆坐在电视前看他是否中彩，而专业水准的交易者不仅考虑进场，也会认真地考虑出场问题，其中花费的精力，与进场相比毫不逊色。"

4. 第三重时间框架——短期时间框架

第三重时间框架用于制定精确的入场点，实时传导的外汇数据对理智的交易者有益，不过有可能伤害那些对外

汇日内交易的缺乏经验的菜鸟。

我们在第一重时间框架上确定市场的方向，在第二重间框架上确定市场的关键位置，现在我们在第三重时间框架下进行具体的进场和出场操作。

第三重时间框架，我们采用15分钟图，确定进场和出场的工具是蜡烛线和阻力支撑线。如果在4小时时间框架上，我们确定趋势向上，而在1小时图上我们借助支撑阻力水平以及震荡指标确认了关键位置，那么在15分钟图上，我们等待价格到达这些关键的支撑水平，并利用蜡烛线确认目前汇率所处的支撑水平有效，则可以。

下面，我们来看一个英镑兑美元的例子。

首先，从第一重时间框架——4小时图来看趋势是向上的，这就表明至少不能做空，如图18-10所示。

第一重时间框架涉及"势"要素的判断。

图18-10 英镑兑美元的例子（1）

其次，我们从第二重时间框架——1小时图上，强力指数位于买进信号区域，汇率处于支撑区域，表明做多的时机已经来临，如图18-11所示。

第二重时间框架涉及"位"要素的判断。

图 18-11　英镑兑美元的例子（2）

第三重时间框架涉及"态"要素的判断。

最后，我们在第三重时间框架——15分钟图上，根据蜡烛线形态找到具体的进场位置，进行操作，如图 18-12 所示。

图 18-12　英镑兑美元的例子（3）

五、小　结

（1）你必须选择适合你的交易时间架构。

（2）一旦你确定了你偏好的时间框架，那么上到更高一级的时间框架，在此层面上判断市场趋势，也就是方向，然后在回到偏好的时间框架寻找进场和出场的位置。

（3）应用双重或者多重时间框架使你能够胜人一筹，比起那些依赖单一时间框架的交易者而言，你多了一个很重要的大视角。

高瞻远瞩是每一个外汇交易者制胜的前提之一。

（4）在交易时，要养成习惯查看多重交易时间框架。

（5）选择三重左右的时间框架，并且集中注意于这三种视角下的市场变动。从5分钟、15分钟、1小时、4小时，日等框架中选择三个时间框架。从这三重时间框架中掌握市场的动态。

（6）**不要关注太多的时间框架，否则你将被信息淹没。**

（7）坚持两到三种时间框架，再多就是适得其反了。

（8）我们不得不再次重复一下这句话：**要有全局观念！**使用多重时间框架可以解决指标之间的矛盾。**在开始你的市场分析时，首先得到一个整体的看法。**

（9）使用一个长期图表去发现趋势，然后在走近一点查看具体的进场和出场位置。

（10）最后，我们介绍了一个国外著名交易专家的多重时间交易框架。

爱略特波浪理论

一、5—3 浪模式

早在 19 世纪二三十年代，有个名为纳尔逊·爱略特的人发现了股票价格运动内含的秩序，并且将这种秩序延伸到更为广泛的哲学高度。这就是爱略特波浪理论。

他认为价格运动处在一种循环出现的模式中。在这种循环中，投资者们的情绪受到外界的影响，而且群体心理下的活动呈现出某种规律。

爱略特认为群体心理的起伏总是呈现出同样的模式，然后他把这些模式定义为"波浪"。为了发表这些独具见解的思想，他将这套东西命名为"爱略特波浪理论"。

爱略特先生认为一个趋势市场是以 5—3 浪的结构出现的。首先出现的 5 浪被称为推动浪（Impulse Waves），而接着出现的 3 浪则称为调整浪（Corrective Waves）（见图 19-1）。

让我们首先看看 5 浪推动浪模式。波浪理论作为一个特立独行的分析门派不是三言两语能够说透彻的，也不是一年半载能够熟练应用的。我们在这里能做的只是为您提供一定基础知识。

这个理论饱受非议，毁誉参半。不过，对于交易者而言你可以从中攫取有用的部分再加入自己的操作策略。

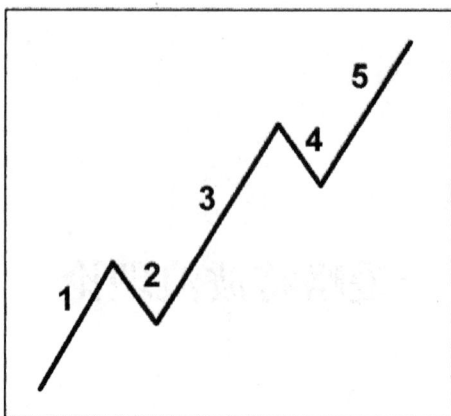

图 19-1 爱略特波浪模型

爱略特波浪理论与加特力波浪理论代表了两种完美的市场结构观，其实我们可以进一步化繁为简，寻找更为根本的结构。在《斐波那契高级交易法：外汇交易中的波浪理论和实践》一书中我们给出了这一结构。

下面我们就来具体描述一下各个浪的具体情形。我们将使用股票作为例子，毕竟爱略特波浪理论最初来源于股票交易。但事实上它更适合于外汇，因为**波浪理论的隐含前提之一是群体行为，流动性越强的市场越是适合用波浪理论进行分析，因此波浪理论更像是行为金融学的分支。**

（1）浪1。股票开始其最初的上升。这经常是由于市场的卖方力量耗尽，而一小部分交易者认为股票价格已经相当便宜了，所以择机买进，因此导致价格上扬。

（2）浪2。部分人士开始兑现其盈利，这导致价格继续回落。然后存在主动性的买方，所以价格并没有回到以前的低点。

（3）浪3。这通常是最强劲的一浪，这一浪肯定不是一三五浪中最短的一浪，并且经常是最长的一浪。

（4）浪4。市场开始出现冲高后的调整，这浪通常是最复杂的一浪，也是时间上持续最久的一浪，如果你不知道自己在哪一浪中，那么你很可能在第四浪中。浪4和浪2存在交替想象，如果浪2比较复杂，则浪4就比较简单；如果浪2是纵向调整，则浪4一般横向调整。当然这里面存在很多变动的因素，各浪之间也存在斐波那契比率关系，可以参考前面第十阶的内容。

（5）浪5。在这一浪中所有买家都进场了，所以这是市

场歇斯底里的表现，也就是此波运动中最后的疯狂。接着就是调整浪的出现。其实在五浪的推动模式中，暗含了两浪调整，那就是浪 2 和浪 4。

二、ABC 调整浪模式

五浪模式完成之后接着就是三浪的调整，当然这是理想的模型。看看下面一个完整的 5—3 浪模型，如图 19-2 所示。

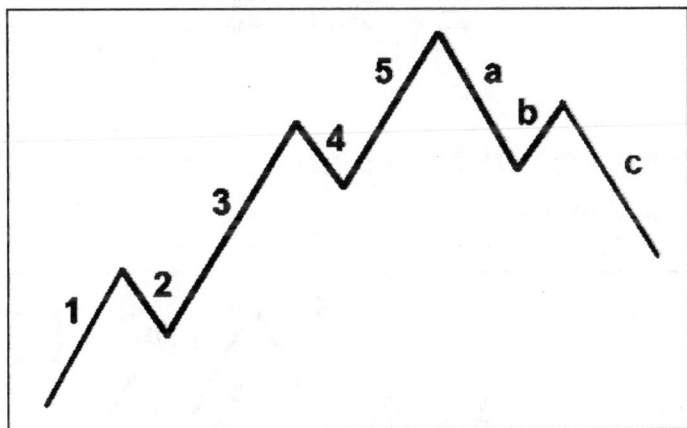

图 19-2　完整的 5—3 浪模型

大多数人存在误解，**其实在外汇市场中，推动浪不一定是朝上的，而调整浪也不一定是朝下的。**所以，我们在运用波浪理论的时候一定要注意到这点，而在股票市场则以上述的向上推动浪和向下调整浪模型为主。具体原因在于外汇市场是货币的比率，没有"重力"现象，而股票市场必须靠资金注入才能上涨，一旦放手就会如自由落体般坠下。图 19-3 是一个外汇市场中反向的 5—3 浪模式。

数浪有时候会让人迷惘，因为爱略特波浪理论确实存在很多不严密的地方。

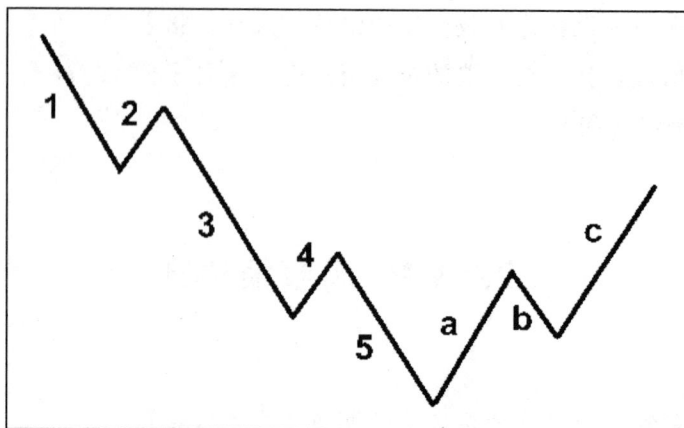

图 19-3　反向的 5—3 浪模型

三、浪的全息

另外一件重要的事情是浪里面隐含着浪，而且局部与整体具有同样的结构。这就是浪的全息，如图 19-4 所示。

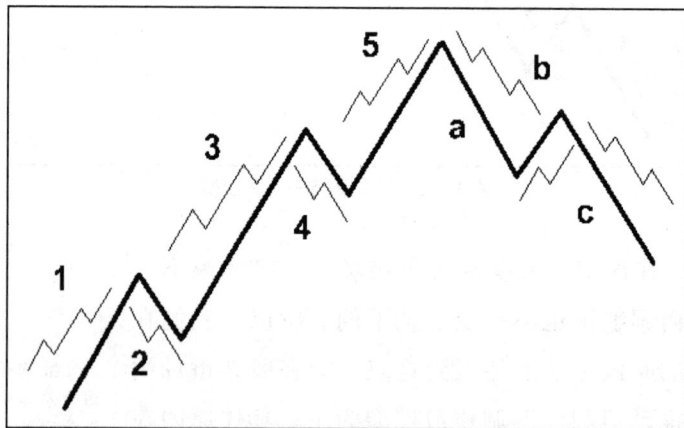

图 19-4　浪的全息

从图 19-4 中你会发现 1 浪里面的小 5 浪，而 2 浪和 4 浪却是由小 3 浪组成的。给你一个规律，凡是顺着趋势的浪基本上都是 5 浪组成的，凡是逆着趋势的浪基本上都是 3 浪组成的。也就是 5 与趋势对应，3 与调整对应。当然总是存在例外，由于波浪理论体系浩大，学问精深，所以本书不打算把它作为交易工具介绍，只是提供一点铺垫知识。

图 19-5 是一个真实的例子。

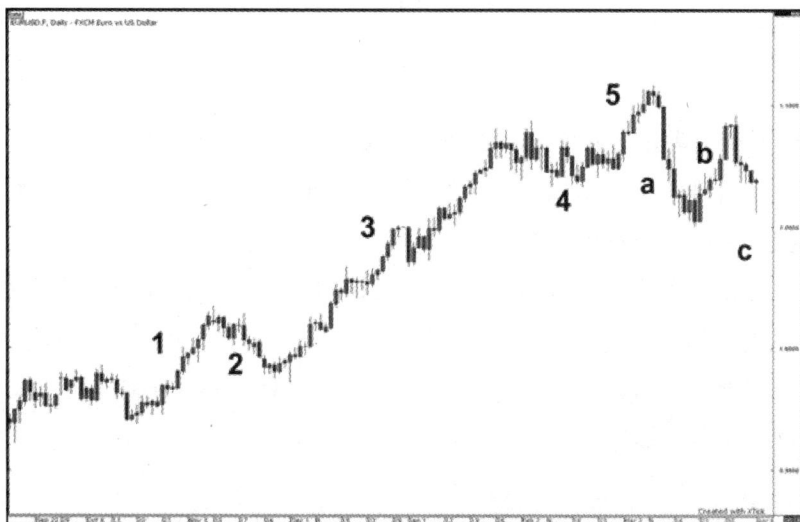

图 19-5　爱略特波浪实例

在真实的交易世界中，波浪并没有理想模型那么完美和容易辨认，所以在交易时你需要留足够的容错空间，宇宙中存在一种路径修正，也就是一切事情都被安排好，如果有意外发生则关键的安排也不会被破坏，这就是宇宙演化进程的一种容错考虑。我们在交易中也借鉴了这一思想。

宇宙朝着非零和博弈的方向演化！

上面就是你需要知道的关于爱略特波浪理论的基础知识。记住：市场是以波浪的形式前进的。

如果你想成为波浪理论的大师级人物，那么现在的这点知识是完全不够的，你可以访问 www.elliottwave.com 这个网站，当然也可以阅读我们关于波浪理论在外汇交易中运用的实践专著。

四、小　结

（1）根据波浪理论，我们认为市场中重复着某些特定的波段模式。

（2）一个趋势市场总是以 5—3 浪的模式运作。开头的 5 浪称为驱动浪，或者推动浪，接下来的 3 浪称为调整浪。

（3）如果你在实践中认真地揣摩，那么你将发现确实存在爱略特提出的模式。我们建议你在英镑的小时图上做这个练习，坚持一个月。我们本身因此受益匪浅，而且就目前掌握的资料来看，英镑上面的波浪模式出现频率最高，而且各浪之间也很符合斐波那契比率。

创建你自己的交易系统

一、关于交易系统的真相

现在我们来到了交易学习中最令人兴奋的部分：创建自己的交易系统!

如果你在网络上搜索"外汇交易系统"，那么你将发现很多信息，而且如果你把搜索的标题换成"Forex trading systems"，并且扩大搜索范围，你将得到更多的相关内容。

这些内容基本上都是在宣传他们找到了交易的最终规律和圣杯，而且这些系统大致只需要你支付几千元就可以购买。其实，不用说你也知道，这些是骗人的东西。如果这个系统这么赚钱，为什么他们会出售它来赚取这点小钱呢?

这些系统宣称能够一周赚取几千点的利润，并且几乎不会亏损，这就像时下中国股票市场上的自动选股软件一样，说得神乎其神。他们会让你看到完美的历史验证，然后你就会认为既然能够支付几千元人民币就可以获得这样一个摇钱树，这种机会一定不要错过。而且你会想这种软件这么厉害，会很快收回这笔购买费用的。

但是! 在你买那套软件之前，首先想想下面几件事情。

为人处世，做生意也需要搞清楚对手盘。

355

足够的样本才能让人信服一套交易系统，然后就是纪律的问题。信心和纪律是一枚硬币的两面。

第一，事实上大多数这类交易系统都能发挥效果，当然平均水平肯定没有广告吹得那么好。问题是使用这些系统的交易者们通常缺乏纪律，以至于很难严格执行系统的指令。

第二，除了花上这么多钱去买个交易系统，其实更好的办法是花点时间发展你自己的系统，因为在这个过程中你的交易技能也会有很大的长进，而且也将逐渐发展出独特的适合自己的交易风格和交易策略。当然。最大的收获是你可以形成适合自己的拥有"源代码"的交易系统。

第三，创建一个交易系统并没有想象中那么难。真正困难的地方是当你发展出自己的交易系统后严格地执行它的指令。纪律是我们最缺乏的，其实最根本地来讲，**由于交易是一个概率游戏，所以只有坚持一段时间才能看出系统的效能，单凭一次或者几次观察是无法验证的。归根结底我们需要在交易中保持一致性，然后经过足够样本的反馈再进行修改，然后再使用……用辩证法的语调来讲就是稳定性与变异性要保持均衡**，你不能每次交易都在变。相机抉择和遵循规则是货币政策中的两大主张，交易中也有这种争论。

这里有许多广告或者推介文章是销售交易系统的，但是关于如何创建你自己的交易系统的文章和书籍却是非常少的，国内出版过系统交易书籍的人只有波涛先生，他的书非常好。至于国外比较著名的系统交易大师就比较多了，当然我们的目标是给大家一套适合外汇交易的系统创建方法，本书我们将着重给出创建交易系统的基本知识和技巧，至于更加深入的学习，可以参考《外汇短线交易的 24 堂精品课：面向高级交易者》（第 2 版）。下面的内容将告诉你发展一套完整的系统所需的基本步骤。在本节课程结束的时候，我们将给你一个交易系统的简单例子。当然，在本书的最后部分，我们将提供给你我们自己一直在使用的特别三个交易系统。

当你发展你的系统时，你需要达成两个非常重要的目标：

（1）你的系统应该能够尽可能早地确认趋势。

（2）你的系统应该能够避免震荡市况发出的错误虚假信号。

如果你的系统能够同时达成上面两个目标，那么我们保证你将会成为一个伟大的交易泰斗。最困难的地方在于这两个目标是相互矛盾的。**如果你有一个系统，它的唯一目标是尽可能早地抓住趋势，那么你将很可能经常被虚假信号欺骗而出局。**

此外，如果你拥有的这个系统的唯一目标是避免虚假信号，那么你将在交易中落后于其他交易者的速度，并且错失很大一部分利润。

当你发展一个交易系统时，你的任务就是在两个目标之间寻求妥协。找到一种方式能够尽可能早地确认趋势，但是同时也能够找到方式帮助你区分真假信号。

当你创建交易系统时，要始终记住这两个目标。它们可以帮助你赚不少钱！

> 尽早确认趋势与过滤掉噪声这两个要求是矛盾的，此消彼长！

> 王者，中道也！兵者，诡道也！

二、六步创建你的交易系统

本小节的主要目标是指导你通过完整步骤发展出自己的交易系统。虽然提出一个交易系统不需要花费太多时间，但是进行外推检验测试却真的是要花费我们不少时间。所以保持耐性是非常重要的。毕竟，长期来讲，一个好的交易系统能够给我们带来不少利润。

步骤1：时间框架。

当你创建自己的交易系统时，首先需要决定你是什么类型的交易者。你是日内交易者，还是波段交易者？你喜欢每天查看图表，还是随时？你希望持有你的头寸多长时间？

> 一个系统的关键在于如何确定进场点和出场点，很多人所谓的系统其实只有进场点，没有明确的出场点。

上述问题将帮助你决定你使用什么样的时间框架进行交易。即使你使用的是多重时间框架进行交易，这里也存在一个主要的时间框架，这个框架是你交易时重点使用的。

步骤2：找到用于确认新趋势的指标。

因为我们的目标之一是尽可能早地确认趋势，所以我们需要找到这样的指标帮助我们完成任务。**移动平均线是确认趋势指标中最为流行的一种**。具体来讲，一般交易者会采用至少两条移动平均线，一条称为快线，另一条称为慢线，他们等到快线穿越慢线时进行交易。这就是移动平均线交叉系统的基础。

就移动平均线最简单的形式而言，移动平均线交叉是确认一个新趋势最迅速的方法。同时它也是确认新趋势最简单的方法。

当然这里也存在其他方式用于确认趋势，但是移动平均线是最容易使用的一个。

步骤3：找到用于验证趋势信号的指标。

我们的交易系统要达成的第二个目标是过滤掉那些虚假信号。换句话说，也就是我们不想被虚假的趋势所误导。这个问题的解决之道在于我们通过其他的指标来验证步骤2发出的趋势信号。

这里存在很多指标可以用来验证信号，但是我们更倾向于MACD、随机震荡指标和相对强弱指数。当你逐渐熟悉各种各样的指标后，你将会发现自己喜欢的那一类型，并且把这类指标加入你的交易系统中。当然，指标最全的平台应该是MT4，而且它允许你加入自己的指标或者其他交易者编写的指标，而这类指标在网上到处都是，难以计算具体的数目。

步骤4：界定你承受的风险。

当你发展自己的交易系统时，界定你在每笔交易中愿意承受的亏损是非常重要的事情。并不是所有的人都愿意谈论亏损问题，但是事实上一个优秀的交易员将认真思考

均线能够让少数人化繁为简，也能让多数人舍简入繁！

新手都是指标收藏家，这是一个自然的过程。

358

他们能够承受的潜在损失，在此之后再谈论他们能赚多少。

　　你愿意接受的交易损失肯定与其他交易者存在差别。你需要决定给予你的交易多大的空间以便能够发挥交易技能，同时你还要保证不承受过大的风险。再稍后的课程中，你将学到关于资金管理方面的内容。资金管理决定了你在单笔交易中的风险承受上限。

　　金融市场不适合风险绝对厌恶者。

　　步骤 5：界定进出点。

　　一旦你界定了你能够接受的交易损失，那么接下来你需要做的事情就是找出最大化利润的进出点。

　　部分交易者只要所有的指标匹配并且发出一个好的信号时就迫不及待地进场交易了，即使这个时候蜡烛线还没有收盘。另外一些交易者则倾向于等到蜡烛线收盘才进入。

　　就我们的经验而言，等到蜡烛线收盘价出来再进入交易是最好的。我们曾经遇到过很多这类情况：所有指标都看好，但是唯独蜡烛线还有收盘，最后当蜡烛线收盘之后所有指标都变差了。

　　所有这些只是关乎交易风格。部分交易者比其他交易者更为激进，当然最终你将发现你是哪类交易者。

　　关于退出点，对你来说存在不同的选择。第一种方法是追进停损点，也就是当价格向有利你的方向前进时，你需要让停损点跟着价格推进。这种交易方法贯穿了让利润奔腾的思维，值得提倡，**相比止盈而言，我们更为提倡足盈**，而追进停损就是将这个思想落实到具体交易中了。

　　交易有没有境界？肯定是有的，日内交易止盈与趋势交易中跟进止损，哪一个境界更高一些？境界高还是要有扎实的基础的，否则就算你拿了自动化武器，战斗力还不如匕首。

　　第二种出场的方法就是设定一个利润目标，当价格达到这个目标时出场。价格目标的具体计算完全取决于你。部分交易者采用支撑阻力来计算这些目标位置，而另外一部分交易者则使用固定盈利点数的目标。无论你采用何种方法来决定你的盈利目标，最为重要的是遵守它们。无论发生什么，不要提前退出，除非是根据规则行事。严格执行你的交易系统，毕竟是你发展了它。

　　第三种退出交易的方法是设定一系列的退场信号规则，

当出现这样的信号时退出。举例来说，你可以制定规则：如果你的指标反转到特定水平，你就退出交易。

步骤6：写下你的系统规则，进行检验，然后遵循它。

这是创建交易系统中最为重要的步骤。你必须写下你的交易规则，然后利用这个交易规则对于历史数据进行检验，这可以在 MT4 上利用其自带功能完成。对历史数据进行检验，被称为内推检验，进行完内推检验之后，还需要进行外推检验，也就是利用这个系统进行至少21次以上的新交易。

经过内推和外推检验后，如果得到比较满意的结果，就可以进行真实资金的交易了。时刻遵守经过检验确认的交易系统。严守纪律是一个成功交易者必须具备的最为重要的素质，所以你必须时刻提醒自己严格执行系统指令。如果你不按照规则办事，没有任何一个系统可以发挥出它应有的效力，因此一定要记住恪守纪律的重要性。**经过一段时间的交易后，可以根据足够的交易样本对系统进行重构。**

没有足够的有效成本，你不能更改系统。

三、测试你的交易系统

测试你的交易系统最快的办法是利用软件的测试功能，当然如果你没有将系统编程，可以采用视觉法来目测其历史表现。对这些表现进行统计，你需要的是诚实，不管你先前认为这个系统多么优秀，测试中最为重要的一点是放下你的个人感受和主管臆断。记录下你的最大单笔亏损，以及平均的风险报酬比，看看你交易的利润是不是来自少数几笔交易。我们希望看到的结果是最大单笔亏损很小，平均风险报酬比非常理想，而利润的分布非常合理，没有完全依赖少数几笔交易。接着你需要进行外推检验，也就是利用新的数据对系统进行检验，这个时候你需要做的是

开一个模拟账户进行严格按照系统的交易。

在模拟账户上至少对你的新交易系统进行两个月的测试，而且应该是连续的。这将给予你一个对自己系统的熟悉度。相信我，**当你进行外推检验时，你将获得与历史测试完全不同的感受。**

经过两个月的模拟账户测试，现在你将知道你的系统在市场中能不能立足了。如果你仍旧获得了良好的测试结果，那么你可以选择在真实账户上开始你的交易。此时，你要对自己的交易系统深具信心，交易中毫不犹豫。

纸上得来终觉浅，绝知此事要躬行！

四、六步法的示范

在本部分中，我们将给你演示一个具体交易系统的构造。这样在你发展自己的交易系统时也就有个大致的方向了。

1. 交易设置

在日线图上进行波段交易；

5 期指数移动平均线，根据收盘价计算；

10 期指数移动平均线，根据收盘价计算；

随机震荡指标，参数为（10，3，3）；

相对强弱指数参数为（14）。

2. 交易规则

停损 = 30 点。

进场规则：

如果满足下列条件，进场做多：5 期指数移动平均线上穿 10 期指数移动平均线，并且随机震荡指标线都向上，但是如果其中一条指标线位于超买区域则不介入。

相对强弱指数大于 50。

如果满足下列条件，进场做空：5 期指数移动平均线下穿 10 期指数移动平均线，并且随机震荡指标线都向下，但

写在纸上，可以帮助你清晰地思考！

是如果其中一条指标线位于超卖区域则不介入。

相对强弱指数小于 50。

退场规则：当 5 期指数移动平均线反穿 10 期移动平均线，或者相对强弱指数反穿 50 则结束交易。

下面我们结合一些具体图形来看看我们这个简单的交易系统是怎么运作的。

在这个系统当中，相对强弱指数和均线组，到底谁是用来判断趋势的？谁是用来管理进出场的？

五、示范交易系统的简单运用

正如你所看到的那样，我们具备了一个优秀交易系统的所有要素。首先，我们决定这是一个波段交易系统，并且我们将在日线图上进行交易。其次，我们使用移动平均线帮助我们尽可能早地确认一个新趋势。

随机震荡指标帮助我们过滤移动平均线交叉的信号，并且它也帮助我们避免在超买和超卖区域接入。相对强弱指数是一个额外的过滤工具，它帮助我们判断趋势的强度。

在决定了我们的交易设置之后，我们界定了对单笔交易的亏损接受程度。对于这个系统，我们将愿意在每笔交易上承担最多 30 点的亏损。通常情况下，你使用的时间框架越高，那么你愿意接受的亏损也就越大，因为较大的时间框架同样带来了较大的利润。

接着，我们清晰地定义了我们的进场和退出的规则。现在，我们将进行手工的测试阶段。

下面是几个简单的例子：

如果我们返回到当时去查看图 20-1，我们将发现按照我们的交易系统的规则，这里存在一个做多的好时机。为了进行内推检验，你需要写下你的进场价格、停损位置以及你的出场策略。接着你往右移动图表，看看市场是怎么运动的，你的交易结果如何。

对于初学者而言，目测是唯一可以选择的内推检验方式。

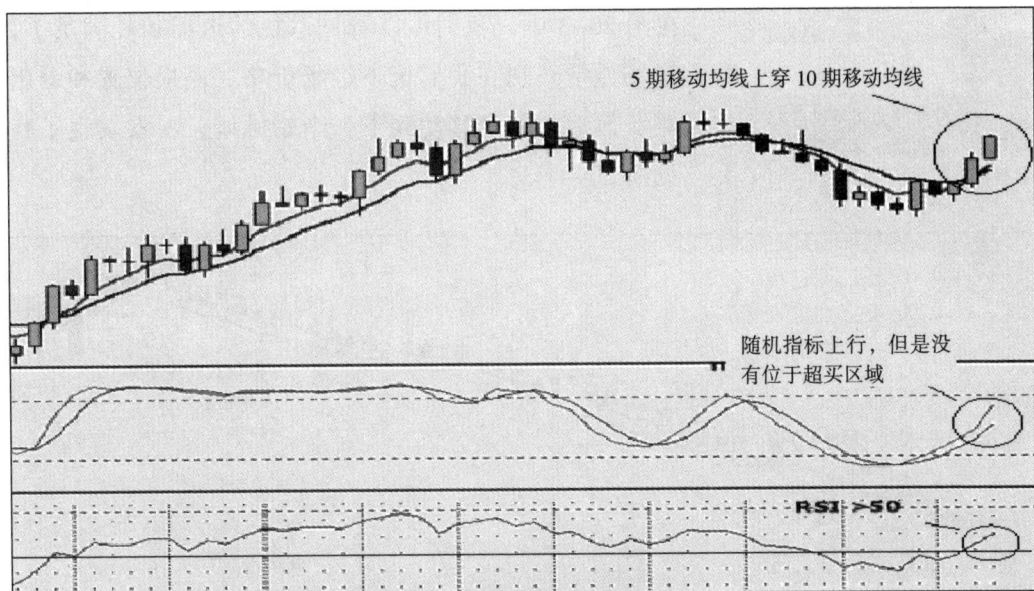

图 20-1　交易系统的内推检验（1）

在图 20-2 这个具体的例子当中，你将获得一大笔利润。你可以用这些钱买些好东西给自己。你可以看见当移动均线反穿时，这是个退出的好时机。当然，并不是你的每笔交易都会这么漂亮。部分交易看起来如此令人痛心，但是你需要记住保持纪律，严格执行你的系统指令。

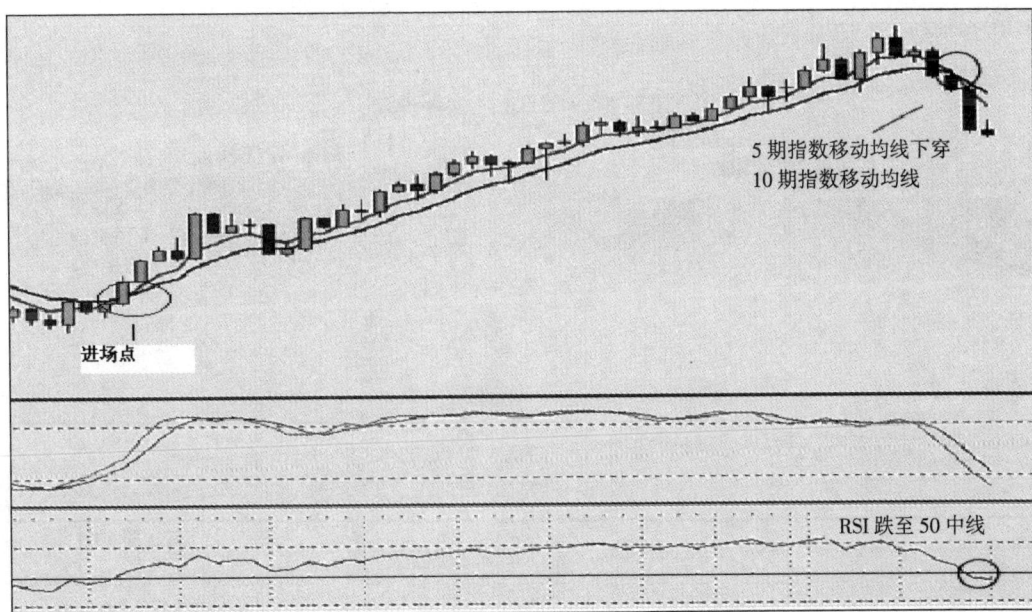

图 20-2　交易系统的内推检验（2）

均线信号作为出场信号往往存在不少问题，你觉得可以怎样解决？

在图 20-3 中，我们可以看见系统的进场条件满足了，我们进场做空。现在我们记下进场价格、停损位置和退出的策略，然后把图表移动到下一个蜡烛线，看看发生了什么（见图 20-4）。

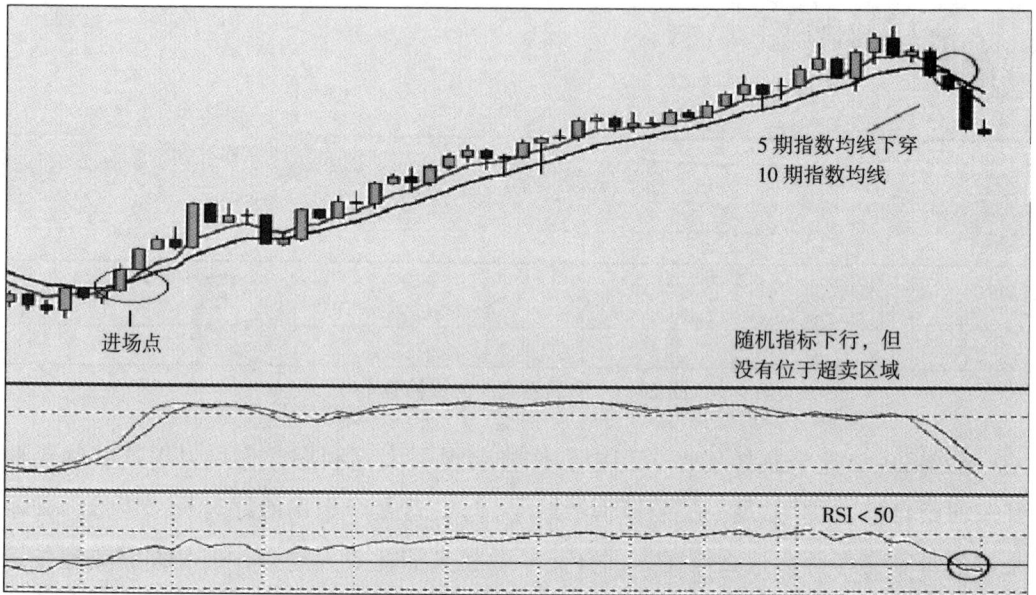

5 期指数均线下穿 10 期指数均线

进场点

随机指标下行，但没有位于超卖区域

RSI < 50

图 20-3　交易系统的内推检验（3）

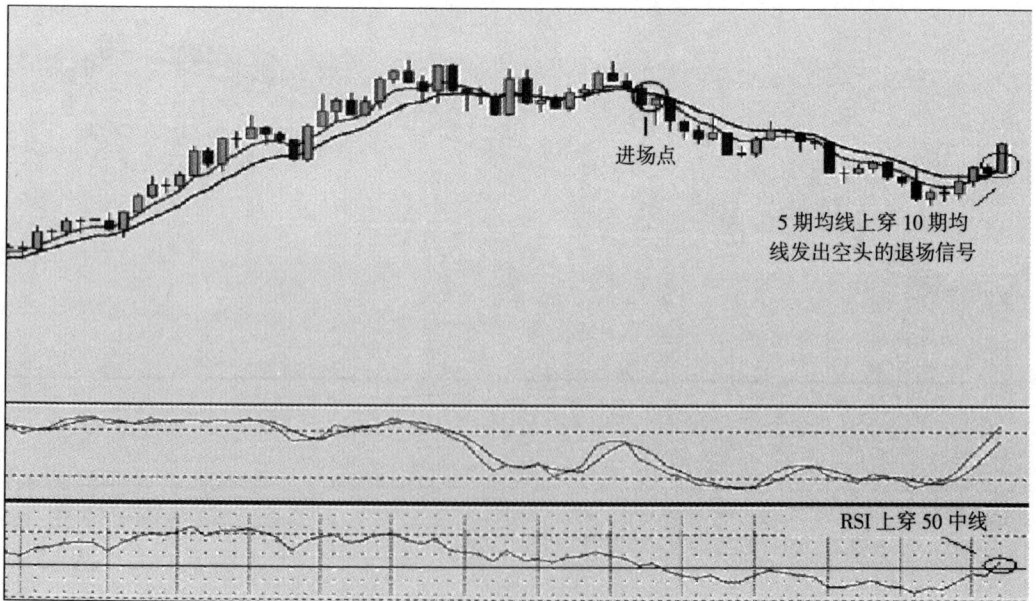

进场点

5 期均线上穿 10 期均线发出空头的退场信号

RSI 上穿 50 中线

图 20-4　交易系统的内推检验（4）

我们可以一直持有头寸直到移动平均线反穿和相对强弱指数反穿 50。

也许你会认为这个系统太简单了，简单的恐怕不能赚钱。事实上这个系统确实很简单，但是你不能害怕简单的东西。其实在交易的世界里你会进场看见一个缩写词"KISS"，它代表的含义是"Keep It Simple Stupid"（保持简单和愚蠢）。它的基本含义是好的交易系统不必复杂。你用不着在你的图表上放上一大堆指标。事实上，保持交易系统的简单性可以给你减少麻烦。最为重要的是纪律，我们已经不能再进一步强调它的重要性了。

你必须一贯遵守你的交易系统指令！

如果你通过内推测试检验了你的交易系统，并且在一个模拟账户上操作了至少 2 个月，那么你应该对你的交易系统充满信心，相信只要你严格遵循它就会在长期为你带来丰厚的利润。

相信你的交易系统，相信你自己！

只有实力才能带来真正的淡定！

六、小 结

许多交易系统能够发挥作用，但是绝大多数交易者仍旧缺乏遵守这些系统的纪律，结果是他们仍旧在亏损。

你的交易系统应该努力达到下面两个目标：

（1）能够尽早地确认一个趋势。

（2）能够过滤虚假的信号，也就是确认趋势信号。

如果这个系统能够为你带来利润，那么你可以在一个模拟账户上进行至少 2 个月的操作。这将帮助你熟悉你的交易系统。在模拟账户上交易与进行历史检验的感觉是完全不同的？有时候结果会让你感到气馁。

一旦你在模拟账户上进行了至少 2 个月的交易，而且

如果你的资金非常充裕，那么一开始就拿一小部分做交易，要比模拟交易更好。

仍旧能够像在内推检验时一样盈利，那么你可以做好准备用真实的资金进行交易了。但是，你必须永远牢记：恪守你的交易规则!

发展你的交易系统需要经历六个步骤：

（1）确定你交易的时间框架；

（2）找到帮助你尽早确认趋势的指标；

（3）找到帮助你过滤趋势信号的指标；

（4）界定你承受的风险；

（5）界定你的进出场；

（6）写下你的交易规则，并且恪守这些规则。

测试你的交易系统需要经历三个阶段：

（1）内推检验。回到历史行情，当作新发生的一样，通过逐步拖动图表进行检验，记下结果进行统计。当然，如果你懂得编程测试那么更好。

（2）如果内推检验证明这个系统能够赚钱，那么你需要在模拟账户上进行外推检验，也就是用新的市场数据进行测试。你在模拟账户上交易的时间至少不小于 2 个月。这个时候你得到的感受与内推测试是完全不同的。结果可能让你感到沮丧。

（3）一旦你在模拟账户上交易至少 2 个月后仍旧能够保持盈利，那么你就可以使用真实钞票进行交易了。但是，你必须时刻保持纪律性，在真实交易中交易者的心理因素发挥着很大影响，这个时候你必须避免情绪对交易的影响。坚持纪律是最可行的办法。

掌握最佳交易时间

一、外汇市场的运作时间

截至目前，我们向你传授的所有课程都是关于如何在外汇市场中进行交易的。但是另外一个极其重要的，你需要掌握的技能是知道何时进行交易。

外汇市场是一个 24 小时的金融市场，这是事实。但是这并不意味着它在一天的任何时候都是活跃的。你可以在市场向上运动的时候赚钱，也可以在市场向下运动的时候赚钱。但是，如果你尝试在毫无反应的市场中赚钱那是非常困难的，这时候你以"刮头皮"式的薄利交易法进行交易可能连点差都不够。在本阶课程中，我们将传授给你一天当中交易的最佳时间。

在查看最佳交易时间之前，我们必须首先看看在外汇市场运行的 24 小时当中各段时间表现如何。**外汇市场的运行可以分为三个主要时段：东京时段、伦敦时段以及美国时段。**表 21-1 给出了各个时段的开始和结束时间。

重叠交易时段容易出现日内极值，这方面的内容参考《外汇狙击手》（第 3 版）。

表 21-1　外汇市场交易时段

	交易时间	
交易时段	美国东部时间	格林威治标准时间
东京开市	下午 7 点	0 点
东京收市	早上 4 点	9 点
伦敦开市	早上 3 点	8 点
伦敦收市	下午 12 点	17 点
纽约开市	早上 8 点	13 点
纽约收市	下午 5 点	22 点

　　从表 21-1 中可以看出，任意两个时段之间都有重叠的地方，也就是两个区域市场在同一时间运作。美国东部时间凌晨 3 点到 4 点，东京和伦敦市场同时运行；从美国东部时间上午 8 点到 12 点，伦敦市场和美国市场同时运作。这些重叠的时段一般是市场最为繁忙的时候，也就是交易最为活跃的时候，因为两个市场同时开放带来了大量的交易。

　　表 21-2 给出了主要货币在三大交易时段的表现。正如你所看到的那样，伦敦交易时段表现出最大的活跃度。

表 21-2　主要货币对特定时段内的平均波幅（2007 年数据）

单位：点

时段	英镑兑美元	欧元兑美元	美元兑日元	美元兑瑞士法郎
东京时段	79	66	66	100
伦敦时段	99	80	74	121
纽约时段	78	67	60	101

二、一周当中最适合交易的日子

　　现在我们知道伦敦时段是一天当中最为繁忙和活跃的交易时段，但是在一周当中也存在特定的日子市场普遍表现出更大规模的运动。表 21-3 给出了四大货币对

在一周内的表现情况，图 21-1 至图 21-4 则是 2017 年 8 月更新的四大货币对周间日平均波幅。

> 平均波幅度量了交易活跃度，进而刻画了有价值的交易时段。此外，平均波幅为日内交易者制定恰当的盈利目标提供了重要参考。

表 21-3　主要货币对周间日的平均波幅（2007 年数据）

单位：点

周间日	英镑兑美元	欧元兑美元	美元兑日元	美元兑瑞士法郎
星期一	110	92	95	141
星期二	128	102	104	162
星期三	123	101	106	158
星期四	98	83	77	121
星期五	96	80	72	117
星期日	31	24	25	36

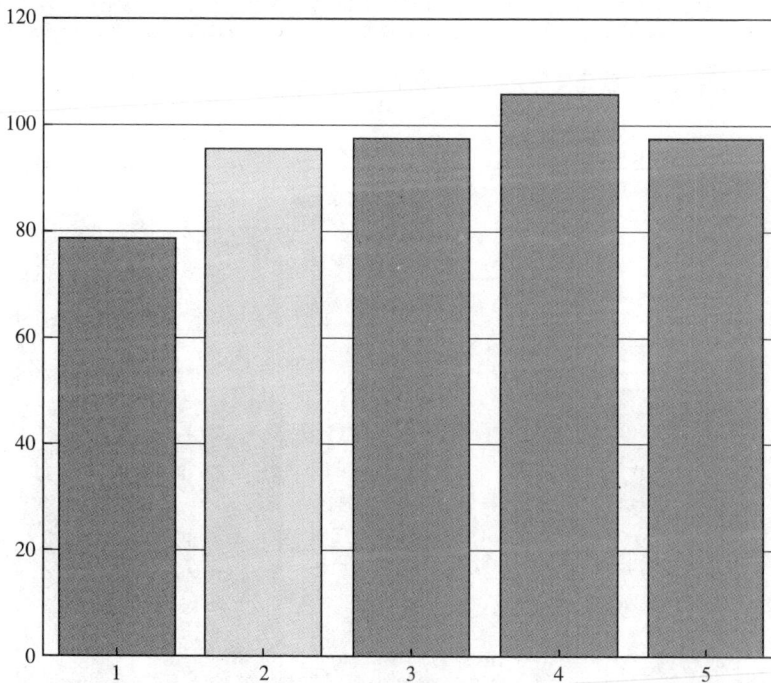

图 21-1　英镑兑美元的周间日平均波幅（截至 2017 年 8 月数据）

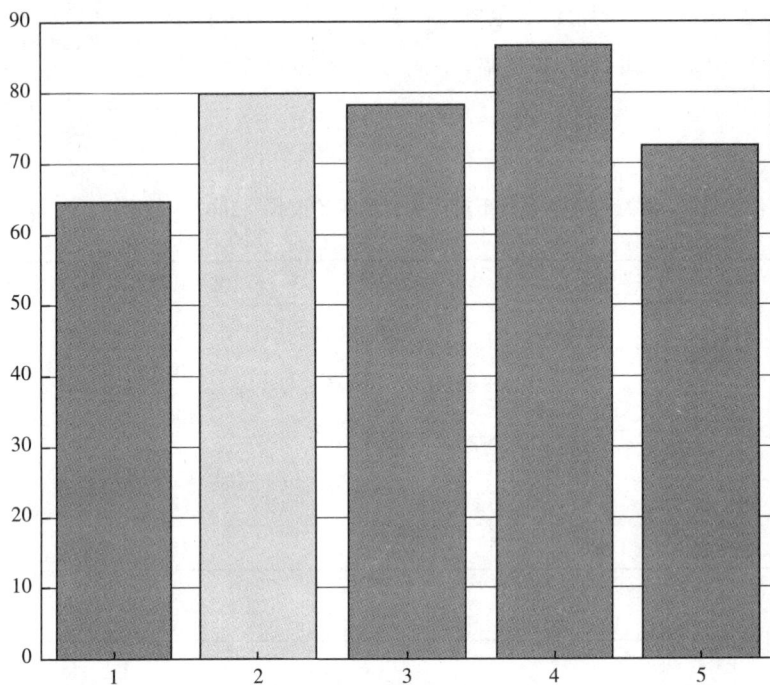

图 21-2　欧元兑美元的周间日平均波幅（截至 2017 年 8 月数据）

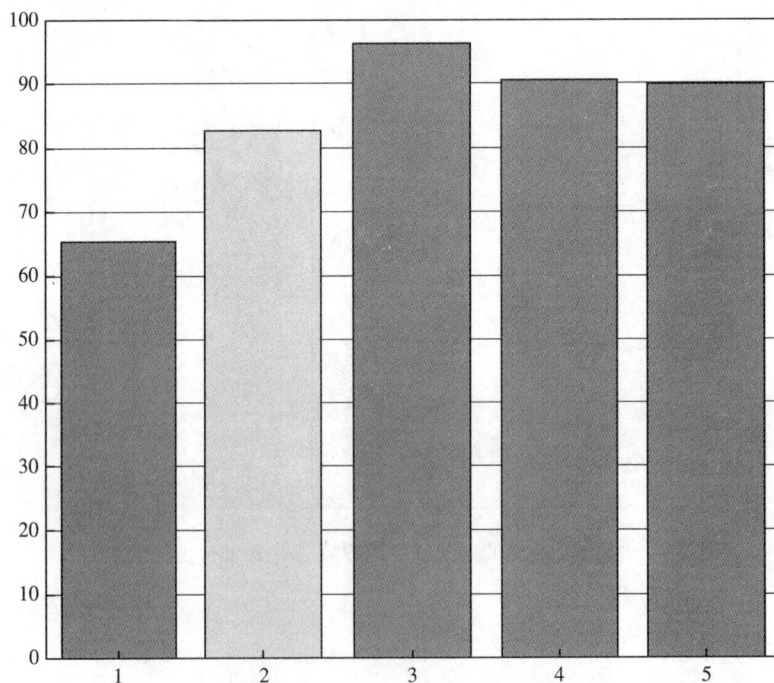

图 21-3　美元兑日元的周间日平均波幅（截至 2017 年 8 月数据）

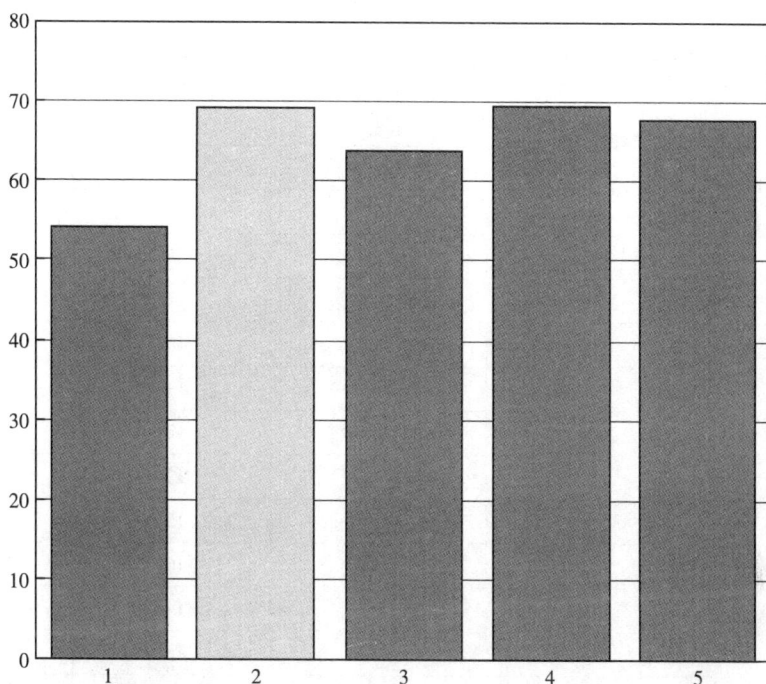

图 21-4　美元兑瑞士法郎的周间日平均波幅（截至 2017 年 8 月数据）

　　你可以从上面的表格和图形中发现四个主要货币对最为活跃的时间都出现在一周的中间，具体来说就是星期二和星期三。星期五经常一直活跃到美国东部时间下午 12 点，然后市场开始进入休息状态，直到下午 5 点结束。

　　我们再来看日内各小时的平均波动情况（见表 21-4、图 21-5 至图 21-8），以及主要货币对月内各日平均波幅情况（见表 21-5）。

表 21-4　四大货币对日内各小时平均波幅（2007 年数据）

时间	EUR/USD	GBP/USD	USD/CHF	USD/JPY
12 AM	10	11	15	14
1 AM	13	15	20	15
2 AM	21	25	30	20
3 AM	23	29	34	21
4 AM	20	27	29	20
5 AM	17	25	26	18
6 AM	17	24	26	18
7 AM	18	24	27	19
8 AM	26	31	39	25
9 AM	24	29	36	23

时间	EUR/USD	GBP/USD	USD/CHF	USD/JPY
10 AM	30	34	45	26
11 AM	24	29	36	22
12 AM	20	25	31	19
1 PM	16	19	25	15
2 PM	16	18	24	15
3 PM	12	15	19	12
4 PM	9	11	14	10
5 PM	9	9	12	9
6 PM	8	9	12	11
7 PM	10	11	15	15
8 PM	11	11	16	17
9 PM	10	10	14	15
10 PM	10	12	16	13
11 PM	8	9	11	11

注：AM 代表上午，PM 代表下午，以美国东部时间为准。

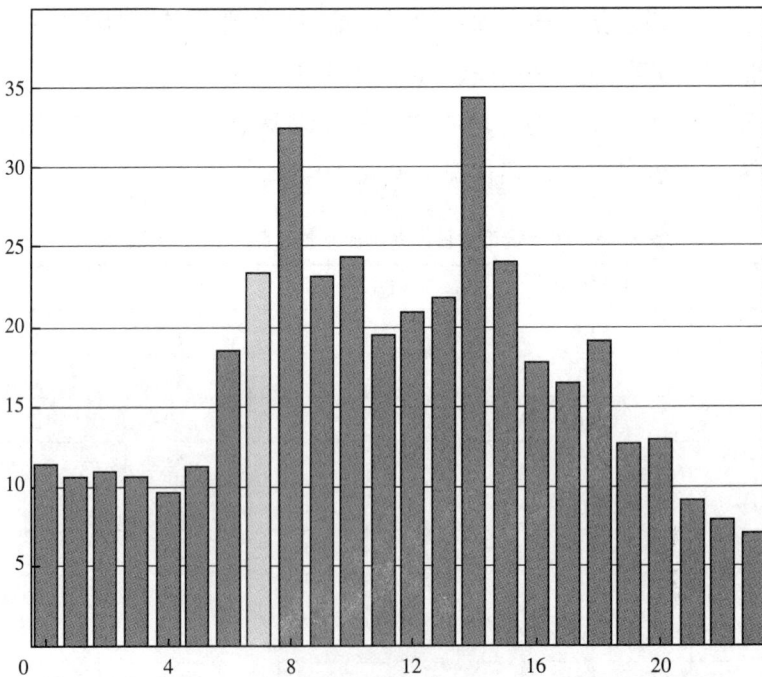

图 21-5 英镑兑美元的日内各小时平均波幅（截至 2017 年 8 月数据）

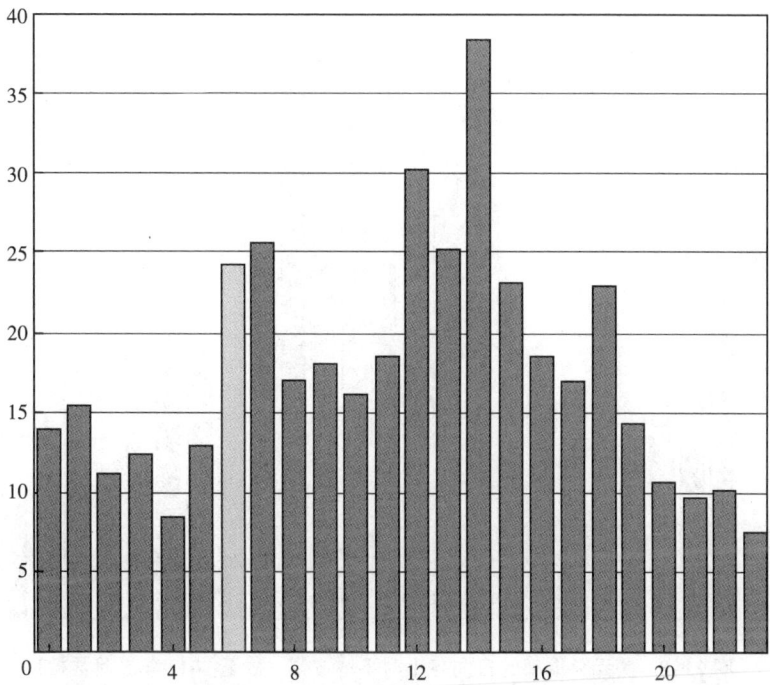

图 21-6　欧元兑美元的日内各小时平均波幅（截至 2017 年 8 月数据）

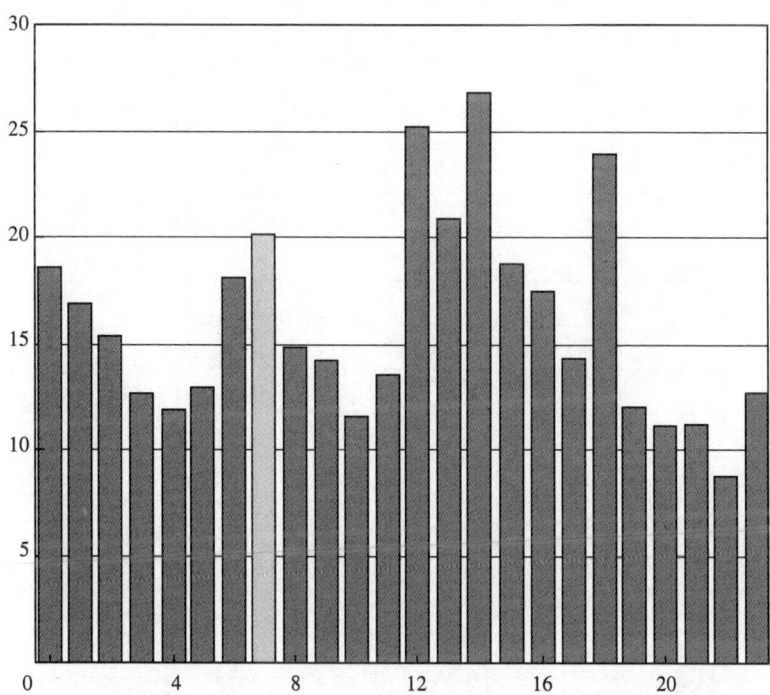

图 21-7　美元兑日元的日内各小时平均波幅（截至 2017 年 8 月数据）

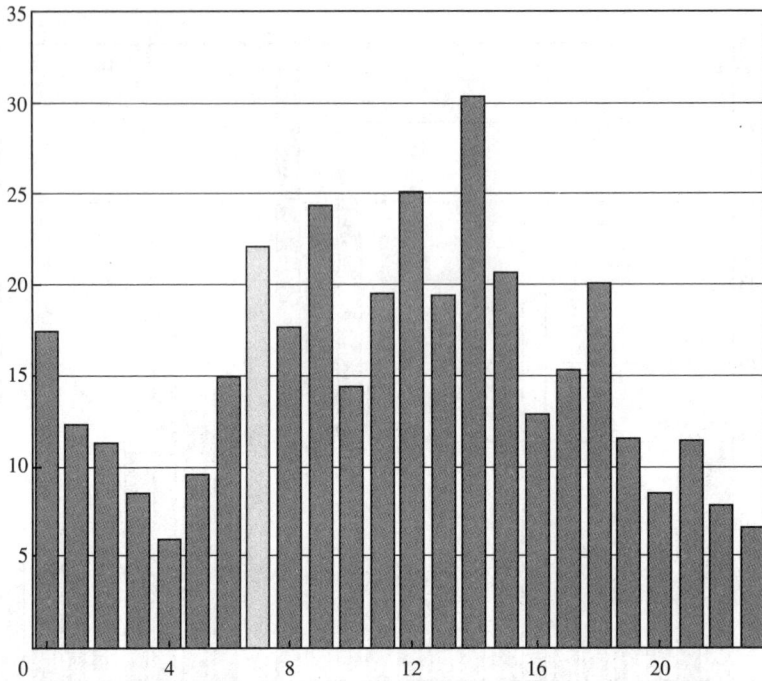

图 21-8　美元兑瑞郎的日内各小时平均波幅（截至 2017 年 8 月数据）

表 21-5　主要货币对月间日的平均波幅（2007 年数据）

时间	EUR/USD	GBP/USD	USD/CHF	USD/JPY
1	79	83	107	67
2	89	108	128	82
3	91	103	140	73
4	78	78	112	76
5	95	109	136	96
6	96	112	148	90
7	77	93	109	84
8	84	105	119	75
9	81	113	117	86
10	76	87	117	79
11	68	85	126	69
12	76	78	110	66
13	82	97	128	83
14	66	100	107	80
15	80	95	123	81
16	86	97	121	78

时间	EUR/USD	GBP/USD	USD/CHF	USD/JPY
17	88	111	129	86
18	83	103	118	78
19	86	105	133	97
20	85	111	124	87
21	76	108	115	86
22	86	97	129	79
23	87	103	130	84
24	89	105	140	78
25	65	85	107	61
26	77	101	134	81
27	73	90	123	76
28	72	89	110	68
29	80	92	111	80
30	75	91	124	85
31	80	90	125	79

根据上面提供的日内和周内活跃度统计，我们知道了最活跃的市场时段。在这些时间进行交易可提高成功的机会。

三、容易赔钱的交易时间

在活跃时期进行交易可能不是你所喜欢的，所以我们也提供另外的选择。但是，在这些时间内交易是非常困难的，所以你必须创造出相应的策略来处理这些问题并且利用这些时段行情的特点。

（1）星期五。星期五的行情是最不好预测的。如果你想把一周的利润都吐出去，那么选择在星期五交易吧。

（2）星期日。这些天的交易非常少，所以费力不讨好。当然亚洲这个时候已经是星期一的早上了。

交易这个行当，没有绝对的东西。除了考虑统计规律，还要结合当时具体的基本面和市场情况来考虑，没有千篇一律的事情。

（3）节假日。银行关门意味着成交量非常小。特别是美国和英国的节假日对市场影响非常大，这个时候成交量是非常惨淡的，有些大户利用这个时候造出怪异的震荡走势。

（4）新闻报告。当一个数据报告发布时，我们很难推测出价格的运动方向。如果你在没有掌握相应方法之前贸然交易数据行情，结果将令你痛苦不堪。如果你一定要这类行情，那么我们建议你使用本书最后提出的一个数据消息交易策略，这个策略也是我们的心血之作。

四、不能在活跃时间交易怎么办

对于居住在东亚地区的交易者来说，即使由于工作不能抓住下午的交易，也可以在欧美重叠时段进行交易。但是如果你的工作和作息比较特殊，完全不能在市场活跃时间进行交易，那么该怎么办呢？我们向你提出几个解决的办法：

（1）转移到一个更适合的时区。选择在欧洲居住是一个最好的方案。当然对于国内绝大部分人来说这种办法不是特别现实，但这仍然是一种可能的选择。

（2）在工作时进行交易。很多白领不乏这种机会，一是可利用电脑，二是工作时间宽松。当然，前提是你需要把你的本职工作做好。

（3）成为一个波段交易者。如果你成为一个波段交易者，那么就不必经常守在电脑显示屏前面了。只需要在特定时间查看即可，这样也不会打扰你的日常工作和休息了。

（4）交易那些非活跃时段的市场。如果你不能交易欧洲和美国时段的市场，那么你可以交易其他不活跃的市场。但是，你必须同样坚守纪律，并且专心学习"刮头皮"的交易方法以及区间交易方法。你将开始研究市场在这些特

日线上的趋势交易者相对而言没有那么辛苦。

殊时间的运作规律并且发展出适合这些市况的交易策略。

即使你不能进行交易，观察一个完整的时段的价格运动也是有用的，你可以借此发展出市场感觉。观察即时的图表与查看历史图表是非常不同的。

即使你不能进行即市交易，当你观察即时图表时进行纸面交易，记下你的进出场过程和理由。熟能生巧，练习让我们成为顶尖高手。你做的练习越多，你的交易能力提高越快。

机会总是在你手中的！我们传授给你了绝大部分需要了解的关于交易时机的信息。你所需要做的一切就是决定在活跃的时间进行交易还是在非活跃的时间进行交易，并且发展出相应的策略。

五、小　结

1. 最活跃的交易时间

（1）2 个市场重叠的时间：美国东部时间凌晨 3 点到 4 点以及上午 8 点到 12 点。

（2）伦敦时段是一天当中最为活跃的时段。

（3）一周中的星期二和星期三是最为活跃的周间日。

2. 比较困难的交易时间

星期五、星期日、节假日、新闻消息发布是比较困难的交易时间。

第二十二阶

资金管理

一、资金管理的基础知识

本阶课程是最重要的课程之一，因为资金管理直接关乎交易的成败。

为什么资金管理这么重要？因为我们从事的是营利的事业，并且为了赚钱我们必须学会如何管理资金。但非常讽刺的是，绝大部分交易者都忽略了交易的这个方面，真的是奇怪，许多交易者迫不及待地投入交易中，根本不要考虑到账户的规模以及动用资金的合理程度。他们简单草率地将资金抛向市场中，毫不犹豫地按下交易的按钮。对于这种交易方式，我们只能称之为赌博！

你在交易时毫不顾忌资金管理的法则，这无疑就等同于赌博行为，而且是典型的无脑赌博，因为职业赌徒是非常注意概率问题的。这种没有策略和资金管理概念的交易行为根本无视投资的长期回报。**资金管理并不仅是保护我们，长期来看它提高了我们的盈利水平。**如果你不相信我们说的话，而且认为无脑赌博是发财的好办法，那么思考下面这个例子：

资金管理比起技术指标似乎更为抽象。

前往拉斯维加斯的人们总是赢过钱的，确实如这些人预料的一样，短期内赚钱几乎不用动脑筋。但是为什么赌场仍旧赚钱呢？原因很简单，那就是**赌客作为一个整体长期来看肯定是输钱的，他们只是在短时间和局部上赚了赌场的钱。**因为根据概率论，所有赌博中只有 21 点可以在概率上战胜赌场，而其他的赌博方式无疑在概率上就偏向赌场。即使在 21 点我们也必须掌握一套概率上占优势的策略，也就是资金管理和算牌的优胜策略，我们才能打败庄家。**交易之道与赌博无异，精髓皆在于概率的掌握和运用。**

我们不得不承认赌场是一个概率运用的高手、一个高明的统计学家。它们知道从长期来看，它们将是获得金钱的一方，而不是无脑赌徒们。即使有人在累积加倍赌局中获胜，赌场也知道会有多于此百倍的人输掉这个累积赌局的游戏，最后还是赌场赚钱。

这就是一个统计学家通过赌博赚钱的好例子。即使这位概率方面的专家亏钱了，他们也知道如何控制损失，以保存胜利的种子。从根本来讲，这就是资金管理的效力。如果你学会了如何控制你的损失，那么你将更容易学会如何扩大利润。攻守之道，在于先立于不败之地而后求胜。

如果你是一个概率方面的天才，那么长期来看你将总是最后的赢家。

复利原理和凯利原理是交易的精髓！另外，还要加上"盲利原理"，大众盲点即利润！三利原理的详细介绍请参考《外汇短线交易的 24 堂精品课》和《外汇交易三部曲》。

二、资金下降率和最大资金下降率

虽然我们已经知道了资金管理将在长期帮助我们赚取利润，但是现在我们希望向你展示另外一个方面：如果你使用资金管理的规则将发生什么呢？

考虑下面这个例子：

假定你拥有 100000 美元并且你亏掉了其中的 50000 美

元，那么你的亏损占整个账户的百分比是多少呢？答案是50%。非常简单的一个问题。现在，你需要增长多少百分比才能回到原来的 100000 美元呢？现在不是 50% 了，你需要增长 100% 才能回到以前的 100000 美元。在这个例子中损失的 50000 美元就是亏损额，也就是资金下降率为 50%。

这个例子要告诉你的意思是亏损是非常容易的，但是赚钱却是很困难的，但是概率上这条法则就使得交易没有看上去那么简单。你可能认为自己绝不会亏掉账户里面50% 的资金，我们当然也希望这样。

即使你拥有一个优秀的交易系统，这也请你考虑下面一个例子：

在交易中，我们总是寻找一个优势。这也是交易者致力于发展交易系统的最主要原因。一个胜率高达 70% 的交易系统听起来非常不错，是一个很大的优势。但是，如果你的交易系统的胜率是 70%，那么这意味着在每一百笔交易中你将有 30 笔交易是亏损的，那么会不会有连续 7~10 笔亏损发生呢？

未必不可能！你怎么知道 100 笔交易中的哪 70 笔将是盈利的呢？你无法决定它们的分布。

你可能在头 30 笔交易中亏损，然后在接下来的 70 笔交易中盈利。我们曾经见过连续 99 单不亏，为了凑个整数100，交易者严重套牢直到最后爆仓。既然可以连续 99 笔单子赚钱，为什么不可能连续 30 笔单子亏钱？你需要问问自己如果连续亏损 30 次，你还能存活下来玩这个游戏吗？

这就是资金管理如此重要的原因。**不管你使用的是什么系统，如果不借助资金管理最终你都可能失败。**即使职业扑克牌玩家经历了可怕的亏损，最后他们还是能活下来等到最终胜利的到来。

生存率是多少？这是一个非常关键的问题！

原因在于优秀的扑克牌玩家有着完善的资金管理办法，因为他们知道自己不可能每把必赢，而且他们**只承担总资金的一个较小百分比的损失以便在有效中能过活下来并取**

得**最终的胜利**。存已才能灭敌，作为一个优秀的交易员，要么是精通孙子兵法的军事专家，要么是精通概率论的职业赌徒，或者是精通群体行为的社会心理学家。

这些都是你作为一个交易者应该力图掌握的东西，**一个伟大的拳师必定受益于拳法之外**，如李小龙就是哲学研究者；同样，**一个伟大的交易大师也必定受益于交易之外**，如索罗斯。只有你承受的风险在账户的允许的范围之内，你才能够度过市场的筛选，**市场通过优胜劣汰保证优秀交易者的进化**。记住：如果你严格实行资金管理的法则，那么你将成为物竞天择下的优胜者，你是可以赢的！

现在我们来看看如果你采用恰当的资金管理方法会发生什么，而你不采用恰当的资金管理方法又会发生什么。

进化论表明宇宙一直在追求"完美"！

三、不要输掉你的枪

表 22-1 将向你简单显示较小冒险资本比率和较高冒险资本比率之间的差别。

表 22-1 账户规模与承担风险

交易序号	账户净值	每笔交易承担2%的风险	交易序号	账户净值	每笔交易承担10%的风险
1	20000	400	1	20000	2000
2	19600	392	2	18000	1800
3	19208	384	3	16200	1620
4	18824	376	4	14580	1458
5	18447	369	5	13122	1312
6	18078	362	6	11810	1181
7	17717	354	7	10629	1063
8	17363	347	8	9566	957
9	17015	340	9	8609	861
10	16675	333	10	7748	775

续表

交易序号	账户净值	每笔交易承担2%的风险	交易序号	账户净值	每笔交易承担10%的风险
11	16341	327	11	6974	697
12	16015	320	12	6276	628
13	15694	314	13	5649	565
14	15380	308	14	5084	508
15	15073	301	15	4575	458
16	14771	295	16	4118	412
17	14476	290	17	3706	371
18	14186	284	18	3335	334
19	13903	278	19	3002	300

你可以看出，如果你将你的账户资金的 2% 用于承担风险与用 10% 的资金承担风险对交易结果产生了极其不同的影响。如果冒险资金比率为 10%，当你恰好经历了连续 19 次交易失误时，你的资金将从 20000 美元下降到仅剩 3002 美元，那么你将亏掉你账户 85% 的资金！但是，如果冒险资金的比率为 2%，你的账户在经历上述亏损后还将留下 13903 美元，也就是说仅损失了 30% 左右的资金。

当然，如果连续损失的笔数是 5 而不是 19，情况又会有什么不同呢？如果承担风险的资金占总资金的 2%，则连续经历 5 笔亏损后还将剩余 18447 美元；如果承担风险的资金占总资金的 10%，则连续经历 5 笔亏损后还将剩余 13122 美元，比起连续亏损 19 笔的情况好多了。

上面举出这些例子的目的在于告诉你搞好你的资金管理，这样你就可以在经历一段亏损的时期后仍旧可以玩这个游戏。你能相信你的账户亏损掉 85% 之后是什么样子吗？你必须增长 566% 才能回到你的初始资金水平。我相信你是不希望处于这种境地的。表 22-2 描述了亏损特定比率后要返回原始资金所需要的增长百分比。

账户增长率的提高依靠什么仓位管理是可行的呢？

表 22-2 回本所需增长率

资金损失率（%）	回到起始资金所需要的增长率（%）
10	11
20	25
30	43
40	67
50	100
60	150
70	233
80	400
90	900

从表 22-2 中可以发现，你损失得越多，则你要返回你的原始资本所需要做出的努力越大，从另一个侧面来讲也就是你面临的困难将更大。这就是为什么你需要做出巨大的努力来保护你的资本的原因之一。

你必须控制承担风险的资本的数目，这样才能在经历连续失利后仍旧存有实力可以赢得最后的胜利。

四、风险报酬比（Risk to Reward）

增加你的盈利的另外一个办法是在潜在报酬风险比大于 3∶1 的时候进入交易。如果你能找到那些报酬风险比大于 3∶1 的交易机会，那么你将在交易中拥有很大的优势（见表 22-3）。

表 22-3 50%胜算率叠加 3∶1 报酬比条件下的累计盈亏

交易序号	亏损	盈利
1	1000 美元	
2		3000 美元
3	1000 美元	
4		3000 美元
5	1000 美元	

交易序号	亏损	盈利
6		3000 美元
7	1000 美元	
8		3000 美元
9	1000 美元	
10		3000 美元
总计	5000 美元	15000 美元

在这个例子中，你可以看见即使你的胜率为 50%，你仍旧可以获得 10000 美元的利润。需要记住的是：无论你什么时候进行交易，你都需要获得一个较好的风险报酬比率，这样你的交易优势将明显提高，即使你拥有一个较低的胜率也是如此。

五、正金字塔加仓和小偷策略

金字塔加仓其实是一种流传甚广，但实际使用者寥寥的仓位和资金管理方法，特别是很多外汇初级交易者可能从未使用过正金字塔方式加过仓。这种仓位管理方法是一代投机宗师 J. L 首倡的。下面我们就来具体谈谈这个仓位管理策略的基本规则和具体运用，最后我们将讨论"小偷策略"。

1. 正金字塔加仓的基本原则

第一条原则，每次加仓前必须要求已经开立的头寸处于盈利的情况下才能加仓。这条原则是为了保证不逆势加仓，人类的天性就是逆势加仓，我们必须紧守这条原则。当然，这里存在一个例外情形，那就是有些分次建仓者计划在回调或者反弹时建立剩余仓位，这个与逆市加仓有本质区别：首先，这个是计划好了；其次，补仓是有严格的风险控制要求的。

第二条原则，坚持递减仓量的加仓方式。也就是说，每次加仓的仓量都不应该大于前面开仓的仓量。这就是"金字塔"名称的来源。

第三条原则，根据交易的波段长短控制加仓次数。多数情况下，连续加仓次数一般不超过 3 次。极端的区间市场中，开仓时即建立所有仓位；极端的趋势市场中，仓位大多数为后面的加仓所建。也就是说，**在极端振荡市场中，加仓数趋近于 0**

加仓的次数取决于市场的表现。

次，在永远的趋势市场中，加仓数趋近于正无穷次。

2. 常见的金字塔加仓类型

下面给出一些常用的金字塔加仓比率分配，你采用的加仓比率应该根据市况和个人的交易风格确定。总体原则是，**交易时间框架越大，越倾向于后面的建仓数量和次数，交易时间框架越小，越倾向于初次的建仓数量；市场的趋势性越强，越倾向于后面的建仓数量，市场的趋势性越弱，越倾向于初次的建仓数量。**

在趋势市场中，市场越是运行越是彰显趋势的强度，则继续该方向上运动的概率越大，所以我们的仓位也该增加；在区间市场中，市场越是运行则越是接近转折，则继续该方向上运动的概率越小，所以我们的仓位也应该逐渐减小。**顺市加仓是在趋势市场，顺市减仓是在区间市场。**下面是趋势市场中的加仓比率：

技术指标不会提前告诉你市场走单边还是震荡，如何通过基本面分析和仓位管理来解决这一问题？自己多思考几天，如果还是想不明白，参见《外汇交易三部曲》的最后几页。

5	3	2		
5	3	1	1	
5	4	1		
5	2	2	1	
4	3	2	1	
4	4	2		
4	3	3		
4	2	2	2	
4	3	1	1	1
4	2	2	1	1
3	2	2	1	1
3	2	1	1	1
3	1	1	1	1
2	1	1	1	1

以上数字表示仓位大小，如 5 表示 50％的仓位。

如果第一笔单开仓后已经盈利了，就可能考虑在回调点上第一次加仓，第一次加仓的仓位一定要小于第一次开仓的仓位。后面的加仓方法一样，切记"应该在回调位上加码，而且在所有开仓单已经全面盈利的条件下加码"，但允许第一次加仓以后的加仓仓位与前面的加仓仓位相等，但不能超过。在加仓中一般不追高加仓，这样做的风险一般比较大。

3. 正金字塔开仓和加仓的好处

这种操作手法最为重要的作用在于能有效地避免亏损。例如，如果在第一次加仓后发现行情逆转，最迟要求在第一笔开仓价位和第一次加仓价位之间的中间价格位置以前全部清仓。由于是正金字塔加仓，这样的操作始终是盈利的。

又如，如果在第三次加仓后发现行情逆转，以同样的方法，可以先在第二次加仓和第三次加仓的中间价格位置以前把第二次和第三次加仓的全部单斩仓出来，至少这两笔单不会亏钱，可以暂时保留第一笔开仓单和第一次加仓单，这样可以继续观察行情的发展，便于以后继续减仓或者继续加仓。

做外汇投机的交易者至少应该具有一些小偷的基本素质。小偷在下手时先看好逃跑路线并分析可能承受的最大损失，最后才考虑在什么时候和什么地方下手的问题。

基于这样一种"小偷思路"，正金字塔加仓也不能随心所欲地乱来。第一次开仓的仓位大小应该由开仓位置、止损位置和能够承受的最大亏损来决定，绝不能随心所欲地决定开仓的仓位。根据行情发展情况选择开仓位置就好像解决了小偷在什么时间、什么地方下手的问题；根据走势形态选择止损位置就好像解决了小偷逃跑路线的问题；8%的止损策略就好像解决了小偷最大承受亏损的问题。

在外汇市场，有两种这样的"小偷"：

第一种是"绝不止损"：好像小偷被人发现后不但不跑，还在主人面前宣称要继续偷，结果相当惨！

第二种是"越亏越加仓"：小偷第一次出手时被发现了不逃跑，财物的主人认为他老实，只扇了他两记耳光，以

回调加仓面临一个现实的问题：强劲的大单边走势往往很少回调，怎么回调加仓呢？

这里采用了分批减仓的方式。

作纪念。他不服气，认为人手不够才导致了失败。第二次与他老婆一起去偷，结果他老婆被抓……他仍然不思悔改，不认真研究失败的原因，不对症下药，不改变偷的策略。第三次与他儿子一起去偷，结果他儿子也被抓了。他恼羞成怒，变"悄悄地偷"为"公开地抢"，结果自己也被抓了。越亏越加仓，本质上是在亏损的情况下倒金字塔的加仓方式。

与上述加仓方式相对立的是倒金字塔加仓方式。倒金字塔表现出人类非理性的一面。交易者可能在第一次开仓时对行情不太看好，仓位比较小，但行情发展出人意料，结果情绪高涨。在情绪高涨下进场，经常忘记止损点位的首先选择和8%止损原则下的仓位控制。

一旦行情稍稍回调，经常造成亏损，把赢利的单子做成了亏损的单子。所以，我们认为，如果遇到这种情况，第一次加仓可看成一次独立的开仓行为，与原来的开仓单隔离起来独立操作，按照前面讲的正常流程，在进场前还是要先找好止损点位和坚持8%的止损原则下仓位控制，这好比小偷在进场前先看好逃跑路线和确认最大损失一样，然后再选择时机下手。

除了正金字塔之外，还有一种实用的对等加仓法。开仓和每一次加仓的数量都一样。使用这种方法在加仓时不必考虑8%的亏损问题，思维上与正金字塔加仓一样，当加仓单回调到前一笔单的1/2处以前，应该清仓出来，否则将面临亏损。

六、常见资金管理技巧

1. 让保证金和开立头寸的数量形成配比的技巧

在谈这个问题前，先纠正一个对保证金交易的误解。很多人认为保证金交易比外汇实盘交易的风险大，我认为这是对保证金交易的一种误解。这种观念将保证金交易中的杠杆比例等同于实际交易的风险系数，我们认为这种理解是存在偏差的。

某外汇交易商向投资者提供200倍的资金杠杆，不等于投资者在交易中承担了200倍的投资风险。杠杆比例和交易风险没有直接的关系，和交易风险挂钩的是投资者交易账户内的保证金数额和开仓的数量。

举个例子：某外汇交易商提供迷你账户和标准账户两种保证金账户：迷你账户最小开仓数量是10000美元，在开10000美元的仓数时，汇率每波动1个点，账户

承担 1 美元的风险；标准账户最小开仓数量是 100000 美元，在开 100000 美元的仓数时，汇率每波动 1 个点，账户承担 10 美元的风险。同样是 100 倍的杠杆，为什么迷你账户的风险比标准账户的风险小？原因就在于开仓数量上。开仓数量越大，账户承担的风险也就越大，这个道理我想小学生都能理解，可是有些做外汇实盘交易的朋友却坚持认为保证金外汇的风险比实盘外汇的风险大，这比较令人费解。

很多刚接触外汇保证金交易的朋友经常问"在哪里开户比较好，杠杆比是多少比较恰当"这类问题，我通常给他们的答复是"在哪开户，杠杆多少其实不是最关键的，投资的风险主要来自于你自己"。有效的风险控制方法就是学会自我控制。

回到正题上来，如何让你的保证金和仓位匹配，我们的建议是：

（1）保证金在 500 美元以下，开仓数量不得超过 10000；

（2）保证金在 5000 美元以下，开仓数量不得超过 500000；

（3）保证金在 10000 美元以下，开仓数量不得超过 1000000。

2. 常见外汇交易的资金管理技巧

第一，见位做单的资金管理技巧。

汇率跌至重要支撑位附近建立多头头寸的技巧难点：

（1）确定该支撑位的强度；

（2）如果严格按照到达支撑位买入，容易错失良机；

（3）如果提前买入，往往价格偏高，使收益风险比失调，止损难设。

应对技巧：

（1）如该支撑位强度较高，可提前入场；

（2）如该支撑位强度适中，可在支撑位附近分批入场，跌破支撑位一定幅度止损，并在价格从支撑位附近反弹时加码，但高位加码的仓位应该越来越轻（即金字塔式加码

黑平台意味着无论你的交易做得如何，最终钱都是平台的。

这里只提及位置，没有涉及趋势和形态，要综合判断才行。

389

原则）；

（3）如该支撑位较弱，可选择继续观望。

汇率升至重要阻力位附近建立空头头寸的技巧是反向操作，原则一样。

第二，破位做单的资金管理技巧。

汇率升破重要阻力位建立多头头寸的技巧：

（1）升破之前确定该阻力位的强度和升破的概率。

（2）如概率较高，则可考虑分批入场。

1）20%资金在升破阻力位前入场；

2）20%资金在升破阻力位一定幅度（按照有效突破空间原则）后入场；

3）30%资金在升破阻力位后回抽确认时入场；

4）30%资金在汇率上升过程中按照金字塔原则不断加码。

（3）如升破概率较低，可选择观望，等待突破后进场。

1）30%资金突破后买入；

2）40%资金回抽后并再次掉头向上后追买；

3）30%资金在升势确认后根据金字塔原则加码。

汇率跌破重要支撑位的建立空头头寸的技巧是反向操作，原则一样。

第三，汇率升至重要阻力位附近多头头寸的平仓技巧。

难点：

（1）确定是趋势市场还是区间市场；

（2）过早平仓使利润无法最大化；

（3）贴紧重要阻力平仓容易错失良机。

应对技巧：

（1）如阻力较弱，突破概率相对较大，且市场处于趋势市场。

1）接近阻力位平10%；

2）阻力位附近平30%；

3）在阻力位下方一定幅度设立止损，价格回落并达到止损价位，平60%；

4）如未达到止损价位，且突破该阻力，形成有效突破后，按照升破阻力建仓技巧，将已经平仓的40%伺机回补。

（2）如阻力位较强，且市场处于区间市场。

1）接近阻力位平30%；

2）达到阻力位平40%；

3）在阻力位下方一定幅度设立止损，价格回落并达到止损价位，平30%；

4）如未达到止损价位，且突破该阻力，形成有效突破后，按照升破阻力建仓技巧，将已经平仓的40%伺机回补。

汇率跌至重要支撑位附近空头头寸的平仓技巧与此操作方向相反，原则一致。

第四，止损设置技巧。

（1）确定市场特征，是属于趋势市场还是区间市场。

（2）好的止损价格以好的建仓价格为前提。

（3）趋势市场中顺势而为的操作，止损可以适度放宽，但最好是在回调和反弹介入趋势，也就是利用我们提到的多重时间框架指导交易。

（4）区间市场中的仓位止损幅度可以放宽，如没有重要消息发布时的亚洲市。

七、合理设置止损位的八个标准

懂得止损的重要性只是第一步，对于止损来说具体的步骤包括合理设置止损和切实执行止损。止损位的合理设置必须借助概率管理工具和资金管理原则，用于设置止损的方法有以下几种，需要合理地使用它们：

（1）固定亏损比率法。根据亏损程度设置，通常投机型短线买入的止损位设置在下跌2%~8%，而投资型长线买入的止损位设置的下跌比例相对较大。

（2）波动幅度止损法。根据与波段最高价相比，当汇率从最高价下跌达到一定幅度时卖出，如果此时投资者处于亏损状态的叫止损；处于赢利状态的叫止赢。这种方法在大多数情况下是用于止赢。下跌幅度达到多少时止赢要看汇率的活跃度，较为活跃的汇种要把幅度设置大些。

波幅止损应该有个最大限制。

（3）技术指标止损法。根据技术指标的支撑位设置，主要有：

1）移动平均线指标。如 8 期移动平均线、13 期移动平均线等。

2）布林带指标。上升趋势中，汇率下穿布林带的上轨线；下降趋势中，汇率上穿布林带的下轨线。

布林带止损尽量用收盘价。

3）抛物线指标。做多时，抛物线指标向下跌破转向点时；做空时，抛物线指标向上突破转向点。

（4）根据有重大意义的关键位置设定。

（5）根据蜡烛线形态设置参照物，主要有：

1）趋势线的切线；

2）头肩顶底或圆弧顶底等头部形态的颈线位；

3）上升通道的下轨，下降通道的上轨；

4）缺口的边缘。

（6）根据汇率的整数价位设置，这种方法没有多少科学的依据，主要是因为整数价位对投资大众的心理有一定支撑和阻力作用。

（7）根据成交密集区设置。因为成交密集区对汇率会产生直接的支撑和阻力作用。一个坚实的底部被击穿后，往往会由原来的有力支撑区转化为强大的阻力区。

00 价位和 50 价位往往有显著的支撑和阻力作用。

（8）根据自己的经验设置的心理价位作为止损位。当投资者长期关注某个汇率，对汇率有较深了解时，根据心理价位设置的止损位，也往往非常有效。但是这种方法不适合初学者和大额资金交易者。

止损作为外汇交易中控制亏损扩大的首要工具，在具体实施过程中要注意的是：必须在入市前即明晰了止损的具体位置和时间，绝对不能等到亏损已经发生时才考虑用什么标准止损，这样常常为时已晚。一定要在买入的同时就要考虑如果判断失误应该如何应对，并且制定周详的止损计划和止损标准，只有这样才能有备无患。

八、反传统风险管理原则的网格操作法

　　网格操作法在国内外大有市场，因为它恰好符合人逆市加仓的天性，但是这个操作方法却是在特定市场中使用的。如果市场是趋势市场，而不是区间市场，那么这个操作方法将得到毁灭性的结果。由于所有金融市场都不可避免地具有趋势的行情，所以一次出错，这个策略带来的盈利将前功尽弃。当然，我们也曾确实看见有人用这个操作方法稳定获利，他改进了这个方法，加入了月线上的研究，避免违背大趋势。

　　现在我们来具体谈谈网格操作法的具体形式。这个策略最基本的形式是这样的：例如，我们做多 EUR/USD，同时也做多 USD/CHF（目的是对冲以降低单方向的风险）。做多 EUR/USD：在当前价格上下 200 点范围内每隔 25 点布一张买单，每张买单都不设止损，获利平仓目标 25 点。同样地，做多 USD/CHF：在当前价格上下 200 点每隔 25 点布一张买单，每张买单都不设止损，获利平仓目标 25 点。

　　每日隔几个小时检查一下有没有成交后获利平仓的买单，一旦某单获利平仓了，如在 1.2000 买入，而在 1.2025 平仓获利，那么就在该买单开立的价位 1.2000 重新再开设一张买单。换言之，随时保证每隔 25 点都有一张买单。

　　如果某个价格成交的买单还没有获利平仓，那么在该价位不再开设买单。可以想象，如果 EUR/USD 上涨，那么就会触发 EUR/USD 上的一连串买单获利平仓。同时 USD/CHF 必然下跌，在 USD/CHF 上将积聚一批未平仓买单，而如果 EUR/USD 价格随后跌回，那么 USD/CHF 就会上涨，在 USD/CHF 上得到一连串获利平仓，而在 EUR/USD 上积聚一批未平仓买单。如果价格在一个范围内来回拉锯，就不断获利平仓并重新开设新单，再成交，再获利平仓。

　　这个操法的本质在于交易价格拉锯的区间，交易部位很小，1000 美元的账户，最多每张单只能下 0.1 手，以保证不会因某一方向的大幅直线运动带来大批的未平仓亏损而引起爆仓。

　　真正的网格交易法不是一种短线交易系统。拉网的范围越大，价格在网之外运行的概率就越小。但短线手法明显对于网格的建立是有帮助的。好的短线手法可以使在逆势方向上被挂住的单子较少，而在顺势方向上则利用重仓位获利。这是网格

交易法能利用于实战的必要前提。有些人综合了波动率突破，支持阻力位，动态仓位大小，多层网格，跟随止损，可以使资金的回撤控制在非常小的范围。

可以想象，因为网格账面亏损的扩大在一段趋势的方向上是指数式上升的，所以既然有人能使资金回撤很小，那么其获利平仓的力度一定是非常惊人的。

此外，是国外一个名叫 Jove 提出的定期关闭网格法，他的方式是当网格获利或亏损达到 10% 就全部平仓。这样一来他可以获得非常多次的 10% 利润（因为行情 80% 以上的时间都在盘整），而在另外一些情况下仅损失 10%。他的这种方式也很值得考虑，这一方面利用了网格的优势，另一方面避开了长趋势对于网格的冲击。

但关闭网格毕竟是认赔，如果有办法对付长趋势对于网格的冲击，那么永久性的网格显然在未来具有更大的潜力，永不认赔直到获利平仓是网格操作法的核心思想。这仅是我个人的猜测，还很难说有可靠的理论依据。可以这么设想，在一年以后，操作的区间到达了一个新的区域，在这个区域，操作的单量比起一年前可能要大 1~2 倍，这时候一年前在最远端挂住的那些单子对于账面亏损的影响就不那么大了。只要能始终保证获利平仓不断增加可用的资金，那么越靠近当前的单子分量越大，越是对账户具有更大的影响。

如何应对超强的单边走势，这是网格交易法需要首先搞清楚的问题。

一个纯粹机械的网格风险是非常大的，可以说风险和回报几乎不成比例，也许需要准备 10 万元的资金来保证最后获得 1 万元的收益。网格交易法需要一些基本的计算，可以在这个网址完成（见图 22-1）：https：//www.mataf.net/en/forex/tools/martingale。

网格交易法的优势：

（1）不需要判断时机，减低操作压力。时机抉择是所有技术分析的难点所在，从长远来看，2000 笔交易以上，不大可能有人依靠时机抉择战胜市场。

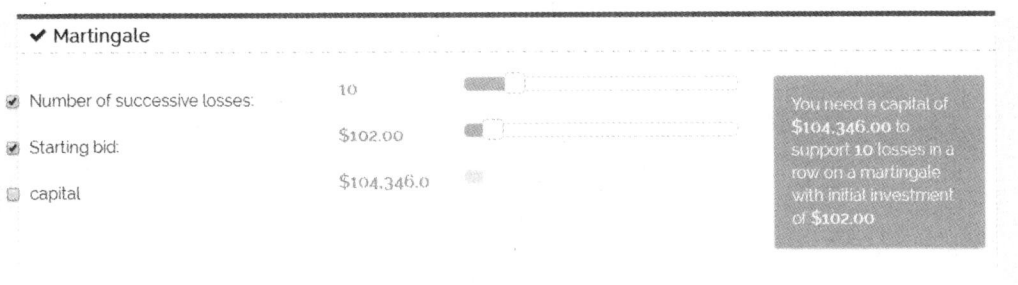

図 22-1　网格交易计算

（2）不害怕市场发生变化。市场的参与者、经济环境都会使市场发生变化，从而使现有的交易系统失效。

（3）可以在网格中使用任何其他的分析方法。任何有效的方法都会增加网格的效果，因为这三大优势的绝对坚强性，使很多人被吸引其中。

九、小　结

要成为一个精通概率应用的职业赌徒，记住，胜利仅属于精通概率应用的交易者！

亏损是一个非常现实的问题，你在交易中总会遇到这些问题。你交易中承受的风险越少，则单次盈利也就越少。但是你存活的机会就更大，这意味着你赚钱的时间将更久，从而赚的钱更多，按照复利来考虑也是这样。

你的账户亏损越是严重，则你要返回初始资金水平的难度就越高，所需要做的努力也就越大。

使用一个较小比率的资金进行冒险。当然你也要考虑收益问题，资金太少或者闲置太多资金也是不行的。3%是一个推荐的比率。

注意控制风险报酬比。这个比率越高，则你越不应该进入交易。在交易前要寻找风险报酬率比较理想的机会，不能盲目进场，为了 20 点的利润承受 40 点的风险是不明智的，但是交易中往往有人这样干。

我们不推荐网格交易法，但是它却值得你了解，因为它告诉了一个潜在的前提，必须是区间市场才能采用这个操作方法。你应该知道采用任何一种操作方法前都必须知晓其假设前提，才能正确使用它。

计划你的交易　交易你的计划

一、为什么要计划交易

到目前为止，你已经掌握了很多基本的交易知识，但是你仍旧无法胜任一次交易。不是因为你知道得太少，而是因为你没有一个交易计划。明白吗？你需要一个交易计划。

不知道是否知道九度人格，也就是 Enneagram，国内翻译为九型人格是不准确的，因为人的性格只有维度进行考量，不能分类进行考量，而且人的性格也不止九种。我们可以发展九度人格理论用来协助提升交易心理水平。在九度人格里面，第七维度是具有善于计划的特征，而第三维度具有善于执行的特征。我们的交易恰恰需要同时在这两个维度上具有优势的人，也就是善于制定交易，并且严格执行的交易者。

如果没有一个好的交易机会并且严格执行它，那么你最终的成果还是个零，甚至是个负数也不无可能。

把你的交易计划当作你迈向成功的地图吧，它将持续不断地提醒你应该如何赚钱。当然，这不是强行规定，你可以没有计划地胡乱交易一通，只要你不介意亏钱。我们

事前计划，事中监督，事后总结。

从来没有看见一个交易天才不用交易计划的。

如果你愿意，你可以不用交易计划，但是在做这个决定之前，我会试着来说服你。

为什么需要一个交易计划？

原因1：它能保证你在正确的方向上。

在交易中保持一致性是非常重要的，因为这是度量一个交易者成功的准绳之一。如果你有一个完善的交易系统，但是你却总是违背它的指令，那么你永远不会真正知道你的交易系统有多好。你的交易计划将保证你遵守纪律。

原因2：**交易是一门生意，而所有成功的生意都需要计划。**

我们从来没有看见过一个成功的商人缺乏一个计划。计划是很关键的因素，当然运气也占了不少比例，但是我们成功能控制的因素除了计划就是执行计划，运气不取决于我们的掌控。

同样的道理，在交易中我们也需要计划，正如商业和战争一样，我们需要周密的计划。我们看见过黑客的入侵计划，这是一项智力的游戏，那么作为对人类智力和情绪最具考验性的金融交易为什么不需要计划呢？

无论是凭借运气还是经验，每个人都有在外汇市场赚钱的时候，但是，如果想要长期赚钱就离不开外汇交易了。**优秀交易者与蹩脚交易者的最大区别在于计划和行为的一致性。**如果你连计划都没有，那么又如何算得上一致呢？如果你拥有一个优秀的交易系统，并且富有纪律精神地去严格执行它，我相信你就是一个成功的交易者了。

在交易中，最可怕的不是亏损，而是莫名其妙地赚钱或者是错误的做法带来了短暂的收获，这是最可怕的。**对于人类来说，最难理解的是做错误的事情也可以有好的结果，而在交易市场这是经常发生的事情，这些事件的发生误导了很多交易者，使他们永远无法获得交易的真谛。**作为一个概率游戏，你不能仅看到几次或者一段很短时间的

金融交易是浓缩的人生！

盈利就认为做了正确的事。宇宙是一个正反馈系统，金融市场也是一样的。你做了什么最后都会返回到自己身上，但是这种反馈是长时间和整体上的，在局部我们经常看到相反的情况，人自身理性的不完备性使我们经常忽略了这种正反馈。所以，我们总是长期和整体的输家。在金融市场中这种表现更是如此，记住我们需要整体的最终的胜利，而这需要一个好的计划和严格的执行能力。**眼光和意志统治着这个世界。**

现在，我想你大概已经知道了交易计划的重要意义。我们接下来看看一个交易计划的具体构成。

二、一个交易计划应该具备的要素

交易计划可以根据你的意愿选择简单或者复杂的形式，简单复杂并不是问题的关键，关键是你有没有一个交易计划，以及你是否严格执行它的指令。但是，无论这个计划简单还是复杂，它都必须具备一些基本的要素，也就是组成部分。

这就好比一个计算机操作系统一样，无论如何它总要具备一些基本的要素，否则就无法作为一个系统进行运作。电脑的程序可能存在漏洞，这将导致安全问题，并引发经济方面的隐患。同样，如果我们的计划存在漏洞，我们就会在市场的洪流中因蚁穴而溃堤。但是我们在制定计划的时候能够预先考虑到这些方面的问题，那么就可以减少很多不必要的损失。

市场是任何交易计划的反馈器。

1. 一个交易系统

这是你的交易计划的核心所在。你所采用的这个交易系统必须是经过你进行彻底内推检验了的，并且在模拟账户上至少进行了两个月的外推检验。当然，你也可以在外推检验的时候就进行交易计划了，这是非常好的，毕竟这样你可以提前与你的系统进行磨合，并且更加贴近真实的交易环境。所以，希望你能尽早利用交易计划来约束你的交易行为，并且记录下这些宝贵的交易统计数据，便于你在真实交易开始之前就能够进行系统完善和更新。

这个交易系统正如我们在交易系统一节课程中提到的那样，你需要选择使用的时间框架，以及进入交易和退出交易的规则、风险承受规则，还要选择交易的具体货币对以及头寸建立的单位规则。当然，随着你的交易经验提升和交易能力完善，你将对你的系统进行更深入的修改，这会让你用到更多个性化的系统设置和要素选择。但是，**我们希望一切从最简单和最有效率的系统开始，慢慢地建立起符合你个人风格的交易系统。**

举例而言，作为一个日内的交易者，并且具体选择 10 分钟图表作为交易的主要时间框槛。当移动平均线发生一个穿越并且所有指标支持这个穿越发生的方向时，我顺着这个方向进场交易。我们仅会交易 EUR/USD，并且我不会拿超过总资金 2% 的钱承担单笔交易的风险。我交易 5 迷你手的合约，并且随着规模扩大相应地扩大我的交易规模，但是我会始终坚持单笔亏损资金不超过 2% 的资金管理要求的。

2. 你的交易日程安排

你的交易计划是一个比较关键的部分，因为它将决定三件重要的事情：你什么时候分析市场和计划你的交易，你将在什么时候观察市场择机入市，以及你将在什么时候评估你交易期间的行为和绩效。

作为交易团队，我们很好地相互监督并有制度规定了这些事项，但是作为个人交易者，我们发现能坚持在固定时间完成这些事项的人少之又少。

3. 你的心理状态

很多交易者都发现在进行交易的时候控制住自己的情

> 交易系统的研发总是要经过从简单到复杂，再由复杂到简单的过程。

绪是最困难的事情。你的交易计划的其中一部分将描述你将在交易时采用的心理状态。当然，我们可以通过神经语言程式学这门技术来改变自己的负面心态，还可以利用渐次肌肉放松来对负面情绪免疫，甚至可以采用满灌疗法以及森田正马疗法来处理交易情绪。但是在这里我们并不推荐这些方法，因为如果坚持纪律能得到一个较好的结果，自然会获得一个长期的负面情绪免疫力。

恐惧和紧张是人类为了保护自己的本能反应，当事实反复告诉你恐惧和紧张是多余的时候，你的潜意识将帮助你解脱出来。所以，不要担心一切情绪都不是问题。**恐惧和谨慎、贪婪和勇敢只是一线之隔而已，而这条线就是交易计划，当你按照交易计划行事时就是谨慎和勇敢的，当你违反纪律行事时就是恐惧和贪婪的，交易计划就是度量你行为的准绳，而不是交易结果。**

我相信你可以把你的每次交易的失败都归结为恐惧或者贪婪，但是这有什么意义呢？因为这些是不可证伪的，而不可证伪的东西都不存在提高的空间。下面是一些辅助的正面自我对话，可以起到些许作用：

（1）"我将看见图表上的东西，而不是期望看见的东西。抱着希望在市场中生存是最危险的。当你抱着希望和侥幸心理时，你就离失败不远了"。

（2）"无论我对市场趋势有多么偏激的看法，我将确保自己按照眼睛所见的，而不是按照感觉告诉我的东西进行交易"。

（3）"如果我亏了一笔，我不会跟市场赌气。跟它对着干，只有我吃亏的"。

（4）"如果我亏了一单，并不代表我输了，相反我又学到了一些新的经验，这些可以为我带来利润"。

4. 你的弱点

当然，从我们前面断断续续提到的交易哲学中你可能已经知道人的理性是有限的，意识能力是存在缺陷的，并

内观是一项很好的心理平衡技术，大家可以上网了解一下。

且信息本身也是不完全的，加上我们信念系统的删除、扭曲和绝对化，我们的内在理性就与外部真相之间有了很大的隔阂。

我们不喜欢谈论自己的弱点。但是请问问自己，怎么样才能使自己变得更加完善。交易计划的这个部分要求对自己交易中出现的问题，特别是涉及导致交易失败的深层原因要特别注意，因为信念决定了价值观，价值观决定了行为，行为决定了结果。

如果你老是犯同一类错误的时候就要问问自己是不是在信念或者观念上存在问题。我们在交易成长的过程中都知道，任何交易行为的背后都有信念的问题，都有个人的影子，这不一定不好，但是肯定会有些地方会阻挡我们，所以我们要去挖掘，我们就是这样走过来的。下面是一些常见弱点的自述：

（1）"我总是过度交易，开立太多头寸以至于顾不过来，最后到处失火"。

（2）"当我在一笔交易中失利时，我会立即报复市场把亏损全部搬回来"。

（3）"我经常认为当下的情况不同于以往，并因此改变交易规则，违背最初的交易指令和计划"。

（4）"我经常认为形势大好，从而不断加重仓位"。

5. 你的交易目标

赚大钱并不是一个好的交易目标，这只是你的个人愿景吧。坐下来认真思考一下，作为一个交易者你到底想要具体得到些什么。你想以交易为生吗？基于你目前的经验和技能，你认为**现实地讲你能够从交易中获得多大的利润**？

你的目标……是一种冲浪的感觉，一种自由精神和高度自治的人格魅力。或许你想借此达到修身养性的目的，或许你希望不受老板的气……目标肯定是相当个性化的东西。你究竟想从交易中得到些具体的什么呢？深入内心问问自己吧，当你经历艰难市况的时候，这些就是你的强心

不积跬步无以至千里！

针。这些目标是你的动力，但是你必须把注意力集中于市场价格运动上。

6. 你的交易日志

交易日志是一个很有价值的工具，它就像网络安全的日志，它可以帮助你发觉你的交易系统的漏洞，进而帮助你成为一个优秀的交易员。 确保你自己记下了所有交易事项和交易理由。然后在总结交易的时候，把这些日志拿出来进行分析，进行分别的评估，也进行整体的分析。不仅可以从里面看到你的交易缺陷，同时也能看到交易成绩，看到进步的轨迹，而这些资源将成为你攀登新高峰和度过艰难时刻的精神食粮。

现在回过头来看看我们当初的交易，再看看成长的经历，我们感觉成就了然于胸，道路曲折，但是前景确实是光明无限的。通过日志，我们还可以清楚地知道与目标的差距，也因此更加清晰自己的行为和目标之间的关系。交易日志这项工具将极大帮助你在长期中制胜，所以每天花几分钟的时间记下你的交易，最终你将为你所做的这些感到欣慰。

没有日志，你无法取得稳健的进步。

三、一个交易体系（大交易系统）的构建

我们前面已经强调了构建一个交易系统的重要性，其实交易需要一个更大的系统来制约和管理。我们应该将系统论和控制论的精华用于交易中，所以交易体系不仅是决策，还涉及交易的整个流程。

外汇交易就像所有的金融交易一样是一种刺激而复杂的活动，交易者要面对的不光是汇率波动本身，还要面对造成汇率波动背后的复杂性因素，更要面对投资者自身情绪上的不确定性。正是这些复杂性和不确定性，才造成在

外汇的实际交易中，绝大多数投资者长期下来最终都以失败而告终。

因此，要想在外汇市场上长期生存并保持稳定的一致性获利，必须在充分认识市场的基础上，去建立一个有效的系统化手段，把一切的复杂性和不确定性全部加以量化，所有的交易都是有序而直观的，才能最终达到低风险、高回报。

完善的交易体系或者说大交易系统，应该包括交易系统、风险控制系统和监控系统三个方面。单个交易者是不可能完成的，必须要由团队协同来完成整个交易过程。

完善的交易体系应该具备的特征：

（1）稳定性：表现为收益的稳定性，有可能有大起，但绝不会有大落，一切可能造成重大损失的交易都不会存在，哪怕这种可能性微乎其微。

（2）枯燥性：挣钱没有乐趣可言，过程一定是枯燥的，交易系统经过验证可行以后，每天只是枯燥地去执行，具体交易不需要掺杂任何的个人感情，个人成就感不会存在，因此很枯燥，但很有效。

（3）简单性：交易计划的制定和执行全部加以程式化，人需要做的只是把它们去付诸实施，并加以监控，简单而有效。

1. 监控系统

只要是人就会有缺陷，就会有高潮低谷，就可能造成不可弥补的损失，世界上大战役产生的损失都是这样造成的，滨中泰男的住友事件、尼克里森的巴林银行事件，还有亨特兄弟的白银事件、陈久霖的中航油事件，他们都曾经辉煌过，曾经呼风唤雨过，但都过分地依赖了个人的能力，也许曾经成功过1000次，但最后一次的失败足以抹杀所有的成功。

每一位操盘手都有阶段性，某个时期可能交易得非常好，但毕竟都是有血有肉的个体，都难以摒弃人性的弱点：

無系統，不交易！

没有量化的系统，其绩效很难稳定！

贪婪和恐惧。

期货界一位小有名气的交易者就是一个非常好的例子，在 1997 年到 2001 年底，他非常稳定地获利，在一个小圈子里非常出名，但因此也飘飘然，最终导致了 2002 年初的滑铁卢。其实如果能够严格坚持交易系统，一定不会惨败的，但当时的心态已经乱了，做的所有交易都明显带有主观色彩；反过来说，当时如果他有一个风险控制员为其控制风险，那么最后的结果肯定是截然不同的。

因此，操盘手的概念，个人英雄主义一定要摒弃，一切都要交由团队来完成，团队的成员进行细致分工，互相制约，计划的制定者和计划的执行者必须要分开，以保证交易计划能够始终贯彻执行。

以我们早期团队的实际交易为例，当时我们组建了若干个团队，每个团队是由三类人组成：管理员 1 人，交易员 2 人，风险监控员 1 人，并对他们的职责进行了细致的划分。

管理员职责：

（1）不断完善交易系统，填补漏洞。

（2）制定奖惩制度，统一组织协调并审议交易计划。

（3）定期总结资金运作状况。

（4）不得干涉交易员的日常交易。

交易员职责：

（1）**每天提供交易日志**，并定期向投资人提供收益报告。

（2）**交易员严格按照交易日志提供的投资方案进行交易，交易员在盘中严格执行交易计划，按计划入市，止盈止损。**

（3）了解所有的规则之后，严格按照规则办事，不能出现任何错误。

（4）如果市场行情发生突发变化或接近账户总体风险限额时，交易员必须及时将交易及持仓状况向管理员汇报。

监控人员职责：

（1）当账户浮动亏损或者实际亏损达到总资金的 8% 时，风险监控员有权亮黄灯，不得开新仓。

（2）当账户浮动亏损或者实际亏损达到总资金的 10% 时，风险监控员有权亮红灯，警告交易员必须平仓并停止交易，总结休息后方可重新交易；当账户浮动亏损或实际亏损达到 18% 时，必须完全清仓，并报告管理员准备账户的清算。

（3）监督交易员贯彻、执行交易计划，当交易员有侥幸心理，不贯彻交易计划

大权独揽的交易者往往不受风控员的制约。因为两者在团体内的地位天然不对等。

的时候，监控员协同交易员执行计划并上报管理员。

（4）严格检查交易员的交易日志，检查资金持仓状况，发现问题及时上报。

（5）每个交易日向管理员报告当日交易状况及持仓状况。

（6）每日绘制资金曲线。

2. 交易系统

交易体系相当于战士手中的武器，自然是威力越大越好。在市面上，各类交易软件、交易系统比比皆是，当然效果也有好有坏，我们倒是觉得，在交易软件或者是交易思路的选择上，需要把握好以下几点即可：

（1）简单原则：价格瞬息万变、纷繁复杂，如果用一套复杂的系统去描述复杂的市场只能适得其反，而且也不利于投资者及时做出快速有效的反应。用一套简单、精确而且高效的行为模式去描述市场，才能不被表面的大量随机因素所蒙蔽。

（2）不要过度优化：多数人总是试图找出完美卓越的交易系统和方法，其实这是一种近乎于单纯的想法，**市场的价格变化包含着大量的随机因素**，甚至包括人的心理因素，是呈现一种非线性的市场，纷繁复杂，而交易系统是线性的，只能捕捉市场中规律性的一面，这就足够了，过度的优化对收益没有什么作用。

（3）根据历史统计找出规律性：市场的运行实际上非常简单，只有三个方向：上涨、下跌、横盘，对于上涨和下跌，很容易进行描述，但市场大多数时间是处在横盘状态，如何虑掉横盘，在横盘的时候不做单，或者想办法做到横盘的时候不亏钱或者少亏钱，一旦出现趋势，获利就成为必然了。

怎样的仓位管理可以让趋势带来最大的利润？

让自己永远站在概率高的一方：赌博也好，做外汇也好，实际上做的都是一种概率，想方设法让自己长期站在概率高的一方，包括交易系统的选择，也是如此。

3. 风险控制系统

风险控制无疑是交易过程中的重中之重，一些老生常谈的关于风险控制的话题在这里就不多说了，我只是把自己在实际交易中常用的一些控制风险的心得提出来。

（1）量化风险：每一笔交易做多少手，最多亏损多少，应该是提前制定好和算出来的。

（2）分散风险：鸡蛋当然不能放同一个篮子里，尤其是期货，如果把资金都投入到一个品种中，那无异于赌博。鸡蛋不但不能放在同一个篮子里，而且还要放在各式各样的篮子里：我们不但要把风险分散在多空之中（多单空单都要有），还要分散到不相关的品种中，甚至如果条件许可，还要分散到不同的交易模式中。

举个简单例子：有两个交易员，成绩都非常稳定，A 非常稳定地获利，B 非常稳定地亏损，我们把资金平分为两部分，一部分跟定了 A，A 怎么做我们就怎么做，另一部分跟定了 B，B 怎么做我们就跟他反着做。结果不言而喻。A 和 B 就相当于两套不相干的交易模式，再稳定的交易模式也都会有出错的时候，如果两套交易模式同时出错，也不过是损失了全部资金的 2%（各自部分的 2%，也就是全部的 2%），只要不是同时出错，自然就不会亏损，相当于进一步分散了风险。

（3）不要去追求过高的回报：世上没有风险的利润是不存在的，过分的利润一定伴随着过分的风险，知足常乐，一年 50%左右的利润对于任何行业来讲都是极为可观的，不要去贪求过高的利润，它只会为你带来压力和痛苦。

找一套切实可行的交易模式，制定好严格的风险体系，找两个不懂外汇的人替你去执行，再找个"认死理儿"的人来给你监控，然后你远离市场去旅游，回来就等着收钱吧。

四、小　结

你的交易计划将是你的交易圣经。

每日读读你的交易圣经，并且按照上面的话来做吧。

你可以将全世界的交易工具囊括于手，但是，如果你没有一个计划来组合它们，那么你也不会成为一个成功的交易者。

记住：现在你已经开始一门生意了，如果你想把生意做成，那么你需要一个计

划，并按照这个计划去实施。当然你的计划要能预测到事情的变化，并提出备案，一个没有预备案的计划是不周全的。

最后，我们要说：计划你的交易，交易你的计划！

大师课程

九地之变，屈伸之利，人情之理，不可不察也！

——《孙子兵法·九地篇》

交易个性

一、发现你的交易个性

用"人上一百，形形色色"来形容外汇交易者也不为过。外汇交易者具有不同的个人特征和背景。性别上有男有女，有壮硕的、有纤瘦的，有急性子的、有慢条斯理的，有职业的选手也有业务爱好者……太多类型了。

每个交易者都有其个人的特质，他们具有不同的交易时间架构、不同的风险偏好、不同的心理素质以及不同的资金实力。

部分交易者拥有若干共同点，但是绝大多数交易者之间存在很大的差异。**金融市场把人性的所有方面都呈现出来了**，它是一面镜子，教会我们如何遵守纪律，如何自制，如何有耐性。交易者的独特之处，就是一种成长的资源，不管这种特质本身是好是坏，都是我们前进的资本。**你的个性、个人偏好、背景将在你的交易上发挥极其重要的影响**。

为了解决你如何交易的问题，我们必须首先发现你独特的交易个性。你的交易个性将决定你的交易风格和方法，

知己知彼，百战不殆！

金融市场是最好的心理治疗师。

而我们介绍的方法究竟哪个适合你，也取决于你的特质。

交易的特定风格不一定适合任何一个交易者，我们首先找到自己的交易个性，然后去寻找匹配的交易技巧和风格。并没有包治百病的方剂存在，朋友，找出你的交易个性吧，对症下药。

我希望你能够进行一个完全的自我交易个性测试。对你的个性、行为、信念、心态等来一次人生大回顾。你认为你自己富有自制力和纪律意识吗？你是风险偏好类的赌徒还是厌恶风险的本分？你是个有耐性的人还是个火爆脾气？你选择蹦极还是参观博物馆？你喜欢喝葡萄酒还是白酒？

一个能持续进行的自我评估当然是最好的评估，而坚持记录交易日志的习惯可以满足这个要求。它将帮助你分析你的内在思维过程，区别你的优点和弱点，这就是自我教练的技术，也是添·高威发展出动力对话技术以来我们在自我成长领域的一次工具革新。

我们需要与自己沟通，沟通找出问题，然后找出问题的解决方法，看这些问题究竟是来自自己还是外部环境，究竟是知识技能方面的问题还是信念观方面的问题。针对这些不同的问题，我们采取不同的解决之道。

记住：**交易者应该首先从信念、观念这些层面去寻找问题的解决之道**，因为很多问题看似技能方面的问题其实都是长期以来某些观念阻碍了技能的发展而导致的。而且，我们发展出错误的交易态度和方法，并长期坚持也离不开性格方面的原因。记住成功是内心的种子在外部现实中发芽，如果种子有问题你想结果会怎样。环境总是可以选择的，特别是在一个自由的社会和市场经济中。金融市场给了你最好的土壤。

在深入了解交易风格的不同构件之前，我们先来看看一些典型交易者的画像，看看他们的交易个性以及这些特征如何影响了他们外在的交易行为和结果。

二、交易个性的类型

1. 李先生，一位持仓交易者（Position Trader）

李先生有一个对生活要求非常高的太太，并且有两个女儿，还与夫妻双方的父母一同生活。这么一大家人靠着微薄的薪水当然是无法支撑的。幸运的是，李医生是一名出色的外科医生。

李医生不太喜欢长时间地坐在电脑前面，但是他却非常喜欢研究世界经济形势，并且一直对少数几个国家的经济数据进行分析。李医生喜欢持仓交易，他持有一个头寸从几周到几个月，一年当中他交易少数几次。一年下来，他对于自己交易了多少笔单子了然于胸。

持仓交易是趋势交易或者中长期投资的另一种说法。

为了进行持仓交易，他采用了基本面分析的方法。他每周花上两个小时左右的时间看看几个国家的经济形势报告，如非农就业人数报告、供应链管理协会的报告、消费者物价指数、消费者信心指数，以及新屋建造指数等。

他根据这些数据和重大事件结合基本的经济学原理进行买卖。由于李医生的持仓期限非常久，所以他的盈利目标自然很大。但是这也导致他的停损放大很大。他的止损设置基本上在 100~500 点，而他的目标利润一般在 500~1000 点，甚至更多。他的交易拥有一个巨大的风险报酬比优势，这使他在犯错时也能最小化其亏损，当他正确时，他将狠狠地赢上一笔。

日线上的交易者必须拥有一个良好的风险报酬比。

李医生喜欢进行持仓交易，因为这允许他充分地享受生活并且专心于本职工作。由于目前的医务工作和家庭责任，使他不能成为一个日内冲销的交易者。李医生缺乏充裕的时间和精力成为一个职业日内交易者。他的交易个性使他不必对日内走势做出判断，并允许他追随较长的趋势进行交易。作为一个持仓交易者，他选择了适合他的交易风格。

2. 杨女士，一位波段交易者（Swing Trader）

杨女士是一个单身女老板，她拥有两家咖啡厅。她每天都会去看看咖啡厅的经营情况，但是并不用全面照料，因为她有得力的管理人才，所以咖啡厅的运作管理只占了她每天一点时间。

为了充分利用起空余的时间，她开始选择从事金融交易，当然外汇交易对她来说更为合适，因为这是一个24小时的市场，她可以在咖啡厅经营和外汇交易之间灵活地分配时间。她每天花在外汇交易上的时间也就是两个小时左右，她利用这些时间观察市场趋势，并选择时机进场交易，然后每天定时查看一下，最后就是进行交易回顾。

杨女士比起李医生的交易时间框架更低，她试图预测某个货币对短期的波段，并且她经常持有头寸超过一天，有时需要几天时间，这样她便可以抓住波段的延伸部分了。有时候，短期波段持续时间稍微拉长了一点，杨女士就会持有头寸达到一周。不过和李医生比起来，这还是差远了。

杨女士每天花费两个小时左右研究分析市场并进行交易总结。她的头半个小时主要是用在阅读当天的主要经济新闻，以及即将公布的新闻时刻表。同时她也查看一下关键的技术指标，以寻找趋势和进场位置。因为她追踪两到三种货币对，所以她完全能够保持对市场的连续观察，并保持对市场观察视角的完整性。

在杨女士阅读完经济新闻和报告之后，她开始判断市场在接下来的时间里是趋势市场还是区间市场。她开始调用指标和图形，找出理想的进场位置和出场位置。她用来寻找支撑线和阻力线的工具包括斐波那契回调线、通道、趋势线，以及移动平均线等。然后她设定限价订单，同时设立好该订单的停损单和止盈单，所以她的进场出场基本上都是交易限价订单自动完成的，这样减少了违背交易指

令的可能性。

她在外汇交易上相当成功。她将亏损限制在 50~100点，而她的盈利目前则是 150~400 点。

杨女生经常在一天当中对她的头寸进行两次左右的检查，以确保没有意外的重大事件发生进而影响她的仓位。在一天剩下来的时间里，她会去两个咖啡厅看看，并和朋友一起逛逛街、上上网。

3. 叶先生，一位日内交易者（Day Trader）

叶先生是一位极其没有耐性的人，并且他总是感觉到自己需要做些什么，否则心里不踏实。他的交易常常是在一天当中进出市场，甚至有些头寸持有不到两个小时就被了结了。有时他一天只交易一次，而另外一些时候他在一天中交易十几次。

但是他会在一天结束的时候，也就是美国早市结束的时候平掉所有头寸。作为一个日内交易者，叶先生惧怕在市场外等待会错失交易机会。但是同时他也是厌恶风险的，并且害怕在单笔交易上损失太多资金，所以他的停损点放得很窄。

叶先生花费了好几年的时间来发展一种日内交易系统，他算得上是一位职业级交易者。他的账户资金已经增长到客观的规模，在我们写这本书的时候，他告诉我们他的资金已经超过千万了。他已经完全放弃从事朝九晚五的工作了，他从事专职的交易已经 3 年了。

他非常注意新闻的发布，但是他主要依赖于技术分析进行交易。他使用很多普通交易者不常用的指标，如 Camrilla、I-session 等，当然他也使用随机震荡指标和移动平均线、斐波那契回调线。他完全按照既定的规则进行交易，他说纪律是他活命的法宝。

绝大多数时候，叶先生在 20~50 点设定他的止损点，并且也偶尔刮下市场的头皮利润。所谓刮头皮，对他来讲就是用较大的头寸博取微薄的利润。这些刮头皮的交易通

日内交易要求幅度非常小的止损。

常在窄幅区间里进行，持续时间不过半个小时不到。

日内交易方式使叶先生的交易充满了挑战和刺激，也使他那充沛的精力得以释放。他对自己交易系统的自信，使他在日内交易中可以不为暂时的失败所困扰，也不会因此而与市场对着干。他不必主观决定在什么时候什么位置进场，他的系统在图表上给出了所需要的一切，他所需要做的就是执行这些指令，然后等待结果。每个月对系统进行一次完善就行了。他的平均盈利是亏损的 2 倍，而且他从来不会用过重的仓位去冒险。虽然他是一个短线客，但他不是盲动分子。虽然他不甘寂寞，但是他从不乱来，纪律仍然是他的生存之道。

三、我是什么样的一个交易者呢

那么，我是哪种类型的交易者呢？

现在，我们要问你的第一个问题就是，**你能够在交易上花费多少的时间，并且对于一个头寸你认为持有多久比较合适？**

我们可以用不同的时间框架定义不同的交易者类型。看看不同的交易风格吧，看看哪种风格适合你，正如商场的广告词："必有一款适合你！"

（1）刮头皮交易者：这些交易者从事非常短期的交易，经常在半个小时内进出交易，我见过一位从事短期刮头皮交易的黄先生，他在一天之中可以进出十几次，这种速度令我感到惶恐。而且这类交易的胜率非常好，但是他们的风险报酬比率一般并不理想。

这里交易的从事者一般是炒单人士，当然也有大的机构从事这种交易，但是他们都是采用自动交易系统在进行这种交易，而且对仓量的控制要求非常高。作为个人交易

者，我们并不提倡这种耗费精力、承担过高风险的交易方式，而且对于个人交易者来说，这类交易的长期报酬率并不乐观。所以，我们应该谨慎行事。但是一切皆有可能，我们也不能把事情说绝对了。我们在这里只是给出善意的建议而已。

（2）日内交易者：当日交易者在一天之内开立并结束头寸，他们希望睡个安稳觉。

（3）波段交易者：波段交易者持有数天的仓位，他们更像是日内交易者的一个派生类型。

（4）持仓交易者：这类交易者比不上巴菲特持仓时间那么长，但是他们的持仓时间在外汇市场中算得上很久了。他们经常持有几个月的仓位。

接下来的一个问题是，**"你是如何分析这个市场并决定进行交易的"**。

（1）技术分析：使用图表和技术指标来分析过去的价格行为，以此推测未来几个变动的各种可能性，并据此制订交易计划。

（2）基本分析：观察和分析影响外汇市场的基本面因素，如 GBP、消费者物价指数、生产者物价指数、就业数据，以及其他地缘政治方面的新闻等。通过分析这些数据和事件，做出交易的计划。

最后一个问题是，**"你是一个系统交易者，还是一个相机决策交易者"**。

（1）系统交易者：一个系统交易者总是根据规则行事，交易的分析和执行交给系统来执行，人的作用是完善系统，而不是参与交易。这类交易者建立起规则，并且依据规则严格行事，他们坚信在市场中最可怕的市场就是无所约束。让一个人毁灭的最好方式就是让他发狂，所以无论何时躲在冰冷的规则后面的交易者总是能够很好地整理自己的情绪和思维。

（2）相机抉择交易者：这类交易者从来不相信规则的

对于刮头皮交易者而言，手续费和流动性非常关键。

成熟且成功的交易者都是某种程度上的系统交易者。

作用，他们认为人胜过一切既定程序和步骤的工具，他们认为机智胜过机械死板的交易步骤。他们经常做出临时的决策修改，他们认为计划跟不上变化。

四、小　结

在外汇市场的成功离不开艰苦的工作，我们需要在上面浇下汗水，才会有种子发芽。**新的交易者们总是需要一个稳健的开始，他们需要以较小的规模开始交易，并且坚持不断地评估他们的交易，然后实践，总结，完善，实践，再总结……**

正如我先前说的那样，交易并不是单一的风格。"一个萝卜一个坑"，每个交易者都有自己特有的交易风格，这既是现实的要求，也是交易者本身个性的影响。在你成功的交易之前，你必须花时间研究市场历史，广泛阅读各种有关外汇交易的资料，如果有其他爱好和学识可以迁移过来帮助你发展外汇交易的哲学和技能。

记下交易日志，分析你的优势和劣势，评估你的交易经验，根据你的交易资本选择良好的交易策略。

花些时间回答好我们提出的问题，同时看看你写下的只言片语，不管是生活日记，还是交易记录，哪怕是随手写下的感想都可以翻出来看看，看看你究竟是什么样的一个人，你需要什么交易风格。

风格即人。交易的不是金钱，而是你的信念，你在与市场交流你的信念。合适的信念会被市场保存，物竞天择。**一沙一世界，一叶一菩提。市场何尝不是一世界，烛线怎么不是一菩提！**

交易即是修炼！

我要不厌其烦地在所有的书中重复我的那句老话：日志是最好的老师！

交易数据行情

一、交易消息

在外汇市场中很多的波动都是因为消息而引发的，所以针对消息行情进行交易的技术具有非常高的价值，但是国内在这方面的研究非常不足，所以我们在这里不得不专门开列一课用于讲授数据（消息）驱动型行情的交易方法。

不仅如此，我们还在本书最后的精华部分中，详细公布了我们交易当中使用的数据行情交易方法。希望对大家的实际交易有所帮助。如果你接触外汇一周以上，那么你将惊叹于数据和事件对外汇市场行情的无比震撼力，经常行情在半个小时内波动高达 50~100 点。

当你看见这种情形的时候，我打赌你肯定在琢磨怎么把这些钱赚到自己包里来，与其守上一整天不如把握这半个小时。当然，**人多的地方钱少，热闹的地方看热闹的多，懂行的人少**。所以，我们需要确实找到交易这类特殊行情的专门方法。所有的成功之道都取决于你选择了恰当的方法，水因地制流，兵因敌制胜！

本阶课程的目的不是给你一种具体的交易消息行情的

> 过于重大的数据往往适合用来做趋势交易，适合做日内交易的数据一般是中等重要程度的数据。

策略，这个任务要在本书末尾去完成。现在的目的是给你指出一个正确的方向，向你讲明各个事件中所蕴含的市场风险。我们想帮助你独立成长为一个优秀的外汇交易人士，而这完全取决于你的努力。

1. 交易消息行情的原因

交易数据公布时的行情是一件特别刺激的事情，如果你能掌握它并且愿意，你可以单单交易这类行情。经济数据公布经常引发强烈的短期汇率波动，这对于所有交易者来说都是令人眼馋的。

当然，一些比较大的投资机构的交易员是不被允许参与这里行情的，即使允许也会被要求严格控制仓位。外汇市场作为一个 24 小时市场、一个全球市场，每天有很多消息公布，一天一个重要消息就够你大吃一顿了。

2. 重要数据的发布时间

表 25-1 出了最重要的经济数据发布的时间，更为准确的时间，我相信大家在各大外汇网站都能找得到。

表 25-1　各国经济数据发布时段

货币	国家	数据公布时间（格林威治时间）
USD	美国	13：30~15：00
EUR	德国	07：00~11：00
EUR	法国	07：45~09：00
EUR	意大利	08：45~10：00
JPY	日本	23：50~04：30
GBP	英国	07：00~09：30
CHF	瑞士	06：45~10：30
CAD	加拿大	12：00~13：30
AUD	澳大利亚	22：30~00：30
NZD	新西兰	21：45~02：00

二、可交易的数据报告

对于我们选出来的这些货币，这里有 5~10 个极其重要的数据发布，并且这些数据的准确发布时间都是可以提前知道的。

在本阶课程中，我们主要集中注意力于美国的相关数据发布，毕竟美国是最大的经济体，而且我们交易的汇率基本上都是与美元挂钩的。美国方面的数据无疑对整个外汇市场都具有很大的影响力。下面是部分具有影响力的美国数据的列表：

（1）就业增长数据，主要看非农业人口就业方面的数据；

（2）利率决定；

（3）贸易盈余和经常项目；

（4）国内生产总值；

（5）零售额；

（6）耐用消费品订单；

（7）消费者物价指数和生产者物价指数；

（8）消费者信心指数；

（9）新屋开工率。

基本上每个国家都有一份类似于上述名单的重要数据，这些具体的消息我们可以在网上查到。关于基本面分析的深入晋级学习，我们将在《外汇交易圣经》和《外汇交易三部曲》这两本教程中深入讲授，其中将要详细分析每份数据的研读方法，以及数据的点值、数据的最快获取渠道、与外汇交易相关的基本经济学原理等。

现在我们需要知道交易数据行情的具体时机和方法。下面是一些基本概念和建议：

（1）虽然数据的实际值与汇率的长期走势相关，但是**在短期内市场预期值和实际值之间的差异却是引起汇率剧烈波动的主要原因**。这就意味着如果市场对数据的预期值与公布后的实际值相符，那么对市场将没有影响。

（2）在数据公布前市场越是安静，则意味着数据公布后市场的波动将越大。可以这样来解释这种现象：在一个安静的市场中，只有极其少的交易者进行买卖，他们可能在等待某种市场催化剂，所以不敢轻举妄动。当催化剂洒向市场时，所有等待着的交易者就会一哄而上，这就导致

外汇网站一般都有"财经日历"，通过这个日历你可以大致知道市场关注的焦点。

投机客一般从数据引发的日内波动中获利，趋势交易者则不会在数据发布前后急于入市，而是会根据基本面重大变化入市。

了价格的大幅度变动。

（3）根据数据重要性的不等，以及实际值和预测值的差异程度，行情的持续时间也是不等的。所以数据行情交易非常适合头皮客和日内交易者。

三、在你的风险承受度之内交易

其实，我们最不了解的玩家是我们自己！我们要么过高估计自己的能力，要么过低估计自己的潜力！

在我们付出任何金钱之前，我们总是会问自己会得到什么。对于交易，我们同样需要考虑到支付和收益之间的合理关系。我们要考虑到自己的承受能力再去考虑购买的对象，不能承受之重势必带来夭折或者伤残。所以，在交易数据行情之前，请你一定要先搞清楚你能承受的风险和数据行情带来的风险。

1. 滑点

数据公布时市场的波动是极其剧烈的，这意味着价格很可能在短时间内产生剧烈的波动，所以当你点下成交键的时候价格实际上已经发生变化了，在非农这类数据公布时，即使再大的交易商也不能完全避免滑点的出现。当然，这时候也是检验交易平台稳定性和交易商实力的时刻。所以，交易数据行情时你要考虑到这类风险的存在，确保放置好止损订单，预防最坏的情况。

波段交易者相对动量交易者而言对滑点承受能力更强，趋势交易者相对波段交易者而言对滑点承受能力更强。

举个例子来说，有一次笔者在重要数据出来15分钟前在EUR/USD上放置了一个订单。在数据公布前，EUR/USD的汇率在1.2320。笔者将做多订单放置在1.2360上，并且将止盈订单放置在1.2383上。数据公布表明对美元不利。这导致市场在消息公布的一刻瞬间上冲了80点。笔者的做多订单被触发了，但是非常不幸的是，笔者的单子在1.2390成交，高出笔者的限价订单30点。在市场稳定后，笔者的止盈订单被触发了，笔者反而由于这笔交易而亏损。

这就是行情大幅变动导致的交易滑点。

2. 订单功能冻结

有些外汇经纪商在主要数据公布前冻结了限价订单和市价订单的建立，一般是消息发布前 30 分钟到 1 个小时左右。这些外汇经纪商通常是提供固定点差服务的机构。之所以这些经纪商的平台会锁定订单功能，并不是因为平台无法在剧烈行情中稳定运行，主要原因是在剧烈的行情中市场中的买卖价差一般会比平常大，如果经纪商提供他们的固定点差服务，则他们将亏损。

3. 波动剧烈

在主要数据公布时，市场可以在一秒钟中之内波动 20~50 点。数据行情所具有的风险是很高的。即使对于经验比较丰富的交易者而言，在数据行情里冲浪也是很危险的。你可能抓住了市场老虎的尾巴，但是正如其他时候一样，这只凶猛的老虎很可能马上回过头来收拾你。在数据行情中，往往是前一秒钟还在盈利，后一秒就开始亏钱了。

外汇市场真是巧妙，就像小阿甘的妈妈告诉他的一样："生活就像巧克力，你永远不知道下面一颗是什么味道。"但是，这正是外汇市场的有趣之处，我们需要的不但是金钱，还有沿着生命刀锋滑行的快感。但是，无论何时，我们都需要记住的是，**保护自己，然后进攻，胜兵先胜而后求战！**

4. 点差变大

部分交易商可能会保证执行你的订单，但是他们却不能保证点差不变。所以，在前面一种情况下，也就是点差可变的情况下，你将发现在新闻数据公布时，平台上的点差会很夸张地变大。笔者曾经看到一个平时 3 个点差的货币对，在报告发布时变成了 14 点。如果你仅想在数据行情里面捞 10 几点，那么这无疑是对你非常不利的情况。

日线趋势交易者对于滑点和点差的要求更具弹性，容错性更好。但是，日线趋势交易需要极高的耐心，而且能否抓住趋势交易的命门是成败的关键。

423

四、数据行情的基本交易方法

1. 马鞍式交易法

马鞍式交易是非常容易进行的，几乎用不了多少思考，但是它却可能是最具风险性的一种交易方式。马鞍式交易方法就是两面下单，在一个突破行情之前在价位上方做多，在价位下方做空。这种方法有个假设前提那就是，市场的突破总是真的。

具体来说，在数据公布前，在现价之上的某个关键位置上方，也就是离现价最近的一个阻力位置上方 5 点外设定一个买进订单，同时在现价下方最近的一个支撑位置下方 5 点之外设定一个卖出订单。当然这些订单必须设定停损单，以防最坏的情况发生。

布林带可以很好地结合到马鞍式交易法中。

如果公布的数据创造了足够的市场波动性，那么你的订单就会被触发，但是如果市场两头剧烈波动，则你可能面临"两头死"的局面。笔者在重庆就看见有个女操盘手只做非农数据，结果有一次就弄得"两头死"，先上再下把多单的止损触发了，然后再上把空单的止损触发了。所以马鞍式交易法比较适合期权，对于外汇我们需要慎重用之。

这个交易方法听起来是比较简单的，但是我们上面已经讲了如果两面订单都被触发就会带来损失，所以这种方法的关键部分还有涉及正确设定进场订单和出场订单。出场订单包括停损和止盈订单。所以这个方法的运用还需要结合具体的数据行情类型进行分析。例如，单一重要数据公布时的马鞍式交易法、连续两个或者多个重要数据公布时的马鞍式交易、数据公布加官员讲话时的马鞍式交易。

两个市场的叠加时段也适合马鞍式交易法。

2. 数据价值交易法

这个方法听起来对需要的人非常具有吸引力。因为由

你来决定一则数据是否有交易的价值，这种方法比马鞍式交易法的风险要小很多。

第一，你必须判断即将公布的数据报告的重要性。并不是每个公布的数据都是值得交易的，要么就是数据本身对市场影响不大，要么就是这种影响让我们觉得过于疯狂。

要随时问问自己最近的市场环境如何。换言之，**要了解最近什么因素在驱动着市场**。

举例而言，或许美联储最近非常担心通货膨胀问题。在这种情况下，任何通货膨胀方面的数据都会受到美联储的高度关注，如消费者物价指数、生产者物价指数，所以这些数据都会影响美联储未来的货币政策走向。

所以，**美联储在关注什么，我们就应该关注什么**。一个市场在一段时间之内肯定有一个基本面的因素在驱动着它，这就是我们所谓的"市场焦点"，**如果你能找到市场焦点，并且运用你的基本面分析方法来把握这个市场的关键驱动因素，再结合技术分析判断市场群体行为，那么你将无往不胜**。基本面涉及驱动因素分析，技术面涉及群体行为分析，珠联璧合、双剑合一，则天下无敌！任何与市场焦点有关的数据报告都是最大的交易机会，但前提是你要充分意识到其中的风险。

第二，观察数据发布，看看发布的实际值与市场的预期值是否一致。这些预期值在数据公布前在各大金融网站都会给出，国内的主要外汇站点也会在数据公布时刻表中列出。如果数据值与预测值之间存在较大差异，并且数据公布前市场运动并没有体现或者没有完全体现出这种变化，则市场在数据公布后就会有大的举动了。

数据行情的发动和运行取决于三者之间的关系：实际值、预测值、提前消化程度。实际值等于预测值加上提前消化程度。假定提前消化程度为0，也就是在数据公布前市场并没有呈现出与实际值同向的变化，那么市场的变动将取决于实际值和预测值的差异；假定预测值和实际值完

知天知地，胜乃不穷！

Fedwatch这个网站对于了解美联储政策预期非常不错。

全相同，那么数据公布后的市场运动将取决于提前消化的程度。

所以，判断市场在数据公布后的运动方向很大程度不光是看实际值和预期值的差别，还要看市场是否提前已经运动进而消化了数据。如果消化得过分了，数据出来后会走反向行情，如果没有完全消化，则数据出来后，市场还要持续运动下去。

举例来说，如果即将公布美国就业报告，市场预期将新增就业 200000 人，而报告出来以后，这个结果是 300000 人。假如在此之前美元没有出现上升，甚至还下跌了一段时间，那么对于这个消息，市场也就是没有进行提前吸收的，并且实际值好于预测值，这样美元就会上涨来兑现这则数据的价值。

<blockquote>记住，单个数据与基本面大基调的关系也不能忽视。</blockquote>

五、小　结

听了我们对数据行情交易的相关介绍，你是不是认为对这种特殊行情的交易需要专门的技术才行，传统意义上的技术分析可能在具体的运用上存在很大的经验局限性。我们需要根据这类行情本身的特点，发展出能够胜任这类行情的专门方法，本书最后的真经传授就是要起到抛砖引玉的作用。

另外，**数据行情的交易要求你对数据和数据行情进行有效的分类，这种分类是为了把握住行情的个性化特定，从而做出有针对性的交易策略，当然每类数据行情都需要发展专门的交易架构进行合理的风险报酬比控制。**所以，你必须在交易各类具体的数据行情时多加总结。希望我们一起努力开拓交易技术运用的新空间，毕竟关于数据行情的交易还是一片蓝海，谁掌握了蓝海，谁就掌握了外汇市场的最大利润宝地。

<blockquote>因地制流，因敌制胜！</blockquote>

市场情绪

一、外汇市场中的大众情绪分析

情绪分析就是对市场中交易群体的情绪进行分析，这是行为金融学的一个具体运用。当然这些都是非常术语化的解释，具体是什么意思呢？作为一个交易者，我们的工作之一就是判断市场处于上涨还是下跌趋势，处于超买还是超卖状态，并且根据这些市况进行具体的交易策略制定。简单地说，就是把我们掌握的技能和信息汇为一坛。

那么我们怎么做到这些呢？我们可以使用什么工具呢？我们如何对具体的情形做出反应呢？这就是我们今天要讲授的知识重点。我们将看看外汇交易中的情绪分析。

对手盘的心理分析既是外汇交易中非常重要的一个方面，也是业界谈得极少的一个方面。

这里存在很多方法可以用来度量市场情况。但是这些方法都可以归纳为技术面和基本面两个范畴。

如何具体运用基本面分析的方法来度量市况呢？如果运用技术面分析的方法来度量市况呢？

在股票市场，市场情绪可以运用成交量来进行度量。例如，当股票价格突然伴随着高成交量进行了向上翻转，这通常意味着市场情绪由看空转为看多，当然这是理想状

况，但是成交量趋势确实是市场情绪的一个度量，逐渐的放量通常意味着交易大众对于目前的方向非常肯定，成交量确认了趋势。同样，如果成交量出现下降，那通常意味着市场对于目前价格运动的方向出现了犹豫，甚至否定。因为价格运动没有得到成交量运动的支持。当然新开户数量也是市场情绪的一个很好的度量方式，特别是在一个纯粹投机的市场中，新开户数量代表了投机力量和氛围的强度。

你在外汇图表上看到过成交量了吗？一般没有。但是在 MT4 上有提供，这种成交量是局部成交量，并不能代表整个外汇市场的交易情况，与一般股市上的用法存在很大的区别。

在《外汇短线交易的 24 堂精品课：面向高级交易者》（第 2 版）当中我们专门介绍一种适合外汇市场的一分钟成交量解读和运用策略。

你要知道，外汇交易并不存在一个中央市场。成交量数据因此变得不能准确地计算。那么，交易者从哪里能得到一个类似的有价值的数据呢？答案是从 COT 的报告中获取。

二、交易商持仓报告 （Commitment of Traders Report）

其实，除了 COT 之外，散户持仓数据也是一个非常有价值的工具，请参考《外汇交易三部曲》相关章节提供的策略和数据来源。

美国商品期货交易委员会 （The Commodity Futures Trading Commission） 在每周五公布一个交易商持仓报告，也就是 COT 报告，这个报告可以在其网站上找到。这个报告度量了期货交易市场上持有的净多头头寸以及净空头头寸。

这个报告提供了度量市场交易者情绪的一个良好工具，**因为这个报告记录了大交易者们对市场前景的看法**，这些交易者被要求向美国政府定期报告持仓情况。当然，对于我们来说，可以从中一窥国际大资金的动向，毕竟金融市场是个"钱多声音大"的地方。对于影响我们持仓的重要力量，不可小觑。

下面我们给出了 2006 年 8 月 22 日瑞士法郎的交易商持仓报告，如图 26-1 所示。

```
SWISS FRANC - CHICAGO MERCANTILE EXCHANGE                          Code-092741
FUTURES ONLY POSITIONS AS OF 08/22/06                        | NONREPORTABLE
-------------------------------------------------------------| POSITIONS
      NON-COMMERCIAL      |    COMMERCIAL    |     TOTAL      |-------------
------------------------- |------------------|----------------|-------------
 LONG  |  SHORT  |SPREADS |  LONG  |  SHORT  |  LONG  | SHORT | LONG  | SHORT

(CONTRACTS OF 125,000 SWISS FRANCS)                  OPEN INTEREST:   68,484
COMMITMENTS
 16,847   27,312     506    38,181   27,544   55,534   55,362  12,950  13,122

CHANGES FROM 08/15/06 (CHANGE IN OPEN INTEREST:      2,463)
  3,765   -1,017     506    -2,753    5,023    1,518    4,512     945  -2,049

PERCENT OF OPEN INTEREST FOR EACH CATEGORY OF TRADERS
   24.6     39.9     0.7      55.8     40.2     81.1     80.8    18.9    19.2

NUMBER OF TRADERS IN EACH CATEGORY (TOTAL TRADERS:     46)
     14       15       1         8       12       22       28
```

图 26-1　COT 报告原本

这类报告是比较简单明了的，但是我们还是需要来解释一下：

（1）Non-Commercial（非商业头寸）。这里列出的头寸都是个人交易者、对冲基金、财务机构建立的头寸，他们绝大部分交易都是为了投机获利。

（2）Commercial（商业头寸）。这里列出的是大的商业机构为了对冲汇率风险未建立的非投机性头寸。

（3）Long（多头头寸）。向期货交易委员会报告的多头合约的数量。

（4）Short（空头头寸）。向期货委员会报告的空头合约的数量。

（5）Open interest（未平仓合约数量）。在期货合约过期或者执行之前存留的所有合约总数。

（6）Non-reportable positions（未报告头寸）。没有向期货交易委员报告的未平仓合约数量。

（7）Number of traders（交易商数量）。要求向商品期货委员会报告头寸情况的交易商数目。

（8）Reportable positions（报告头寸）。有义务向商品期货委员会报告的头寸数量。

在这个报告的中间，我们可以看到 "CHANGES FROM 08/15/06"，这个部分是显示从 2006 年 8 月 15 日开始一周来未平仓合约的变化，以及多头头寸和空头头寸的变化。

但是，要真正利用好 COT 报告，我们需要 COT 的历史走势才能直观地看到机会，那么从哪里可以得到这种走势图呢？第一个来源是 Oanda（见图 26-2），里面有主要货币对的汇率走势叠加 COT 净持仓数据，具体网址如下：https：//www.

oanda.com/forex–trading/analysis/commitments–of–traders。

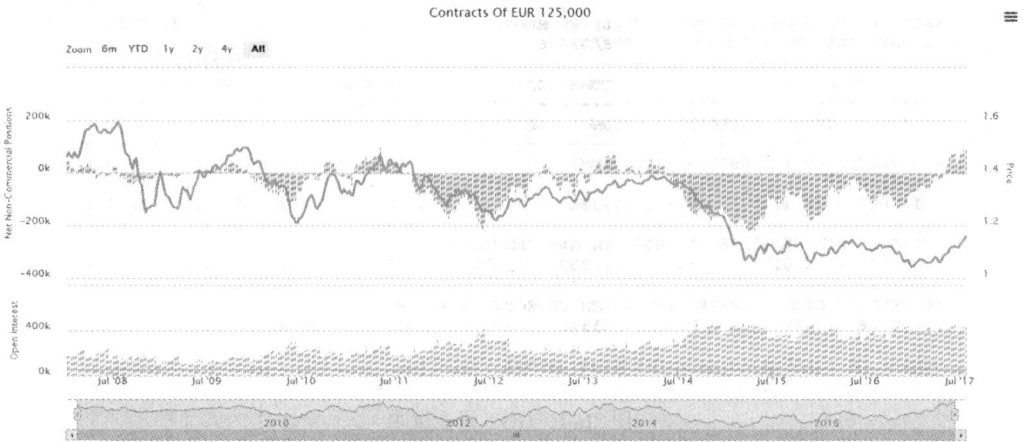

图 26-2　EUR/USD 走势与 COT 历史数据

资料来源：Oanda。

第二个来源是 Dukascopy（见图 26-3），其也提供了各大货币对的 COT 历史数据，但是却没有叠加相应的汇率走势，具体网址如下：https：//www.dukascopy.com/swiss/english/marketwatch/COT/。

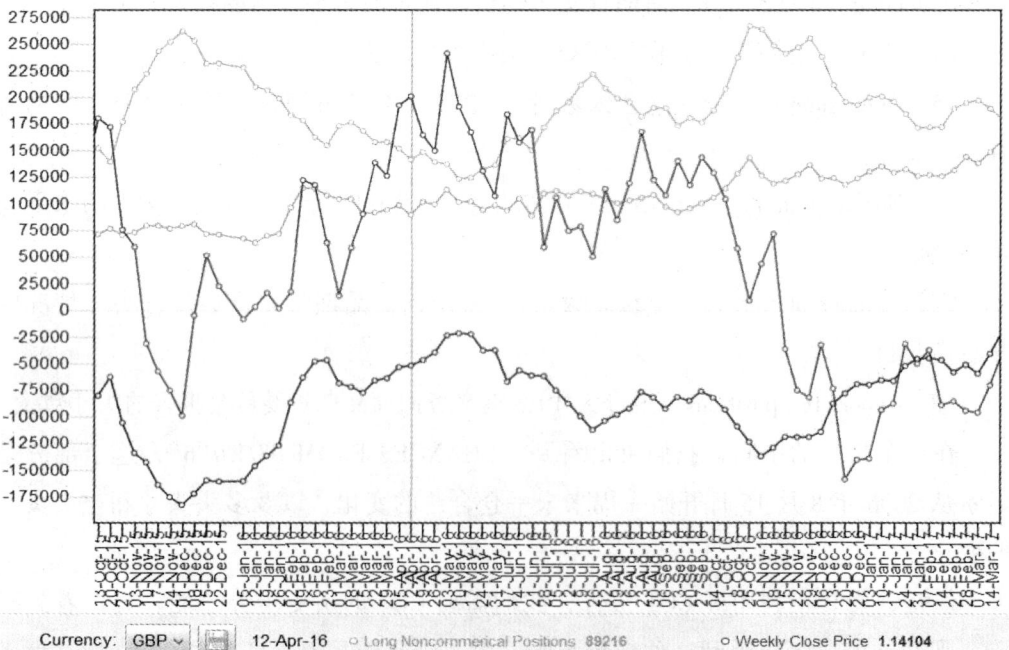

图 26-3　GBP/USD 走势与 COT 历史数据

资料来源：Dukascopy。

三、如何利用 COT 报告

因为 COT 报告每周出版一次，所以它适合长期交易者作为一种交易工具，用以度量市场情绪变化。那么，我们如何具体来运用这一报告呢？第一种方法是使用未平仓合约和多头头寸、空头头寸的变化作为市场情绪的一个指标。第二种方法也就是我们更为偏好的方法是采用 COT 报告，找出极端大量的净多头头寸和空头头寸。因为这能够作为一个指标来预测大翻转的到来。

因为如果所有的交易商都做多一个货币，那么哪里还有买家呢？当最后的买家都进场后，谁能支撑价格持续走高呢？价格的变化来自后续的买家和卖家的数量对比，而不是已经持仓的买家和卖家的数量对比。因此，**当发现存在极端大量的多头头寸时，我们就要预防市场转向空头，当发现存在极端大量的空头头寸时，我们就要预防市场转向多头。**物极必反，怎么可能没有道理呢？图 26-4 是一幅截自真实市况的图形。

COT 报告在商品期货市场上也有极其广泛的运用。

图 26-4　美元指数期货与 COT 数据

　　图 26-4 的上半部分的价格线显示的是美元指数期货的走势，图的下半部分有些复杂，其中有三条线，一条是蓝色的，代表商业性头寸，一条是绿色的，代表大额的非商业头寸，还有一条红色的，代表小额的非商业头寸。我们将主要关注大额的非商业头寸，因为大额非商业头寸代表资金雄厚的投机者，而小额非商业头寸只是些小投机客，他们对市场的驱动力量不大。

　　我们来仔细地查看一下这幅图，看看它能告诉我们什么市场情绪方面的信息。我们可以看见美元从 2005 年开始有一波上涨的行情。由于大额投资者持有的净多头头寸上升，也就是绿色线所示，美元期货指数也跟着上涨了。在 2005 年 7 月的头一周，大额净多头头寸增长至 20000 张合约。这就是一个极端的大量状况，所谓天价见天量。果不其然，市场从此下跌，美元指数期货一路走低。美元指数期货从 91 下跌到 86，事后证明这只是一个调整，之后美元指数期货创出新高 93.16，并且大额净多头头寸也达到了 29.000。

　　或许你会问，这么多的买家都进场了，谁来接着买呢？确实没有太多的后续买家了。在 2005 年 11 月时，美元似乎已经出现了超买情况，我们开始看到美元指数期货从 93 一路下跌到 84，现在仍在继续，你能想象你捕捉到这类大趋势后的感受吗？

　　现在或许你会反问我们："这里显示的是期货，但是我们交易的是现货，这两者有何关系？这对我的实际交易有何价值？"这个问题提得非常好。因为我们已经看过了美元指数期货，现在我们来看看具体的操作吧——现货外汇市场的 EUR/USD。

　　图 26-5 是 EUR/USD 的周线图。

　　如果我们运用先前学到的东西，我们就可以发觉市场趋势的反转，我们可以抓住从 2005 年 7 月到 2006 年 5 月在 EUR/USD 上的两次重大行情。

　　2005 年 7 月，如果一个交易者看见了美元指数期货上的极端大量的净多头头寸，他就会抓住即将来临的美元大反转，从而买进 EUR/USD。这个交易者将在后来的行情发展中被证明是正确的，当然能漂亮地赚上一把。最终的利润在 700 点左右，这是针对单手交易而言，如果你懂得加仓的艺术则会赚得更多。接着，如果这个交易者能够抓住美元指数期货在 2005 年 11 月的极端大量的净多头头寸情况，那么你可以在接下来的欧元兑美元的交易中狂赚 1300 点。所以，从 2005 年 7 月到 2006 年 5 月，如果一个交易者观察到美元指数期货的这些显著变化，那么他将抓住最大的波段行情，而这里用到的所有一切知识只是有关交易商持仓报告。所以，知识是无价的，好好利用吧。

大约 700 点的上升

过多的美元期货合约
导致欧元由底部回升

在美元期货的净多头合约超
过 29000 之后大涨 1300 点

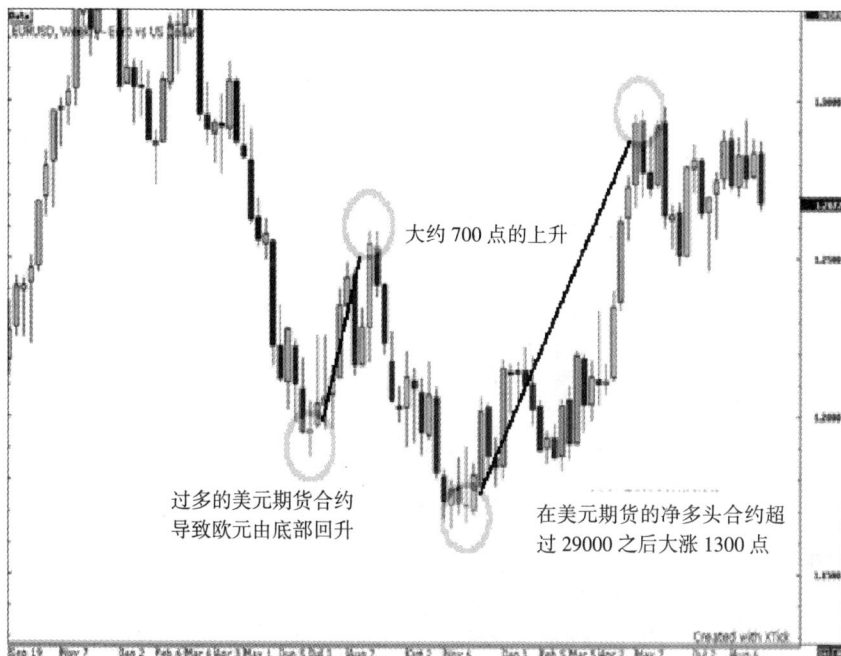

图 26-5　美元期货合约头寸与 EUR/USD 走势

四、小　结

在我们看了上述知识兴奋不已、准备押上全部身家完全根据净头寸变化进行交易时，我们必须记住下面两件事：

首先，我们仅给出了一个利用 COT 报告的例子。我们可以花上一天时间给你更多的例子。但是我们觉得最好的办法还是你亲自看看过去的 COT 数据，并且对照同时期的外汇走势看看，从中也许你能学到更多我们没能传授给你的经验以外的知识。

一个策略要真的发挥作用，还需要使用这个策略的人对策略具有信心以及相应的经验，而这两者都必须通过实践才能获得。

其次，市场价格并不是由 COT 报告、MACD、随机震荡指标、斐波那契数字决定的。市场是由那些对各种报告、分析、数据做出反应的人决定的，这些人的反应是由规律决定的，所以市场是由某种复杂的规律决定的。把我们所学的工具综合起来可以看见规律的部分影子，但是永远不要认为可以发觉决定性的规律。

美元指数

如果你做过股票交易，那么你应该知道股票指数，如上证综合指数、道琼斯指数、纳斯达克指数、标准普尔500指数、东京225指数。但是你听过美元指数了吗？

如果股票有股票指数，美元也应该有一个指数，用以观察美元相对于其他主要货币的整体变动趋势。确实存在美元指数，它的符号是USDX。

一、美元指数的成分

美元指数是由一揽子主要美元汇率加权得到的。

计算美元指数用到的成分汇率是美元与下面六种主要货币的汇率：Euro（EUR）欧元、Yen（JPY）日元、Cable（GBP）英镑、Loonie（CAD）加拿大元、Kronas（SEK）瑞典克朗、Francs（CHF）瑞士法郎。

六种货币包括了多少个国家呢？正确的答案是17个国家。当然以后还会增加，使用欧元的国家会增加。

这17个国家包括12个欧盟成员国和5个其他国家，这五个国家分别是英国、加拿大、瑞典、瑞士和日本。

很显然，17个国家只占了世界的很小比例。但是这17

其实，我们平时看一下欧元兑美元就能搞清楚美元指数的大致动向。美元走势对大宗商品也有非常大的影响，如何从基本面角度深入而全面地分析美元指数，如何根据美元指数来配置大类资产，这些都是需要一本书才能讲清楚的内容，请参考我们《美元霸权周期：跨市场战略投资的24堂精品课》（第1版）一书。

个国家之外的世界基本上跟随着美元一起波动。这使得美元指数成为度量美元全球力量的一个有用工具。

现在我们知道了构成美元指数的主要汇率了，让我们看看它们的权重各自是多少。因为不是每个经济体都是相同的规模，所以给予它们不同的权重是有道理的。当然权重也是变化的，图 27-1 是现在的权重。

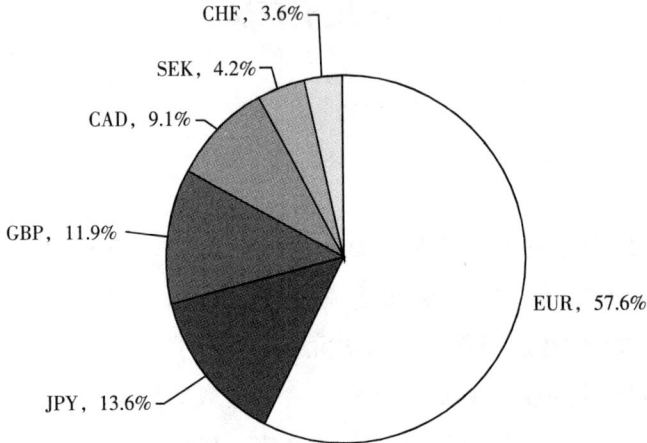

图 27-1 美元指数的构成

正如你看到的那样，由于欧元区是其中最大的经济体，所以它与美元的汇率在美元指数中占有最大的份额。另外 5 个国家拥有了少于 43% 的份额。

你可能会问，当欧元下跌时，美元指数将怎样运动？

欧元构成了美元指数如此大的份额，所以欧元被称为"反美元指数"。 因为美元指数受欧元的影响非常大，所以有些人试图减少欧元的比重，构成一个更能体现美元对其他货币整体变化的美元指数。美元的中长期走势是由一些重大事件驱动的，对于外汇趋势交易者而言，要反复熟悉美元的中长期走势以及背后的历史大事件（见图 27-2）。

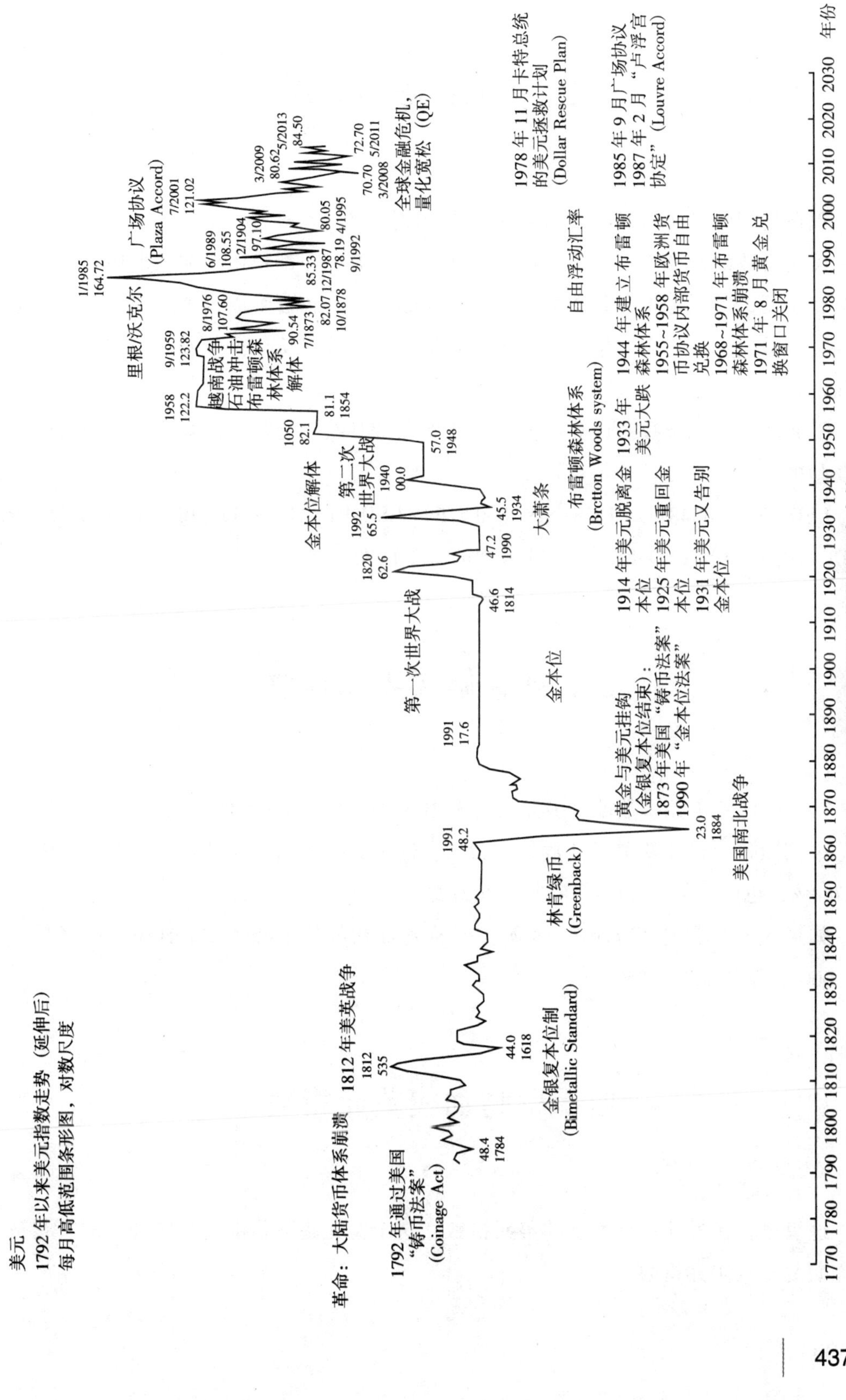

美元
1792 年以来美元指数走势（延伸后）
每月高低范围图条形图，对数尺度

革命：大陆货币体系崩溃

1792 年通过美国
"铸币法案"
(Coinage Act)

48.4
1784

44.0
1618

535
1812

1812 年美英战争

第一次世界大战

金本位

林肯绿币
(Greenback)

金银复本位制
(Bimetallic Standard)

黄金与美元挂钩
(金银复本位结束）
1873 年美国 "铸币法案"
1990 年美国 "金本位法案"

美国南北战争

23.0
1884

48.2
1991

17.6
1991

62.6
1820

46.6
1814

47.2
1990

65.5
1992

00.0
1940

57.0
1948

45.5
1934

大萧条

81.1
1854

82.1
1050

金本位解体

第二次
世界大战

布雷顿森林体系
(Bretton Woods system)

1914 年美元本位
1925 年美国 "金本位法案"
1931 年美国又告别
金本位

1944 年建立 布雷顿
森林体系
1955~1958 年欧洲货
币协议内部货币自由
兑换
1968~1971 年布雷顿
森林体系崩溃
1971 年 8 月黄金兑
换窗口关闭

1933 年
美元大跌

1914 年美元脱金
本位

里根沃克尔

122.2
1958

123.82
9/1959

越南战争
石油冲击
布雷顿森林体系
解体

107.60
8/1976

90.54
7/1873

10/1878
82.07 12/1987

85.33

78.19 4/1995

80.05

9/1992

广场协议
(Plaza Accord)

164.72
1/1985

108.55
6/1989

97.10
2/1904

121.02
7/2001

80.62 5/2013

84.50

3/2009

70.70
3/2008

72.70
5/2011

全球金融危机，
量化宽松（QE）

1978 年 11 月卡特总统
的美元拯救计划
(Dollar Rescue Plan)

自由浮动汇率

1985 年 9 月广场协议
1987 年 2 月 "卢浮宫
协定"（Louvre Accord)

年份

1770 1780 1790 1800 1810 1820 1830 1840 1850 1860 1870 1880 1890 1900 1910 1920 1930 1940 1950 1960 1970 1980 1990 2000 2010 2020 2030

图 27-2　重大事件和美元指数的历史走势

资料来源：Macrotourist，华尔街见闻。

437

二、美元指数的计算

现在我们就来详细解释美元指数的具体计算。

美元指数的计算方式与股票指数的计算方式类似，都是用到加权平均计算。首先列出主要的美元汇率，其次赋予它们不同的权重，各自乘以权重后加总求和，最后除以权重之和，这个结果就是美元指数了。我们首先从计算美元的一揽子汇率开始说起。

下面就是美元指数的计算公式，当然现在也有欧元指数，计算所采用的公式也是类似的：

$$USDX = 50.14348112 \times EURUSD^{\wedge}(-0.576) \times USDJPY^{\wedge}(0.136) \times GBPUSD^{\wedge}(-0.119) \times USDCAD^{\wedge}(0.091) \times USDSEK^{\wedge}(0.042) \times USDCHF^{\wedge}(0.036)$$

三、如何解读美元指数

首先，注意美元指数度量美元相对于 100.000 基准的总价值。

举例而言，目前的美元指数是 86.212。这个数字表明美元从它开始时值下降了 13.788%，也就是从 100.000 降到了 86.212。

如果美元指数是 120.650，表明美元从它最初的值上涨了 20.650%，也就是从 100.000 上涨到了 120.650。

四、贸易加权美元指数

这里也存在另外一种类型的美元指数，这个美元指数是由美联储公布的。它被称作贸易加权美元指数。

美联储想建立这样一种美元指数：它可以更准确地反映基于美国商品的国际竞争力体现出的美元币值。

前述美元指数和贸易加权美元指数的主要区别在于成分汇率和相对权重不同，贸易加权美元指数的权重主要基于年度的贸易数据。

表 27-1 是目前各个经济体货币的美元汇率在贸易加权美元指数中所占的权重。

表 27-1　贸易加权美元指数的权重分布

经济体	权重（%）
欧元区	18.08
Canada 加拿大	16.293
Japan 日本	10.035
Mexico 墨西哥	9.823
China 中国	13.377
United Kingdom 英国	4.822
China Taiwan 中国台湾	2.755
Korea 韩国	4.047
Singapore 新加坡	2.061
Hong Kong 中国香港	2.035
Malaysia 马来西亚	2.11
Brazil 巴西	1.955
Switzerland 瑞士	1.412
Thailand 泰国	1.416
Philippines 菲律宾	0.825
Australia 澳大利亚	1.212
Indonesia 印度尼西亚	0.878
India 印度	1.145
Israel 以色列	1.039
Saudi Arabia 沙特阿拉伯	0.665
Russia 俄罗斯	0.924
Sweden 瑞典	1.167
Argentina 阿根廷	0.46
Venezuela 委内瑞拉	0.451
Chile 智利	0.591
Colombia 哥伦比亚	0.423
Total	100

上述美元指数的相关权重变化可以从下面的网址找到：http：//www. federalreserve.gov/releases/H10/Weights。

如果你想需要查询相关的历史数据，可以从下面的网址查看：http：//www. federalreserve.gov/releases/h10/Summary/。

第二十八阶

套息交易

一、套息交易的基本概念

有一种交易现在是全世界外汇市场最流行的交易方法之一，你经常会在外汇报道中听到它，有人认为中国股市的火热跟它也不无关系，而且日元被认为是这种交易盛行的罪魁祸首之一。

这类交易被称作套息交易。

套息交易首先是借入一个低息货币，然后用借来的资金买入一个高息货币，当然套息交易肯定要借用杠杆进行，这样才能极大地提高收益水平。当然你借入的也可以是其他低息的金融工具，买入的也不一定是货币。套息交易广义来讲就是套取两种资产之间的息差。由于货币的利息是其他金融资产利息的基础，所以套息交易一般都是建立在国别之间的货币息差上的。下面我们举一个例子来说明套息交易。

首先，你去银行借入了 10000 美元，假定他们收取的利息是每年 1%。其次，你用借来的货币买入了年息为 5% 的 10000 美元债券。

套息交易与避险交易相对，两者都受风险偏好和利差的共同驱动。当风险厌恶情绪高涨时，交易者倾向于卖出高息货币，买入低息货币，这就是避险交易；当风险追逐情绪高涨时，交易倾向于卖出低息货币，买入高息货币，这就是套息交易。在《顺势而为：外汇交易中的道氏理论》一书中，我们利用二维坐标对此进行了全面的剖析，适合资深交易者进一步研究。

那么你的利润是多少呢？实际上你的利润率是每年4%。其实就是两种资产之间的息差。

现在你可能会想："这听起来没有波动交易、日内交易那么刺激啊！似乎不动脑子也可以赚到不少钱。"虽然听起来非常简单而且古板，但实际上它既不简单也不乏味。如果你能利用较高的杠杆并且获得一个每日的利息支付，每天看着你的账户增长岂不快哉！

二、外汇市场套息交易的运作过程

在外汇市场，货币是以货币对的形式进行交易的，如你买入 USD/CHF，那么实际上你是在买入美元的同时卖出瑞士法郎。就像上面的例子一样，你卖出的货币需要支付利息，你买进的货币你可以得到利息。

外汇现货市场的套息交易的特别之处在于利息的支付根据的头寸在每个交易日进行。从技术上来讲，所有的头寸在市场结束的时刻了结。如果你持有一个留到第二天的头寸是可能没有看到这个发生。

交易商结束你的头寸然后再帮你开列头寸，接着他们向你支付或者收取过夜利息，这个利息就是两种货币之间的息差。这就是持有一个头寸到第二天所支付的成本，也就是展期费用。当然也有部分交易商会收取这之外的一笔持仓费用，不管你持有的是低息还是高息货币都会收取你的费用。

经纪商最不愿意客户从事中长期交易。

由于外汇市场可以动用很高的杠杆比率，所以套息交易在外汇市场非常流行。外汇交易完全基于保证金进行，这意味着你仅需要提供一小笔资金就可以进行套息交易了。很多交易商只要求你提供头寸所需资金的 1%~2%。

让我们看一个例子，体会一下杠杆在息差交易中的威力。

假定我们有一个刚开始进行外汇交易的朋友，他手头有10000美元。

开始的时候他想把这笔钱存起来，他到银行问一下，银行人员告诉他一年可以支付1%的利息，也就是一年下来他可以拿到11000美元，但是他觉得这点利息太少了。所以他想寻找其他的投资渠道。

他碰巧认识了一些外汇交易方面的人士。经过详细了解后，他想从事外汇方面的交易。

但是在交易之前为了稳妥起见，他听从了我们的建议，学习了基本的交易知识，并且开了模拟账户进行交易锻炼。经过两个月的艰苦努力后，他已经很好地掌握了基本的交易技能，并且也掌握了一套我们传给他的基本交易系统。

接着他就开立了真实的交易账户，存入了他的起始资金10000美元。我们的朋友首先进行的是比较稳妥的套息交易，他发现一个货币对可以带来5%的息差，他决定买进价值100000美元的这种货币对。

由于他的经纪商仅要求一个1%的保证金，也就是他们提供的一个100∶1的杠杆，这样只需要1000美元就可以控制10000美元价值的货币对了，并且他可以收到这10000美元价值的资产每年5%的利息。这样就比他把钱存入银行收益更高了。

如果在这年中这位朋友真的什么也不做，那么会有什么情况发生呢？

（1）货币对失去了原有的价值。这位朋友所持有的货币对失去了原来大部分的价值。如果这些损失使得账户资金下降到要求的保证金水平之下，则这些头寸会被强行平掉。

（2）在该年结束的时候，该货币对保持了原来的价值。在这种情况下，这位朋友获得了那5%的息差收益。这就意味着到年末的时候，他的总资金增加了5000美元，几乎是50%的增长率啊。

（3）货币对增值。如果朋友持有的货币对像火箭一般飙升，那他在年末收获的就不仅是那5000美元的息差了，还有价差收益。可谓是双丰收啊！

借助100∶1的杠杆，获得了一个50%的年收益，从10000美元变成了15000美元。

图28-1是一个提供5%息差的货币对的例子。

如果你买入USD/JPY并且持有它一年，那么你将获得正的息差，也就是5%。

当然，假如你卖出USD/JPY，那么到年底你就要支付5%的息差了，如图28-2所示。

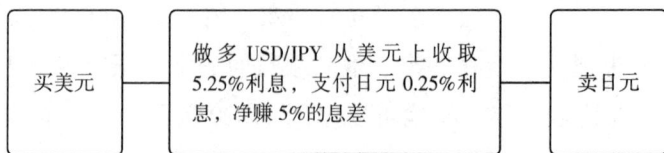

图 28-1　做多 USD/JPY 的息差

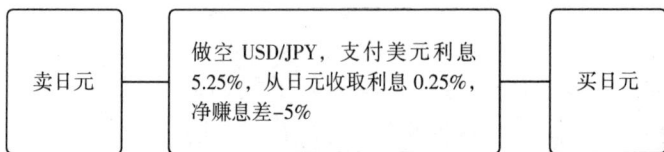

图 28-2　做空 USD/JPY 的息差

如果你卖出 USD/JPY 并且持有它一年，那么你将获得 −5% 的息差。

这就是息差交易（Carry Trade）的运作过程。现在我们转入本阶课程最为重要的内容：息差交易的风险。

三、息差交易的风险

如果你是一位职业交易者，那么我相信你已经知道任何一笔交易前需要首先问的第一个问题："我承当什么样的风险?"

明眼人首先看的是风险而不是利润。在进入任何一笔交易之前，你必须评估你所面临的最大风险，做最坏的打算。并且按照你自己的风险管理规则决定是否参与这样一笔交易。

在先前的例子中，那位朋友所面临的最大风险将是 9000 美元，他持有的头寸在他亏损 9000 美元的时候将被自动平掉。

这听起来确实不太妙。

记住：这是最坏的情况，我们的朋友是个新手，所以他不能理解停损的所有价值。

风险厌恶情绪高涨的时候，息差交易遭受损失是第一种情况；第二种情况是货币对的息差预期发生变化了，低息货币开始进入加息通道，高息货币的利率政策维持不变，这个时候按照老方向来做也会遭受持续的损失。

进行一笔息差交易时，你必须像一个价差交易者一样注意限制风险。例如，如果我们的朋友决定把风险限制在 1000 美元，那么他就可以把停损设置在当账户亏损 1000 美元时平掉头寸。

四、息差交易的准则

寻找到一对适合进行息差交易的货币是非常容易的，看看以下两个方面：

（1）寻找一个利息差异大的货币对；

（2）寻找一个货币对处在一个明显的趋势中，这样你既可以获得利息，也可以防止货币对贬值，并且可以赚取价差。

让我们看一个真实的息差交易的例子。

图 28-3 适合息差交易的 AUD/JPY 走势

图 28-3 是 AUD/JPY 的月线图。日本银行一直奉行零利率的政策，在少许升息后升息步伐非常缓慢。2003~2006 年澳元则因为搭上中国经济大发展的顺风车而一路升息。你可以看见澳元相对日元在不停上涨，这恰好又符合了息差交易的第二个

要求。第一个要求是组成货币对的两个货币之间的息差要够大，而 AUD/JPY 同时满足了这两个要求。

当然，任何事情都会发生改变利率和息差都是会发生变化的。所以息差交易也是特定环境下的交易形式。我们需要掌握更多的武器，不能一条路走到黑。

五、小　结

正如你从息差交易中看到的一样，赚钱方式太多了，当然息差也不是看起来那么容易进口袋的，任何赚钱的手段都连带着风险。

如果你在恰当的时间抓住了恰当的货币对，那么你就可以获得不小的收益。

如果你能灵活恰当地运用息差交易，那么你的武器库无疑又多了一项撒手锏。希望你能把价差交易和息差交易结合起来，正如把技术分析和基本面分析结合起来一样。可谓相得益彰，珠联璧合！

商品货币

一、商品货币

在这一课程中，我们将讨论货币中特殊的一类。首先，我们知道根据不同的性质对货币进行分类。如按照地域和经济的密切关系可以分为亚系货币、欧系货币、美系货币等，另外，按照货币的信用程度可以列出一个名为避险货币的类别。在本阶课程里面，我们主要讨论的是一种名为商品货币的类别。

1. 商品货币的含义

在外汇交易界当中，我们将那些原材料出口占比大的国家货币称为商品货币。这些原材料包括贵金属、原油、农产品等。

符合这种定义的货币很多。但是其中绝大部分货币交易量很少，甚至有可能是固定汇率制度。流动性最好的几种商品货币是新西兰元、澳大利亚元以及加拿大元。

这三种货币位列主要货币群，表明它们的流动性和波动幅度都非常适合外汇交易者。

大宗商品基本以美元标价，某些国家的经济主要与大宗商品出口相关，这就使得外汇市场与商品市场有着千丝万缕的联系。

2. 商品如何影响商品货币

原材料构成了这些国家出口的极大份额，商品价格的上升可能导致这些国家的币值上升；反之亦然。

让我们来看看主要的商品货币，看看它们的运动与特定商品联系起来。

二、加拿大元和石油

石油是现在工业化社会的命脉，所以它也是一个关注度和交易量较高的商品。由于它的价值重大，所以又称它为"黑色黄金"。

许多国家出产石油，因此拥有原油资源的国家能够从油价上涨中获取好处，这也包括加拿大。

加拿大是世界最大的石油生产国之一，其原油储藏量仅次于沙特阿拉伯。这使得石油成为它最有价值的商品。同时它也是世界最大石油消费国——美国的最大石油供给国。由于石油对美国经济有很大的影响，因此石油价格的变化对美国证券和美元有很大的影响。

通常情况下，上涨的石油价格对加元构成利好，对美元构成利空；而下跌的石油价格则对加元构成利空，对美元构成利好。那么我们如何利用这一个基本面的驱动因素呢？可以直接在美元兑加元上进行操作。实际上，我们来看一个石油价格与 USD/CAD 走势的叠加图（见图 29-1），它显示了 1988~2006 年的两者走势关系。

正如你从图 29-1 中看到的一样，USD/CAD 的走势与油价的走势是相反的，也就是负相关的。这意味着油价越高，USD/CAD 就越低；反之亦然。再看下最近几年的情况（见图 29-2），USD/CAD 的走势基本上还是与油价的走势是相反的。

原油的全面分析请参考《原油期货交易的 24 堂精品课：顶级交易员的分析框架》（第 1 版）。

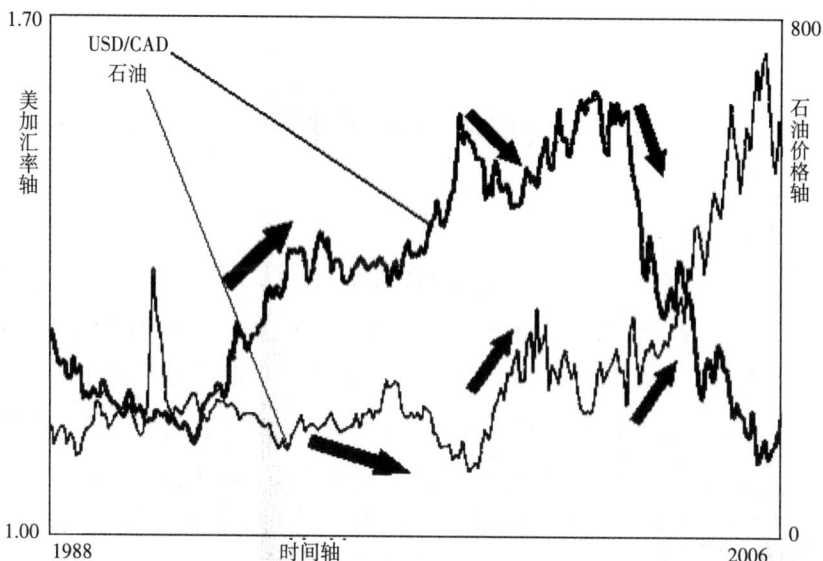

图 29-1　美元兑加元与国际油价走势（1988~2006 年）

图 29-2　美元兑加元与国际油价走势（2012 年 7 月到 2017 年 7 月）

　　从 1988 年 1 月到 2006 年 1 月，USD/CAD 与油价的负相关度高达 68%。这表明两者的关系非常密切，足以用于实际交易。作为一个货币交易者，知道这点可以增加你分析时的角度。对于长期投资者而言，这更是一把利器。

三、澳大利亚元和黄金

黄金的特别性质使它成为货币之王，比美元更值得信赖。它的众多工业和装饰用途使它成为极具价值的商品。兼顾货币和商品的二重性，使它成为跨越外汇市场和商品市场的特殊品种。我们在《黄金短线交易的 24 堂精品课》（第 2 版）一书中深入展开对保证金黄金交易的阐述，从中我们会带给你一些关于黄金交易的特别知识和经验。现在，我们重点谈谈黄金对外汇品种的影响。

> 黄金具有三重属性：第一，商品属性；第二，投资属性；第三，货币属性。分析黄金如果没有搞清楚这三重属性，则必然会迷失在看似矛盾的走势中。

在金融世界，黄金不被认为是反通胀的财富品种。同时它也是一个交易量非常大的商品。那么这些对外汇交易有什么影响呢？为了回答这个问题，我们来看一看澳大利亚元。

对于许多交易者而言，交易澳大利亚元与交易黄金差不多。澳大利亚是世界最大的黄金出产国之一。它出国的商品中很大一部分是包括黄金在内的贵金属。

这些商品构成了澳大利亚国内生产总值很大的一部分。许多外汇交易者，特别是商品货币的交易者非常注意商品价格变化对这像澳大利亚这样的国家的影响。让我们来看一下澳大利亚元和黄金走势之间的关系（见图 29-3）。

这是黄金价格和 AUD/USD 的月线图比较。这幅图描述了 1980 年 1 月到 2006 年 1 月 AUD/USD 和黄金的走势。正如你所看到的那样，**两者之间的运动是高度正相关的。**并且从 1980 年 1 月到 2002 年 1 月，黄金的走势可以作为 AUD/USD 走势的一个先行指标。

图 29-3 中的星号表明了黄金走势的主要转折点。这些转折点似乎表明黄金的转折通常发生在 AUD/USD 主要转折点之前。当时这种关系在 2002 年左右发生了变化，因为两

者的变化似乎是同步的。2002~2012 年黄金基本处于大幅度上升的趋势之中，我们看到澳元兑美元基本上也是这样。最近几年，两者之间仍旧呈现明显的正相关性（见图 29-4）。

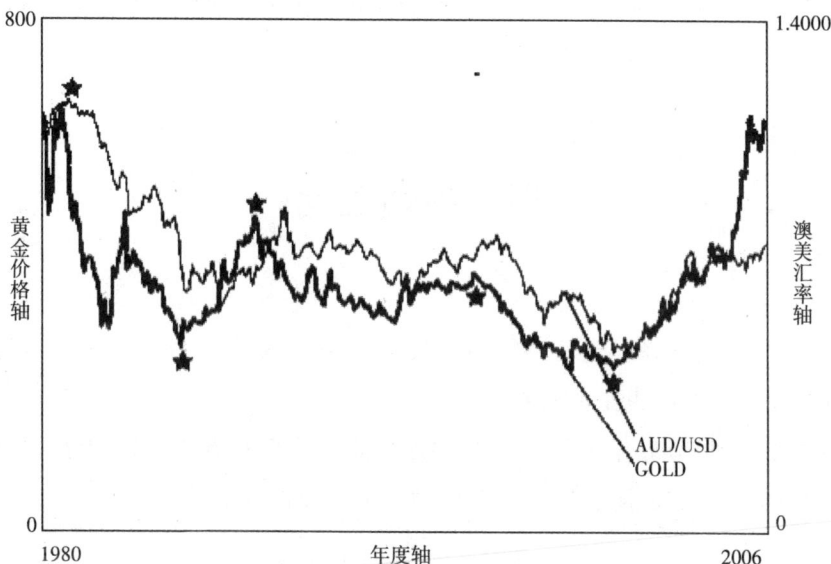

图 29-3 澳元兑美元与黄金价格走势（1980~2006 年）

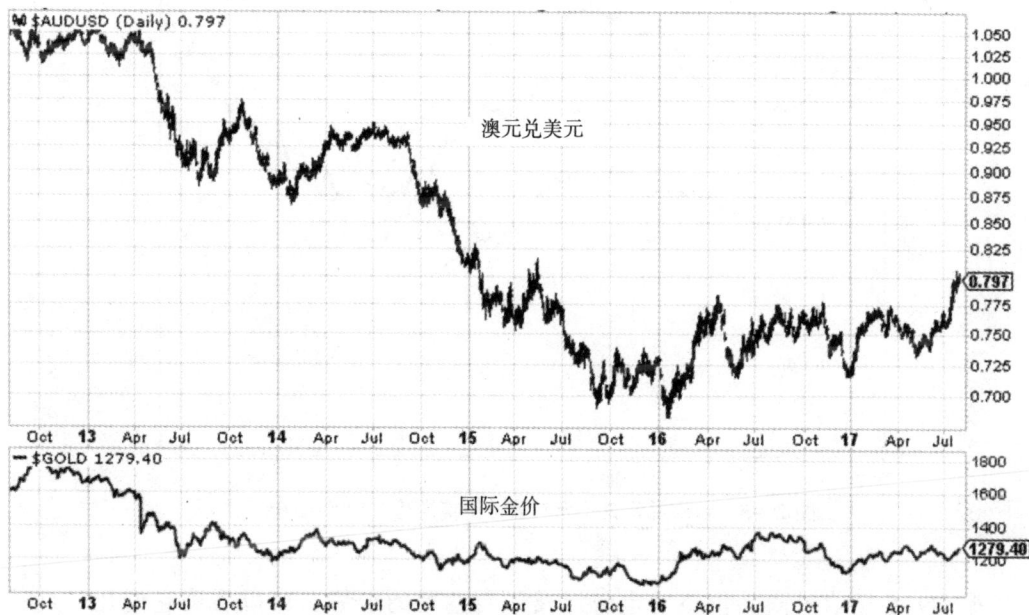

图 29-4 澳元兑美元与国际金价走势（2012 年 7 月到 2017 年 7 月）

正如我们在前面一小节学到的 USD/CAD 和石油关系一样，交易者可以通过观察黄金的价格来推断 AUD/USD 的运动趋势。这无论是对于基本面交易者，还是技术面交易者而言都是一个难得的优势。对于那些不能直接交易黄金的交易者而言，澳大利亚元是一个不错的替代。你可以在现货外汇市场交易澳大利亚元，作为黄金的替代交易，这样你就可以享受商品期货的好处了。

四、新西兰元

新西兰非常像它的邻居——澳大利亚，这是因为新西兰也是一个出口导向的国家，它的主要出口产品也是原材料等大宗商品。

1990 年 1 月到 2006 年 1 月，新西兰元和商品研究所指数 CRB 指数之间的正相关度高达 63%，而 CRB 指数是商品价格的一个世界性标准。

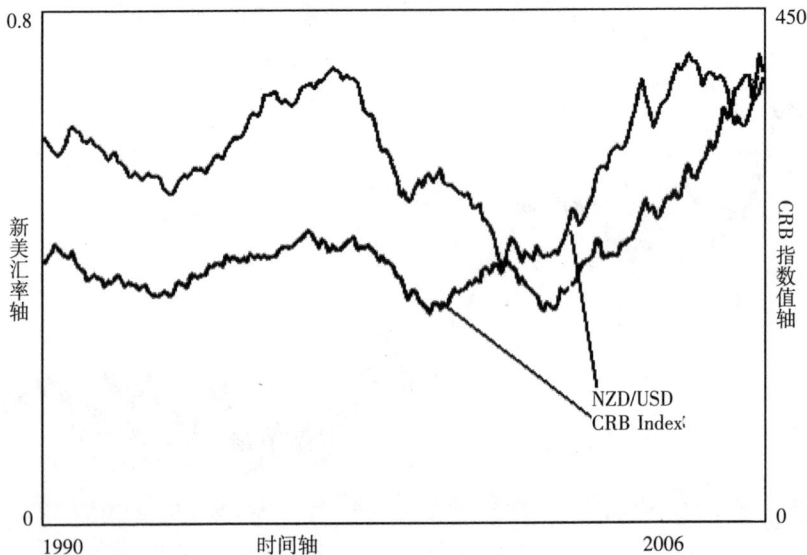

图 29-5 新西兰元兑美元与黄金价格走势（1990~2006 年）

图 29-5 显示了商品价格的走势以及新西兰元的走势，可以看到它们几乎是一同移动的。在过去 26 年它们几乎一直保持这种关系。

从 1990 年 1 月开始，NZD/USD 和 CRB 指数就保持了大约 60% 的正相关度。因

此，伴随着大宗商品价格的上涨和下跌，交易者们也能够在 NZD/USD 上面发觉类似的趋势，毕竟新西兰依赖于它的大宗商品出口。

CRB 与美元指数的关系非常有意义，毕竟 CRB 可以看成是美元计价的"一篮子"商品的加权指数。

2012 年 7 月到 2017 年 7 月新西兰元兑美元与国际油价走势如图 29-6 所示。

图 29-6　新西兰元兑美元与国际油价走势（2012 年 7 月到 2017 年 7 月）

就像黄金和石油一样，交易者们通过交易 NZD/USD 来实现它们对商品期货的看法。

五、小　结

我们已经知道了大宗商品和商品货币之间的关系。在你运用这些观点进行实际操作之前，你需要记住以下几件事情。

首先，短期大宗商品价格的运动通常并不与商品货币

的走势直接相关。在货币交易中分析商品价格的变动比较适合长期的交易和投资。

其次，虽然我们看见了大宗商品价格与外汇之间的密切关系，但是由于这些大宗商品的出口只占到该国经济的一部分，所以还要关注该国经济的整体表现，而不仅是出口。另外，政治局势和地区安全等非经济因素也要有所顾及。

再次，将所有这些方面的因素综合起来，并且加入一个大宗商品价格运动的观察视角，会使我们的视野更加清晰。所以无论如何，我们进行跨市场分析还是值得的。

最后，对于那些想投资石油、黄金和其他大宗商品的交易者而言，在外汇市场上交易它们的替代品也有很大优势。因为外汇市场独特的交易时间和高度的流动性，使得货币比期货更容易进行风险控制和利润获取。关于商品货币更高级的分析，可参见我们的基本面分析进阶课程。

黄金是货币之母，原油是商品之母！外汇交易者不能不看黄金走势，商品交易者不能不看原油走势！

交叉货币

一、交叉货币的基本概念

我们已经学习了几乎所有与交易有关的东西，想必你也做了一段时间的模拟账户了。但是你可能会问，为什么我们都做与美元相关的货币对？为什么不做其他的货币对呢？与美元有关的货币对称为直接货币对，货币对中不含美元的称为交叉汇率，也俗称为交叉货币对，简单称呼也就是交叉货币。

为什么我们不去交易交叉货币呢？现在你可能已经具备了交易交叉货币的若干条件，但是我们还是应该谈谈为什么对于初学者而言应该交易直接货币对。

第一，直接货币对的点差一般较低，对于初学者来说难度小些。

第二，直接货币对需要关注的基本面主要是两个国家，其中一个是美国。美国的经济数据相对而言比较容易获得，而交叉货币对则必须关注三个国家的基本面，也就是除了货币对本身涉及的两个国家外，还是要关注美国的情况。毕竟世界上很多中央银行持有美元，而大宗商品也是以美

交叉货币对又被称为叉盘。

元标价，所以任何经济分析不能缺少对美国经济状况和货币政策的分析。

第三，直接货币对的交易经验比较容易从各种资源收集，而交叉货币的交易者一般较少，相关论述也不完整，所以在经验获取上存在制约。但是，作为一本完整的教程，我们还是有必要介绍一些交叉货币的相关知识，并且提供具有较高价值的交易经验。

其实，如果我们在某些交叉货币上长期研究交易从而积累其相关经验，那么你作为一个外汇交易者就有一些独特的视角和交易策略了。毕竟，交叉货币上还是有很多特别的机会存在。希望你能挖掘出更多的交叉货币交易策略。

本阶课程将为你打开交叉货币对上面的迷雾，并提供给你一些交易方面的有效建议。

简单来讲，交叉货币对就是那些美元既不是报价货币也不是基础货币的货币对。换言之，无论是报价货币还是基础货币都是非美货币。如比较重要的交叉货币对有 GBP/CHF、GBP/JPY、EUR/JPY、EUR/CAD、AUD/NZE 等。

二、回到基本面分析

就基本面分析而言，我们的主要目的是寻找那些较强基本面货币和较弱基本面货币搭配的货币对。

首先寻找一个基本面脆弱的国家，这个国家要么经济上出现衰退，要么政治局面方面存在脆弱因素；其次寻找一个基本面比较好的国家，如就业人数上升、贸易盈余大幅度增长，或者是政治方面推出了有利于社会和谐发展的举措等。总之，这两个国家必须是整体上一个看好，一个看空。另外，这两个国家的货币必须位列主要交易货币，这样你才能在外汇市场上进行便利的操作。

直盘货币对加上叉盘货币对，你可以选择的交易标的大大增加了，最重要的是你可以做多最强货币的同时，做空最弱货币。

让我们看一个真实的例子：

2007 年 1 月 1 日，英格兰银行和欧元区中央银行都准备公布它们各自的利率政策。在政策公布之前，市场普遍预期欧洲央行将提高利率，而英格兰银行将维持利率不变。但是令市场感到吃惊的是，最后的结果是欧洲央行由于担忧经济增长放缓，维持利率不变，而英国则提高利率到 5.25%。

既然有这样的基本面机会，为什么我们不选择一个由英镑和欧元组成的交叉货币对进行交易呢？为什么一定要交易美元组成的货币对呢？现在我们来考虑如下的预想情况：

美国零售额数据在上述利率决定后不久就跟着公布了。如果你预期欧元走弱，并且因此做空 EUR/USD，但是现在公布的美国零售数据表明情况对美元不利，现在应该是卖出美元。

或者如果你坚持看多英镑，并且决定做多英镑，但是紧接着美国的零售数据公布显示美国经济不错，那么你看多英镑将被证明为糟糕的决定。

在利率政策公布以后，我们知道对欧元的看法变弱了，而英镑则被看好。为什么我们不做空欧元兑英镑呢？如果你这样操作，就避免了紧随而来的美国数据的影响，而且你可以取得一个正的息差。

图 30-1 是假定你采用做空 EUR/GBP 的策略会得到收益。

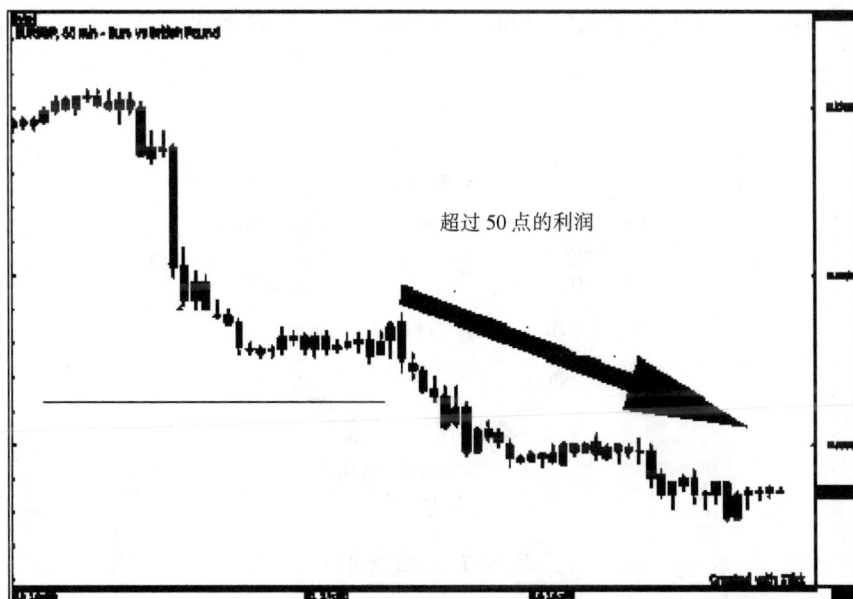

超过 50 点的利润

图 30-1　做空 EUR/GBP

正如你从图 30-1 中看到的一样，如果你在 0.6650 附近做空，也就是在利率公布后 1 小时左右做空 EUR/GBP，那么你就可以抓住汇率缓慢移向 0.6600 的波动，这样就有了大概 50 点的利润。

这只是寻找较弱货币和较强货币的一个例子。由于这里存在六种主要的非美货币，所以你有充足的机会找到这样的交易对象。

三、合成货币对

假定你已经做了相关的分析，并且得出结论认为英镑比较强，而瑞士法郎则比较弱；或者是澳大利亚元比较强，而加拿大元比较弱。但是你查看了你的交易平台，发现你的经纪商根本就没有提供 GBP/CHF 或是 AUD/CAD。

难道你就这样失去了这次交易机会吗？不，你可以建立一个合成货币对来做多 GBP/CHF 或者是 AUD/CAD。

使用四个主要货币对和三个商品货币创立合成货币对是相对容易的。所有的操作就是在以同一头寸规模买进或者卖出两对货币。

假定你想要做多英镑兑瑞士法郎，也就是买进 GBP/CHF。

你必须在同一时刻买进 GBP/USD 和 USD/CHF。我们来详细演示一下这个过程，如图 30-2 所示。

建立一个多头
GBP/CHF

买进 GBP/USD   +   买进 USD/CHF
买进 GBP   买进 USD
卖出 USD   卖出 CHF

卖出 USD 和买进 USD 相互抵消

=建立多头 GBP/CHF
Long GBP
Short CHF

图 30-2　组合货币对

　　看示意图的时候你是不是觉得非常简单呢？唯一需要注意的地方是你必须同时同量。

　　使用 GBP/CHF 做一个例子，我们假定目前的 GBP/USD 汇率为 1.9000，而 USD/CHF 的汇率为 1.2500，并且你决定买进每个货币对价值 10.000 美元的合约。下面就是你的操作过程：

　　对于那些以美元作为报价货币的货币对而言，你应该将你要交易的美元价值除以汇率水平。进行这样计算的货币对有 AUD/USD、GBP/USD、EUR/USD 等。

　　假定你要交易的价值为 10.000 美元合约，那么就用 10.000 美元除以 1.9000 的 GBP/USD 汇率，这样就得到了 5263 英镑。

　　对于那些以美元作为基础货币的货币对而言，你直接交易你需要的价值即可，因为你正在交易美元。

　　也就是说，交易 10.000 美元价值的美元兑瑞士法郎合约。

　　因此，为了买进价值 10.000 美元的 GBP/CHF，我们买进了 5.263 单位的 GBP/USD，以及 10000 单位的 USD/CHF。当然你也可以根据这个原理类推得到其他交易手数下的需要各自购买的 GBP/USD 以及 USD/CHF。

四、小　结

　　正如你所看到的那样，外汇市场存在许多的交易机会。而且也告诉你如何去创造性地利用已有的工具来利用特别的机会。但是，你需要记住一些要点：

　　你要努力地找出那些基本面较弱的货币与基本面较强的货币组成的货币对。

　　如果你找到的这个货币对并不在你的交易平台上提供，那么不用气馁，你可以利用合成货币对的方法来完成类似

> 做多最强的货币，做空最弱的货币。

的投资计划。

你要注意你的交易货币的点值是多少，如 EUR/GBP 的每一点是 19.70 美元左右。部分交易货币对的点值比主要货币对更高，而部分交易货币对的点值比主要货币对更低。知道这些信息便于你进行风险分析和资金管理。

也许在某些日子里你在主要货币对上面没有发现什么吸引人的机会，又或许你想规避美元数据和新闻事件的影响，那么你可以查看交叉货币对。当然希望你能找到你的最佳交易机会。任何时候都要分析潜在的成本和收益，在进行交叉货币交易的时候，我们也要注意到这些。

背离交易

一、背离交易

如果存在一个低风险的高卖低买的机会，你会怎么做呢？

如果你进行做多交易，那么你如何能在顶部全身而退呢？如何避免利润被随之而来的下跌吞没呢？

如果你认为一个货币对将持续下跌，那么你怎样寻找到一个低风险的位置进入做空呢？

所有这些我们都可用通过背离交易来达成。

背离存在三种形式：一是价格与指标的背离，如价格与震荡指标的背离、价格与趋势指标的背离、价格与成交量指标的背离；**二是技术面与基本面的背离，**如价格走势与基本面的背离；**三是市场间或是品种间的背离，**如上证指数与深综指数的背离、道琼斯工业股指数与交通运输股指数的背离。当然，也许还有其他的背离，但是我们目前交易中运用的背离形式主要是这三类。

在本阶课程当中，我们所要讨论的背离主要指的是汇率与震荡指标之间的背离，如价格与相对强弱指数的背离、价格与随机震荡指标的背离、价格与 MACD 的背离、价格

背离其实并非简单的价格与动能指标或者动量指标的背离，背离有很多种类型，只是国内的书籍大多局限于价格与技术指标的背离罢了。基本面和技术面的背离、基本面与心理面的背离、心理面与技术面的背离，这些大类的背离很少有介绍。

与 CCI 的背离、价格与 KD 的背离等。

背离的最大优势在于它们可以作为一个领先的信号，这与蜡烛线和斐波那契线有类似的功效，所以相互之间可以参验过滤。而且经过一些简单的训练之后，你可以很容易地识别出背离。我们曾遇到过国内的一个知名外汇分析师，他的主要交易方法就是寻找小时图上的背离。

如果运用得当，你可以持续地通过背离来获取收益。由于背离有助于你在顶部附近卖出、在底部附近买进，因此背离是一个不错的交易视角。它提供了较好的风险报酬比率，因为你容易设置一个较小的止损，并且获取一个较大的收益。

如何判断背离呢？首先思考一下"较高的高点"和"较低的低点"。

如果价格创出高点，那么震荡指标也要创出高点才能表明这个价格运动的能量是充足的，价格上升的加速度没有下降。如果价格创出低点，那么震荡指标也创出低点才能表明价格运动的向下趋势将有极大可能延续。

如果情况并非这样，也就是说价格的高点并没有配合震荡指标的高点，或者价格的低点并没有与震荡指标的低点一同存在，那么这就是背离，也就是价格运动与指标运动之间的背离。

这里存在两种类型的背离：

（1）正常背离；

（2）隐含背离。

二、正常背离

一个正常的背离被用作一个趋势翻转的可能信号。

如果价格创出更低的低点，但是震荡指标却逐渐抬高

> 背离可以作为进场点，也可以作为出场点。

> 异常点是非常有价值的信息！

那么就是通常情况下的看涨背离，也就是看涨底背离，如图 31-1 所示。

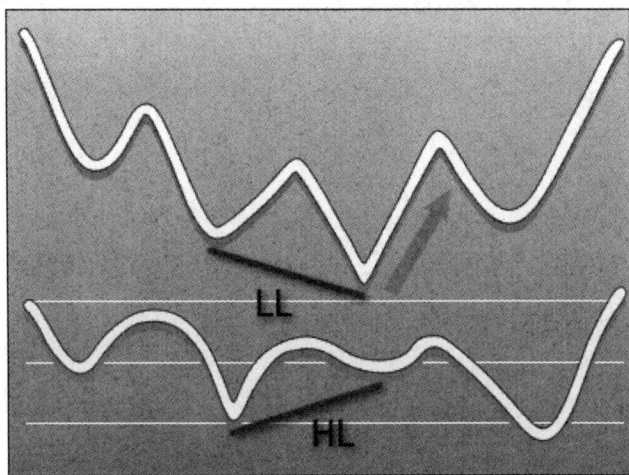

图 31-1　正常底背离

如果价格创出一个新高，但是震荡指标却逐渐走低，那么这就是通常情况下的看跌背离，也就是看跌顶背离，如图 31-2 所示。

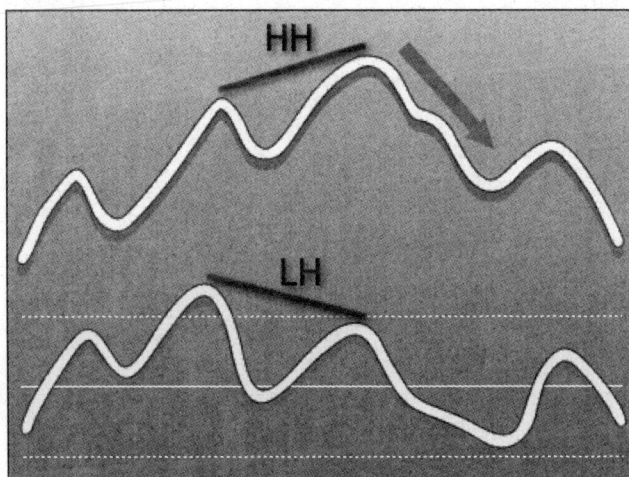

图 31-2　正常顶背离

三、隐含背离

一个隐含背离通常被看作趋势持续可能性较大的信号。

如果价格创出较高的低点，但是震荡指标却创出一个较低的低点，那么这就被认作看涨隐含背离，隐含看涨底背离，如图 31-3 所示。

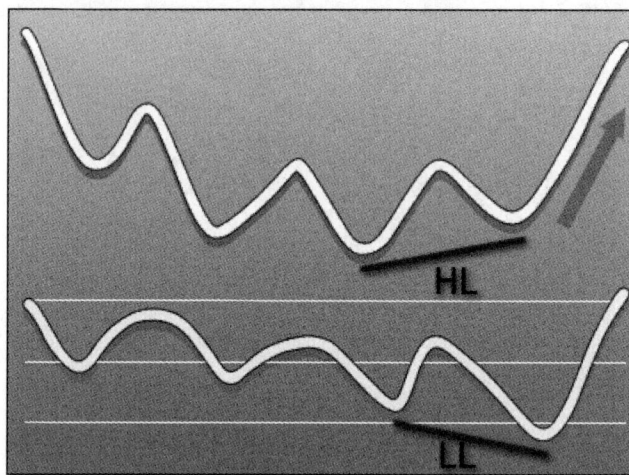

图 31-3　隐含底背离

如果价格创出较低的高点，但是震荡指标却创出一个较高的高点，这就是看跌隐含背离，也就是看跌隐含顶背离（见图 31-4）。

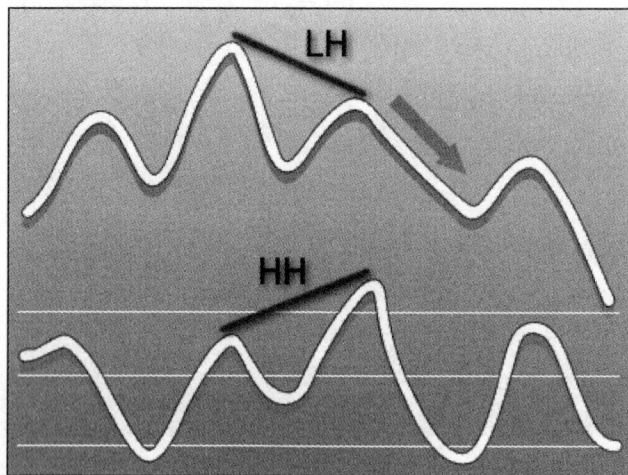

图 31-4　隐含顶背离

四、如何交易背离

表 31-1 是各类背离的技术特征以及交易方向。

表 31-1　各背离类型的主要特征

背离类型	价格运动	指标运动	交易方向
正常顶背离	价格创新高	指标高点下降	卖出
正常底背离	价格创新低	指标低点上升	买进
隐含底背离	价格低点上升	指标创新低	买进
隐含顶背离	价格高点下降	指标创心高	卖出

　　背离就像一个早期的预警信号，告诉你市场转向的时机。例如，在一波上涨行情中，EUR/USD 创出了新高，但是指标高点是下降的。顶背离的出现表明市场的上涨已经是强弩之末了，下跌行情的展开就不远了。

　　这里你要注意的是，背离只是一个信号，而非建仓的充分条件。任何信号都需要其他不同类的指标进行交叉验证和信号过滤。背离也不例外。背离经常和双顶双底、头肩顶和头肩底联系起来，另外我们要提到的一种特殊类型的背离就是价格的两个高点持平，而指标高点下降或者是价格两个低点持平，而指标低点却是逐渐上升的。这也是正常背离的一种变形。隐含背离用得较少，所以大家重点掌握正常背离和它们的变形。变形经常可与双顶或者双底形态结合起来分析。

　　轻率地根据背离信号进行交易是件非常危险的事情。如果你对于交易的方向不是非常确定，那么最好不要交易，即使交易也要采用比平常轻很多的仓位。

　　背离并不经常出现，但是它们确实存在。你可以在 4 小时图和 1 小时图上去寻找主要货币对的背离，最好是寻

背离的具体进场点可以怎么设定？

汇率与随机震荡指标的背离也是一个比较常见的组合信号。

找汇率和 MACD 信号线之间的背离。根据我们的经验这的确非常有效。正常的背离形态可以帮助你获取相当大的利润。因为你可以选择恰当的位置和正确的方向介入交易。隐含背离则帮助你放足盈利，保持正确的交易方向。

我们需要做的就是紧盯价格和指标的运动，找出那些背离并选择得到其他信号过滤确认的情况进行交易。如果仅是一个背离，则并不足以让你进场交易。谨慎从事，设计好你的交易路线图。

五、背离交易的九条规则

下面是背离交易的九条重要规则，好好学习，并将它们积极运用于实践当中，获取利润。然后你可以重新认识并更新这些规则，创造出属于自己的东西。

1. 规则一

价格必须具备下列形态之一，背离才有可能出现：

（1）更高的高点；

（2）高低的低点；

（3）双顶；

（4）双底。

最近的价格要满足上述四种形态之一，再去查看指标。如果价格不满足上述任何一种形态，则你根本就不需要再去查看价格了。因为背离不可能存在（见图 31-5 和图 31-6）。

2. 规则二

现在你已经找到了符合规则一的形态。具体来说就是更高的高点、更低的低点、齐平的高点或者齐平的低点。现在将两个高点或者低点用直线连接起来。两个波峰或波谷必须是连续的和邻近的，不能中间隔着同一级别大小的其他波峰或者波谷。

3. 规则三

在进行规则二时，应该连接两个顶峰时不要混淆为连接两个低谷；同样，应该连接两个低谷时，不要混淆为连接两个顶峰（见图 31-7 和图 31-8）。为了避免混淆你应该对照前面的四种类型的背离模型进行操作。

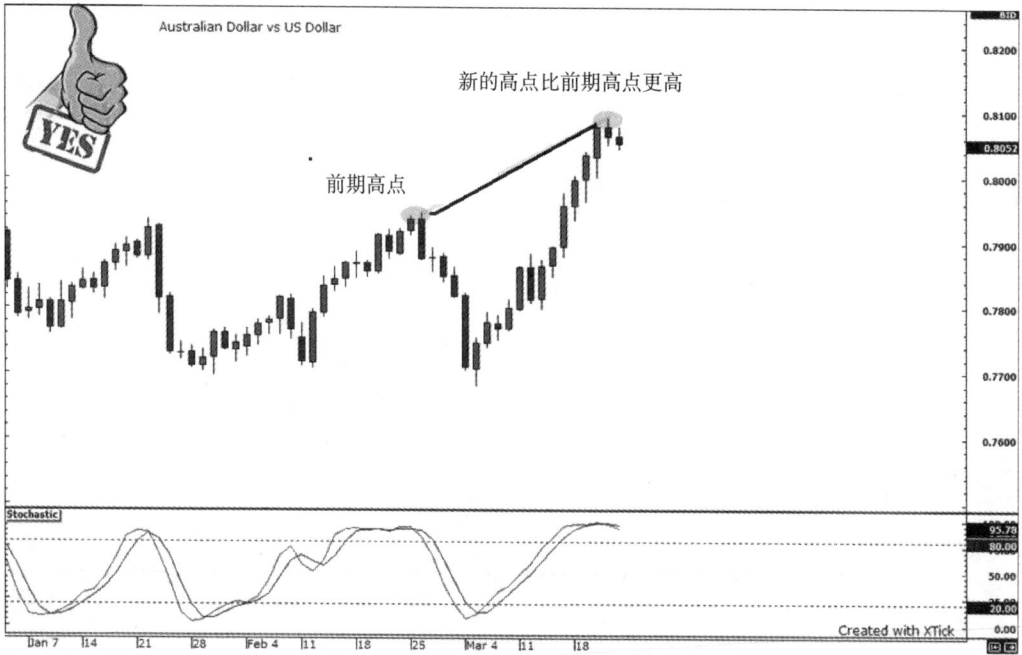

图 31-5　规则一（1）

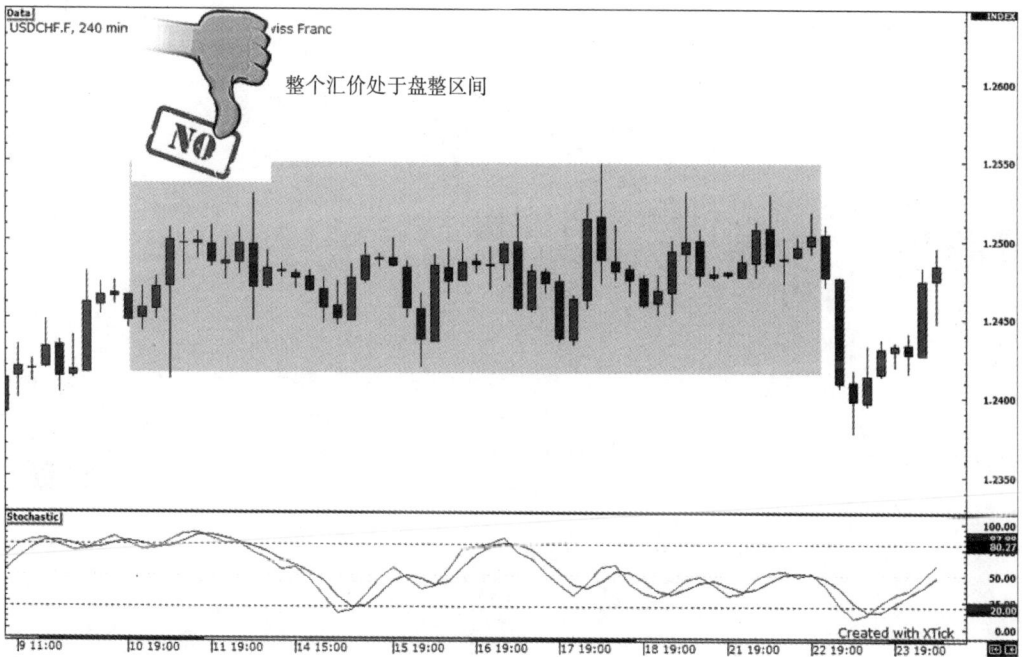

图 31-6　规则一（2）

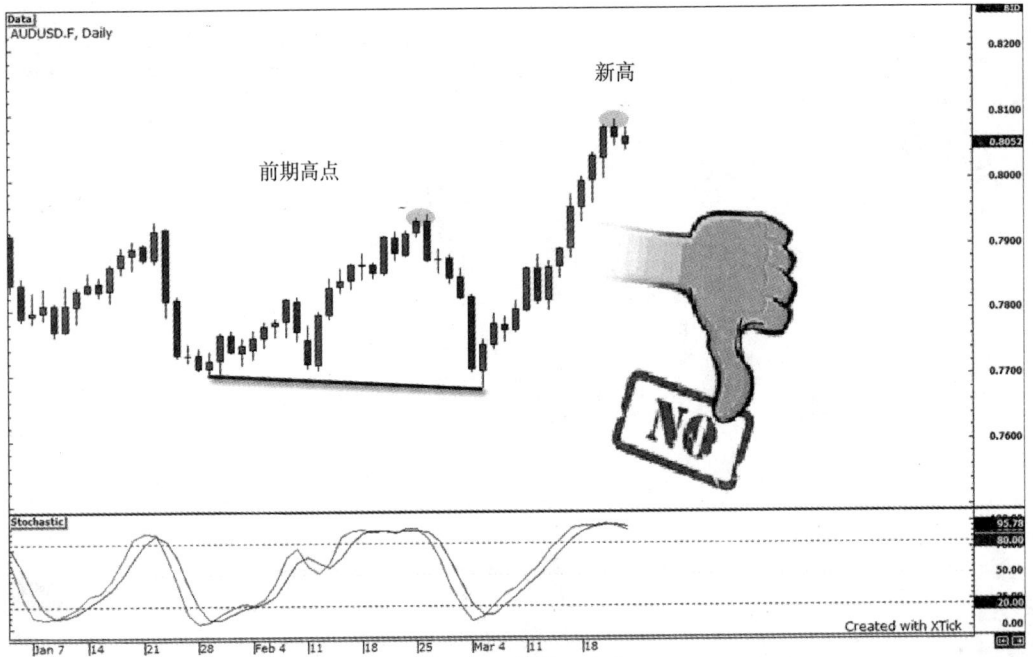

图 31-7　规则三（1）

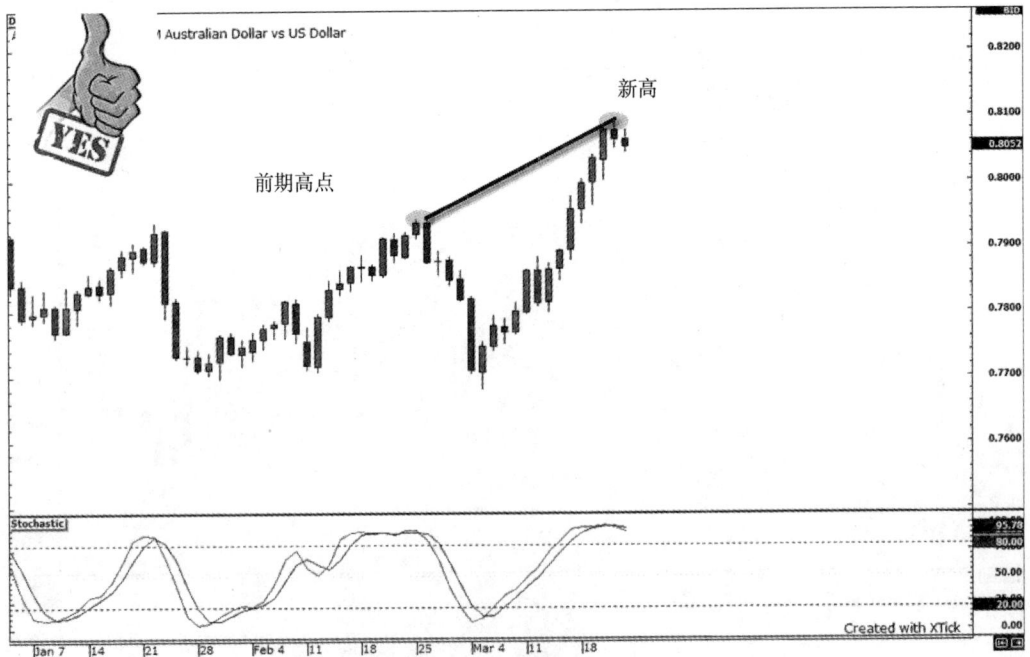

图 31-8　规则三（2）

4. 规则四

你已经连接了两个顶峰或者是两个低谷。现在看看你选择的指标，我们推荐MACD 和 RSI，以及随机震荡指标。无论你选择什么样的指标，你都必须比较它最近的两个相邻的顶部或者相邻的两个底部。大多数震荡指标都是两条信号线，你可以选择其中任意一条与价格进行比较。

5. 规则五

如果你连接了价格最近的两个波动高点，你必须在指标线上连接两个最近的高点。反之，如果你连接了价格最近的两个波动低点，那么你必须在指标线上连接两个波动的低点（见图 31-9 和图 31-10）。

6. 规则六

价格的两点必须与指标的两点一一对应，至少非常靠近。

7. 规则七

只有当连接价格直线的斜率与连接指标直线的斜率一正一负时，背离才存在，不能同正或者同负（见图 31-11）。

图 31-9 规则五（1）

图 31-10 规则五（2）

图 31-11 规则七

8. 规则八

如果你发现一个背离时，价格已经进行了逆转，那么这个背离可能已经发挥了其影响并且失效，所以在这种情况下你最好就不要参与交易了。此时，你能做的事情就是寻找下一次机会。

9. 规则九

出现在相对较大的时间框架上的背离提供的信号更为准确。采用 1 小时图以上的背离，这样你就不容易得到假信号。虽然你能够从事的背离交易机会减少了，但是你的潜在利润却变大了，因为你限制了过多的损失。在 1 小时图以下的时间框架下背离经常发生，但是它们的可靠度根据我们的经验来看是非常差的，有时候经常出现连续的背离，但是也不见反转发生。所以，我们建议你寻找 1 小时图以上的背离，而且最好是从 MACD 上寻找，这将给你带来很多惊喜。

六、背离类型汇总

背离类型汇总如表 31-2 所示。

表 31-2　背离类型

类型	细分	价格运动	指标运动	简要描述
正常背离	看涨背离	低点下降	低点上升	表明存在上涨可能，空头力量已经出现衰竭，一个可能的底部反转可能出现
	看跌背离	高点上升	高点下降	表明存在下跌可能，多头力量已经出现衰竭，一个可能的顶部反转可能出现
隐含背离	看涨背离	低点上升	低点下降	表明上升势头可能延续，通常发生在上涨趋势的回调阶段。如果价格重新测试前面低点则是一个好的买进机会
	看跌背离	高点下降	高点上升	表明下降趋势可能持续，通常发生在下降趋势的反弹阶段。如果价格重新测试前面高点则是一个好的卖出机会

帝娜薄利交易策略

一、头皮交易的要素

关于刮头皮交易，或者说薄利交易，我们一般认为是见位做单的交易。也就是说，在市价上涨到阻力位置时抛空，在市价下跌到支撑位置时买进。其实这里面隐含了一个假设，即市场的趋势既不是向上的也不是向下的。所以，薄利交易也就是区间交易，也是认同趋势交易的根本前提的，即不违背趋势。但是由于横向发展的市场一般不被认为是趋势市场，所以我们在**这类市场中的交易前提就是不违背趋势**。

我们在实际交易中采用的薄利交易策略有两个要素：第一，构成货币对的两个货币并且存在较小的利差或者是传统的低波动货币；第二，我们在市场的非活跃时期进行这种交易。通过货币对和时间上的选择，我们可以有效地降低薄利交易的风险，从而获得一个较为理想的风险报酬比率。

在进行实际的薄利交易时，我们最初面临的一个困惑是根据技术面进行交易，还是根据基本面进行交易。毕竟

郑州期货市场是国内头皮交易的圣地，而欧元则是外汇头皮交易的重点品种。

交易方式一开始就存在很多种形式，而且交易工具的繁多也给我们以太多的选择。我们相信你在准备进行薄利交易时，也遇到过同样的问题。**实际上，在薄利交易领域并不存在所谓唯一正确的方式进行交易**。例如，一些人根据小时图进行薄利交易能够稳定获利，而另外一些人则根据5分钟图进行薄利交易同样也能获利。

成功交易的诀窍不在于找到百分之百正确的交易方法，也就是说不存在任何时候都完全有效的交易方法。但是**通过增加你的报酬率和胜率，我们可用做得更好，而不是最好**。这就是我们在外汇交易中最佳的状态了。

无论我们是否意识到，许多交易者都会首先尝试区间类型的交易，也就是反市价运动类交易。通常市价跟随类交易不太符合人的先天本性。薄利交易植根于人的追求买低卖高的天性，而且薄利交易使得交易者及时兑现盈利的心理冲动得到满足。当然，成功的薄利交易需要的同样是纪律，而且是更多的纪律。毕竟，薄利交易的要点在于控制风险，只有控制风险才能提供理想的报酬率。在薄利交易中，报酬水平已经被锁定，如果不降低风险并且提高胜率，那么结果将是灾难性的。正因如此，薄利交易对于那些不能恰当运用它的人来说无疑是可做而不可行的。

二、适合薄利交易的货币对

虽然说外汇平台提供的货币对从几对到几十对不等，但是比起股票市场而言，这已经是非常少的了。由于外汇市场这种品种上的优势，我们可以更加容易和清晰地掌握各个货币对的特点和差异。通过一些关键要素的甄别，我们可以很容易地将薄利交易的名单缩减到一个可管理和操作的规模。

波动率可以通过 ATR 指标动态观测。

通常我们交易的主要货币对都有美元的身影，所以有美元的货币对都是活跃度过高的货币对。也就是说，如果进行薄利交易，那么最好不要选择有美元的货币对，至少是那些波动性不是太过分的货币。交叉货币对是适合薄利交易的好对象，因为交叉货币对不受美元因素的影响，这样可以使得我们更加关注两个货币本身的表现。更为重要的是，我们经过多年的薄利交易发现利率差越小的货币越适合于薄利交易。

表 32-1 显示了息差和价格波动幅度之间的正相关关系，也就是**息差越大，则汇率的波动幅度越大**。当然货币对中两个货币之间其他基本面因素的差异程度也会产生很大的影响，但是我们在这里主要集中精力于最为关键的息差，而且最近几年的外汇行情受到息差的影响特别严重。

息差，也被称为利差或者利息差。

表 32-1　息差与波幅区间

货币对	息差 （单位：基点）	12 个月的交易区间 （单位：点）
EUR/GBP	150	351
EUR/CHF	150	698
USD/CAD	100	865
AUD/USD	100	914
CAD/JPY	400	925
USD/JPY	500	1088
AUD/CAD	200	1088
NZD/USD	200	1143
AUD/JPY	600	1210
USD/CHF	325	1358
EUR/AUD	100	1382
EUR/USD	175	1565
NZD/JPY	700	1631
GBP/CHF	300	1650
EUR/CAD	100	1903
EUR/JPY	325	2007
GBP/AUD	125	2115

续表

货币对	息差 (单位：基点)	12 个月的交易区间 (单位：点)
AUD/NZD	100	2115
GBP/JPY	476	2412
GBP/USD	25	2660
CHF/JPY	200	3331
EUR/NZD	200	3905

上面的数据向我们展示了货币对中两个货币之间的利息差对波动率的决定性影响。可以看到，EUR/GBP 在我们进行这个统计的时候拥有大约 150 基点的息差，而对应的 12 个月，EUR/GBP 的波动点数为 351 点。排在第二位的是 EUR/CHF，它们的利息差别也是 150 个基点，对应过去 12 个月的波动点数为 698 点。

我们再来看看表格倒数第四行的 GBP/JPY，它们之间的息差为 476 个基点，对应的波动幅度高达 2412 点。作为一个统计上的经验法则，我们认为**货币之间的息差越小，其波动性也就越小**。

但是，我们发觉货币对还有自己的一些特点，使得它们并不完全遵从这个规律，如表 32-1 中的 USD/JPY 以及 NZD/JPY 所示，虽然它们拥有的息差非常大，但是它们并没有相应地体现出完全匹配的波动特征。不过，息差的重要影响还是非常

Country	Yield	High	Low	Chg.	Chg. %	Vs. Bund	Vs. T-Note	Time
Argentina	4.560	4.560	4.560	+0.090	+0.00%	407.3	230.2	01:15:04
Australia	2.684	2.713	2.662	-0.029	-1.07%	219.7	42.6	03:00:39
Austria	0.654	0.673	0.643	-0.002	-0.15%	16.7	-160.5	02/08
Belgium	0.778	0.790	0.768	+0.001	+0.21%	29.1	-148.0	02/08
Botswana	4.600	4.600	4.600	0.000	0.00%	411.3	234.2	02/08
Brazil	9.880	10.125	9.880	-0.145	0.00%	939.3	762.2	02/08
Bulgaria	1.759	1.850	1.744	+0.009	+0.51%	127.2	-50.0	02:51:02
Canada	1.940	1.981	1.907	-0.017	-0.87%	145.3	-31.9	02/08
Chile	4.270	4.270	4.270	+0.020	+0.47%	378.3	201.2	00:45:03
China	3.637	3.651	3.633	-0.011	-0.30%	315.0	137.9	02:57:00
Colombia	6.900	6.900	6.805	+0.083	+1.22%	641.3	464.2	00:45:04
Croatia	2.880	2.881	2.824	-0.001	-0.03%	239.3	62.2	02/08
Czech Republic	0.897	0.897	0.897	+0.017	+1.93%	41.0	-136.2	02/08
Denmark	0.608	0.628	0.603	+0.002	+0.33%	12.1	-165.1	02/08
Egypt	17.810	17.810	17.810	0.000	0.00%	1,732.3	1,555.2	02/08

图 32-1 主要国家十年期国债与德债和美债的息差

资料来源：www.investing.com。

明显的。那么，如何查看息差呢？我们可以通过查看十年期国债的利差来判断两个货币对之间的息差，具体而言是某国十年期国债与德债或者美债的差值，网址如下（见图 32-1）：https：//www.investing.com/rates-bonds/government-bond-spreads。

　　根据我们的经验法则，我们知道在该段时间内的息差结构下，最好的薄利交易对象应该是排名靠前的几种交叉货币对。你存有一定疑虑的时候，可以先统计一下历史的日均、周均、月均波动数据再进行操作。这些统计数据在一些大的外汇网站上面每日列出。

三、适合薄利交易的时间段

　　由于一天之中存在四个显著不同的交易时段——澳洲时段、亚洲时段、欧洲时段和美洲时段，所以在薄利交易中我们不得不考虑时段特点对于交易风险报酬比的影响。选择好的交易时段对于我们的薄利交易绩效有非常大的提高。

　　通常我们不能在重叠时段内交易，因为开盘和收盘总会造成市场的大幅波动，尤其是亚欧重叠时段和欧美重叠时段。此外，不能在要重要数据发布的时段进行交易，这些数据的发布时间可以到美国国民经济研究所网站上订阅，也可以到国内的各大外汇站点查询。给出了数据影响等级的外汇网站才值得你去查阅，因为这样你才可以明确哪些数据会对你的交易产生重大影响。

　　我们推荐的最佳薄利交易时间为北京时间 5 点到 14 点。由于亚洲市场的推动力量较小，所以这段时间内的平均波动幅度在 30 点以内，没有明显的方向。一般多为调整和区间行情，而这恰好适合我们的薄利交易。

　　具体操作方法是这样的：交易者可以在北京时间早上 6 点到 8 点观察一下当时的市场情况，这时采用 5 分钟图为最佳选择；若行情为上下来回的震荡形态，可以在行情震荡到两端时做 5~15 点的操作，只放止赢，不做短线止损即可。

　　若到北京时间 11 点后还不能挣钱出来则要及时平仓止损。最终止损可放 30 点左右。也就说风险是高于报酬的，所以薄利交易必须提高胜率。薄利交易的一个关键性特点是胜率高、报酬率低，而趋势跟随交易的特点则是胜率不高，但是报酬率特别高。薄利交易稍微在风险控制上出现一点问题就会导致功亏一篑。所以很多薄利交易者一次亏损就把此前多笔盈利的钱还给市场了。

对于具体的进场位置，我们推荐你采用阻力和支撑进场法。具体而言是**在价格上涨到阻力时，根据振荡指标或者蜡烛线择机卖出，止损放置在此阻力线之上；价格下跌到支撑时，根据振荡指标或者蜡烛线择机买进，止损放置在此支撑线之下。**

阻力和支撑的具体找法：第一，利用斐波那契回调线确定，具体方法参见斐波那契方法的相关章节；第二，利用前期成交密集区确定；第三，利用前期高点和低点确定。当然还有其他的方法，但是在区间类的交易中这三种方法经过我们的实践被认为是最有效和最简单的方法。

> 如何确定关键点位，本书已经介绍了不少方法，你应该落地实践，然后决定选择哪些具体方法。

四、内推检验

我们在上面两个小节中提出了薄利交易需要注意的三个事项：第一，品种选择那些息差小、基本面差异不大的交叉货币对；第二，最好选择亚洲时段进行交易；第三，进场的具体位置需要根据支撑和阻力确定。我们现在已经知道了薄利交易的三个要素：品种、时间、空间，我们来进行一些历史数据的内推检验。

我们首先根据上面的思想设定一个简单的交易系统。这个系统是这样的：我们使用 15 分钟的时间框架作为主要时间框架；利用一个参数为 14 的相对强弱指数指标作为信号触发工具，具体来说就是当相对强弱指数从超卖区域上穿 30 线时买进，当相对强弱指数从超买区域下穿 70 线时卖出；另外，如果指标线上穿 70 线则了结一切多头头寸，当指标线下穿 30 线则了结一切空头头寸。由于阻力支撑线加入策略后比较复杂不便于检验和说明，所以我们省略了这类有效的进场工具。

我们这里进行的是控制性试验，也就是分别测试各个

要素对交易的影响。我们先建立对照组。我们随机选择一个美元为报价货币的货币对，如 GBP/USD。图 32-2 显示了从 2004 年 12 月 30 日到 2006 年 12 月 29 日采用一标准手交易 GBP/USD 的结果。可以看出，交易的最终结果并不盈利，虽然在交易中出现过短暂盈利，但是大部分时间内交易都处于亏损状态，而且账户最大正净值小于最大负净值的绝对值。试验结果，表明在总共 468 笔交易中只有 33%盈利，最大的一次资金下降超过了 20000 美元。注意图中显示的是累计盈亏值，而不是账户净值。

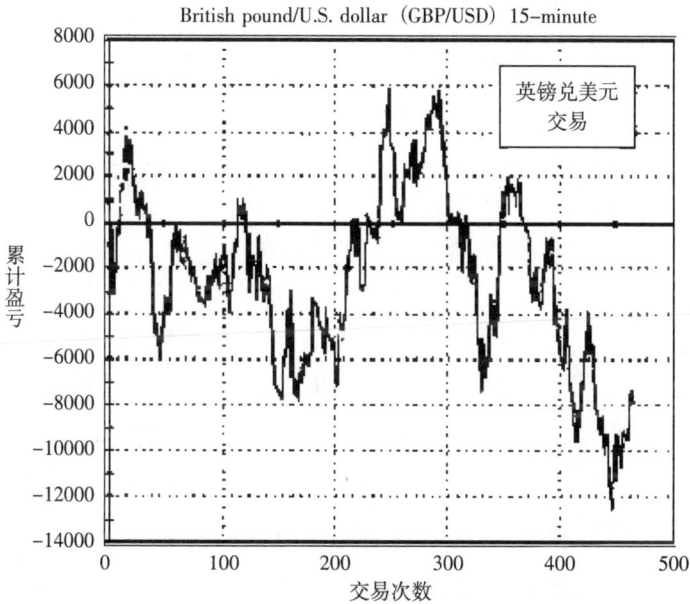

British pound/U.S. dollar（GBP/USD）15-minute

图 32-2 内推检验（1）

现在我们建立试验组，试验组中我们采用了时间过滤法，也就是北京时间凌晨 1 点到 2 点，以及北京时间早上 4 点到中午 12 点。这些交易时间排除了活跃时段，因此避免了不可控制的风险。那么在增加了交易时间过滤的情况下，我们的交易绩效又会怎么样呢？交易的对象保持不变，交易的单位仍旧保持不变，采用的时间跨度也不变。从图 32-3 中可以看出在采用了恰当的交易时段之后，我们的交易绩效有了明显的提高。不仅最大亏损额变小了，最大的资金下跌也变小了，最大的资金下跌现在是 3000 美元而不是之前的 20000 美元。

British pound/U.S. dollar（GBP/USD）15-minute

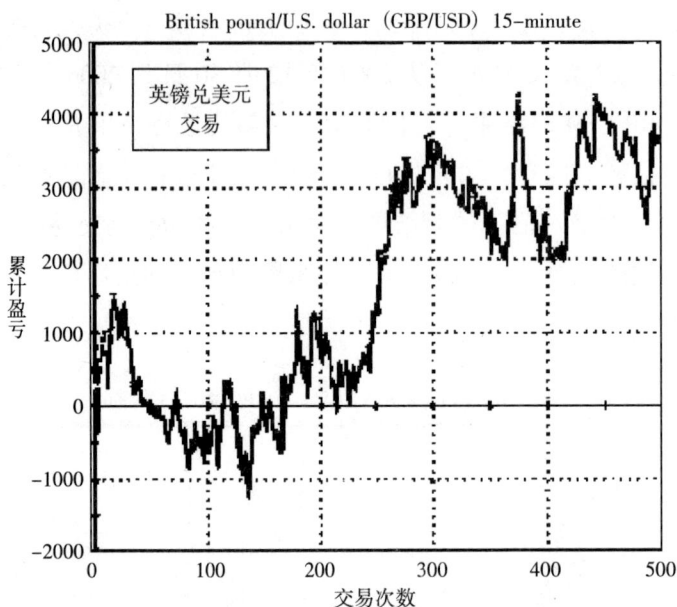

图 32-3　内推检验（2）

什么市场容易交投活跃？
除了息差和时段之外，你还能
列出什么因素？

　　从上面的统计数据可以看出，虽然交易的笔数相同，但是盈利水平和胜率提高了不少。这样的交易结果证明了对于区间类交易而言，选择合适的交易时段是非常重要的。交投活跃的市场看来确实会极大地影响我们的区间类交易策略。从中我们还可以推断趋势类交易策略应该在市场活跃时段采用，比较容易获得成功。

　　上面的测试我们主要运用了时间过滤，现在我们再增加一项过滤，那就是品种的选择。我们首先选择品种，建立一个没有时间过滤的对照组，然后再增加时间过滤，建立试验组。

　　这里我们选择 EUR/CHF 作为交易品种，因为它在我们的考察期限内拥有较小的息差。我们仍旧运用上述那个简单的相对强弱指数规则作为信号发生器。图 32-4 是过去两年内的测试结果，注意图中显示的是累计盈亏，而不是单笔亏损。从图中可以看出最终的测试结果表明虽然中期亏损了，但是最终的结果显示交易是微利的。

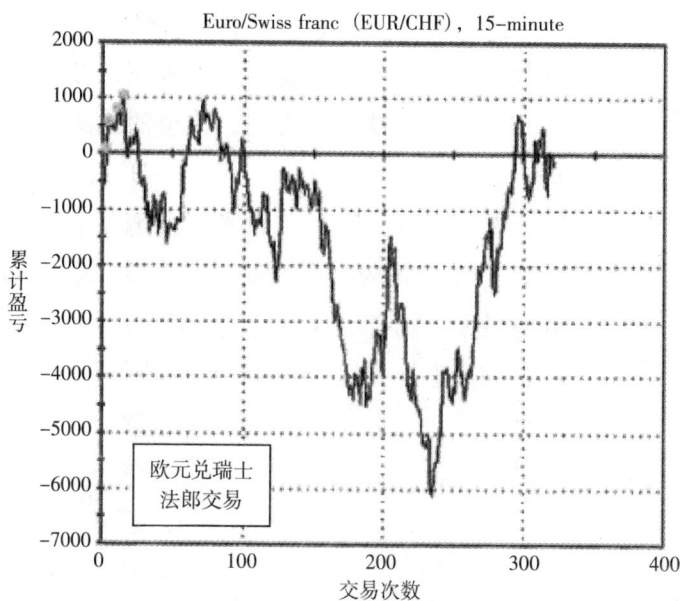

图 32-4　内推检验（3）

统计表明，在没有时间过滤只有品种过滤的情况下，交易绩效好于没有品种过滤的情况，尽管这个结论依据的样本还不够多。最大的日内亏损远远小于英镑兑美元的交易。

我们现在加入时间过滤，交易绩效立即得到提升，如图 32-5 所示。

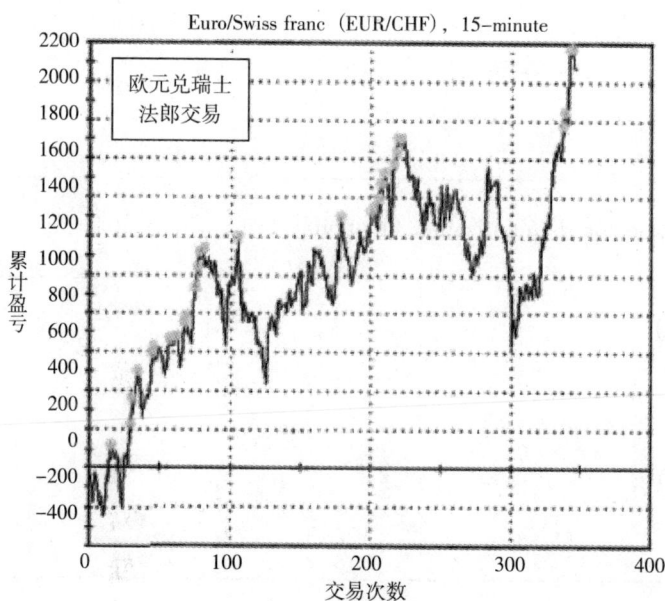

图 32-5　内推检验（4）

虽然最后的总利润没有英镑试验组的高，但是胜率非常高，而且交易非常稳健，没有出现较大的亏损。这显示出风险控制策略非常有用，这里的风险控制策略主要是时间过滤法在发挥作用。

总体来看，如果我们能在入场和出场上增加一些高效而且与相对强弱指数非线性关系的指标，可以做得更好。在这里我们推荐斐波那契回调线，当然轴心点系统以及Camarilla也是非常好的选择，这个指标的 MT4 代码如下：

Camarilla 是早期场内交易员根据经验总结出来的一个日内交易指标。

```
#property indicator_chart_window
//---- input parameters
extern int      GMTshift=7;
//+--------------------------------------------------------+
//| Custom indicator initialization function             |
//+--------------------------------------------------------+
int init ()
  {
//---- indicators
//----
   return (0);
  }
//+--------------------------------------------------------+
//| Custor indicator deinitialization function           |
//+--------------------------------------------------------+
int deinit ()
  {
//----
   return (0);
  }
//+--------------------------------------------------------+
//| Custom indicator iteration function                  |
```

```
//+---------------------------------------------------------------+
int start ()
    {
    int    counted_bars=IndicatorCounted ();
//---- TODO: add your code here
double day_high=0;
double day_low=0;
double yesterday_high=0;
double yesterday_open=0;
double yesterday_low=0;
double yesterday_close=0;
double today_open=0;


double P=0, S=0, R=0, S1=0, H4=0, S2=0, R2=0, S3=0, L4=0, nQ=0,
nD=0, D=0;
double H3, H2, H1, L1, L2, L3;
int cnt=720;
double cur_day=0;
double prev_day=0;


double rates_d1[2][6];


//---- exit if period is greater than daily charts
if (Period () > 1440)
{
Print ("Error-Chart period is greater than 1 day.");
return (-1); // then exit
}


//---- Get new daily prices & calculate pivots
```

```
while （cnt! = 0）
{
cur_day = TimeDay （Time ［cnt］ – (GMTshift*3600))；

if （prev_day! = cur_day）
{
    yesterday_close = Close ［cnt+1］；
    today_open = Open ［cnt］；
    yesterday_high = day_high；
    yesterday_low = day_low；

    day_high = High ［cnt］；
    day_low = Low ［cnt］；

    prev_day = cur_day；
}

  if （High ［cnt］ > day_high）
   {
    day_high = High ［cnt］；
   }
  if （Low ［cnt］ < day_low）
   {
    day_low = Low ［cnt］；
   }

//   SetIndexValue （cnt，0）；
cnt--；

}
```

```
//------ Pivot Points ------


P = (yesterday_high + yesterday_low + yesterday_close) /3 ;
H4 = (yesterday_high − yesterday_low) *0.55 + yesterday_close ;
H3 = (yesterday_high − yesterday_low) *0.275 + yesterday_close ;
L3 = yesterday_close − (yesterday_high − yesterday_low) *0.275 ;
L4 = yesterday_close − (yesterday_high − yesterday_low) *0.55 ;


//------ DRAWING LINES ------


Comment ("Camarilla Levels by www.ForexMasterMaker.com") ;


ObjectDelete ("L4_Line") ;
ObjectDelete ("L3_Line") ;

ObjectDelete ("H3_Line") ;
ObjectDelete ("H4_Line") ;


ObjectCreate ("L4_Line", OBJ_HLINE, 0, CurTime (), L4) ;
ObjectSet ("L4_Line", OBJPROP_COLOR, Red) ;
ObjectSet ("L4_Line", OBJPROP_STYLE, STYLE_SOLID) ;


ObjectCreate ("L3_Line", OBJ_HLINE, 0, CurTime (), L3) ;
ObjectSet ("L3_Line", OBJPROP_COLOR, Red) ;
ObjectSet ("L3_Line", OBJPROP_STYLE, STYLE_SOLID) ;


ObjectCreate ("H3_Line", OBJ_HLINE, 0, CurTime (), H3) ;
ObjectSet ("H3_Line", OBJPROP_COLOR, Red) ;
ObjectSet ("H3_Line", OBJPROP_STYLE, STYLE_SOLID) ;


ObjectCreate ("H4_Line", OBJ_HLINE, 0, CurTime (), H4) ;
```

```
ObjectSet ("H4_Line", OBJPROP_COLOR, Red);
ObjectSet ("H4_Line", OBJPROP_STYLE, STYLE_SOLID);


ObjectsRedraw ();


// --- Typing Labels


if (ObjectFind ("L3 label") ! = 0)
{
ObjectCreate ("L3 label", OBJ_TEXT, 0, Time [0], L3);
ObjectSetText ("L3 label","L3", 8,"Arial", Red);
}
else
{
ObjectMove ("L3 label", 0, Time [0], L3);
}


if (ObjectFind ("L4 label") ! = 0)
{
ObjectCreate ("L4 label", OBJ_TEXT, 0, Time [0], L4);
ObjectSetText ("L4 label","L4", 8,"Arial", Red);
}
else
{
ObjectMove ("L4 label", 0, Time [0], L4);
}


 if (ObjectFind ("H4 label") ! = 0)
{
ObjectCreate ("H4 label", OBJ_TEXT, 0, Time [0], H4);
ObjectSetText ("H4 label","H4 ", 8,"Arial", Red);
```

```
}
else
{
ObjectMove ("H4 label", 0, Time [0], H4);
}


 if (ObjectFind ("H3 label") ! = 0)
{
ObjectCreate ("H3 label", OBJ_TEXT, 0, Time [0], H3);
ObjectSetText ("H3 label","H3", 8,"Arial", Red);
}
else
{
ObjectMove ("H3 label", 0, Time [0], H3);
}


 if (ObjectFind ("P label") ! = 0)
{
ObjectCreate ("label", OBJ_TEXT, 0, Time [0],);
ObjectSetText ("label"," ", 8,"Arial", DeepPink);
}
else
{
ObjectMove ("P label", 0, Time [0], P);
}
   return (0);
 }
//+-----------------------------------------------------------+
```

五、小　结

使用品种过滤器、时间过滤器以及空间过滤器可以极大地提高我们薄利交易的胜率。作为反市价运动的交易方式，区间薄利交易是非常需要控制单向波动所带来的风险的。品种过滤和时间过滤帮助我们规避了风险，而空间过滤器则可以很好地帮助我们管理风险。通过提供更好的进出场位置和停损放置点，空间过滤器可以优化我们的风险报酬率水平。

下面给出了一个薄利交易法的操作框架：

（1）检查货币对的息差情况，选择息差较小的货币对。

（2）检查货币对的点差水平，选择点差较低的货币对。

（3）检查货币对的日均波幅，周均波幅、月均波幅，选择三者最为接近的货币对进行交易。

（4）在非活跃时段的亚洲时间进行交易。

（5）选择 5 分钟图或者 15 分钟图进行交易。

（6）利用斐波那契回调线或者是轴心点系统确定进场出场位置。

（7）利用蜡烛线和震荡指标确认上述进场出场和位置有效，进而开立头寸或者了结头寸。

薄利区间交易法的关键在于在三个方面进行选择：品种、时间和空间。其中，时间的选择是最为重要的。上述交易思路参照了 Kathy Lien 的 "Optimizing FX range trading" 一文，在此表示感谢。

帝娜消息交易策略

一、消息交易的基础

国内现在的外汇书籍对于消息交易几乎没有提供任何具有价值的策略，很多书籍几乎避而不谈，所以我们想把自己的经验提供出来供大家参考。采用消息进行交易，主要是数据和一些重要的经济事件，可以帮助我们在短短的半个小时内就赚取几十点的利润，如果能配合一个较好的风险控制策略，那么我们的收益将是非常可观的。这也省去了整天坐在电脑前面的麻烦。只要你每天花上 10 分钟到半个小时的时间按照帝娜消息交易法进行操作，慢慢地你将会有不错的收获。

消息交易法比薄利交易法更为复杂，因为消息本身就是纷繁复杂的，而且由于消息交易比薄利交易需要更高的准确度和更为严格的交易策略，所以消息交易法讲解起来也要花费不少时间。希望你能从中学到以不变应万变的策略，结合自己具体的风格进行演绎。

不管你是一个外汇交易的初学者还是一个经验丰富的老交易员，都没关系。这个交易系统是非常容易掌握的，

消息交易法，或者说数据行情交易法是一个非常具有吸引力的领域。除了本课介绍的这种方法之外，我们还可以抓住那些利多不涨、利空不跌的机会。

并且即使你不懂得外汇市场的运作也无大碍，同样能够凭借本策略获取利润。为了照顾不同阶段的交易者，我们会解释一些专用名词。如果你是一个有着稳定盈利水平的非消息交易者，那么我们的系统可以为你所用，你可以将它整合进自己的系统。你也可以继续你以前的操作方式，但是使用本系统提供的思路进行信号过滤和多重验证。

我们首先进行策略的基本介绍。在这个简要的介绍之后，我们将非常详尽地解释诸多交易细节。可能在概括性的介绍中存在很多难以理解的概念，这都不用担心，你可以通过翻阅前面的相关章节，并在后面的详细解释中寻找答案。这里我们只是为大家提供一个概览。

多年的外汇交易职业生涯使得我们当中的多位交易员意识到了一些有意义的现象，我们觉得所有的人都应该重视这种现象。这种情况几乎天天发生，而且一天还不只有一次：市场会慢慢地运动一段时间，在这段时间内市场要么进行横向整理，要么小幅度来回波动，紧接着汇率突然跳动，大幅运动。随后而来的这种运动经常带来几十点的波幅。这通常发生在几分钟之内，但是它发动的趋势却会持续一个多小时甚至更长。

这种运动通常都是由数据公布引起的。市场上那些有经验的交易者对此司空见惯。

我们当中的几位一直努力想从这类汇率运动中赚取稳定的利润，随着经验的累积我们形成了这里提出来的这个专门的交易系统。或许你们当中有人已经想出来这个系统了，但是我们却没有看见国内有人曾经公开提出这个系统。也许他们是想保守秘密，也许是忙于赚钱没有时间整理这些东西，总之我们没有看到过这方面的材料，但这些都不重要。

重要的是这个交易系统确实能够为你提供大量丰厚的利润。但是，不要因此广泛传播这个系统。整理是我们的爱好，这便于发现交易策略的漏洞和拓展交易思路。所以，为了让本书真正具有价值，我们决定公开这些交易的部分秘密。这足够你享用了，毕竟市场中的钱是赚不完的。

简单来讲，你会发现基本面数据发布是定期的，在这些数据发布前一分钟前，你可以设置上下两个订单，市价之上的订单做多，市价之下的订单做空。通常数据公布后市场会移动 30~60 点，但超过 100 点的时候也很多。注意，我们这里讲的只是一个理想状况，对于你的平台和复杂的市价波动并没有考虑。但是，在后面的内容当中我们会考虑所有这些因素。

如果你不想时刻坐在电脑屏幕前，并且能够接受一个较小的止盈点，那么你可能会接受我们提供给你的方法：只需花 15 分钟左右的时间，你就可以获得单手 20 点的利润。如果你确实很有闲心坐在电脑显示屏前，那么你可以使用策略来捕捉更大的机会。

这个交易方法的最大优点在于你仅需要设置 10 点的停损，并且你拥有一个很高的胜率。这比起通常设定的 20~60 点的止损真的是让人激动不已。毕竟你承担的风险很小。如果你在运用本策略的交易中使用 20 点的止损，那么你的止盈设置将是 40 点。如果你有耐性守在电脑前面，你可以非常容易地赚到 60~150 点，这样你的报酬风险比就高达 4：1 到 15：1 了。

虽然前面已经有关于外汇交易的详细介绍，但是我们这里还是就有关的方面提示一下。

首先，你一定要记住前面我们提过的头寸管理问题，在你的所有交易当中，你都必须严格执行这些规定，具体来说，我们推荐你在任何单笔交易中所冒的风险不能超过账户金额的 2%，也就是说单笔亏损不能超过账户余额的 2%。

当然，如果你交易的是迷你账户，则这个比率可以适当放宽到 5%。举例来说，如果你的账户中有 300 美元，那么 2% 就等于 6 美元，也就是单笔 6 个点的亏损。现实地讲，你在运用这个系统进行交易时肯定需要承担超过 6 个点的亏损。很显然，你每笔交易的风险将比职业交易人士更高，当然对于你运用小账户进行交易的情况而言，这是非常正常的。一旦你的账户增长到 600 美元以上，你就可以将你的亏损比率下降到 2%。不要过于贪婪，你能以较小的亏损持续获取利润。不要以你不能承受的风险进行交易。换句话说，你的交易要在你的负担能力之内。

在我们详细解释这个交易系统之前，还有几件事情需要弄清楚。具体来说是以下三件：①你必须拥有一个真实的交易账户；②你还要开立一个模拟的账户；③图表服务。

黑平台意味着你还未开战，就已经确定无疑地输了。

我建议你在 MT4、类似 MT4 的平台上或者 JAVA 平台上开立账户，因为根据我们的经验，MT4 平台的分析功能强大，而 JAVA 的稳定性和安全性非常高。

这些平台都提供模拟账户和图表服务，但是 MT4 的图表服务是免费的图表服务中最好的。因此，你不必再花钱去获得收费的图表分析工具，这个免费的工具足够你运用。当然很多交易商都是基于 MT4 进行交易的。由于外汇市场的非集中化分布，使得各家交易商的汇率存在细微的差别，这是允许的。但是我们的消息交易法对平台的稳定性和精确性有更高的要求，所以**在进行消息交易前务必选择高效率和诚信的平台**。要避免平台商本身的流动性太差导致消息行情成交困难，也要避免诚信度低的交易商借用消息行情的大幅波动之际进行平台作弊。

在你进行真实账户的交易之前，你需要在模拟账户上至少操作 21 个交易日，并且必须至少成功地操作 10 次以上。到你选择的平台上注册一个免费的模拟账户，当然你选择的模拟账户必须与你的真实账户是同一家交易商，是同一个交易平台开立的。

而且你要知道模拟账户比真实账户的交易效率更高，所以你应该把你在模拟账户上的交易流畅度打个折扣再来评价真实账户下的交易流畅度。而且你还要注意的是，你开立的模拟账户必须与真实账户是同一类型的账户。如果你计划开立的真实账户为迷你账户，那么模拟账户就必须是迷你账户；如果你计划开立的真实账户为标准账户，那么模拟账户就必须是标准账户。

让模拟账户尽量接近真实状态。

最好你开立的数量也是一致或者接近的。在模拟账户中你可以很好地实践我们的消息交易策略，但是有两点你要注意：第一，模拟账户不能完全锻炼你的心理能力，它很难测度出你的交易心理，也很难锻炼你的交易心理；第二，模拟账户在市况大幅度变动时比真实账户更容易成交，成交更平滑。当然这也取决于交易商资质。

保证你先运用模拟账户进行锻炼，而且心理上要尽量模仿真实的交易状态。在这里你要重点锻炼的是进场出场的步骤，一般一个习惯要经过 21 天才能养成，所以我们这里要求你练习 21 天以上是有道理的。另外，如果你在先前的课程中还没有来得及熟悉交易平台和图表，现在也是时候认真熟悉和学习一下平台的和图表的使用了。

二、消息交易的策略

现在我们就进入正式的部分，来看看消息交易的实际策略具体是什么。汇率的变动基于很多因素，特别是市场参与者根据相关数据得出的市场观点。市场观点本身也受到很多因素的影响。当时最为重要的是该国发布的基本面数据。

外汇市场上交易的外汇和它们所代表的经济体就好比股票市场上交易的股票和它们所代表的公司。如果一家公司宣布利好的消息，如上个季度收益上涨，那么股票市场就会立即有所反应。相反，当公司选择一个利空消息时，如上个季度每股盈余同比大幅度下降，那么股票市场也会立即有反应，而且经常是下跌。外汇市场也有类似的现象，也就是说汇率会受到国家发布的基本面数据的影响。

采用我们的消息交易法获利，你不必知道发布的基本面数据具体是什么，甚至也不用担心数据的结果。所有你需要做的事情就是知道这个数据发布的准确时间，以及如何利用我们给予的方法进行交易获利。我们的交易方法就是在准确的时间采取合理的行动，然后让市场来判定。无论数据结果本身是好是坏，无论汇率对这则数据做何反应，你都可以赚钱。典型情况下，市场会对一则重要的消息产生 50 点的波动，而这个空间足够我们进行操作。

> 重要数据的预期驱动着行情走势。实际值与预期值的差异修正走势。

　　无论国内还是国外，都有很多网络站点提供准确及时的数据公布时间表，当然几乎所有交易平台也都会提供资源，你可以通过搜索引擎直接搜索。

　　在这个交易策略中，我们要做的第一步就是查看时间表掌握明天、下周将要公布的基本面数据点准确时刻。某些天公布的数据较多，其他的日子公布的数据较少。总体而言，公布的数据越多，则你面临的交易机会就越多。毕竟公布的数据越多，汇率变动的幅度就越大。当然，我们这里谈论的都是在其他因素相等的前提下。

　　在这里我们要注意时区问题，如你需要知道数据公布的北京时间是什么。首先你要知道公布数据的当地时间，然后换算成北京时间。比较简单的办法是点击你电脑的时间设置，里面提供了时区的相互转换，你可以好好利用这项功能。但是国内的许多外汇网站已经提供了类似的服务，你只需直接查看时刻表就行了，其中的所有时间都是北京时间。

　　国外的交易平台一般提供格林威治时间，这需要我们换算出北京时间，方法在前面已经讲过了。同时，你要注意夏令时调整，现在欧美国家一般都有这个习惯，但是中国现在似乎已经不做夏令时调整了。这个问题外汇网站和平台商会及时提醒，所以不必担心。

　　在数据发布时刻表上，你会看见将要发布数据的国家，以及准确的时间和内容。你不需要关注它的内容，只需要知道哪个经济体发布了这个数据以及什么时候发布。

　　假定美国将在21：30发布一些重要的基本面数据，那么你就知道了价格喷发的具体时间。

　　我们来看一下在一个相当典型的情况下，市场会发生什么。如图33-1所示，这幅图采用的时间框架为1分钟，品种为EUR/USD，这幅图是2004年6月14日的图。你可以看到在美国东部时间8：30以前，市场的移动非常缓慢，在8：30时汇率仅波动了几个点，然后在8：31时价格在1分钟之内迅速升高了25点，15分钟内，它上升了65点。在此之后，市场又陷入了沉闷之中。如果你按照我们的系统交易了这次行情，那么你将赚到40点利润。

　　这种机会经常发生，通常它会走得更远，并且如果你采用我们提供在这里的一些高级策略，有时候你能抓到上百点的行情。

　　基本面数据在一天当中的任何时刻都有可能公布。由于你居住的时区不同，所以总有适合你交易的数据。注意那些方面你交易的基本面数据。如果你居住在北美地区，那么首先注意美元和加元方面的数据公布，其次可以关注欧元和英镑的数据

图 33-1　消息交易示范（1）

公布。但是我们的读者可能大部分都居住在中国大陆，所以你需要关注的经济数据可能要多很多，因为从日本早市到美国早市公布的所有数据几乎都可以关注，这涉及北京时间早上 8 点到晚上 11 点这段时间，而这段时间我们几乎都是工作和生活的活动时间，而不是休息时间。所以，居住到亚洲和欧洲的人具有得天独厚的优势，可以交易绝大部分数据行情。

　　某些时候一些重要的突发事件可能导致汇率的大幅度波动，但是不要试图抓住这类事件驱动型的行情，因为事件的发生通常是难以预料的，如"9·11"恐怖袭击事件，而且也很难从中获利，因为当我们知道这些事情的时候已经错过了交易时机。

三、查看财经日历

　　通过网络你可以找到很多提供外汇财经日历或数据公布时刻表的网站。

　　每一天的情况都是不同的，因为每一天都有不同的国家发布经济数据。你可以经常看见同一国家在同一时刻要发布很多数据。当出现这种情况的时候，多半意味

着价格将有极大可能出现强劲的反应，所以这是一个消息交易的较好结构。但是这里也存在一个风险，那就是多重数据同时公布可能会导致一个大幅度的来回震荡行情。

你也可以在一个国家某一时刻发布一个消息的时候交易数据行情，但是这种情况下波动幅度不会很大。总体来讲，有两个以上的数据同时公布是最好的交易时刻。

你也应该同时注意一下基本面发布的类型。一个关键经济指标的发布比一次讲话更能产生价格波动。要具体说出什么样的发布类型可以产生一个强劲的价格运动趋势是非常困难的，但是在实际操作中你应该对这些有个总体的感觉了。

一般而言，在时段早期发布的数据比起晚期发布的数据更具汇率影响力。在时段重叠部分的数据相比单纯时段的数据也更具有影响力。

查看明天的财经日历，并据此决定交易的品种、时间。

在交易前首先建立起交易计划，这样你才能持续地做正确的事情。因为采用交易计划可以使你充分设计交易环节并且确立起不同情况下的具体处理备案。**我们推荐的做法是在周末的时候查看下周的财经日历**，并且写下一个下周的具体交易计划。当然这个计划包括了交易的时间、品种、步骤等。对于新手来讲，这个过程可能要花费一个小时左右的时间，但是这样做是值得的，不管是对于你当下的交易，还是长期的交易都是非常有用的。

预先看下两周的财经日历，可以对市场焦点有一个直观的感受。

四、关键的基本面发布

特定的基本面发布将更可能导致市场的大幅度运动。如果市场对于发布的结果感到不确定，那么发布后市场将有一个迅猛的波动，也就是说消息越出乎市场的预料，则发布后的价格运动越大。这点知识我们在本教程的前面部分已经提到过了。

最为重要的基本面发布应该是失业报告以及利率公布，同样比较重要的还有消费者物价指数、通货膨胀水平和国内生长总值。重要性稍微低一些的数据包括货币供给的 M2、财政情况、生产者物价指数以及零售额、国家贸易。

我们现在根据截至 2006 年 12 月的行情统计，定量地分析各个经济数据的重要程度，下面的报告参考了 Kathy Lien 女士 2007 年相关报告的有关内容（见表 33-1）。

表 33-1　对美元汇率最具影响力的经济指标

2004 年对美元相关汇率最具影响力的指标	2006 年对美元相关汇率最具影响力的指标
1. 非农就业人数（NFP）	1. 供应链管理协会制造业指数
2. 利率公布	2. 非农就业人数（NFP）
3. 美国国债的国外购买数额（TIC）	3. 贸易余额
4. 贸易余额	4. 个人消费支出
5. 经常项目	5. 消费者物价指数（CPI）
6. 耐用品订单	6. 纽约联储制造业指数
7. 零售额	7. 国内生产总值（GDP）
8. 消费者物价指数（CPI）	8. 费城联储指数
9. 国内生产总值（GDP）	9. 美国国债的国外购买数额（TIC）

我们通过数据发布的日均波动值来推断它们对行情的影响力，从而为我们的消息交易做好准备。从表 33-2 中可以看出，许多指标无论在什么时期都具有很强的影响力。无论是在 2004 年，还是在 2006 年，我们都可以看见这些指标位列前九：非农就业人数、贸易余额、国内生产总值、消费者物价指数、TIC 等数据。但是影响力上升最快的却是供应链管理协会制造业指数。对此存在几种解释：这个数据在每个月第一个工作日公布，它可以作为非农就业数据的一个领先指标，这个数据报告包括了两个关键的成分，它们预示了接下来其他指标的表现。

这里有很多指标虽然交易者们认为应该列到这个表格中，但是没有被列进去。工业生产指数和密西根大学消费者信心指数就是两个典型的例子，这些指标经常同其他指标一同发布。在过去的一年当中，每月当中至少有一个指标同工业生产指数一同发布。因此，工业生产指数的实际影响力并没有认为的那么大。

数据影响力排名变化的最后一个原因是欧元兑美元在 2005 年 6 月到 2006 年末的日均波幅下降了。2004 年，欧元兑美元的日均波幅为 111 点。但是在接下来的两年中这个值下降到了 104 点。虽然这个下降看起来是非常小的，但是它显著影响了

那些本来应该具有很大波动的数据行情。2004 年，非农就业人数的发布会导致 193 点的波动，而 2006 年排名第一的供应链管理协会制造业指数只导致了 130 点的日均波幅。这可能是息差在 2006 年比 2004 年更小所导致的。

表 33-2　数据影响力的量化分析

2004 年对美元相关汇率最具影响力的指标	日均波幅	2006 年对美元相关汇率最具影响力的指标	日均波幅
1. 非农就业人数（NFP）	193	1. 供应链管理协会制造业指数	130
2. 利率公布	140	2. 非农就业人数（NFP）	115
3. 美国国债的国外购买数额（TIC）	132	3. 贸易余额	114
4. 贸易余额	129	4. 个人消费支出	112
5. 经常项目	127	5. 消费者物价指数（CPI）	109
6. 耐用品订单	126	6. 纽约联储制造业指数	109
7. 零售额	125	7. 国内生产总值（GDP）	108
8. 消费者物价指数（CPI）	123	8. 费城联储指数	107
9. 国内生产总值（GDP）	110	9. 美国国债的国外购买数额（TIC）	106

随着息差的变化，美国经济数据的重要程度也在发生变化。虽然技术分析在外汇市场的短期交易中总是占据统治地位，但是基本面因素正如我们所见到的那样对汇率走势产生了巨大影响。部分交易者将选择交易数据行情，而另外的交易者则会选择交易区间类行情。前面的研究表明，位列前九的数据都是我们关注的对象，而不是通常认为的那样认为非农就业和贸易盈余是最重要的。毕竟，数据的重要程度是不停发生变化的。

美国主要数据点公布时间在表 33-3 中列出，后面的公布时间是北京时间。自我教练就是自我投资，能帮助你成为一个盈利的交易者。

表 33-3　数据公布时间和部门

排序	经济数据名称	公布时间	公布大致日期	公布部门
1	国内生产总值（GDP）	21 点 30 分	月底	商务部
2	失业率	21 点 30 分	每月第一个周五	劳工部
3	零售销售	21 点 30 分	月中，13、14、15 日等	商务部
4	消费者信心指数	23 点	月底	咨询商会
5	商业和批发、零售库存	21 点 30 分/23 点	月中	商务部
6	采购和非采购经理人指数	23 点	月初，1、2、3 日等	NAPM
7	工业生产	21 点 15 分/22 点 15 分	每月 15 日	美联储

续表

排序	经济数据名称	公布时间	公布大致日期	公布部门
8	工业订单和耐用品订单	23点/21点30分	月底或月初	商务部
9	领先指标	23点	月中或靠近月底	咨询商会
10	贸易数据	21点30分	月中或靠近月底	商务部
11	消费者物价指数（CPI）	21点30分	每月20~25日	劳工部
12	生产者物价指数（PPI）	21点30分	每月第二个周五	劳工部
13	预算报告	21点30分	月底	财政部
14	新屋出售和开工率、营建	21点30分/23点	月中或靠向月底	商务部
15	个人收入和支出	21点30分	每月月初	商务部

五、常用经济指标中英文对照

我们需要为数据行情交易做好英语上的准备，这既是实际交易的更高要求，也是进一步提高交易技能的需要。下面是一些常用的经济指标的中文和英文对照。

就业形势：Employment Situation

周度失业救济申请：Weekly Claims for Unemployment Insurance

招聘广告指数：Help-Wanted Advertising Index

企业裁员公告：Corporate Layoff Announcements

大规模裁员统计：Mass Layoff Statistics（MLS）

个人收入与支出：Personal Income and Spending

零售额：Retail Sales

电子商务零售额：E-Commerce Retail Sales

连锁店周度销售额：Weekly Chain Store Sales

消费者未偿付信贷：Consumer Credit Outstanding

剑桥消费者信贷指数：Cambridge Consumer Credit Index

消费者信心指数：Consumer Confidence Index（Conference Board）

消费者情绪调查：Survey of Consumer Sentiment（University of Michigan）

美国广播公司新闻/财经杂志消费者舒适度指数：ABC News/Money Magazine Consumer Comfort Index

瑞士银行投资者乐观指数：UBS Index of Investor Optimism

国内生产总值：Gross Domestic Product（GDP）

耐用品订货量：Durable Goods Orders

工厂订货量：Factory Orders

企业存货：Business Inventories

工业产值和产能利用：Industrial Production and Capacity Utilization

供应管理协会制造业调查报告：Institute for Supply Management（ISM）Manufacturing Survey

供应管理协会非制造业景气调查：Institute for Supply Management（ISM）Non-Manufacturing Business Survey

芝加哥采购经纪人指数（经济"晴雨表"）：Chicago Purchasing Managers Index（Business Barometer）

领先经济指标指数：Index of Leading Economic Indicators（LEI）

新屋开工和建造许可证：Housing Starts and Building Permits

成品房销售额：Existing Home Sales

新建住房销售额：New Home Sales

住房市场指数：Housing Market Index

全美建筑商协会：National Association of Home Builders（NAHB）

周度住房抵押贷款申请和全美拖欠情况调查：Weekly Mortgage Applications Survey and the National Delinquency Survey

建造支出：Construction Spending

地区联邦储备银行报告：Regional Federal Reserve Bank Reports

纽约联邦储备银行：Federal Reserve Bank of New York

州制造业调查：Empire State Manufacturing Survey

费城联邦储备银行：Federal Reserve Bank of Philadelphia

商业展望调查：Business Outlook Survey

堪萨斯市联邦储备银行：Federal Reserve Bank of Kansas City

10 个地区的制造业调查：Manufacturing Survey of the 10th District

里士满联邦储备银行：Federal Reserve Bank of Richmond

五个地区的制造业活动：Manufacturing Activity for the Fifth District

芝加哥联邦储备银行：Federal Reserve Bank of Chicago

全国活动指数：National Activity Index（CFNAI）

联邦储备委员会的褐皮书：The Federal Reserve Board's Beige Book

商品与服务的国际贸易：International Trade in Goods and Services

经常项目平衡：Current Account Balance（Summary of International Transactions）

消费者物价指数：Consumer Price Index（CPI）

生产者物价指数：Producer Price Index（PPI）

雇用成本指数：Employment Cost Index

进出口价格：Import and Export Prices

生产率和成本：Productivity and Costs

雇员报酬的雇主成本：Employer Costs for Employee Compensation

实际收入：Real Earnings

收益曲线：Yield Curve

六、消息交易策略的具体运用

现在，让我们详细地来了解如何具体使用这个策略进行交易。记住，除非特别声明我们将一直采用美国东部时间。假定你首先查看了今天的财经日历，然后知道在明天美国东部时间上午8：30将有一个重要数据发布，然后你就设定好闹钟提前15分钟通知你。

在美国东部时间8：25，也就是北京时间晚上的时候，你已经打开了一分钟的 EUR/USD 蜡烛图，同时你还打开了 GBP/USD、USD/CHF 作为参考。接着你打开了交易界面，准备设置交易订单。

你应该注意到价格以一个整固形态缓慢移动，这表明

外汇交易中，没有消息就是最坏的消息！

它正在等待消息的公布。现在，你必须迅速行动。在美国东部时间 8：29 时你需要查看一下蜡烛线的最高价和最低价，然后在最高价上加上 10 个点，在最低价上减去 10 个点。如果 8：28 的蜡烛线拥有一个更高的最高点或者更低的最低点，那么你可以采用这根蜡烛线的两个极端价格作为加减基础设置订单。现在你要创建两个进场的订单，这两个订单不是市价订单而是限价订单，买进限价订单放在刚才计算出来的最高价上 10 点的位置，卖出订单放在刚才计算出来的最低价下 10 点的位置。同时，设定 10 点的停损，这样，停损订单就与最高最低价重叠了。另外，你可以选择设定两个 20 点的止盈单。

你刚才做了些什么呢？你取了最近价格波动区间的极端价格，然后在上面进行加减 10 个点计算出了放置订单的具体位置。你告诉平台，如果汇率上冲到最高点之上你将买进，下跌到最低点之下你将卖出。同时你也告诉平台，如果价格之后又返回来 10 个点则自动出局。如果你设定了 20 点止盈，那么当价格到达这个位置时你将自动退场。

由于价格最终上升了，所以你的买进订单被触发。如果价格下降，那么你的卖出订单最终将被触发。这个策略并不在乎汇率往什么方向走，它需要的只是价格不要来回震荡，特别时 N 字形震荡会带来最大的亏损。

非常重要的一点是在 5 分钟内，你的两个订单之一必须成交，同时你应该取消另外一个订单。有时候市场会出现震荡，这意味着两边的订单都可能触发，一个订单赚钱另外一个订单亏损。这些将在后面详细讲述。

让我们重新审视一下上面这个例子。在 8：29 时的高点为 1.2002，低点是 1.1999。在 8：28 时高点是 1.2000，低点是 1.1998。因为 8：28 的低点比 8：29 的低点更低，所以我们将使用 1.1998。现在我们在 1.2002 上面加上 10 个点，这样就得到了 1.2012；在 1.1998 上面减去 10 个点，这样就得到了 1.1988。现在你放置了两个订单，一个买进订单放置在 1.2012，另一个卖出订单放置在 1.1988。接着你放置了停损订单，固定为 10 个点。这非常重要，止损订单在任何时候都必须设置。对于你的买进订单，止损放置在 1.2002，对于你的卖出订单你的止损放置在 1.998。假定你设定 20 点的止盈，那么你的买进订单的止盈将是 1.2032，你的卖出订单的止盈将是 1.1968。

对于这些计算，你可以做成一个 Excel 的电子表格，然后每次填入数字自动完成计算。如果比较熟练，则按照固定的步骤具体操作就行了。

回到这个例子。你的买进订单将在 1.2012 成交，如果你的止盈点设置在 1.2032

那么你将获得 20 点的利润，对于一标准手来说就是 200 美元。5 分钟的工作能取得这样的成绩已经非常不错了。

如果你是一个初级交易者，那么我们强烈建议你采用一个 20 点的止盈。当你具备经验和信心的时候你就可以采用下面介绍的高级策略了。

采用这个策略你需要用到及时的行情图表。你的外汇交易商会向你提供一些免费的图表，而这些一般足够你使用了。我们附上的网站已经可以提供给你所需要的全部信息了。你应该采用交易价格和图表价格一致的看图软件，因为不同的交易商提供的汇率存在些许差别，如果你的交易平台和看图软件并非同一家交易商提供，那么你要防止两者之间的细微差异导致我们的交易方法使用起来出现困难。

你需要做的是获得你想交易的那个货币对的即时图表。你要确保这个图表的信息更新是非常迅速的，同时必须可以显示蜡烛线。将图表的时间框架调整到 1 分钟，这样你的价格线每一分钟就会形成一根。你可以放大最近一段时间的价格表现，当你把鼠标放在单根蜡烛线上面时它应该可以显示开盘价、收盘价、最高价、最低价，以及日期。注意本策略中使用的是最高价和最低价，而且是最近时期的。在模拟交易上多加实践，熟悉之后你就可以在真实账户上小额尝试了。

七、简单练习

在我们继续阐述我们的策略前，为了确保你已经消化了前面的基础知识，我们这里进行一些简单的测验。下面两个问题提供给你了 8：28 时和 8：29 时的蜡烛线高价和低价。你要据此算出买卖进场的准确位置，以及你的停损位置和止盈位置（20 点）。

问题 1

8：28 蜡烛线　最低价 1.4118　最高价　1.4122

8：29 蜡烛线　最低价 1.4120　最高价　1.4126

问题 2

8：28 蜡烛线　最低价 111.25　最高价　111.28

8：29 蜡烛线　最低价 111.24　最高价　111.29

练习 1

查看昨天的一个数据公布时间，然后在 1 分钟图上找到对应的时段，看看如果采用我们的交易策略将会得到什么样的结果。

练习 2

在你的模拟账户上进行交易练习。至少尝试 3 笔止盈放在 20 点的数据行情交易。如果你三笔交易全部正确，那么你将赚到 60 点。但是在没有充足实践之前，不要拿你的真金白银进行试验。我们还是建议你至少交易 2 个月的模拟账户，专门练习数据行情的捕捉，以便找到一个更加适合的进场时间和位置，以及获得停损位置和止盈策略的实际经验。

八、策略的深入

止损是最后一道防线！

为什么要设置止损呢？如果你对这个问题持有疑问，那么证明你确实还没有入门。**任何一个成功的外汇交易者都会采用保护性止损来进行交易**。如果你在没有保护性止损的情况下进行交易，那么你的账户的末日已经不远了。停损不仅能帮助你减少亏损，也能帮助你赚钱，如追进性止损在趋势跟随交易中的使用就极大地增加了利润额。

如果你以 10 点的风险去追逐 20 点的利润，那么这笔交易的风险报酬比就是 1：2。这就好比我和你抛硬币赌钱，如果是背面我付你 10 元，如果是正面你付我 20 元。那么这个赌博我肯定愿意参与，因为只要次数足够多，我肯定是赢家。这就是风险报酬率的问题。

使用停损的主要目的是为你的失误预留后路。交易毕竟是一个概率游戏，你不能过于自信，在每次交易中都可能输，也可能赢，你只能控制整体的概率，你不能决定单

笔交易的盈亏。在局部不可控的情况下，你必须使用止损。价格很可能在触发你的进场订单后大幅回转，如果你没有设置止损后果不堪设想，资金损失倒是其次，对信心的打击是最大的失败。

如果你在几分钟内输掉几十点，你会怎么想，当时你可能会认为只是没有设立止损，与分析行情的能力没有关系，但是巨大的亏损始终是存在心中深处的阴影，它慢慢吞噬你的自信，不管你如何安慰自己都是无力的。为了防止对信心的打击，我们必须限制大额的亏损。数据交易有四种结果：第一，汇率在数据公布后仍旧没有反应，你的订单没有被触发，这种情况较少。第二，汇率在数据公布后毫不犹豫地走出单边走势，这时候你要么赚20点，要么亏10点。第三，汇率在数据公布后先触发一边的订单再大幅逆转触发另一边的订单，这样你先亏损了10点，接着又赚了20点，净赚10点。第四，汇率先触发一边订单再大幅回转触发另外一边订单，接着又再转回来，这样就形成了一个N字行情，两边的订单都被触发也都被止损，一共损失20点。第一种和第四种情况比较少。

这个策略的惊人之处在于你仅需要承担10点的风险。绝大多数交易者经常放置30~100点的止损，因此他们会认为10点的停损没有什么大不了的。

还有一个需要注意的地方是，在上面的交易策略中，我们坚定你的外汇经纪商向你提供了一个5点的点差。因此，如果你的经纪商提供的点差大于5，那么你就不是加减10点了，而应该是加减15点甚至更多。如果你的点差较高却又采用加减10点的方法设置订单，这样将被市场些许的噪声运动震出市场。所以，对于点差较高的平台我们需要增加加减的额度。另外，那些点差较高的货币对，我们在数据交易中不做推荐。

你其实是在一个较小的范围内设置了进场订单，因为如果你的交易商提供了5点的点差，那么你实际上是加减了5点的运动空间。如果你的交易商提供了3点的点差，那么你如果你使用同样的参数设置将感觉更好，因为它毕竟过滤了更多假信号，虽然只是多增加了2点的运动空间。

另外我采用美国东部时间早上8：30的蜡烛线进行交易只是一个例子。在其他时间也有很多数据发布，我们使用这个时间作为例子只是为了方便。就我们自己的交易作息来看，我们一周至少三次会在这个时候坐在电脑前完成交易。

九、震荡情形

图 33-2 和图 33-3 分别是 2004 年 6 月 15 日 EUR/USD 和 GBP/USD 的 1 分钟图。从图中你会看到在数据公布后，汇率在 20 秒钟内大幅下跌，然后转过来上升。某些时候个人投资者不可预料的反应导致汇率呈现出震荡的特点。这种情况会触发我们一边的入场单，然后往另外边走进而触发另一边的进场单，并止损前一单。这时候你等盈利超过 20 点时即上调止损位置，以便保护盈利，补偿刚才的亏损。如果有什么坏事情接着发生，你也不至于再次亏损出场。

EUR/USD（1 min. 12 hr.）

图 33-2 消息交易示范（2）

■ GBP/USD（1 min. 12 hr.）

图 33-3　消息交易示范（3）

具体的兑现盈利的位置我们将在高级技术分析部分探讨。当我们交易 EUR/USD 时，价格的下跌后上涨使我们亏损了 10 点，但是接下来另一边的单子带来了 10 点的盈利，这样总共就获得了 20 点的盈利，可以说 15 分钟的辛苦并没有白费。如果当时交易英镑兑美元，我们会赚得更多。

十、冷行情

有时候市场会浪费我们的表情，因为当我们激动地等待行情爆发时，它却给了

个冷门。冷行情就是那些价格几乎没有多大变化的市况。这时候并没有如预期一样发生大幅的价格变动。现实来讲，这种情况时不时要发生，也许是因为当时市场正在等待一周中最为重要的一个数据，所以平时很重要的数据在这个时候反而不那么具有影响力了。我们进行数据交易也需要关注"市场焦点"，通常一周到一个月之内汇市上总有那么一两个焦点，你必须知道市场目前关注的是什么，这样你的交易才能有的放矢。

还有一种可能是这个数据本来就不太重要，你选择了一个错误的交易时机。无论如何你应该知道如果数据公布后 3 分钟内没有任何显著的运动，那这通常就是一个冷行情。

在最高价上面加 10 个点，在最低价上面减 10 个点，也是为了预防这种冷行情触发订单。过了 5 分钟如果都没有什么显著的价格，那么你就应该取消一切数据行情的订单。如果你的一个订单已经触发，那么你应该好好看着它的表现。设定一个 20 点的止盈，看看市场给你什么交代。结果就是要么你亏损 10 点，要么你赚 20 点。当你的盈利超过 10 点时，你最好能微微移动一下你的止损。当然你也可用"坐山观虎斗"。当你设定一个较大的止盈点，或者根本没有设定止盈点时，你就必须策略性地使用追进止损，保护利润的同时放长利润。

完成一笔交易之后，你就需要做好准备等待下一笔交易了。记住，并不是每次你都会顺利地赚取利润的，震荡市场和冷行情都是我们的盈利障碍，所以我们想要长期取胜，必须放长利润。刚开始由于你很难把握住止损的追进设置，所以我们建议你采用一个较小的止盈设置，但是随着你的交易信心和经验的累积，你必须尝试着向追进止损发展。截短亏损还不够，还要让利润奔腾。追进止损就是最高形式的止盈。其实止盈的思想我们一直尽量避免使用，因为止盈违背了趋势交易放长利润的原则。但是在区间和日内交易中，我们变通了这个法则。

我们经常采取的措施也是建议你采取的措施是增加一点活动空间给市场，以便过滤更多的市场噪声运动。通常情况下我们会加减 15 点，而不是上面提到的 10 点，或者我们会寻找过去 8 分钟内的最高价和最低价进行加减而不是过去一两分钟的最高价和最低价。增加市场活动的空间减小进场订单在震荡行情中成交的概率。当然这样做同样降低了你的潜在利润，但是你首先考虑的应该是避免错误。在潜在利润上损失一点是值得的，毕竟减少错误交易而得到的收益远大于为此付出的代价。

十一、高级策略

某些人会说如果你坐在电脑前面去查看历史，你会发觉这确实是一个很好的交易策略，但是如果要落实到在最佳时间去执行这个交易策略，那么这却是非常棘手的。如果你对于把握准确的交易时机感到非常棘手，我们将给你一些建议。但是你要知道的是我们自己通常并不会使用如下的策略，但是这个策略确实非常有效。

这个特别策略需要一个电子腕表，这个腕表的时间设置必须非常准确。使用电脑上的互联网时钟同步功能保持你的电脑系统时间准确，然后让你的腕表时间与系统时间保持一致。但是请你记住，当你坐在电脑前面时注意你图表上的时间，而不是你手表上的时间。

在数据发布前5分钟停止你手头正在做的事情，为我们的数据交易做一些准备。如果你正在做一些工作，那么你可以转移一下注意力，放松一下。

接着你应该登上你的平台或者通过电话询价。你对于交易商的电话必须烂熟于心，当你无法登录电子平台或者无法使用电脑时，你就必须借助电话进行交易。当然，模拟账户的交易是不能使用电话进行的。

在数据公布前1分钟查看报价，包括买价和卖价，电子平台询价是最方便的。

接下来你需要做一些快速的简单计算。通过迅速的心算得到结果，同时把它们写下来。如果你想要在最高价上面加上15点，在最低价上面减去15点，这样你就计算出了你的进场订单放置位置。然后你需要迅速地计算出你的止损价格和止盈价格。这些也需要你锻炼出速度，而且一定要保持准确率。如果来不及，你可以先设定止损，利用市价单进行止盈。另外，停损价格最好随着数据公布的重要程度而有所调整，但是最多不能超过30点。

在数据公布后的3分钟，你需要查看你的即时账户成交状况，取消还没有成交的进场订单，查看你已经成交了的订单，如果你没有采用止盈，那么你最好是移动止损点追进，在保护利润的同时，放足利润。当然，你也可以采用市价单随时出场。但是这样做长期来看容易损害你的交易的系统性和理性。

如果你有计划地使用本交易法，那么一定可用取得满意的成绩。它应该是有效的，只是具体的参数设置可能随着时间发展而有所变化，并且跟你的交易平台性质

有关。如果是纯粹的电话交易那么很难使用本策略。在有效运用本策略前，你需要利用模拟账户进行大量持续和有统计的操练，并通过这样的练习找到最符合你使用的平台和该时期市场特性的参数。你需要看看设定多大的停损，以及进场位置的点数加减如何进行。

如何把握睡眠中的行情，这是一个比较细节的操作问题。在我们的私人交易生涯里，这是一个棘手的问题，但是自从我们加入现在的团队以后，这个问题已经很好地解决了。现在我们是人轮流休息，但是账户不会因为个人的休息而停止操作。所以，我们在普通的技术行情有人操作，在数据行情有人操作，在市场冷淡的区间市场也有人操作。

如果你发现财经日历当中某些重要数据或者讲话是在平时休息睡觉的时候进行的，那该怎么办呢？

你应该使用闹钟或者手机震动在数据发布前10分钟让自己醒来，当然你也可以与一个伙伴结成交易小组，轮流值守。你必须迅速地起床，不要拖延，否则你就有可能会错过行情。

打开你的电脑，登上平台，迅速检视你事先定好的那个品种，查看它的最高价格和最低价格，马上计算出入场位置，填好订单，同时设定止损和止盈。

一般来说，你在数据公布前一两分钟计算出来这些都没有问题，因为结果大同小异。但是提前不能超过5分钟，太早进入市场有很大可能被市场上的"先动"噪声所干扰，从而在市场正式发达前就已经被淘汰出局了。我们的建议是，你应该在数据公布前5分钟至1分钟的时间内完成订单设置。

现在，你需要等待结果的到来，当然你比一般交易要来得直接，所以你的心理压力持续时间要短很多。如果在数据或者数据群公布后3~5分钟市场没有任何反应，那么就取消所有订单。如果价格喷涌而出，那么你可以坐等结果，但是要随时关注头寸的发展，并且可以按照你的意愿

采用手动止盈或是止损追进。

如果你想要休息了，又想让利润奔腾，那么可以采用平台的自动移动止损功能，设定一个20~40点的移动止损。你也可以决定在15分钟内结束战斗，不管盈利多少，当然我们建议你统计一下数据行情绝大部分移动发生在数据公布后的多少分钟内，这对你采用时间止盈法非常有帮助。

如果你一开始使用的是固定点数止盈法，那么这并不坏，对于初学者来说这是一个锻炼纪律、熟悉市场特点，以及培养自信的好方法。慢慢地你可以变动这个兑现利润的方法，你可以通过移动止损或者根据数据价值进行固定止盈，我们前面对各个数据引起的波动平均值给出的一个列表，你可以参照这个思路总结出其他货币对的数据价值，并在时设定止盈点参考这个统计结果。

如果你的时间比较宽裕，那么你可以考虑我们的追进止损法和手动市价出场法，通常这样你可以赚取更多的利润。关于追进止损法有两种：一种是固定追进止损，如设定20点的追进止损，那么止损位置在价格回撤超过20点的时候自动出场，还有一种是手动修改止损单到下一个关键位置。举例来讲，如果你持有的是多单，那么手动的追进止损就是将现有的止损订单随着市场发展不断上移，将其放在比较靠近市价的一个支撑位置下方。手动市价出场则需要你观察1分钟图或者5分钟图上的蜡烛线变化、指标变化、关键位置附近的表现来决定，这就是一门很综合和艺术的技巧了。当然，我们还有一个时间出场原则，那就是在消息公布后15分钟必须出场，当然这个参数你可以自行优化，以便保证市场最可能在该时间内走完最大的一部分行情。具体来说，现在你有两个选择：

选择一：你可以坐在电脑前追随行情。具体的方式就是使用固定的追进止损，这个任务可以交由平台的功能完成，这种方法可以让你放足利润。通常只要你有一定的经验，就可以在市场中非常容易地赚到35~100点。但是这个时候你的出场时间就不一定是15分钟了，你应该给自己半小时到1小时的时间让市场行情充分展开。

如图33-4所示，你可以很容易地抓住20点行情，只要你设定了20点的止盈，你在消息公布后的5分钟内就可以出场了。但是如果你有更充裕的时间，那么你可以轻易地赚到60~70点。你也应该注意到通过查看更高的时间框架如5分钟图或者小时图，你可用发现价格趋势是往上的，这个你可以参看图33-5。或许这个信号表明你应该花一些时间留意行情的变化，以便赢足，最好等到市场的活跃时段结束时了结头寸。

■ EUR/USD （1 min. 24 hr.）

图 33-4　消息交易示范（4）

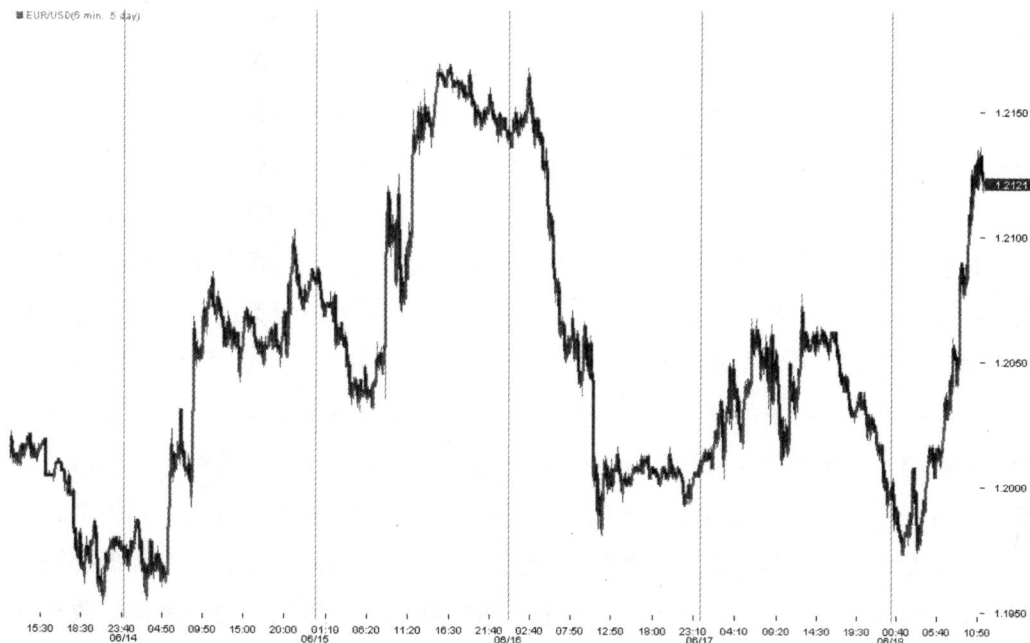

图 33-5 消息交易示范（5）

选择二：如果你是一个非常有经验的交易者，那么你可以采用不限定时间和价位的完全追进止损法，也就是利用平台自带的追进止损功能，自动移动止损点，而且你完全不设定出场时间，让市场自行决定什么时候出场。这种交易方法非常适合一些市场重大焦点数据出来后的走势，如市场最近非常关注加息数据，或者是失业数据，那么你可以在这些数据出来后的趋势中采用这种完全止损法。追进止损的幅度在开始时比较窄，在趋势的中段你已经积累了很大的浮动盈利，所以这时候可以放大止损幅度，一般来说，我们是在积累了 300 点浮动盈利的时候开始放大止损到 60 点。

另外，我们提供了几个交易的平仓时间，第一个是 15 分钟；第二个是市场活跃时间结束时，也就是市场重叠时段结束时；第三个是星期五收盘时。

15 分钟内结束头寸是因为这段时间数据价值的表达速度是最快的，你很容易在最短的时间内积累很高的利润。在市场重叠时段结束头寸是因为这些重叠时段通常是市场最为活跃的时候，过了这个时间市场通常会停滞或者反向调整。在星期五收盘时结束头寸是因为虽然市场休息了，但是星期六和星期日经济和其他因素仍旧在变化，这样容易导致星期一的缺口，出现不易控制的风险。但是这种跳空一般不大，大的也就是 100 多点，这样大的缺口也很少见，至少一年中见不到几次。

我们最后对这个交易方法做一些零散的经验性评论。

图 33-5 是一幅欧元兑美元的 5 分钟图，同时它也囊括了其他几幅图显示的行情。如果你仔细查看这幅图会发现，这里存在非常多的价格爆发你可以成功地进行交易。打开你的模拟交易平台，找到最近 5 天的 EUR/USD 或者 GBP/USD 的 5 分钟图，审视一下其中的数据行情。看看那些超过 20 点的 5 分钟蜡烛线，统计一下它们出现在各个时间的频率，如果你嫌样本太小，可以再统计 16 个交易日的 5 分钟图。你会发现哪些时间存在特别多的数据行情，统计一下按照你的交易策略这里有多少次是亏损的，多少次是盈利的，平均盈利和亏损分别是多少，最大亏损是多少。

我们需要明确指出的第一点是，现在介绍的这个交易策略与许多职业交易者推荐的策略相对。通常的操作建议是在数据公布前避免进行介入，等数据公布后、行情稳定后才进入。这种传统建议的依据是数据行情通常会使技术分析突然失灵，所以应该选取那些技术分析图形完整的情形进行交易。我赞同技术分析在数据行情中会失效的观点，但这是对传统的技术分析而言，我们完全可以发展一种针对数据行情的技术分析来解决这个问题，本阶课程介绍的这种交易策略算是这方面的初步尝试，但是希望你能继续我们的研究和实践。最终这个研究必须从时间和价位两个维度出发，找出数据行情的入场时间和位置、出场时间和位置，甚至还有加仓和减仓的时间和位置。要找出这些问题的答案，最关键的是统计出数据价值和数据价值在时间轴上的分布。

第二点需要明确指出的是，我们希望你花点时间去了解一下几个重要经济指标的含义，并且最好能统计一下过去 12 个月它们的价值，也就是它们引起市场波动的平均幅度。记住，成功的交易者就是那些愿意做统计的交易者。本书已经给出了重要经济指标的相关介绍，以及对于欧元兑美元的部分数据价值。剩下的工作就需要你自己接着完成了。

我们发现北京时间晚上 21：30 是数据行情的集中爆发期，所以我们的大部分数据行情交易都是这个时候进行的。这个时间经常是美国重要数据发布的时间，同时它也是美国市场和欧洲市场重叠时段的开头部分。平均一周这里存在 2~3 次交易机会。如果你能深入地掌握本交易法，并把它运用到这些机会上，那么你一周就需要花一个小时的时间，结果并不比你一周五天花数十小时守在电脑面前差。如果你能赚到 60 点的利润，那么一个月你就可以赚到 240 点利润，对于单手来说，这就是 2400 美元的利润，比起上班一族来说这已经不错了。我们推荐作为数据交易的货币是 EUR/USD 和 GBP/USD，然后是 USD/CAD 和 USD/CHF。

帝娜趋势交易策略

一、交易系统的介绍

虽然许多系统声称自己是完美的，但是我们还是不得不说实话：这里存在太多类型的交易者，每个交易者都具有自己特有的交易个性，并且因此具有不同的风险偏好。另外，不同交易者的交易本金也存在很大的差别，所以一个真正出色的交易系统必须考虑到这些差别。

我们这里介绍的趋势交易方法就是一种考虑了个体差异的交易策略。这个交易策略并不复杂，它的优秀之处在于它能适应每个交易者的独特性。你将学会如何根据自己的情况去调整系统的风险系数，从而满足你本身的交易风险和目标。

这个交易系统与轴心点系统的思路类似，但是比轴心点系统更加具有效率并且拥有更加切实的进场位置。这些已被我们的交易操作所检验，当然市况在变化，你需要增加和修改其中的构件。正如你了解的那样，轴心点系统被运用于各种类型金融工具的交易中，因为它们简单而富有效果。这个系统可以被认为是轴线点系统的提高，但是我

趋势交易策略与其他交易策略的最大区别是什么？

们在这里更加注重一个波段的趋势操作，也就是一个较小趋势的追随交易。

我们正在以一种独特的方式来介绍一个交易系统。我们希望你能够深入地研究它、检验它、完善它，最后运用它。我们将介绍调试这个系统以适应你个人情况的方法。

我们意识到并不是所有的交易者都能使用同样的方法。因此，我们给出了三种不同水平的交易者，给予他们不同的进场出场方法。

二、交易的货币对

在使用这个方法的时候，我建议大家以 EUR/USD 作为交易对象，因为它的成交量非常大，并且走势比较平滑，波动幅度也不小。我们建议你采用下列货币对进行交易：EUR/USD、EUR/CHF、EUR/GBP、USD/CHF、USD/CAD、GBP/USD、GBP/JPY。

当然，你也可以根据自己的偏好以及对交易方法的熟悉而采用其他货币对。

三、系统基础

我们现在开始介绍这个交易系统的基本部分。这个系统建立在追随市场趋势的基础之上。它使用简单但是有效率的方程式计算出趋势的方向以及具体的进场位置。

为了完成计算，我们首先需要找到你计划交易的货币对的相关数据，这些可以从交易平台和网站上取得。你需要取得开盘价、最高价、最低价、收盘价四个数据。无论

这个交易策略本质上是一个突破交易策略，也就是"破位"交易法。

你使用什么时间框架，它必须覆盖一周的开盘价到一周的收盘价以及期间的最高价。

一个实例如图 34-1 所示。

开盘价	最高价	最低价	收盘价	
1.2682	1.2844	1.2631	1.2798	过去一周
1.2469	1.2698	1.2461	1.2682	两周前
1.2049	1.2508	1.2225	1.2469	三周前

图 34-1　趋势交易策略示范（1）

现在我们需要输入本周的开盘价，以便计算出一个进场位置，如图 34-2 所示。

	开盘价	最高价	最低价	收盘价					
				进行交易的这周的开盘价					
开盘价 --->	1.2798								
	1.2682	1.2844	1.2631	1.2798	过去一周				
	1.2469	1.2698	1.2461	1.2682	两周前				
	1.2049	1.2508	1.2225	1.2469	三周前				
	1.2844	1.2225	1.2798			0.01548	0.01433		
			1.2469						
						0.00938	0.01433	1.2941	做多
								-1.2655	做空

图 34-2　趋势交易策略示范（2）

四、系统的规则

在这里我们将力图涵盖不同类型的进场和出场策略。正如我们在开头讲到的一样，每个交易者都具有不同的交易目标和风险资本，并且应该按照各自的情况进行交易。

考虑到不同的风险报酬比率水平，我们将投资者分为三个水平，并据此给出相应的交易规则：

交易者 3 试图抓住市场行情的最大一段，并且比其他交易者更能承担亏损。他们寻找的是主要的市场移动，这

趋势跟踪的命门是什么？
什么情况下容易遭受损失？

些交易者通常已经是经验丰富的职业交易人士。

交易者 2 寻求平均线穿越后的交易机会，但是他们也愿意在趋势的中间兑现大部分利润。这类交易者具有一些交易经验，或许他们从事过其他市场的交易。

交易者 1 一般拥有一个较小的账户并且试图以较小的风险持续地盈利。他们试图不断通过交易积累起充足的操作资本。这类交易者完全是新手。我们建议任何使用我们交易程序的交易者都从这里开始，并且根据你自己的情况不断提升。

我们建议大家能够比较现实地决定采用何种交易类型，如果你是一个菜鸟，或者初级交易者，那么你最好以交易者 1 的目标作为自己的交易目标，然后随着交易经验积累可以慢慢完善。你应该感觉比较舒适，对于持有的头寸不会过分担心。

● 规则一：进场的时间

我们在"交易周"进入交易。所谓的"交易周"就是我们实际上准备建立头寸的那一周。一旦我们从前三周收集了相关的数据，那么接下来的一周就是我们的"交易周"。

做空交易的条件："上周的收盘价小于两周前的收盘价"并且"两周前的收盘价小于三周前的收盘价"。这表明我们想要顺着趋势交易。

做多交易的条件："上周的收盘家大于两周前的收盘价"并且"两周前的收盘价大于三周前的收盘价"。这样做也是因为我们想要顺着趋势进行交易。

规则一是非常重要的，因为我们的交易策略是趋势跟随型的。

● 规则二：交易的次数

每周只交易一次。因此要么我们做多，要么我们做空，但是不会既做多又做空。

● 规则三

交易者 3 的出场。

在进入这个交易后，我们的利润目标是 200 点。

这需要花上一两天甚至一两周的时间，我们持有头寸直到我们被止损或者达到目标出场。

交易者 2 的出场。

在进入这个交易后，我们的利润目标是 110 点。

这需要花上一两天甚至一两周的时间，我们持有头寸直到我们被止损或者达到目标出场。

交易者 1 的出场。

在进入这个交易后，我们的利润目标是 75 点。

这需要花上一两天或者一周的时间，我们持有头寸直到我们被停损或者达到目标出场。

● 规则四

交易者 3 的停损：

在进入交易时设定 75 点的停损。

交易者 2 的停损：在进入交易时设定 35 点的止损。

交易者 1 的停损：在进入交易时设定 25 点的止损。

同时我们也使用一个安全因子，我们叫它安全止损。所谓安全止损就是 20 点的移动止损。由于这个风险水平的交易者寻求最小化风险，所以我们采用了 20 点的追进止损来完成这个任务。

五、系统的调适

对于那些试图调整这个系统以适应自己交易个性的交易者来说，下面的问题需要考虑。

关于摊平加仓的问题。由于这种操作存在较大风险，所以我们仅对交易者 3 和交易者 2 进行摊平加仓。对于交易者 3 来说，如果价格与你持有仓位反向运动 50 点，则增加两单位的交易，并且将整个头寸的停损设定为 75 点；对于交易者 2 来说，如果价格与你持有的仓位反向运动 20 点，则增加两个单位的交易，并且将整个头寸的停损设定为 40 点。

同样也可以为交易者 2 和交易者 3 的头寸各设定 45 点和 75 点的追进止损。

六、扩展到日内交易

我们也可用将上述趋势交易系统用于日内小趋势的交易，这个时候我们将不再持有过夜的仓位。这非常类似一个区间突破的交易系统，只是进行了一些精练。我们将上述周规则系统扩展到日内使用后，可以满足那些渴望更多交易的动量交易者

使用。在日内交易中，我们利用那些日间出现的短期趋势。这个扩展系统的使用也要考虑到交易者风险偏好的不同，所以我们也同样定义了三个不同的交易水平。我们同样分别为它们定义了进场和出场的规则，同样你建议你检查所交易货币对的典型波动区间，并且努力抓住日内区间的1/4行情。

首先我们需要昨天的开盘价、最高价、最低价和收盘价数据，然后填入下列表格，其中，"买进触发值 = 最高价 – 开盘价，卖出触发值 = 最低价 – 开盘价，买进 = 开盘价 + 买进触发值，卖出 = 开盘价 – 卖出触发值"（见图34-3）。

日期	开盘	最高	最低	收盘	买进	买进触发值	卖出	卖出触发值
March 10	1.2049		进行交易的日子		1.2278	0.0229	1.2041	0.0008
March 09	1.2469	1.2698	1.2461	1.2682				

图34-3 趋势交易策略示范（3）

● 规则一：交易次数

我们交易当天第一个发出的信号，并且每天只交易一次。

● 规则二：出场

一旦我们进入交易，则我们会寻求25点的利润。同样，我们也使用一个10点的追进止损，当然你也可以根据自己的交易风格调整这两个参数。

● 规则三：停损

一旦你进入这个交易则同时设定一个15点止损，当然如果你设定一个10点追进止损，固定止损就被取消了。

● 规则四：交易时间

你不能在澳洲交易的时段进入交易，也就是说你要减少在不活跃市场进场的次数。毕竟这是一个突破交易系统。

● 规则五：触发值

如果触发值大于0.0065但是小于0.0150，我们就进入一个交易，对于USD/YEN仅当触发值大于0.15但是小于0.35时我们进入交易。如果做多触发值和做空触发值都符合这个要求，则选数值大的对应的方向进行交易。

七、小　结

　　我们想要强调的是趋势是最为重要的，因为我们是趋势交易系统，所以无论是波动还是日内我们都非常注重跟随市场趋势进行操作。

　　这个交易系统是我们根据周规则的相关原理和自己的实践经验总结出来的。据说国外技术周刊对 30 年来最为成功的交易系统进行过统计，排名第一的就是周规则系统。

　　在进行真实交易前，最好能够先进行两个月的模拟训练，进行充分调适。希望你能重点掌握第一种建立在三周价格运行上的方法。

慵懒外汇交易员的掘金之路

一、你需要支付的代价

不要以为外汇交易就是点点鼠标。如果你真的点点鼠标就挣了钱，那么你真的是想得太天真了。

没有这么好的果子留给懒人吃！懒人和交易者是不能共存的，轻闲之前我们要付出很多，休息是因为努力工作了，而不是因为没有工作！你想成为一个交易者必须支付相关的成本。

你已经从本课程中学到了不少东西，你学习了基本面分析、技术面分析、资金管理、交易系统建立、市场情绪分析，当然还有更多的东西等着你学习。你可以选择后续的课程系列，包括《外汇交易圣经》、《外汇交易三部曲》、《外汇短线交易的 24 堂精品课：面向高级交易者》等，其中会涉及技术分析的进阶课程、基本面分析的进阶课程、系统交易的进阶课程。也许，你可能会觉得交易不是那么容易的事情。所以，我们在本阶课程中将告诉你交易所需要付出的艰辛，记得丘吉尔那句领袖之音吗？"我没有什么可以奉献的，除了汗水、鲜血和辛劳……"

《外汇交易三部曲》应该算得上是所有外汇交易书里面最系统的，有一定交易经验的人都能学透。

说句老实话，你仅开始了交易的第一步。

你仅熟悉了那些关于交易最基本的东西，但是问题在于你的交易既离不开这些东西，也不单依靠这些东西。成为一个职业交易者需要更多的实践和自我总结。

学无止境，况且这还不仅是学的问题，还有实践。实践也是无止境的。

无论你是律师、艺术家、网络工程师，还是医生、间谍、搏斗高手，都需要很高的技术水平。你永远不能停止向前。否则，你的技艺将逐步退化落后。

以学习和训练的态度对待交易。

这节课程将给你一个成为职业交易者所需要付出的列表。你可能会问为什么要付出这么多？答案是因为你想从事报酬最丰厚的职业。

二、教　育

成功的交易必然是一个系统工程。为了构建好这个系统，你需要纪律、基本面和技术分析技能、自我意识。

交易的难度可能仅次于指导战争。

在所有这些关于交易的范畴中，存在许多不同的主题需要我们分别加以学习。

例如，虽然我们介绍了爱略特波浪理论的基本要点，并且是采用深入浅出的方式，但是这里还有很多深入而完整的课程专门介绍这门技术的法则和交易纪律。同样，对于许多其他的技术工具也存在相同的问题，如轴心点系统、斐波那契线、蜡烛图方法等也都存在专题来深入介绍才能掌握到这些交易理论和方法的核心精神和完备体系，但是靠一本书是无法做到这点的。所以，我们希望你能继续深入学习完整和透彻的专门交易技术。

如果你只是想通过学习基本的概览课程就可以在市场随意掘金，这非常不现实。我们虽然相信成熟的交易者实

际运用的交易方法并不会太庞杂，但是这些都是经过自我风格历练留下来的精华，之前肯定是被广泛学习过和运用过的，我们看到的已经是结果了。交易的学习是一个由浅入深，再由深出浅的过程。这就是交易修炼过程的辩证法。

当然，我们也并不主张拿着什么都去研究，不管什么材料都去阅读。这既是不现实的，也是没有实际意义的。我们开始的时候接触一下正统的交易理论，如日本蜡烛图理论、西方的形态理论以及一些常用的指标，每个大类掌握一两种就完全够了，然后再去寻找金融市场上最新的交易思想以及那些专门针对外汇交易，而不是其他金融工具的交易技巧。之后运用统计学的方法去研究它们，改变其指标成分和参数，选择其中最有用的成分，结合你的交易风格和经验形成自己的交易系统。这才是我们推荐的学习之道。一般来说，正统的交易理论是比较容易找到学习材料的，而最新的交易技术和专门针对外汇市场的交易方法却比较难找到，但也有途径，那就是论坛，去论坛里搜索定有收获。

我们在这里要表达的意思是：在你的外汇交易修炼的生涯中，你需要不断地阅读，开始的时候学习正统的关于交易的一般理论，然后你将花费一生的时间来学习专门针对外汇的交易方法。不要相信有人说的一种技术交易理论可以适合任何一个市场。

每个市场有每个市场的特点，任何交易理论都有其品种、市况的局限性，没有任何交易系统可以通吃两个金融市场，如每个市场的蜡烛图都有其独特性和独特的交易方法。如果你凭着共性交易，那么你永远都不会成为成功的交易者，因为大家都知道普遍原理，都知道正统原理，而这正是技术分析的命门。只有找到品种、市场的特殊性，你才找到了发财的窍门。"世界上没有两片叶子是相同的"，"太阳底下没有新鲜的事物"，如果你能把这两句话统一起来，那么你在方向上已经是正确的了。

三、时　间

你曾经觉得一天中的时间不够吗？我们所有人的精力都是有限的，因此如果你不能给予外汇学习和研究以充分的时间，那么你成为一个成功交易者的概率为零。当你成为一个拥有自己特别方法的成熟交易者之后，你在研习上的效率会很高。这时要学习哪些东西你应该非常明了，因为你的任务是继续完善手中已经成形了的那

套系统。因为效率高，而且已经找到了盈利的方向，所以你花的时间将少很多，但是在之前没有任何投机取巧的办法。

恕我直言，交易不是个简单的爱好，它是个超越爱好的东西，你的生活、理念、工作、财务状况都与它有关，所以你不要认为这是一个可以随便比划两下就可以登堂入室的业余爱好。

交易不是业余爱好。

交易没有业余选手，不管你承不承认，这里没有侥幸的最后赢家。

你要靠交易赚钱，赚钱可以成为爱好，但是爱好却不一定能够赚钱。在交易金钱的同时，你也在交易信念，错误的信念会让你在金融市场立刻死亡。金融市场在空间上放大了个人的缺点和优点，并让它们在短时间内呈现出来。所以，金融市场上没有侥幸的最后赢家，但是现实世界有，你可以在现实世界中让你的劣根性藏而不露，但是在金融市场中它们将无处遁形。在现实世界中，你没有实力也可以活得很好，但是在金融世界中，你没有实力是活不好的；在现实世界中，你可以靠关系，但是在金融世界中，你依靠的关系最后也会将你埋葬。存亡之道，不可不察也！金融市场可以让你在短时间内死一次，因为你的劣根性而死。徘徊在天堂和地狱之间的人永远处在炼狱和净界，需要练就遵循市场内在规律的眼光和意志。

交易不仅是人生和精神层面上的行为，它也是一门事业。

你必须将自己投入这门事业中去，就像一个职业人士一样。交易是一门事业，而不是任何一个人都可以很快学会的游戏和休闲活动。

现在你应该问问自己，能够为交易提供充裕的时间，并习惯生活方式上的改变吗？

你究竟想要什么？

我们希望你的回答是"是"！

但是在你回答这个问题之前，你需要首先思考一下你

的生活和事业以及各种人生事务的优先顺序，然后再看看交易在你的人生中可以占到什么位置。如果你发觉交易并没有其他那些事务重要，也并不能给你带来什么需要的东西，而且你也觉得很难在资源和兴趣上配合这项事业，那么你可以选择合上本书，去过你喜欢的生活。通过本教程，你主要学到的将不是交易，**而是重新审视了现存生活的真正意义。**

要完成上述任务，你可以拿出笔和纸，倒上一杯咖啡或茶，然后找个房间静静地坐下想象你人生中主要进行的几件事情，以及想要进行的事情，然后列出它们的重要性。慢慢调整它们的顺序，以便它们真的与你的内心感受和看法相一致。最后，看一下你给予交易事业的顺序是多少。记住：如果不能认识自己，那么千万不要欺骗自己。

当然，我们也要提醒你，交易带来的不仅是经济上的利益，同时也有精神层面的利益。它让我们更加懂得尊敬客观规律，顺应趋势，在随心所欲和顺应自然两方面寻找到一个均衡的生活和自我。

四、交易资本

外汇交易就是用钱赚钱。每个人都知道，钱赚钱的周转率是最快的。那么，我们开始一项金融交易需要多少资金呢？这个不能泛泛而谈，毕竟各个金融市场之间存在很大差异，在国内股票市场，一百股也就是一手是最小的交易单位，那么你的交易资金至少要能购买某种股票一百股。当然，除了交易资金之外，你还需要参加一些课程，购买一些学习书籍，你还需要电脑和网络服务。具体需要多少资金来开始你的外汇交易之路，需要根据一些具体的情况来说。

首先，思考一下你选择什么样的外汇培训方式和层次。这里存在很多不同的途径可以供你学习外汇交易：培训班、个人辅导、自学，或者某种综合形式。

当然，现在中国的外汇交易面授培训址并不多，但是讲座比较多，也有很多网上学习的课程，我们不做任何推荐。对于讲座而言，我们在刚开始学习外汇知识时可以参加一两个，讲座的主要目的不是传授而是宣传，参加太多并不能促进知识的学习和技能的提高。

不同学习方式对你的时间要求是不同的，所以你要考虑到兼顾时间方面的限制因素。同时这些学习方式支付的费用存在很大的差别。如果你的经济并不宽裕，那么也许你采取自学的方式也不错，其实在外汇交易中，很多东西都是自己实践和领悟出来的。自学前期遇到的问题比较多，容易走弯路，所以与面授的人相比，自学在前期的进度要慢些，但是由于独立解决问题的能力得到锻炼，所以在后续的学习中将有很大的优势。

外汇交易的正确方向就是形成自己的系统，关键是"系统"两字。

不管你采取什么样的学习方式，你都需要一个正确方向。第一，不要迷信那些胜率很高而且公开推销的系统；第二，在学习的过程要明白一切的一切都是为了形成自己的系统；第三，系统形成后进行统计式的检验是很重要的；第四，系统交易的优势就是一致性和可证伪性，所以你要养成遵从系统指令的良好习惯，并且定期进行大样本下的检验。

对于自学的人来说，有两个工具必不可少：一是 MT4，二是搜索引擎。MT4 是一款外汇黄金期货交易平台，也是全世界运用最广泛的交易平台，你可以从很多地方下载，然后开立一个模拟账户进行学习和实践。搜索引擎我们推荐谷歌和百度，如果你有什么疑问和寻找某类外汇交易学习材料可以利用搜索引擎来完成。国内比较好的几个外汇论坛也可以经常去看看，这些论坛都可以从谷歌上检索得到。

你要明白的一点是学习外汇没有唯一正确的道路。

只要你坚持纪律并且集中注意力于学习市场教授的知识，那么你的成功概率便会极大地增加了。你必须努力，否则你最后什么也得不到。

其次，你需要什么样的专用工具和设备？前面我们已经提到了这方面的问题，并且做了一些个人建议，我们建议你使用 MT4 和搜索引擎作为工具。但是，我们实际上需要的工具更多。如你需要找到收看即时外汇市场新闻的高效率网站，你需要寻找 MT4 的额外指标插件，也许你需要选择更多的图表分析软件。

如果你需要更高级和复杂的图表服务和技术分析指标，那么通常要花些时间或金钱来找到它们。免费的东西不一定不好，收费的东西不一定好。但是免费的东西确实在整体上与收费的东西存在差别。

在有关外汇交易的资源上也存在同样的现象。论坛经常是一个提供免费好点子的地方，你要好好利用，也许你能在那里找到免费的新指标。新闻服务通常是免费的，你的经纪商一般会提供这类服务，同时也有很多网站提供这类服务。但是分析建议则有免费的和收费的两种。如果你想成为一个职业交易者，那么你应该先做出自己的判断再来参考这些分析和建议，一定要查看它们的理由。

利用这些建议帮助你寻找到判断的漏洞和分析的盲点，而不是利用它们代替和省却你的思考。总的来说，好的工具可以帮助你省去很多重复劳动，如计算斐波那契位置，但是它们通常不是决定成败的关键。你总是能在既定的工具约束下找到至少三种以上的有效交易办法。

最后，你需要多少资本来进行交易呢？不妨坦白告诉你。如果你能够坚持并且执行恰当的资金管理办法，那么你以 5 万~10 万美元开始你的交易就可以满足月度的普通开销了。很多生意的失败在于资金，准确地说是流动资金的不足。

在外汇交易上也是一样。如果你的资金过少，那么你将很难控制风险，很难过滤市场的噪声，你必须设置过小的止损，而这很容易被市场的噪声波动所触发。在真正的趋势来临之前，你已经阵亡了。其实，资金越少对交易水平要求越高。因为资金少，就要求交易者在尽量短的时间框架上进行交易，并采用尽量小的止损，而这必须要求在进场时机和位置上高度精确，这对于多年交易的成功交易员尚且非常具有挑战性，何况你是一个新手。

奇怪的是，在刚开始交易比较顺手的人最后很难在这个市场待下去，也许市场给予了他们盲目自信和乐观，以

当你将交易能力与天赋挂钩时，你的抗挫折能力就很低，很容易就放弃了。既然一切都是天赋，再坚持下去有什么意义呢？其实，交易能力与天赋的关系不大，持续的改进才能找到成功之路。

为交易非常简单。当打击不期而至时，他们陷入了空前的困惑和怀疑，然后他们气馁地匆匆离开了金融市场。我们的著者之一曾经培训过很多届的交易员，其中有些是大学刚毕业就来应聘的。基本上都有个"冠军诅咒"现象，那就是在刚开始的模拟交易中那些做得极其顺手和优秀的人最后都在这个市场中草草收场。最先骄傲的人，却是最脆弱的人。

五、心 理

一旦你花时间去接受了外汇交易方面的培训，并开立了模拟账户，存够了足够的交易资本，那么现在你就要开始真正面对这个市场了。当你装钱的篮子放进大河里的时候你的心就开始起伏了，这是模拟交易没有的情况。

不仅是你的钱，还有你的尊严、你的自信……很多东西都要放在这个只会上下运动的市场当中。现在你应该学习的也许不是什么技术了，而是怎么把握你的心，让它追随交易系统这个锚，这样你才能在颠簸的交易世界中保持一个正确的状态，让你的船保持正确的姿势，你才能够平安渡过风浪的洗礼。

但是你真的做好准备用真金白银在市场上搏杀了吗？你能在市场上先保证生存吗？你能真正处理来自情绪方面的困扰吗？你是否一天都没有什么胃口吃饭？或许睡觉的时候也不踏实，经常在半醒半睡之间演绎着你期望中的行情。

你能够控制住你盈利时的激动和过度乐观吗？你能够放下你已经过去了的交易吗？你能把注意力从亏损或者盈利的上一笔交易中转移出来去冷静分析下一笔交易吗？

赚钱的交易者和赔钱的交易者的关键区别就在于赚钱的交易者能够坚持系统的指令，处理好风险带来的压力，并且控制他们的情绪对交易指令执行的负面影响。他们很清楚损失是经常要面对的事情，赚钱也并不稀奇。

他们对于自己的交易系统拥有足够的信心，并且知道短期的亏损并不能证明什么，盈利很快就会到来。如果足够大的样本证明交易系统存在问题，那么就应该进行修改，在这之前坚决执行。

有些东西必须在真实交易中才能学到，那就是信心和经验。经验成就眼光，信心化为意志。西方军事巨擘克劳塞维茨曾说："**伟大的将领需要内心的一束微光，**

去洞悉到隐秘的线索，而且需要追随这道微光的勇气！"交易系统为我们提供了微光，但是我们需要鼓起勇气去跟随它。

没有做过真实交易的人是永远不会明白内心斗争的痛苦的。即使一个运用多年被证明为成功的交易系统也会让人经常感到怀疑和犹豫。所以，遵守纪律并不像嘴上说一句那么简单。

六、小 结

对于那些愿意将外汇交易作为长期事业的人来说，成为一个职业交易者是值得追求的目标。但是在你一头扎进外汇市场之前，你应该首先试试水有多深，做做准备活动，最好能够先熟练一下基本的动作。花点时间做些准备，虽然不下水是永远学不会游泳的，但准备可以让你少呛几口水。

要对自己诚实。虽然你不能认清自己，但是你绝对不应该欺骗自己。

学习外汇交易肯定是要花时间和金钱的，对此你应该有所准备和安排。

永远不要停止学习，更为重要的是你如果慎重决定了从事外汇交易，那么就不要中途放弃。

成功者永不放弃，放弃者永不成功。

成为一个卓越交易者的代价是很高的，但是收益更高！

不跳进水中，你永远无法学会游泳！

【开放式思考题】和【进一步学习和运用指南】

第一阶

【开放式思考题】在研读完第一阶的内容之后，可以进一步思考下列问题。虽然这些问题并没有固定的标准答案，但能够启发思考，跳出来看某些观点。

1. 在这则短讯中——"Aussie bulls undermined by stalling call/put skew readings"，找出一个货币别称，看看它的正式名称是什么？

2. 看看 2019 年主要货币对成交量占比（见图 1），思考一下成交量大的货币对有什么优势？

提示：点差低；容易成交；展期费用低；相关消息和分析更多，信息流动更加高效。

【进一步学习和运用指南】

1. 搜索一下外汇市场主要参与者的相关信息，比如经常干预外汇市场的央行。归纳总结一下它们的行动规则和行为规律。

2. 外汇期货与现货的关系是怎么样的，搜索一下相关研究文献。想一想，这能够怎样指导自己的交易？

序号	货币对	成交量占比（%）
1	EUR/USD	27.95
2	USD/JPY	13.34
3	GBP/USD	11.27
4	AUD/USD	6.37
5	USD/CAD	5.22
6	USD/CHF	4.63
7	NZD/USD	4.08
8	EUR/JPY	3.93
9	GBP/JPY	3.57
10	EUR/GBP	2.78
11	AUD/JPY	2.73
12	EUR/AUD	1.8
13	EUR/CHF	1.73

图 1　2019 年主要货币对成交占比

第二阶

【开放式思考题】在研读完第二阶的内容之后，可以进一步思考下列问题。虽然这些问题并没有固定的标准答案，但能够启发思考，跳出来看某些观点。

1. 固定点差和浮动点差，各有什么优势和劣势？

2. 保证金账户的利息是怎么计算的？

【进一步学习和运用指南】

1. 到知乎上查询一下如何选择一家可靠的外汇经纪商，有许多相关的帖子可供参考。

2. 浏览一下外汇 110 的维权和测评内容，看看主要的外汇诈骗模式有哪些？常见套路是什么？

第三阶

【开放式思考题】在研读完第三阶的内容之后，可以进一步思考下列问题。虽然这些问题并没有固定的标准答案，但能够启发思考，跳出来看某些观点。

1. 做空的盈亏机制是什么？

2. 什么是浮动点差，是否可以将其作为情绪指标？

【进一步学习和运用指南】

1. 暴利和杠杆关系是什么？

2. 开一个模拟账户，在模拟交易中搞清楚本章各个概念的具体所指。

第四阶

【开放式思考题】在研读完第四阶的内容之后，可以进一步思考下列问题。虽然这些问题并没有固定的标准答案，但能够启发思考，跳出来看某些观点。

1. 基本分析和技术分析如何结合起来？

提示：Bill Lipschutz 在 8 年中创造的利润超过 5 亿美元，相当于每天盈利超过 25 万美元。他精通基本面分析，热衷于研究历史走势的驱动因素，也投入大量精力分析会影响某一种货币的宏观经济和政治事件。同时，他对技术分析也非常熟悉，具体而言就是利用技术指标来定位进出场点位。

【进一步学习和运用指南】

1. 基本分析和技术分析的桥梁是什么？

2. 尝试在"新三值线"的代码旁边写出中文注解。如果有不懂的地方，可以查询 MT4 编程的相关指南。

第五阶

【开放式思考题】在研读完第五阶的内容之后，可以进一步思考下列问题。虽然这些问题并没有固定的标准答案，但能够启发思考，跳出来看某些观点。

1. MT4 的安全性如何？为什么它是很好的分析软件，却非安全的交易平台。

提示：大量黑平台都基于 MT4 进行运营，检索一下相关案例。

【进一步学习和运用指南】

1. 安装 MT4，并且申请一个模拟账户。熟悉各种自带指标，还可以浏览指标市场上的一些新指标。

2. 这些指标会带来奇迹吗？存在神奇的指标吗？如果存在，为什么发明人会公之于众？

第六阶

【开放式思考题】在研读完第六阶的内容之后，可以进一步思考下列问题。虽然这些问题并没有固定的标准答案，但能够启发思考，跳出来看某些观点。

1. 亏损有必然性的一面，这就是外汇交易这门生意的"成本"。但如何让成本最小化呢？

2. 盈利次数少是外汇交易的主要风险吗？

【进一步学习和运用指南】

1. 阅读一些行为金融学和交易心理学方面的权威书籍，思考一下什么时候应该与大众相反，什么时候应该与大众同行？

2. 基本面和心理面当中，谁常常是交易者的朋友，谁常常是交易者的敌人？

第七阶

【开放式思考题】 在研读完第七阶的内容之后，可以进一步思考下列问题。虽然这些问题并没有固定的标准答案，但能够启发思考，跳出来看某些观点。

1. 外汇交易中，是否存在最合理杠杆水平？

2. 假如你能够通过基本分析和心理分析判断出未来一段时间的市况，那么震荡市和单边市谁更应该采用更高的杠杆水平呢？

【进一步学习和运用指南】

1. 在什么样的行情格局中，高杠杆水平可以带来暴利？你能够准确预判这种格局吗？如何预判？单纯的技术分析可以吗？

2. 高杠杆提高了风险，低杠杆降低了资金利用率。那么，什么格局中应该降低风险，什么格局中应该提高资金利用率呢？

第八阶

【开放式思考题】 在研读完第八阶的内容之后，可以进一步思考下列问题。虽然这些问题并没有固定的标准答案，但能够启发思考，跳出来看某些观点。

1. 流星在什么情况下是反向指标？什么情况下是顺向指标（仙人指路）？结合基本面和心理面（比如散户持仓指标）来思考。

2. 本课中介绍的"典型蜡烛图形态"如何化繁为简？

【进一步学习和运用指南】

1. 可以进一步阅读斯蒂芬·尼森（Steve Nison）关于蜡烛图的相关著作。

2. 统计一下你所交易的外汇时间框架中特定货币对的主要蜡烛图的有效性。最好采用编程的方法来完成，比如利用 MT4 或者 Python 来完成，这样效率更高。

第九阶

【开放式思考题】在研读完第九阶的内容之后，可以进一步思考下列问题。虽然这些问题并没有固定的标准答案，但能够启发思考，跳出来看某些观点。

1. 支撑和阻力与趋势的关系是什么呢？如何利用 K 线确认点位有效性？

2. 如何将点位与基本面和心理面结合起来呢？比如，支撑点位出现了散户大比例看空的情况，而这时利空不跌，意味着什么？

【进一步学习和运用指南】

1. 在《外汇短线交易的 24 堂精品课》一书中有一个高效策略是利用了通道来判断趋势和交易方向，可以结合本课掌握。具体参见该书第十六课"系统思维才是外汇交易的王道：以 FxOverEasy 交易系统为例"。

第十阶

【开放式思考题】在研读完第十阶的内容之后，可以进一步思考下列问题。虽然这些问题并没有固定的标准答案，但能够启发思考，跳出来看某些观点。

1. 斐波那契回撤与扩展，哪一个更适合趋势交易者？

2. 反转 K 线、趋势指标如何与斐波那契点位结合起来使用？

【进一步学习和运用指南】

1. 建议进一步阅读《斐波那契高级交易法——外汇交易中的波浪理论和实践》一书。

2. 如何将消息发布与斐波那契点位结合起来研判？

第十一阶

【开放式思考题】 在研读完第十一阶的内容之后，可以进一步思考下列问题。虽然这些问题并没有固定的标准答案，但能够启发思考，跳出来看某些观点。

1. 移动平均线在震荡格局中存在什么问题？

2. 相比海龟交易法，均线交叉交易法的优劣点是什么？

【进一步学习和运用指南】

1. 在均线优化方面，可以参考佩里·J. 考夫曼（Perry J. Kaufman）部分著作。

2. 均线除了用来判断交易方向（趋势），还可以用来确认进场点位，如何做到这点？

第十二阶

【开放式思考题】 在研读完第十二阶的内容之后，可以进一步思考下列问题。虽然这些问题并没有固定的标准答案，但能够启发思考，跳出来看某些观点。

1. 震荡指标的背离和趋势指标的乖离分别是什么？如何利用它们捕捉行情回调或者反转？

【进一步学习和运用指南】

1. 建议进一步阅读布林带发明者约翰·布林格（John Bollinger）关于这个指标的专著。

2. 在网上搜一下威尔斯·王尔德（Welles Wilder）这个人的生平事迹，了解下现在大多数技术指标的由来。

第十三阶

【开放式思考题】在研读完第十三阶的内容之后，可以进一步思考下列问题。虽然这些问题并没有固定的标准答案，但能够启发思考，跳出来看某些观点。

1. 经济指标也分为领先指标、同步指标和滞后指标。本课介绍的经济指标当中，哪些属于领先指标？哪些属于同步指标？哪些属于滞后指标？

2. 每个国家都有主导产业，是否能够通过关注主导产业的波动来把握其整体经济波动？中国的主导产业是什么？美国的主导产业是什么？日本的主导产业是什么？澳大利亚的主导产业是什么？这些主导产业的先行指标是什么？

【进一步学习和运用指南】

1. 浏览 https：//www.forexfactory.com/上的相关内容，主要是经济数据，以及主要汇率与基本面消息的对照走势图（见图2）。

图2　欧元兑美元5分钟汇率波动与基本面消息对照走势图

2. 统计一下中国官方PMI和财新PMI对澳元走势的影响。

第十四阶

【开放式思考题】 在研读完第十四阶的内容之后，可以进一步思考下列问题。虽然这些问题并没有固定的标准答案，但能够启发思考，跳出来看某些观点。

1. 震荡指标注重局部，趋向指标注重整体。前者更加灵敏，后者更加稳定。能否利用大级别时间框架上的震荡指标来预判趋势呢？

2. 接着上面一个问题，继续深入下去。能否利用趋势指标，比如均线来确认进场点呢？

提示：基于乖离率。

【进一步学习和运用指南】

1. 如何将均线与海龟突破交易法结合起来高效地运用，可以阅读［美］安德烈亚斯·F.克列诺（Andreas F.Clenow）的《趋势交易》（*Following the Trend：Diversified Managed Futures Trading*）一书。

第十五阶

【开放式思考题】 在研读完第十五阶的内容之后，可以进一步思考下列问题。虽然这些问题并没有固定的标准答案，但能够启发思考，跳出来看某些观点。

1. N 字结构与双峰和头肩形态的关系是什么？

2. 阅读一下《股票大作手操盘术：原著新解和实践指南》的第十五章"趋势突破点和 N 字结构"以及"外汇短线交易的 24 堂精品课"的第二十课"从鲜为人知的形态中获利：以'N 字顶底'为例"。思考一下为什么绝大多数技术图形都可以简化为 N 字结构？

【进一步学习和运用指南】

1. 搜索一下"技术形体量化"的相关文献。推荐阅读《技术形态选股研究之黎明曙光：深跌反转形态》这篇中信建投的研究报告。

2. 统计一下主要形态在主要货币对走势上的胜算率和报酬率，持续更新这一信息。

3. 阅读一下爱德华·索普（Edward Throp）和吉姆·西蒙斯（Jim Simons）两人的传记。思考一下如何将神经网络算法运用于技术形态识别。

第十六阶

【开放式思考题】 在研读完第十六阶的内容之后，可以进一步思考下列问题。虽然这些问题并没有固定的标准答案，但能够启发思考，跳出来看某些观点。

1. 如何将 K 线形态和震荡指标引入轴心点系统中，进一步提高其胜算率？

2. 能否引入均线来完善轴心点系统？

【进一步学习和运用指南】

1. 建议进一步阅读《外汇短线交易的 24 堂精品课》的第十二课"位置比方向重要：以'整数框架系统'为例"和《斐波那契高级交易法——外汇交易中的波浪理论和实践》全书。

2. 思考和设想一个"周轴心点系统"。

第十七阶

【开放式思考题】 在研读完第十七阶的内容之后，可以进一步思考下列问题。虽然这些问题并没有固定的标准答案，但能够启发思考，跳出来看某些观点。

1. 复盘一下 2020 年新冠病毒暴发期间主要货币对的走势。将重要事件和经济数据标注在汇率走势图上。思考两者的关系。

2. 可否利用国债收益率曲线来简化宏观经济分析？

【进一步学习和运用指南】

1. 建议阅读乔治·索罗斯（George Soros）的《金融炼金术》（*The Alchemy of finance*）一书。看看他在外汇市场上的交易记录，重点揣摩他利用基本面进行外汇交易的思维套路。

2. 建议阅读陶川的《全球宏观经济分析与大类资产研究》的第十章"如何研究非美货币和新兴市场货币"，特别是第二节。

第十八阶

【开放式思考题】 在研读完第十八阶的内容之后，可以进一步思考下列问题。虽然这些问题并没有固定的标准答案，但能够启发思考，跳出来看某些观点。

1. 如果市场缺乏波动，多重时间框架能够避免低效或者无效交易吗？"巧妇难为无米之炊"放到外汇交易中应该如何理解？

2. 一般都倾向于利用趋势指标来研判趋势，能否在第一重时间框架上使用震荡指标来研判趋势呢？

提示：震荡指标其实体现了"周期"！

【进一步学习和运用指南】

1. 网上检索一下与本章主题相关的内容，思考一下理论和实践的差距在哪里。

第十九阶

【开放式思考题】 在研读完第十九阶的内容之后，可以进一步思考下列问题。虽然这些问题并没有固定的标准答案，但能够启发思考，跳出来看某些观点。

1. 驱动因素与驱动浪和调整浪是什么关系？

2. 动量和价格背离为什么容易出现在三浪和五浪？

3. 震荡指标超买钝化为什么容易出现在第三浪？

【进一步学习和运用指南】

1. 检索一下艾略特波浪理论的相关评价，正面的评价和负面的评价都仔细琢磨一下。

2. 保罗·都铎·琼斯（Paul Tudor Jones）是现代最伟大的交易者之一，2007年位列全球福布斯富豪榜第369位。他是索罗斯的挚友，曾为《金融炼金术》作序。他在具体分析手段方面最推崇"艾略特波浪"理论。他认为自己的成功很大一部分应归功于这一周期理论，在透彻掌握艾略特波浪理论后，可以找到很多低风险高收益的进单机会。研究一下保罗·都铎·琼斯的交易思维和策略，看看他改进艾略特波浪理论的思路。

3. 建议进一步阅读《斐波那契高级交易法——外汇交易中的波浪理论和实践》，体会如何对波浪理论化繁为简。

4. 建议进一步阅读《顺势而为——外汇交易中的道氏理论》的如下章节：

（1）第四课第二节"艾略特波浪理论的三重结构"；

（2）第六课第四节"艾略特波浪分析"；

（3）第七课"次级折返"；

（4）第十课第六节"第二浪和第四浪的交替原理"；

（5）第十二课第二节"艾略特三阶段"。

第二十阶

【开放式思考题】在研读完第二十阶的内容之后，可以进一步思考下列问题。虽然这些问题并没有固定的标准答案，但能够启发思考，跳出来看某些观点。

1. 在内部交易员培训大会上，我反复强调"根据敛散周期选品种，根据情绪周期选方向"，如何在系统交易中实现这一原则？

2. 选择时间框架的原则有哪些？

【进一步学习和运用指南】

1. 建议进一步阅读范·撒普（Van K. Tharp）的《通向财富自由之路》（*Trade your way to financial freedom*）一书。

2. 建议进一步阅读《外汇交易三部曲：驱动分析、心理分析、行为分析》，并据此构建自己的外汇交易策略。

第二十一阶

【开放式思考题】 在研读完第二十一阶的内容之后，可以进一步思考下列问题。虽然这些问题并没有固定的标准答案，但能够启发思考，跳出来看某些观点。

1. 当出现基本面重大变化时，是否应该忽略掉日内的波动规律？

2. 日内波动规律是否可以从震荡指标和 ATR 的角度去观察和捕捉？

【进一步学习和运用指南】

1. 建议进一步阅读《外汇短线交易的 24 堂精品课》的第十四课"开盘具有关键意义：以'Camarilla 和时区突破交易法'为例"。

2. 建议进一步阅读《外汇狙击手：短线制胜的十五张王牌》的第十七章"寻找出场点的另类方法"。

3. 建议进一步阅读《顺势而为——外汇交易中的道氏理论》的第五课"日内波动"。

4. 建议进一步阅读《外汇交易三部曲：驱动分析、心理分析、行为分析》的附录二"最佳进场时间"。

第二十二阶

【开放式思考题】 在研读完第二十二阶的内容之后，可以进一步思考下列问题。虽然这些问题并没有固定的标准答案，但能够启发思考，跳出来看某些观点。

1. 能否粗略估计出胜算率和报酬率的联合分布函数?

2. 如何同时提高胜算率和报酬率?

【进一步学习和运用指南】

1. 建议进一步阅读威廉·庞德斯通 (William Poundstone) 的《财富公式:玩转拉斯维加斯和华尔街的故事》(*Fortune's Formula:The Untold Story of the Scientific Betting System That Beat the Casinos and Wall Street*) 一书。

2. 建议进一步阅读瑙泽·J. 鲍尔绍拉 (Nauzer J. Balsara) 的《期货交易者资金管理策略》(*Money management strategies for futures traders*) 一书。

3. 观看电影《决胜 21 点》,里面有一句经典台词——"The only thing worse than a loser is someone who won't admit he played badly."(通常失败者不会承认自己失败)。思考一下赌博和外汇交易中资金管理所面临的最大障碍。

4. 建议进一步阅读《投资巨擘的圭臬——价值投资的谱系与四大圣手之道》,思考一下价值投资中的重要原则体现了什么资金管理思路,能否迁移到外汇交易中?

5. 建议进一步阅读《外汇短线交易的 24 堂精品课》的第六课"外汇交易失败者的最大盲点:仓位管理"和第八课"悖逆交易成功法则的天性:不兑现亏损的心理倾向",以及第九课"可证伪的假定才是科学的交易决策:当被证伪时,坦然接受"。

6. 思考一下"海龟交易法则"的头寸管理方法,从中你学到了什么?

第二十三阶

【开放式思考题】在研读完第二十三阶的内容之后,可以进一步思考下列问题。虽然这些问题并没有固定的标准答案,但能够启发思考,跳出来看某些观点。

1. 复盘和盯盘是完全矛盾的吗?不复盘,完全临盘决断可行吗?

2. 交易日志与模型迭代是什么关系?没有反馈的实践是否能够让交易者进步?

【进一步学习和运用指南】

1. 建议进一步阅读和思考《外汇交易圣经》的如下章节:

(1)"先立于不败之地,而后求胜";

（2）"先为不可胜，以待敌之可胜"；

（3）"外汇交易是一种概率游戏"；

（4）"防守是外汇交易的最重要前提"。

2. 建议进一步阅读马塞尔·林克（Marcel Link）的《高胜算操盘》（*High Probability Trading*）一书的前两章。

第二十四阶

【开放式思考题】在研读完第二十四阶的内容之后，可以进一步思考下列问题。虽然这些问题并没有固定的标准答案，但能够启发思考，跳出来看某些观点。

1. 是否存在"完美的交易个性"？

2. 贪婪和恐惧是绝对有害的情绪吗？

【进一步学习和运用指南】

1. 建议进一步阅读布雷特·N.斯蒂恩博格（Brett N. Steenbarger）关于交易心理的系列著作。

2. 建议阅读行为金融学和经济学的相关经典著作。

3. 建议进一步阅读《外汇交易三部曲：驱动分析、心理分析、行为分析》第一课的第一节"为什么绝大多数人都无法学会交易：局部随机强化的困境"。

4. 建议进一步阅读海伦·帕尔默（Helen Palmer）关于"九型人格"的系列专著，剖析自己属于什么类型，并思考如何在金融交易中扬长避短。

5. 有条件的读者可以进行 MBTI 测试，并且从中寻找成长线索。

第二十五阶

【开放式思考题】在研读完第二十五阶的内容之后，可以进一步思考下列问题。虽然这些问题并没有固定的标准答案，但能够启发思考，跳出来看某些观点。

1. 非农等重大数据发布前后是否存在一些统计规律？

2. 如何将点位与数据发布结合起来？

【进一步学习和运用指南】

1. 建议进一步阅读《外汇交易三部曲：驱动分析、心理分析、行为分析》的第七章第二节《"用点数定量化"每个驱动因素：数据价值》。

2. 建议进一步阅读《外汇狙击手：短线制胜的十五张王牌》，思考一下这本教程中汇价波动模式与数据发布有什么具体关系，比如"投机（抛盘）—趋势（接第）"模式与重大基本面变化有什么关系？

3. 浏览如下网址：

（1）消息和价格对照走势图

http：//www.forexfactory.com/market.php

（2）消息价格走势图

http：//fxtrade.oanda.com/lang/cns/analysis/economic-news-effects

（3）新闻影响多维分析

http：//fxtrade.oanda.com/analysis/forex-market-tracker

第二十六阶

【开放式思考题】 在研读完第二十六阶的内容之后，可以进一步思考下列问题。虽然这些问题并没有固定的标准答案，但能够启发思考，跳出来看某些观点。

1. COT 为什么一般用来分析大资金，而诸如 Dailyfx 的情绪指数则被用来分析小资金？

【进一步学习和运用指南】

1. 建议进一步阅读《外汇交易三部曲：驱动分析、心理分析、行为分析》第九章"心理分析的要素"和第十章"外汇市场参与大众心理分析的主要手段"的如下小节：

（1）心理分析的关键要素：关注程度和市场新兴焦点；

（2）心理分析的指导原则：焦点选择性反向；

（3）期货持仓兴趣变化；

（4）期权调查；

（5）闻名遐迩的投机者情绪指数；

（6）风险偏好。

2. 浏览如下网址：

（1）散户情绪

http：//www.dukascopy.com/swiss/english/marketwatch/sentiment/

（2）期货持仓走势

http：//www.dukascopy.com/swiss/english/marketwatch/COT/

（3）期货持仓走势

http·//fxtrade.oanda.com/analysis/commitments-of-traders

（4）最佳交易员持仓统计

http：//fxtrade.oanda.com/analysis/top-100-forex-traders-statistics

（5）散户持仓

http：//fxtrade.oanda.com/lang/cns/analysis/open-position-ratios

（6）散户持仓人数和头寸数量百分比

http：//www.forexfactory.com/trades.php#positions

（7）大投行外汇仓位统计

https：//plus.efxnews.com/app.php/login

（8）散户情绪

http：//www.forexfactory.com/sentiment.php

（9）外汇商品股指债券情绪调查

http：//www.investing.com/traders/sentiment-outlook

（10）订单和持仓分布

http：//fxtrade.oanda.com/lang/cns/analysis/

（11）历史多空持仓比率

http：//fxtrade.oanda.com/analysis/historical-positions

3. 建议进一步阅读拉瑞·威廉姆斯（Larry Williams）的《与狼共舞：股票、期货交易员持仓报告（COT）揭秘》（*Trade Stocks and Commodities with the Insiders*：*Secrets of the COT Report*）一书。

4. 建议进一步阅读《顺势而为——外汇交易中的道氏理论》的"市场和情绪错配模型"。

第二十七阶

【开放式思考题】在研读完第二十七阶的内容之后，可以进一步思考下列问题。虽然这些问题并没有固定的标准答案，但能够启发思考，跳出来看某些观点。

1. 什么是美元指数大势的核心驱动因素？

2. 能够通过美元指数来把握外汇市场的情绪周期吗？

【进一步学习和运用指南】

1. 建议进一步阅读《顺势而为——外汇交易中的道氏理论》第二课"平均指数消融一切"的如下小节：

（1）指数与大势；

（2）指数作为背景和基准：强弱对比分析策略；

（3）货币强弱指数和 mataf 方法；

（4）美元指数在外汇交易中的战略使用方法。

2. 建议进一步阅读威廉·格雷德（William Greider）的《美联储》（*Secrets of the Temple：How the Federal Reserve Runs the Country*）一书。

第二十八阶

【开放式思考题】在研读完第二十八阶的内容之后，可以进一步思考下列问题。虽然这些问题并没有固定的标准答案，但能够启发思考，跳出来看某些观点。

1. 固定汇率制度下能够进行套息交易吗？

2. 是否可以说套息交易为单边走势提供了基础？

3. "在 2008 年金融危机爆发时，套息交易下降 30%。与此相对，依靠动能或

趋势的外汇交易策略次年减少 14%，估值交易在 2010 年下降 6%。后者指的是投资者根据货币是否被高估或低估来决定买入和卖出。"为什么套息交易在金融危机爆发时会大幅萎缩？

【进一步学习和运用指南】

1. 建议进一步阅读《顺势而为——外汇交易中的道氏理论》的如下章节：

（1）利率和风险偏好驱动；

（2）象限分析法：外汇市场的四种主题行情；

（3）高息资产的相互验证：股市和高息货币；

（4）低息资产的相互验证：美德国债和低息货币。

第二十九阶

【开放式思考题】 在研读完第二十九阶的内容之后，可以进一步思考下列问题。虽然这些问题并没有固定的标准答案，但能够启发思考，跳出来看某些观点。

1. 澳元走势的决定性宏观变量是什么？

2. 新西兰元走势的决定性宏观变量是什么？

3. 加拿大元走势的决定性宏观变量是什么？

【进一步学习和运用指南】

1. 建议进一步阅读《原油短线交易的 24 堂精品课》，原油是商品之母，交易商品货币不能不关注和分析原油。

2. 建议进一步阅读《黄金短线交易的 24 堂精品课》，黄金是货币之母，兼具投资和商品属性。

3. 铁矿石被认为是澳元走势的先行指标，检索一下相关资料。

第三十阶

【开放式思考题】在研读完第三十阶的内容之后，可以进一步思考下列问题。
虽然这些问题并没有固定的标准答案，但能够启发思考，跳出来看某些观点。

1. 为什么英镑兑日元的波动非常大？

2. 是否可以利用交叉货币对过滤直盘货币对的信号？

【进一步学习和运用指南】

1. 检索一下"交叉货币套期保值"，了解其含义和对外汇市场的影响。

2. 登录 https：//www.mataf.net/en/forex/tools/correlation，查询货币对之间的相关
性。思考在交易中如何利用这些相关性。

第三十一阶

【开放式思考题】在研读完第三十一阶的内容之后，可以进一步思考下列问题。
虽然这些问题并没有固定的标准答案，但能够启发思考，跳出来看某些观点。

1. 除了指标与价格之间的背离之外，还有哪些类型的背离？

提示：品种间背离、技术面和心理面背离、技术面和基本面背离等。

2. 如何提高背离信号的有效性？

3. 背离与驱动浪有什么样的关系？

【进一步学习和运用指南】

1. 关于背离有大量文献资料，在网上检索一下，进行归纳。

2. "利多不涨，利空不跌"属于什么背离的范畴？如何利用？

第三十二阶

【开放式思考题】 在研读完第三十二阶的内容之后，可以进一步思考下列问题。虽然这些问题并没有固定的标准答案，但能够启发思考，跳出来看某些观点。

1. 息差（利差）预期和未来波幅存在什么样的关系？

2. 波幅与成交量或者持仓量存在什么样的关系？

【进一步学习和运用指南】

1. 建议进一步阅读《顺势而为——外汇交易中的道氏理论》第十课"水平区间"如下小节：

（1）达沃斯的箱体理论；

（2）布林带区间突破交易法；

（3）敛散理论确认节点；

（4）亚洲市场/欧洲市场；

（5）第二浪和第四浪的交替原理；

（6）区间中震荡指标的运用。

第三十三阶

【开放式思考题】 在研读完第三十三阶的内容之后，可以进一步思考下列问题。虽然这些问题并没有固定的标准答案，但能够启发思考，跳出来看某些观点。

1. 交易日内消息和交易重大消息的主要区别是什么？

2. 什么是重大消息？

提示：在外汇市场中，央行相关的预期重大行动就是重大消息。

【进一步学习和运用指南】

1. 登录 http：//www.forexfactory.com/，查看数据走势图（含预期和修正值）以及消息和价格对照走势图，获得消息和价格交互作用的"盘感"。

第三十四阶

【开放式思考题】在研读完第三十四阶的内容之后，可以进一步思考下列问题。虽然这些问题并没有固定的标准答案，但能够启发思考，跳出来看某些观点。

1. 趋势跟踪策略度过震荡周期的关键是什么？

提示：参考《外汇交易三部曲：驱动分析、心理分析、行为分析》最后一章相关内容。

【进一步学习和运用指南】

1. 建议进一步阅读《股票大作手操盘术：原著新解和实践指南》的第三十一章"阻力最小路径的道与术"和第三十二章"大机会与重大运动"。

2. 建议进一步阅读《外汇交易三部曲：驱动分析、心理分析、行为分析》的第五章"驱动分析的利器之——外汇逻辑层次分析矩阵"。

3. 建议进一步阅读《顺势而为——外汇交易中的道氏理论》中的第六章"主要运动"。

第三十五阶

【开放式思考题】在研读完第三十五阶的内容之后，可以进一步思考下列问题。虽然这些问题并没有固定的标准答案，但能够启发思考，跳出来看某些观点。

1. 如何在作息表上体现出你对外汇交易的投入？

2. 模拟交易和小额交易，谁更有利于学习和进步？

【进一步学习和运用指南】

1. 建议进一步阅读《股票作手回忆录：顶级交易员深入解读》，寻找交易学习和进阶之路的普遍规律。特别推荐如下章节：

（1）开始看到转型的曙光：没有失败，只有反馈；

（2）只有大的波动才能为你带来大的利润；

（3）错误的时机与正确的时机：关键点位与催化剂；

（4）流动性为王；

（5）顺势加仓：阻力最小路径与仓位管理；

（6）第六感：异常背后必有重要的真相。

2. 建议进一步阅读《投机巨擘回忆录——巴鲁克自传》，特别是如下章节：

（1）教训让我们进步；

（2）当恐慌来袭；

（3）我的金融交易哲学。

3. 建议进一步阅读格里高利·祖克曼（Gregory Zuckerman）所著的《史上最伟大的交易》（*The Greatest Trade Ever*）。

4. 建议进一步学习安德斯·艾利克森（Anders Ericsson）与人合著的《刻意练习：如何从新手到大师》（*PEAK：Secrets from the New Science of Expertise*）。

外汇交易术语汇编

A

Accrual 累积　在每一次交易期间内，远期外汇交易所分配的升水或折扣直接关系到利益套汇交易。

Adjustment 调整　官方行动，用于调整内部经济政策来修正国际收支或货币利率。

Appreciation 升值　一种货币可以兑换更多的另一种货币，即认为该货币相对另外一种货币升值了。

Arbitrage 套利　利用不同市场的对冲价格，通过买入或卖出信用工具，同时在相应市场中买入相同金额但方向相反的头寸，以便从细微价格差额中获利。

Ask（Offer）Price 卖出（买入）价　在一外汇交易合同或交叉货币交易合同中一指定货币的卖出价格。以此价格，交易者可以买进基础货币。在报价中，它通常为报价的右部价格。例如，USD/CHF 1.4527/32，卖出价为 1.4532，即可以 1.4532 瑞士法郎买入 1 美元。

At Best 最佳价格　一指示告诉交易者最好的买进/卖出价格。

B

Balance of Trade 贸易差额/贸易收支差额　一国承认的、在一定时期内对外交易的记录，包括商品、服务和资本流动。

Bar Chart 棒图　一种由 4 个突点组成的图表：最高和最低价格组成垂直棒状，被一小水平线标志于棒形的左端为开市价格，右端的小水平线则为关市价格。

Base Currency 基础货币　其他货币均比照其进行报价的货币。它表示基础货币

相对第二种货币的价值。例如，USD/CHF 报价为 1.6215，即是 1 美元价值 1.6215 瑞士法郎。在外汇交易市场中，美元通常被认为是用作报价的"基础"货币，即报价表达式为 1 美元的 1 个单位等于不同单位的其他货币。主要的例外货币为英镑、欧元及澳元。

Bid Price 买入价 该价格是市场在一外汇交易合同或交叉货币交易合同中准备买入一货币的价格。以此价格，交易者可卖出基础货币。它为报价中的左部，例如，USD/CHF 1.4527/32，买入价为 1.4527，即卖出 1 美元可买进 1.4527 瑞士法郎。

Bid/Ask Spread 点差 买入与卖出价格的差额。

Big Figure Quote 大数 交易员术语指汇率的头几位数字。这些数字在正常的市场波动中很少发生变化，因此通常在交易员的报价中被省略，特别是在市场活动频繁的时候。例如，美元/日元汇率是 107.30/107.35，但是在被口头报价时没有前三位数字，只报"30/35"。

C

Cable 英镑对美元的汇率 交易商针对英镑的行话，指英镑对美元的汇率。从 18 世纪中期起，汇率信息开始通过跨大西洋电缆传递，此术语因此流传开来。

Candlestick Chart 蜡烛图，K 线图 表示当日成交价格幅度以及开盘及收盘价格的图表。如果收盘价格低于开盘价格，此矩形会变暗或被填满。如果开盘价高于收盘价，此矩形将不被填充。

Central Bank 中央银行 管理一国货币政策并印制一国货币的政府或准政府机构，如美国中央银行是联邦储备。

Chartist 图表专家 使用图表和图形解释历史数据，以便能找到趋势，预测未来走势，并协助技术分析的人。也可称为技术交易员。

Closed Position 了结头寸 卖出或买进一货币来抵消同等数量的现有交易。此为持平账目。

Contagion 金融风暴 经济危机从一个市场蔓延至另一个市场的趋势。1997 年泰国的金融震荡导致其本国货币泰铢极其不稳定。此局面引发金融风暴席卷其他东亚新兴货币，并最终影响到了拉丁美洲。

Commission 佣金 由经纪人收取的交易费用。

Contract 合约或单位 外汇交易的标准单位。

Counter Currency 相对货币 成对货币中的第二个货币。

Counterparty 交易对方　外汇交易中的参与者之一。

Country Risk 国家风险　与政府干预相关的风险（不包括中央银行干预）。典型事例包括法律和政治事件，如战争或国内骚乱。

Cross Currency Pairs or Cross Rate　交叉货币对或者交叉汇率在外汇交易中一外汇与另一外汇的交易。如 EUR/GBP。

Currency Symbols　外汇符号。

D

Day Trader　日内交易者。

Dealer 交易员　在交易中充当委托人或者交易对方角色的人。投放买入或卖出定单，希望能从中赚取差价（利润）。与之不同的是，经纪人是一个人或公司作为中间人为买卖双方牵线搭桥而收取佣金。

Deficit 赤字　有财政赤字和贸易赤字等形式，支出超过收入的差额就是赤字。

Delivery 交割　交易双方过户交易货币的所有权的实际交付行为。

Depreciation 贬值　由于市场供需作用，货币价值下跌。

Derivative 金融衍生品　由另一种证券（股票、债券、货币或者商品）构成或衍生而来的交易。期权是最典型的衍生品。

Devaluation 币值低估　通常因官方行为引起的一种货币币值对另一种货币币值的刻意下调。

E

Economic Indicator 经济指标　由政府或非政府机构发布的，显示当前经济增长率以及稳定性的统计数字。一般的指标包括国内生产总值（GDP）、就业率、贸易逆差、工业产值以及商业目录等。

End of Day Order（EOD）结束日定单　以一个指定的价格买入或卖出定单。这一定单将持续有效直至当日交易结束。

European Central Bank（ECB）欧洲中央银行　欧洲货币联盟（欧元区）的中央银行。

F

Federal Deposit Insurance Corporation（FDIC）联邦存款保险公司　美国负责管理

银行存款保险的管理机构。

Federal Reserve（Fed）美国联邦储备 美国中央银行。

Flat/square 持平/轧平 如既没有多头也没有空头，即相当于持平或者轧平。如果交易商没有任何头寸，或者其所持全部头寸都互相抵消了，那么他的账目持平。

Forward 远期交易 将在未来约定日期开始的交易。外汇市场中的远期交易通常被表达为高于（升水）或低于（贴水）即期汇率的差价。如要获得实际远期外汇率格，只需将差价与即期汇率相加即可。

Forward Points 远期点数 为计算远期价格，加入当前汇率或从当前汇率中减去的点数。

Fundamental Analysis 基本面分析 以判断金融市场未来走势为目标，对经济和政治数据的透彻分析。

Futures Contract 期货 一种在将来某个日期以特定价格交易金融工具、货币或者商品的方式。

FX 外汇交易。

G

G7 7个领先工业国家 包括美国、德国、日本、法国、英国、加拿大、意大利。

Going Long 做多，渣 对股票、商品和货币作为投资或投机的购买。

Going Short 做空，沽 卖出不属于卖方的货币或金融工具。

Gross Domestic Product 国内生产总值 一国的总生产量、收入及支出。

Gross National Product 国民生产总值 国内生产总值加上国际投资、交易收入。

Good 'Til Cancelled Order（GTC）撤销前有效定单 委托交易员决定，以固定价格买入或卖出的定单。在被执行或撤销前，GTC一直有效。

H

Hedge 对冲 用于减少投资组合价值易变性的投资头寸或者头寸组合。

"Hit the bid" 达到买价 在一买价价位上交易被执行。

I

Inflation 通货膨胀 一种经济状态，其中物价普遍上涨，进而导致货币购买力下降。

Initial Margin 初始保证金 为进入头寸所需的期初抵押。

Interbank Rates 银行同业买卖汇率 大型国际银行向其他大型国际银行报价时所依据的外汇汇率。

Intervention 干预 由中央银行所采取的行动，以此调整该货币的价值。协定干预是指由不同的中央银行一起干预来控制货币汇率。

K

Kiwi 纽西兰货币的另一名称。

L

Leading Indicators 领先指标 被认为可预测未来经济活动的经济变量。

Leverage 杠杆 为实际交易的金额与要求保证金的比例。

LIBOR 伦敦银行间拆放款利率 表示伦敦银行间拆放款利率，最大型国际银行间互相借贷的利率。

Limit Order 限价定单 以指定价格或低于指定价格买入，或者以指定价格或高于指定价格卖出的定单。例如，USD/YEN 为 117.00/05。

Liquidation 清算 通过执行一笔抵销交易，以结清一份未结头寸。

Liquidity 流动性 市场能够轻松买入或卖出而不会影响价格稳定的能力。在买卖差价较小的情况下，此市场被描述为具有流动性。另一种测量流动性的方法是卖方和买方的存在数量，越多的参与者能产生越小的价差。非流动性市场的参与者较少，交易价差较大。

Long Position 多头 购入的工具数量多于卖出数量的头寸。依此，如果市场价格上涨，那么头寸增值。

Lot 单、手 用来衡量外汇交易数量的单位。交易的价值总是相对于一整数"单"而言。

M

Margin 保证金 客户必须存入的抵押资金，以便承担由反向价格运动引起的任何可能损失。

Margin Call 追加保证金通知 经纪人或者交易员发出的，对额外资金或者其他抵押的要求，使保证金额达到必要数量，以便能保证向不利于客户方向移动的头寸

的业绩。

Market Maker 做市商 提供价格，并准备以这些所述的买卖价格买入或者卖出的交易员。

Maturity 到期日 一金融工具的交易日或到期日。

N

Net Position 净头寸 还未由相反交易抵销的买/卖的货币数量。

O

Offer（ask）卖出价 在卖出时，卖方愿意依照的价格或汇率。参看买入价。

Offsetting transaction 抵销交易 用于撤销或者抵销未结头寸的部分或全部市场风险的交易。

One Cancels the Other Order（OCO）选择性委托单 一种定单，执行定单的一部分将自动撤销定单的另一部分。

Open position 未结头寸 尚未撤销或者清算的交易，此时投资者利益将受外汇汇率走势的影响。

Over the Counter（OTC）场外市场 用于描述任何不在交易所进行的交易。

Overnight Position 隔夜交易 直到第二个交易日仍保持开放的交易。

P

Pips 点 在货币市场中运用的术语，表示汇率可进行的最小增幅移动。根据市场环境，正常情况下是一个基点，每一个基点由小数点的第 4 位开始计算，如 0.0001。

Position 头寸 头寸是一种以买入或卖出表达的交易意向。头寸可指投资者拥有或借用的资金数量。

Premium 升水 在货币市场中，升水指为判断远期或期货价格而向即期价格中添加的点数。

Price Transparency 价格透明度 每一位市场参与者都对报价说明有平等的访问权。

Profit/Loss or "P/L" or Gain/Loss 利润/损失 实际操作时，完结交易的兑现利润或损失，再加上被调至市价的理论"未兑现"利润或损失。

Q

Quote 报价　一种指示性市场价格，显示在任何特定时间，某一证券最高买入和（或）最低卖出的有效价格。

R

Rally 上升幅度　价位由下降开始回升。

Range 波动范围　在将来的交易记录中，一指定阶段的最高价与最低价的差别。

Rate 汇率　以别种货币计的一种货币价格。

Resistance 阻力位　技术分析术语，汇率超越这一价格范围非常困难。货币价格多次冲击此价格点失败会产生一个通常可由一条直线构成的图案。

Risk 风险

Risk Management 风险管理　利用金融分析与交易技术来减少和（或）控制不同种类的风险。

S

Settlement 清算，结算　一笔交易并进入记录的过程。这一过程可以不需实际货币的有形交换。

Short Position 空头头寸　由卖出空头而产生的投资头寸。由于此头寸尚未被冲销，因此可从市场价格下跌中获利。

Spot Price 即期价格，现货价格　当前市场价格。即期交易结算通常在两个交易日内发生。

Sterling 英镑　英国英镑的另一名称。

Stop Loss Order 停止损失定单　以协议价格买入/卖出的定单。交易者还可以预设一份停止损失定单，并可凭此在到达或超过指定价格时，自动清算未结头寸。

Support Levels 支撑位　技术性分析中的术语，与阻力位相反。

Swap 掉期　货币掉期为同时以远期货币汇率卖（买）一相同数量货币。

Swissy 瑞士法郎　瑞士法郎的另一名称。

T

Technical Analysis　技术分析

Tick　货币价格的最小单位变化。

Tomorrow Next（Tom/Next）明日次日　为下一日交割同时买入和卖出一种货币。

Transaction Cost 交易成本　与买入或卖出一款金融工具相关的成本。

Transaction Date 交易日　交易发生的日期。

Turnover 交易额　指定时期内的交易量或交易规模。

Two-Way Price 双向报价　同时提供一项外汇交易的买入和卖出报价。

U

Unrealized Gain/Loss 未兑现盈利/损失　现价的为开市价位的理论上的盈利/损失，由经纪人单独对其做决定。未兑现盈利/损失在关仓时变为实际盈利/损失。

US Prime Rate 美国基本利率　美国银行向其主要企业客户贷款所依照的利率。

V

Value Date 交割日　交易双方同意交换款项的日期。

Variation Margin 变动保证金　由于市场波动，经纪人向客户提出的附加保证金要求。

Volatility 波动性　在特定时期内市场价格变动的统计计量。

W

Whipsaw　剧烈震荡市场。

Y

Yard 十亿　外汇市场用语，指的是 10 亿单位的货币。

外汇交易常用网站

在线金融新闻

fx168：http：//www3.fx168.com/

thomsonfx：http：//www.thomsonfx.com/

钜亨：http：//www.cnyes.com/

淘金网：http：//www.sky128.com/gb/index.asp

外汇通：http：//www.forex.com.cn/index.asp

九亿财经：http：//www.iesm.net/

倚天财经：http：//ytqh.com/Index.aspx？ClassId=3

外汇走势研究室：http：//www.l38.net/

DailyFX：http：//www.dailyfx.com/

ADVFN：http：//www.advfn.com/p.php？pid=forex&cb=1114554413

Yahoo FX News：http：//sg.biz.yahoo.com/forex/news.html

The Financials：http：//www.thefinancials.com/currencies/News.html

NewsCut：http：//www.newscuts.com/Forex.shtml

金汇通—中文外汇专业网：http：//www.fxbest.com/cn/news.asp？class=13

财智网—国内第一理财网：http：//www.imoney.com.cn/INFOWEB/forex/Forex.aspx

Bloomberg Business News：http：//www.bloomberg.com/

CNN：Business News：http：//www.cnnfn.com/

CNBC：http：//www.cnbc.com/

FX Week：http：//www.fxweek.com/

The Global Eye：http：//www.theglobaleye.com/

Reuters：http：//www.reuters.com/

Forex News：http：//www.forexnews.com/

Forex Online Currency Trading：http：//www.globalforex.com/

Forex Trading：http：//www.global-view.com/

Saxo Bank：http：//www.forextrading.com/

INO.com：http：//www.ino.com/

OANDA.com：http：//www.oanda.com/

Forex Foregin Exchange：http：//www.ozforex.com.au/

Fxstreet.com：http：//www.fxstreet.com/

费尔法克集团信息：http：//tradingroom.com.au/

财经日历

Economic Data and Releases：http：//www.economy.com/dismal/

Copp Clark Market Holdays：http：//www.goodbusinessday.com/

Street.com Economic Databank：http：//www.thestreet.com/markets/

Euro-zone Releases and Data：http：//europa.eu.int/comm/eurostat/

GVI Holiday Calendar：http：//global-view.com/Holidaysc.htm

USA FedStats A to Z：http：//www.fedstats.gov/

重要机构

The World Bank：http：//www.worldbank.org/

Australia：http：//www.rba.gov.au/

European Central Bank（ECB）：http：//www.ecb.int/

France：http：//www.banque-france.fr/

Germany：http：//www.bundesbank.de/

Japan：http：//www.boj.or.jp/en/

Swiss National Bank：http：//www.snb.ch/

U.S. Federal Reserve Bank：http：//www.federalreserve.gov/

Korea：http：//www.bok.or.kr/

England：http：//www.bankofengland.co.uk/

IMF：http：//www.imf.org/

白宫：http：//www.whitehouse.gov/index.html

市场追踪

CITIBANK：http：//www.citibank.com.hk

SAXOBANK：http：//www.saxobank.com

Skandinaviska Enskilda Banken AB：http：//www.investavenue.com

RABOBANK：http：//www.rabotreasuryweb.nl

BNP PARIBAS：http：//www.investavenue.com

Technical Research Limited：http：//www.investavenue.com

Investor Bank and Trust Co.：http：//www.ibtco.com

摩根士丹利：http：//www.morganstanleychina.com/sc/index.html

《外汇交易进阶》读者疑问解答

1. 求 ATR 追踪止损方法详解，最好能有应用实例。

资深读者 Kbwork 给出的较为准确的答案：

投资者习惯于在交易时没有依据地随便设置止损位。一些投资者经常会说"我根据我入场的位置设置止损"，而实际上可能只是一些随机选择的数值。这样决定止损位虽然来得简单，却没有考虑到具体货币对的实际波动情况。

我们以波幅为例，在欧元/英镑上设置 100 点的止损和在英镑/纽元上设置 100 点的止损的效果是不一样的，因为这两个货币对的波幅区别很大，而且每个货币对的波幅每周也都有变化。所以我们需要寻找一种对每个货币对的波动情况进行有效量化的工具，而 ATR（平均真实波幅）正是这样一种工具。

ART 就是指先统计出某个交易时段内波幅的点数，然后计算出一组时段内波动幅度平均值的准确数值。例如，如果我们默认日图中 ATR 的参数为 14，ATR 将计算出此前 14 天波动幅度（每天最高点和最低点的距离）的平均值。通过这种方法，投资者就可以知道特定货币对当前的波动性。

下面以图 1 和图 2 为例加以详细说明。

通过比较两幅图，我们可以看到欧元/英镑的 14 天 ATR 为 56，而英镑/纽元的 14 天 ATR 为 151，几乎是欧元/英镑的 3 倍。由此可知，每次交易设置 100 点的止损为什么并不是控制风险的明智之举。

很多投资者简单地利用 ATR 就能评估交易风险。如果交易欧元/英镑他们将设置 56 个点的止损，而交易英镑/纽元他们就会设置 151 个点的止损（如果做多止损设在开仓位置下方，如果做空止损设在开仓位置的上方）。运用这样一种方法我们就可以针对特定的市场环境和特定的货币对设置止损的位置。

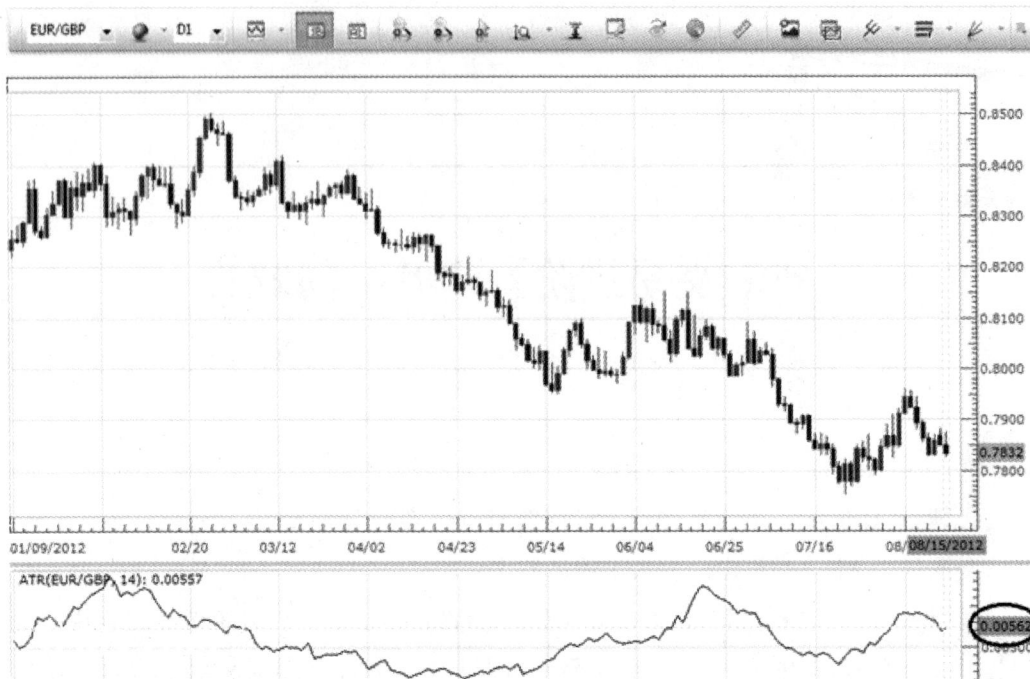

图 1 欧元/英镑

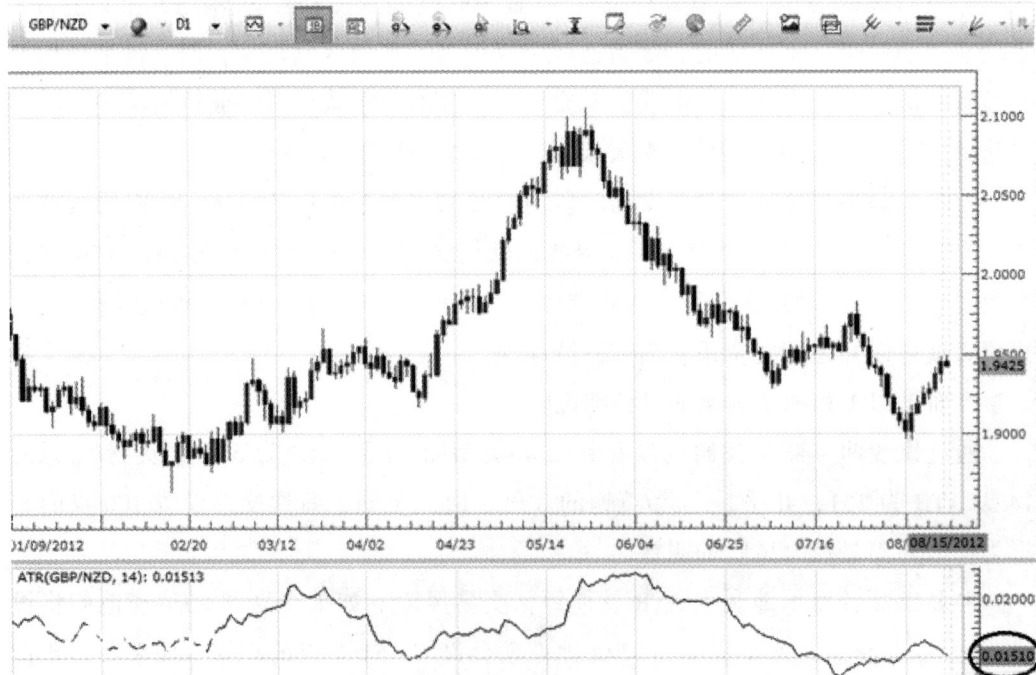

图 2 英镑/纽元

当然，投资者还可以根据其他的一些方法来设置止损，如根据每一次交易风险承受能力。对投资者来说，增加一种方法将增加交易成功的机会。

2. 通过凯利公式计算出可以交易的最大仓位，在操作中是一次性进入，还是分批进入？

资深读者 owen8888 和 november 给出的较为准确的答案：

每次的最大仓位是给你止损用的，可以先算出能承担风险的额度，再依据止损点数往回推算下单数量即可。

3. 哪里可了解到 CTFC 货币对持仓报告？

资深读者 Roy.CH 给出的较为准确的答案：

查阅 CFTC 持仓报告分为以下四步：

第一步：打开 www.cftc.gov。

第二步：选择 Market Reports（见图 3）。

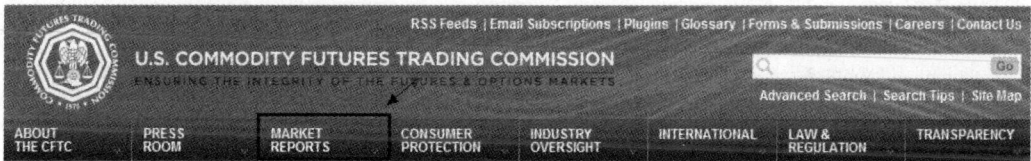

图 3 选择 Market Reports

第三步：点击 Commitment of Traders。

第四步：进入后分类观察（见图 4）。

（1）在 Chicago Merchcantile Exchange—Short Form 中，可以看到各大货币对的持仓报告；

（2）在 Commodity Exchange Incorporated—Short Form 中，可以看到黄金、白银、铜的持仓报告；

（3）在 ICE Futures U.S.—Short Form 中，可以看到美元指数的持仓报告。

4. 我想用 Excel 分析欧元兑美元与英镑兑美元的相关性，请问详细的操作方法是怎样的呢？

资深读者"葫芦兄弟"和 potvin 给出的为准确的答案：

可以将 MT4 里的 EUR/USD 和 GBP/USD 的日线图导出，导成 Excel，将两个货币对的收盘价制成一个折线图，也就是通过图表里的两个标志线进行走势对比，这样看起来应该很清楚了。或者可以直接查看 oanda 网站提供的货币对相关性统计。

CURRENT LEGACY REPORTS:

	Futures Only		Futures-and-Options-Combined	
Chicago Board of Trade	Long Format	Short Format	Long Format	Short Format
Chicago Mercantile Exchange	Long Format	Short Format	Long Format	Short Format
Chicago Board Options Exchange	Long Format	Short Format	Long Format	Short Format
Chicago Climate Futures Exchange	Long Format	Short Format	Long Format	Short Format
Kansas City Board of Trade	Long Format	Short Format	Long Format	Short Format
Minneapolis Grain Exchange	Long Format	Short Format	Long Format	Short Format
Commodity Exchange Incorporated	Long Format	Short Format	Long Format	Short Format
ICE Futures U.S.	Long Format	Short Format	Long Format	Short Format
ICE Futures Europe	Long Format	Short Format	Long Format	Short Format
ICE – Futures Energy	Long Format	Short Format	Long Format	Short Format
New York Mercantile Exchange	Long Format	Short Format	Long Format	Short Format
NYSE Liffe	Long Format	Short Format	Long Format	Short Format
New York Portfolio Clearing	Long Format	Short Format	Long Format	Short Format
Supplemental Commodity Index			CIT Report	

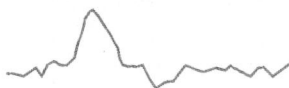

图 4　分类观察

5. 求教：昨日几笔交易都被打了止损。我的资金少，但又很想做。以下（见图 5）是昨日的盘，应该怎么做？今后还需要什么样的训练？

2011.10.25 19:31	sell	0.20	eurusd	1.3921	1.3938	0.0000	2011.10.25 19:51	1.3938	0.00	-34.00
2011.10.25 15:34	sell limit	0.30	eurusd	1.3952	1.3973	1.3887	2011.10.25 19:30	1.3923		
2011.10.25 15:23	buy	0.30	eurusd	1.3919	1.3907	1.3950	2011.10.25 15:31	1.3907	0.00	-36.00
2011.10.25 14:51	buy limit	0.30	eurusd	1.3879	1.3865	0.0000	2011.10.25 15:32	1.3906		
2011.10.25 14:51	buy limit	0.20	eurusd	1.3890	0.0000	0.0000	2011.10.25 14:51	1.3893		
2011.10.25 14:02	sell	0.20	eurusd	1.3918	1.3930	1.3906	2011.10.25 14:06	1.3917	0.00	2.00
2011.10.25 13:00	buy	0.20	eurusd	1.3941	1.3934	0.0000	2011.10.25 13:30	1.3934	0.00	-14.00
2011.10.25 11:51	buy limit	0.20	eurusd	1.3918	1.3914	0.0000	2011.10.25 12:44	1.3946		
2011.10.25 11:31	sell	0.20	eurusd	1.3940	1.3958	0.0000	2011.10.25 11:45	1.3934	0.00	12.00
2011.10.25 11:30	sell limit	0.30	eurusd	1.3949	1.3958	0.0000	2011.10.25 11:45	1.3932		
2011.10.25 09:44	sell	0.30	eurusd	1.3932	1.3936	0.0000	2011.10.25 09:45	1.3936	0.00	-12.00
2011.10.25 09:44	sell	0.20	eurusd	1.3925	1.3936	0.0000	2011.10.25 09:45	1.3936	0.00	-22.00
2011.10.25 09:23	buy limit	0.20	eurusd	1.3877	1.3867	0.0000	2011.10.25 12:44	1.3946		
2011.10.25 08:54	buy	0.20	eurusd	1.3880	1.3870	0.0000	2011.10.25 09:03	1.3905	0.00	50.00
2011.10.25 08:47	buy limit	0.30	eurusd	1.3877	1.3870	0.0000	2011.10.25 09:20	1.3888		
2011.10.25 08:32	sell	0.30	eurusd	1.3923	1.3932	0.0000	2011.10.25 08:46	1.3899	0.00	72.00
2011.10.25 08:22	sell	0.20	eurusd	1.3923	1.3927	0.0000	2011.10.25 08:30	1.3927	0.00	-8.00
2011.10.25 08:22	sell	0.10	eurusd	1.3921	1.3927	0.0000	2011.10.25 08:30	1.3927	0.00	-6.00
2011.10.25 08:00	sell limit	0.10	eurusd	1.3897	1.3905	0.0000	2011.10.25 08:01	1.3896		
2011.10.25 07:58	buy limit	0.10	eurusd	1.3889	1.3885	0.0000	2011.10.25 08:00	1.3898		
2011.10.25 06:04	sell	0.10	eurusd	1.3920	1.3917	0.0000	2011.10.25 08:17	1.3917	0.00	3.00
2011.10.25 05:17	sell	0.20	eurusd	1.3916	1.3917	1.3820	2011.10.25 08:17	1.3917	0.00	-2.00
2011.10.25 04:52	sell limit	0.10	eurusd	1.3917	1.3927	0.0000	2011.10.25 04:52	1.3907		
2011.10.25 04:52	sell limit	0.20	eurusd	1.3916	0.0000	0.0000	2011.10.25 04:52	1.3906		
2011.10.25 04:35	buy limit	0.20	eurusd	1.3889	1.3884	0.0000	2011.10.25 04:37	1.3894		
2011.10.25 04:28	buy limit	0.20	eurusd	1.3871	1.3868	0.0000	2011.10.25 06:20	1.3911		

图 5　实例

资深坛友 zh008008 给出的比较中肯且符合技能提高规律的答案：

减小仓位，做 0.1，找到问题再做 0.3。

6.《进阶》一书所描述的"螳臂当车"形态与《日本蜡烛图技术》（斯蒂夫·民森著）一书中的反转形态"向上跳空两只乌鸦"几乎完全类似。所不同的是在"向上跳空两只乌鸦"的理想形态中，第二根阴线的收盘价还在第一根阴线的收盘价之下，而在"螳臂当车"形态中没有强调。同样的形态，《进阶》中是持续形态，而在《日本蜡烛图技术》一书中是反转形态。不知《进阶》是如何得出这个结论的？

本书作者对该读者的直接回答：

其实，我们是根据实际交易得出的这些结论，你不必拘泥于斯蒂夫·尼森的著述。在我们的 K 线范畴中只有两种形态：收敛和发散，具体如表 1 所示。

表1　收敛和发散

收敛	小实体 K 线	成交密集区	区间市	犹豫
发散	大实体 K 线	成交稀疏区	单边市	坚决

当你在一根大实体 K 线后看见小实体 K 线，意味着市场在这个方向上犹豫了，通常应该继续持有原方位的仓，但是如果接着出现了与第一根大实体 K 线颜色相反的大实体 K 线则应该减仓或者平仓，因为反方向出现了坚决的走势。所有 K 线都是在这个二元框架中得到解释和运用的。这是我个人的看法，希望你不要拘泥于任何文字表达，**最重要的是问个"为什么"，然后自己去寻找意义**。交易其实就是一个由内到外的过程，所以除掉你的观念中的谬误和"想当然"，然后建立正确的态度，进而才能构建起恰当的技能。

7. 我是个新手，两年前我无意中接触外汇，可能当时觉得很容易，可以挣点零花钱，但是不懂杠杆、不懂蜡烛图、不懂指标、不懂所有的基本面。我向我妈妈借了 3 万元入了俄罗斯的一个平台，我不懂资金管理，仅一个月就爆仓了。这种心情很无助，后来我工作后就把钱还给了妈妈，一直到现在都不敢用实盘去操作，一直是模拟，也看了很多书，以后我想以外汇交易为生。像我这样有没有什么好的建议？我目前应该做什么？大量去了解各个国家的基本面消息，还是去学习 K 线图形的形态呢？

本书作者对该读者的直接回答：

初期一定要注意观察基本面消息与价格之间的互动，然后基于一个系统进行仓位管理，在此基础上根据一段时间的绩效反馈不断完善。切忌"这山望着那山高"，

在缺乏充足统计数据的情况下采用全新系统。

8. 请问您的书按照什么顺序阅读比较好？

本书作者对该读者的直接回答：

（1）外汇交易方面先看《外汇交易三部曲》和《外汇交易中的道氏理论》，在实践中结合《外汇短线交易的24精品课堂课》提升自己。不看三部曲，缺乏系统思维；不看道氏理论，缺乏重点思维。

（2）股票交易方面重点看《股票短线交易的24堂精品课》，然后结合《题材投机》理解题材生命力，并且开始建立题材池，观察板块与消息面的互动模式。有了一定感觉后，开始入手仓位管理，这个时候以《短线法宝》和《高抛低吸》为蓝本优化出自己的仓位管理系统。股票方面就这四本书了，不会再出新著作。

（3）黄金交易方面重点看《黄金短线交易的24堂精品课》，然后以《黄金高胜算交易》为蓝本开发自己的仓位管理系统。我们不会再专门出版白银方面的书籍了，参考黄金24堂课即可。

（4）期货方面，这个暂时不发表意见，可以关注即将出版的《原油期货交易的24堂精品课》，毕竟"原油是商品之母，美元是商品之父"（这句话是我说的，后续有人再说肯定是拷贝我的）。

（5）我的所有交易哲学和方法论都写在 《股票大作手操盘术》、《道氏理论》和《股票作手回忆录》三本译著的旁注中了，有兴趣的人可以看看。

9. 对于新手而言，您觉得是先用复盘软件来复盘练习比较好，还是先用模拟盘好，还是直接实盘好些？

本书作者对该读者的直接回答：

模拟软件玩几天足够了，最好一开始就是真实账户。原因在于：

（1）模拟交易的心态与真实交易有很大区别。模拟交易无法锻炼心态。

（2）模拟交易软件不会遭遇流动性问题，而真实交易的成交或多或少存在摩擦。

（3）模拟交易时，人很难全身心投入，因此提高起来缺乏针对性和积极性。

不过，开始的时候一定要小额尝试，业绩满意后再逐步加资金。台阶式地增加投入本金，否则很容易"伤心"。

10. 凯利公式中，如果某次交易盈亏比为2，胜率为0.5，那么这笔交易的风险资金就是25%，是不是偏大了一点？还是我的算法有错？

本书作者对该读者的直接回答：

凯利公式的思维可以借鉴，照搬是不行的。凯利公式对于扑克牌和各种赌博来

说非常有价值，因为其中的风险报酬特征是确定而清晰的。对于交易而言，凯利公式更多提供了一个思维原则，那就是根据潜在的胜算率和报酬率高低来确定仓位轻重。

11. 我现在学习了外汇交易一年，起初交易经常失利，但是看了魏老师的所有外汇类书籍以后找到了自己错误的原因与不足，正在努力克服中。我想知道如果利用凯利公式交易，是否只能在小时图以上 K 线图有效？像我这样的初学者是否适用于斐波那契线谱来找回撤点？我是配合 RSI、1MACD 使用的，这样配合是否可行？

本书作者对该读者的直接回答：

凯利公式的思想是普适的，但是运用要灵活。利用斐波那契线谱寻找回撤点可以与 RSI 结合起来使用，不过最好你能够结合"数据和事件"的发布时机来使用。

附录四

轴心点系统相关的经典外汇交易小策略

我们在国外交易专家论坛上收集到很多外汇交易小策略，这里奉献给大家，如果有人想要原文，请与我们联系。一般而言你只需要四样工具：蜡烛图、均线、轴心点系统和震荡指标。你使用均线系统确定市场方向，然后使用轴心点系统和震荡指标确定关键位置，最后你使用蜡烛线确定具体的进场时机。不需要更多，不要受人误导而走向极端。

小策略 1

对于刚入门的交易者而言，努力从每个交易波段捕捉 20 点，然后暂停交易，关掉平台，做更多分析和研究。当你真正擅长某类交易策略和风格之后再求更多的回报。在你跻身外汇交易的大师之前，设定 20 点盈利目标并坚持。我强调外汇交易的职业性，交易并不是游戏，关系到你口袋中的钱。

小策略 2

对于刚入门的交易者而言，应该将主要时间框架设置在 15 分钟图上，因为 15 分钟的图形比较符合传统的技术分析，而且提供了较短时间熟悉更多东西的便利。如果你采用 4 小时的图表来学习，那么你在一天之内经历的技术图形将非常有限。但是，如果你采用了 5 分钟或者 1 分钟图，那么你将被这些噪声图像弄晕了。

小策略 3

在开始某个交易时段前，先看 1 小时图，得出时段过渡时的趋势，以及新时段开始时可能会怎么走。

小策略 4

只有你绝对需要知道 15 分钟图后面发生什么时，才看 5 分钟图，尤其当蜡烛线拉长或刚穿越枢轴点，换句话说，是否 5 分钟图上发生逆转而 15 分钟图上尚未

反映出来？

小策略 5

不要停留在 5 分钟图上，因为它有太多杂音，会把你折磨死。

小策略 6

对于日内交易，我推荐 15 分钟图。15 分钟图上的均线法则：即便均线在 1 小时图上是上行，如果在 15 分钟图上是下行，这就暗示逆转正要到来，但尚未发生。我想你肯定不想错失 15 分钟图上反映的正在发生的事情。

小策略 7

如果均线在 15 分钟图上下行，但价格却欲上行，价格迟早会下行，如被轴心点某个关键位置弹回，或被另外三种工具（柱图、均线背离或趋势线分析）捕捉到的节点所逆转。均线上行而价格欲下行的情况同理。

小策略 8

一般来说，我们只使用均线的背离，而不用均线做买卖信号，它是延迟指标，对外汇来讲太慢。

小策略 9

我的交易实践告诉我：15 分钟图上的均线背离比 1 小时图上更重要。背离是指均线与价格波动方向相反。

小策略 10

对于初学交易的人来说，始终用 20~30 点止损保护资金。心理止损也可以，但必须有严格的纪律。做 10 次你可能错 3 次，3 次的损失应该保持在 20~30 点以内，你的获利应该远大于这些的损失，至少应该大于 30 点。不要惧怕亏损，人生没有100%确定的事情。

小策略 11

当汇率贴近轴心点关键位置或某个重要形态（如双顶或趋势线突破）时下单，你把止损放在让你行动的事件另一边，但不要太近，因为价格往往突破后反抽。如果你使用 20~30 点止损，但 33 点能安全度过反抽，那就用 33 点。规则是 20~30点，但要符合情理。

小策略 12

止损的目的是保险，不适用于获利，当然你可以用移动止损法来保护赢利。这样既满足了截短亏损的需要，也达到了让利润奔腾的目的。

小策略 13

我们交易外汇仅需四种工具：柱图、均线背离、枢轴点和趋势线分析。做技术派，避开基本面分析，消息已融入价格，你无须每分每秒去看消息。读柱图包括找出双顶（底）甚至三顶（底）。当然，数据的突然公布可能会让你觉得价格发生了突变，但是我们仍然认为在数据公布之前的蜡烛线走势和形态中已经蕴含了一切。

小策略 14

困难的部分到了：我说过对下个交易时段高与低的预测可以是 M1/M3 或 M2/M4，但交易是灰色的而不是黑白的，实际的高和低可以是 M1、M2、M3 和 M4 的任意组合，可以是 M1/M4、M2/M3 或任何其他五个枢轴点的组合。M1/M3 和 M2/M4 仅是参考。价格是第一指标，它决定着高与低将会是什么。另外你应该将此预测与另外三种工具结合使用。换句话说，如果价格从上一时段进入当前时段时是下行，从 M3 开始继续下行，那么 M3 很可能就是新时段的高，即便系统可能指示 M4 是高。所以，枢轴点要与另外三种工具结合使用。我见过实例，价格下行，新时段开盘直接穿越 M3，同时形成双顶，这里有三个指示说明价格肯定要下行。我相信此时均线也一定是下行的，这又多一条线索说明新时段的高已经出现（上述各点是轴心点系统中的关键水准之中线，如果在 MT4 上找到轴心点系统的指标，那么你可以直接查看这些关键水准）。

小策略 15

我们建议在你刚开始从事交易时从四个主要货币对（EUR/USD、USD/JPY、GBP/USD、USD/CHF）中选一对，研究它并成为专家。我们建议你首先选择交易欧元，当你做得很好时再交易其他三对。在学习阶段你可能手忙脚乱，只做一个，不要在四对中跳来跳去，太多的交易对象只会让你手忙脚乱。

小策略 16

记录自己交易时的心境和决策依据以及交易的结果分析是非常重要的，人只有通过反思才能成长。所以我们建议你做交易记录，包括好的交易、坏的交易，分析哪里对了哪里错了，并发誓不再重复错误。养成好习惯，做专业交易员。

小策略 17

在轴心点系统运用中最为重要一点是：如果价格开盘就在新时段预测幅度的顶端（R2 或更高），换言之，处在卖区（高于中央轴心点的区域），且有其他指标指示价格过高（如特定 K 线、均线背离或趋势线突破），那么价格有可能已经是新时段的高了。同理，如果价格开盘于新时段预测幅度的底部（S2 或更低），或者说处

于买区（中央轴心点以下区域），且有其他指标建议价格过低，则价格可能就是新时段的低了。

小策略 18

如果你的分析告诉你没什么可做的那么就不要做，不要冲动或仅是想做而做，那会带来很多麻烦。仅当四种工具有非常明确的信号时才做。

小策略 19

在保证交易订单执行速度和质量的前提下，选择交易商要选这一行中点差最低的。

小策略 20

有时在周末休息后，周日开盘时出现巨幅波动。通常情况下我使用周五的最高价、最低价、开盘价、收盘价四价（OHLC）数据，但如果周日 15 分钟图上出现巨幅波动，我会使用周日的四价数据来更好地确定下一时段的支撑和阻力位。当然这只适用于将周日两小时与周一分开的交易商。

小策略 21

经常有交易者问我为什么他的轴心点与我的不同，答案是你可能使用不同的交易商平台，24 小时交易时段在不同时间断开，结果当然不同。但没关系，因为你的枢轴点计算是反映你用交易商过去 24 小时的市场，其结果也预测下一时段的支撑和阻力位。如果你的交易商下午 5 点断开，你使用不同时间断开的四价数据则出现不同步。

小策略 22

我们善意提醒前股票交易者（我说"前"，是因为确实不知道你尝试过外汇后还有什么理由想回到股票）：不要过度交易外汇，这不是刮头皮的市场，外汇趋势很好，下跌过程中不要买过早，上升过程中不要卖过早，看到趋势线突破后再做行动。

小策略 23

就像任何事业和活动一样，除非全心投入，否则你不会在外汇交易上成功，这不是玩的地方，如果你不打算认真对待，去做别的吧。

小策略 24

作为一个交易者，一定要把你的情绪放在后裤兜，这是事业，应该以事业来对待，你有任何坏习惯，外汇市场会很快给你放大，然后逼着你改正。如果你执意不改，那么市场将让你永远无法存活下来。

小策略 25

我们认为的一个关键问题是：如果根据你目前一切所学，本时段的大势是跌，则想"下"，反弹就卖，不要试图去买，否则会折磨至死。同样，如果根据你目前一切所学，本时段的大势是涨，则想"上"，逢低就买，不要试图去卖。前股票交易者想双向都得而牺牲。或许当你真正擅长了可以一试，但目前，只想一个方向，免得悲伤。

小策略 26

欧元大势开始于纽约时间凌晨 2 点以后，正是伦敦时段，外汇最忙的时间。一个时段又一时段，欧元总会在这第一个 12 小时里平均走 76 点。不管你信与不信，欧元一旦决定了这 12 小时的大势，就一直走到该幅度（76 点）的另一端。要抓住趋势，"骑"上它。当然它不会走直线，即使飞机起落也有途中颠簸，欧元亦如此，一旦选择了方向，它会盘旋直到幅度的另一端。结论是：如果欧元想在 12 小时里下跌，它会向下走完 76 点，要往"下"想；如果欧元想在 12 小时里涨，它会向上走完 76 点，要往"上"看。这 12 小时里欧元要么涨要么跌，不会两者都有，我讲的是主趋势。当然途中会有反弹或回调，取决于涨势还是跌势，但如前述，跌势中卖反弹，涨势中买回调，这就够了。

小策略 27

想象一下，你得到上面一个策略，你会爱上它，它将考验你的神经。如果你想买入这 12 小时的大势，何不当它开始时就"骑"上它！这需要铁的神经，因为欧元会不时背着你走，但不足以吃掉你开始设的止损。从风险回报率的角度看，你冒险 20 点获利 76 点，这是不错的比率。我想说的是为何不下单后设定止损，然后去清理游泳池，让欧元曲曲折折地走完它应有的行情幅度！很多人被骗出的原因是他们下单后紧盯着价格，稍有波折就反应过度。放下不要去管它，最坏就是被止损出局吧，往往是你不会，如果你捉到了主趋势，机会非常有利于你每手多赚 760 美元。如果途中不停交易，你可能被打得很惨，最后赔钱。让欧元领着你，而不是相反。

小策略 28

偶尔我会鼓励你从日间图后退几步，远距离来看它，有时你可能离得太近，只见树木不见森林。从日线图上标出趋势线并找出背离，你会看出很多下一步的走法，这正是你想知道的。不仅趋势线突破和均线背离有大文章，日线在哪里收也会暗示下一步将会向哪走，研究柱图你会知道我的意思。我觉得不时停下来从更高层

次思考是明智的，从上向下看事物是健康的。有时我们会迷失在日间价格的碎步里而看不到眼前展开的大画面。保存一个较大的视角是明智的。

小策略 29

重复一下，你只需看几样东西，然后耐心等待入点的出现。不要觉得是时间了就扣动扳机，要等明确信号。只需四个指标：柱图、均线背离、轴心点系统（突破、测试、遇阻）和趋势线突破，这些足以让你在外汇交易业成功，可能与你以前学到的不同。最难做的是抹掉以往所学，摇摇头让它们走开。

小策略 30

虽然我说只要四条线索，实际上还有第五个，就是价格。价格是天底下第一指标，它告诉你想去哪，让它指路。这好比打牌，在它自己亮出来前必须耐心等待。这也叫跟着头羊走。

小策略 31

最近有人问我关于买卖多手的问题，你可以在入点就满仓，也可以一次一手，随着价格穿越每个枢轴点加仓，直到幅度的终点。如果你确信已顺势并有好的资金管理技术，沿路加仓没有错。或者两者并用，开始就全仓，随着价格穿越轴心点买（卖）更多，直到终点。不要出局过早，记住外汇趋势性好（尤其主趋势），价格知道想往哪走，让它带你去那里。

小策略 32

在那些没有支撑阻力的空心区域交易非常危险，也就是说在轴心点关键水准之间交易要小心，这是无人区也是危险区，好的交易是在枢轴点附近做的。

小策略 33

利用 MT4 的指标在 15 分钟图上标识出轴心点系统的关键水平，这应该是你重点关注的，就如同飞机上的雷达，没有参考点很难交易（起飞）。不需要画出全部，也不一定能放得下，但至少画出价格附近的枢轴点。你也可以在 1 小时和 5 分钟图上画出，但不能花太多时间在上面，或许是浪费时间，但并非有害。你还应画趋势线。趋势线在枢轴点突破是转向的有力证据。再画上均线背离，图上看到的越多，交易会越好。交易时段也要划线分开。

小策略 34

当然，5 分钟图也不是完全没有用处：5 分钟图好比航船上的微调板，虽不起眼，但对纠正航向很有作用。交易亦如此，不时看看 5 分钟图会洞察 15 分钟图下面有什么异动，这很重要，尤其是接近趋势尾端，价格试图结束趋势或朝反方向偷

袭，你却没有注意。当然如前所说，不要停留在前股票交易者喜欢的 5 分钟地盘上，那些人本质是刮头皮的，但在外汇市场会被刮光。一旦捉住了趋势（通过五项指标），让价格自己走，耐心等待让你行动的下一个事件。当然下一步行动也是要通过前面五项指标得出的。如果没有看到什么特别的，什么也不要动，做什么也不要按进入键。

小策略 35

什么信号才算是交易进场的指令呢？我前面说过，你只需要从柱图、均线背离、枢轴点、趋势线和价格来找方向。当然，一个就足以定音，但两个或更多则更有说服力。例如，欧元最近是跌势，从上个交易时段结束到进入新时段仍在跌，在新时段开始，价格在枢轴点附近形成双顶。这里有三个信号告诉你怎么做，当然是做空。有跌势、双顶，还有上顶枢轴点，很多证据说要下行。

小策略 36

有用的交易心理学：对于新手，交易做多了自尊心会上升。你不会永远正确，这对新手和老手都是正常的。不要被失败击倒，对自己说下一次，你必须向前走。如果使用好的资金管理，如 20~30 点止损，你会活下来看到下次交易，这就是保存力量。不要怀疑你的指标，你不应该跟飞机上的仪表争论，否则就会撞机。所以不要对指标存有怀疑，当它告诉你行动时要行动，它告诉你买就买，要有勇气这么做。一个要点是：不要听任何其他人的，做自己的顾问，闭上耳朵交易，这是你和你的钱，你没有人可以问。要避开负面思维的人，不要跟人讲外汇，除非他跟你一样，否则他会把你拉下来。要谦虚，把吹牛权留到以后。如果你变得自负，外汇会把你拉下来。最后是专注于成功，当心你的思维，思维会铸就行动和结果。如果你专注于最后的结果成功，你将会到达那里。如果你总是害怕，会影响你的心理。当你失败和摔倒时，把自己拉起来，拍掉土，继续前进。不要被错误吓倒，你将会做得更好，保留所有交易记录，要下功夫研究它们。要做专业人士，做有准备之人。

小策略 37

最近有客户问我，他发现价格穿越轴心点关键位置后要上行好大一阵，账面上多了很多钱，在 R2 处停住，然后继续上涨，应该怎么办？回答是：R2 通常是阻力位，当价格穿越 R2 上行而不再跌破 R2 时，R2 变成了支撑位，这是一个买入信号。记住，价格是王，它想怎么走就怎么走，你必须跟着它，即使它已经给反方向的添了许多眼泪，或已经超越它的日均幅度，如果愿意它仍会继续走。外汇趋势性强，不要买过早，也不要卖过早，等待它已做出决定的强烈证据。在此例中，价格在

R2 停住，但并没跌破它，没有任何要逆转的迹象，一旦决定继续上行，你所有要做的就是跟上，不要成为 R2 高位缺氧的牺牲品，相信你的指标，按它们的指示做。不要本能地认为价格太高了，如果愿意它可以走更高。

小策略 38

你要记住这句话：练习得越多，运气越好。

小策略 39

我们认为你不应在轴心点关键水平之间买卖，这是无人区，等待价格在支撑或阻力位做出决定，并结合其他指标。轴心点系统提供了明确的进场位置，你需要做的是确认这些位置。

小策略 40

不要将均线用于背离以外的东西。最近均线在 15 分钟图上上行，让不疑的交易者相信价格上行，但价格在主枢轴点处调头向下去寻找幅度的另一端 S1。在均线上你看不到这些，因为它是延后指标。总之，均线只能用于背离，不能用于其他目的。

小策略 41

你只应在轴心点系统的关键位置附近进出，而不是之间。当价格在枢轴点上波动，看一看 5 分钟图，幕后有什么发生，因为在价格与枢轴点交涉之前你应该一直只关注 15 分钟图。在前面（策略 40）的例子中，价格上穿主枢轴点欺骗了不疑的交易者，然后下跌，在 15 分钟图上留下长上影线。当然只看 15 分钟图还看不到，但 5 分钟图上已经价格逆转，准备下行。

小策略 42

均线与价格没有背离，只说明均线确认价格趋势不变。但也不要被捉弄，见策略 40 的中例子。

小策略 43

阻力位（M3、R1、M4、R2）是卖区，卖者会多于买者，价格被下压。同样，支撑位（S2、M1、S1、M2）是买区，买者会多于卖者，将价格推高。这些预期是根据前一交易时段买/卖关系的解释，相信仔细研究枢轴点后你会同意这种看法，价格在接近和围绕枢轴点处会犹疑、停住，并决定下一步的走向。这就是为什么你不应在枢轴点之间交易，此时价格在进行中。

小策略 44

不要因为听到有人说太危险而被吓出外汇市场，实际上与其他市场比它是风险

最小的。外汇市场不像股票和期货一样被操纵，它是一个真正完美的 24 小时市场，你的止损单很少不能执行，因为外汇市场有高流通性，每日交易额达 15 亿美元，它是世界上最流通的市场，你将得到好的成交价和快的成交速度。

小策略 45

5 月 23 日是一个不寻常的日子，价格超出了平均幅度，从枢轴点开始两小时涨 135 点，跃于 R2 之上。欧元在双顶处逆转，跌破 R2，回到日平均幅度，在本例中稍高于平均幅度。当然你可能已经注意到，双顶同时又是双轨（如果正巧你看的是柱图而非蜡烛图），两种形态同时产生是很强的信号，表示已经到头了。所以在看价格形态时，注意同时发生的组合形态。

小策略 46

5 月 23 日应该是 M2/M4，因为头天收盘在高位，但实际幅度却是枢轴/R2。交易是灰色的，轴心点系统关键位置不是石头做的，但通常它们会很接近。

枢轴点 R2 组合使欧元超过日均幅度，但仍在枢轴点定义的逻辑范围之内。中央枢轴点成了买点（支撑），当价格有力地上冲后，它成为当日寻幅使命的起点。同样，R2 是卖点（阻力），是卖压的可能目标，所以欧元在此结束了它当日的寻幅使命。

重要的一点是，欧元所获完整幅度都在轴心点逻辑和规律的指标以内，这是理解该事件的要点。中央轴心点下面的四个枢轴点都是可能的买点，上面的四个轴心点（包括 R2）都是可能的卖点。如 5 月 23 日超过完全幅度，都是常理，不一定严格遵守 M1/M3 或 M2/M4 的买卖组合。

我相信你已经看到轴心点的力量，你只应在它附近而不是中间无人区买卖。这里唯一要警告的是，价格在 R2 之上形成双顶和双轨的形态组合，这一逆转现象，尤其两种形态同时发生，是不容忽视的。

但这里的要点是价格在上穿 R2 后形成的双顶（轨），该区应该属于竭尽区，考虑到最后的阻力位被破的事实。然后你寻找有力证据，看价格会继续上行还是如本例逆转向下。

要仔细研究柱图，相信你已注意到价格在某一交易时段的表现与上一时段的相似性。事实上由于外汇趋势性好，每天都看起来相似，除了实际幅度、高低点不同而已（九个可能枢轴高低点的循环重复）。

价格总会决定要使用哪一套轴心点关键位置，所以要跟上价格，正因如此我称它为第五个指标，或许是五个中最重要的指标。至此，另外四个指标你应该已经有

了很多了解。

请坚持每天研究柱图，它们提供了每天发生的重要线索，如果你明白图中的东西，你必将持续盈利。

小策略 47

对于初学交易的人而言不要过于贪婪。如果你从新手开始每天只求 20 点，超出的都是奖励，时间长了财富一定会到来。

但不要忘记老话"落袋为安"，不要总想抓大，这里不会一夜暴富，这里需要保存力量，持续盈利。当你有好的理由平仓时就去做。

小策略 48

所有金融交易行为都需要遵循一套纪律。大量行为金融学研究表明，比起获利 1 美元的喜悦，交易者损失 1 美元要承受两倍的痛苦，因此他们冒更多的风险来避损而不是赢利，结果高买低卖，与传统智慧相背。遵循我的交易策略，你将避免在 5 月 28 日的汇市大跌中被剃短发。

小策略 49

有人问我为什么等到纽约凌晨 3 点才行动，可能会失去这以前的机会。答案是：这个时间是伦敦交易开始的时间，也是汇市最忙的时间，你会注意到欧元通常在此时开始它的主趋势，去寻找它的日均幅度 76 点，这些点通常会在第一个 12 小时里发生。自己核查一下，这几乎每天如此，年年如此。

小策略 50

注意所谓的上升三角形：价格高点似有水平线，而低点越来越高，这通常是牛的形态。取三角形的高，从高点上得到新的目标价，例子可见 2003 年 5 月 26 日。

小策略 51

结合轴心点系统的关键水准与其他信号，你会很好地知道价格的下步走向。通常你应该只在轴心点关键位置附近进出，但有时轴心点关键位置之间距离很大，你应该找其他证据预测未来的方向。

正如我一直所说，交易是灰色的，这里没有黑与白，交易更多的是艺术而非科学。当价格遭遇轴心点关键位置时，你会看到该点对价格有很大影响，所以当价格与下一个轴心点发生作用时要警觉，它可能对下步有显著影响。

小策略 52

如果你想抓到伦敦时段的主趋势，却担心入点搞不准，那就等下一个轴心点关键位置。下一个入点就在价格穿越的下个轴心点关键位置附近。或者等它回头重试

轴心点关键位置时进入，这样就没有了入点过早的危险了。有时价格会欺骗，在一个方向走一会儿，又逆转方向，最后才选定方向。我喜欢的格言是"拖延者赢"，你失去的是趋势最初的大约 30 点，但更有把握获取余下的 46 点，因为主趋势要走完它的日均幅度 76 点。

小策略 53

我想提醒你中央轴心点以上的关键位置有卖的偏向，中央枢轴点以下的关键位置有买的偏向，这些偏向保持有效，直到价格将它的偏向由卖变买，或由买变卖，即阻力变支撑或支撑变阻力。

2003 年 6 月 6 日，你会观察到价格在 M3 的偏向有效，但中央枢轴点下面的枢轴点却由买或支撑变成了卖或阻力，当然，价格决定一切。

另一个要点是，当主趋势展开后（几乎每天发生，在开始的 12 小时里），你应该沿着偏向去想。那天早期交易的偏向是做空，意味着你应该忘记如何拼写"做多"。刮头皮的人想双向都获利，但在外汇市场行不通，除非你想被修短发。我这么说是因为外汇趋势性好，不要怀疑趋势，除非有确定的逆转信号。换言之，不要卖过早，也不要买过早。

小策略 54

记住你一定要把交易日志继续下去。如果你总是按同样的方法交易，你将总是得到同样的结果。所以，你必须学会反省和改进。

小策略 55

在其他市场，大多专业交易员每周只做 3~4 次非常好的交易，但汇市上却不然，这里的时间段是每天。不过，如果没看到极好的交易就不要交易，关掉它去打球。

放慢速度，遵守限速，这不是赛车。无论如何，你控制市场而非被市场控制。不要强迫自己做不舒服的事，等那些完美的机会再行动。同样在不顺的日子，什么也别做。掌控你的交易，而不是被控。

小策略 56

经常有人问我均线的参数，我用的是初始设定，一样好用，无论如何，均线只用它的背离。

小策略 57

我前面说过你应该在轴心点关键位置附近交易。唯一的例外是如果你在柱图上看到趋势线突破，或长上影线，则是发出明确的逆转信号。如果价格在枢轴之间，

而你不知道该怎么做，就什么也不做。汇市或其他市场一样，耐心是最难的。

小策略 58

欧元的主趋势从伦敦时段开始显露，在此之前，价格会引诱你朝另一方向想，而事实上它却准备好向相反方向走。在伦敦时段展开前你很容易被骗，应该耐心等待，从上一时段寻找线索，价格最终会怎么走。你是否看到头肩顶、三角形？是否看到价格在某方向走了很长一段时间？是否看到均线背离（1 小时和 15 分钟图上）？是否有任何通道、价格试图朝哪边突破？把情绪放在后裤兜，以后再用。把交易视作砖石工程，用同样的原则和方式。这不是在赌博，这是严肃的事业，关系到你辛苦挣的钱，要不惜一切保护它。

小策略 59

有交易者问我为什么不贴出我的即时交易，为什么我从事交易时不可以给我打电话。回答很简单，授人以鱼，养其一日，授人以渔，养其一生。而且在安静的交易时间被打扰是非常有压力的，也是非常费时的，相信你能理解。我的客户遍及30 多个国家，谁来了都要接待将会是噩梦。我们正准备开一个聊天室，眼下还不知何时开张，到时我会及时通知。

老实讲，我更希望授人以渔，而非授人以鱼。记得我第一次学习交易时，做每一步都有我的老师坐在身边，但有一天他搬走了，去了一个偏僻的小岛躲避城市生活。这对他很好，但我却很恐惧，自己如何生存？当我被迫自己做的时候我真正学会了交易，那时我真是汗珠满额。

任何人都可以学会用我的方式交易外汇，但做好做坏取决于你内心不停怀疑的小声音，而且恐惧和贪婪时时咬住你。你必须掌握的是你的心理，你必须有纪律和耐心，你必须按我教你的真实信号行动，否则你不如去当地赌场碰运气。

毫无疑问，外汇交易不是赌博，它是一项事业，会有失有得，当价格与你相背时要控制它，你是负责人，你可以通过聪明的交易与好的资金管理来取得上风。你不会每次都赢，但使用我的系统，你会十中赢七，秘诀在于把损失控制到最小，让赢利飞奔。

回到没有教练坐在旁边单独行动的话题，我的一位朋友告诉我他如何学会飞行。教练在飞行仓陪他练过几次后，他们降落回机场，教练转过来对他说"该你自己了，我走了"。朋友自己起飞又降落回来，但脸色苍白，双腿打颤。从此以后他就独立飞行。这就是没有人手把手教而自己独立去做，我们称为"拔高信心"。如果你能成功地自己飞行或交易，世界上没有什么事你不能做得同样好。事实上，能

够在航空母舰上降落的飞行员可以成为最好的交易员，这就是另外的故事了。

我可以告诉你，我的朋友在那次单独飞行中比以前有教练陪着的所有飞行学到得更多。交易也如此，你能做到，一定要相信。努力成为大师，分析、阅读、研究、思考。对交易有激情，不要把它当成快速致富的途径，要因为热爱才去做，就像不管如何你都要做，尽管它可以赚钱。

请你千万不要误解我，有问题我会解答你，我希望你成功，与家人共度幸福时光。当你来信告诉我它改变了你的生活，你现在用我的方式交易外汇快乐赚钱，没有什么比这更让我愉快的了。

小策略 60

如果你觉得已经捕捉到了主趋势，就不要再紧盯柱图了。一旦趋势展开，找一个轴心点进入，读柱图是为了捕捉主趋势方向的转变。下跌趋势中的双顶意义不大，但双底却不同，跌势中的长下影线或双底表示短期逆转。一旦主趋势展开是在空方，就要紧跟主趋势。以上所说的是伦敦时段的开始，也是主趋势显露之时。

小策略 61

通过训练你应该达到不借助任何视觉帮助，从图上看出价格在向哪走。这必须成为你的第二本能。达到这一点，你的交易就轻松了，压力降下来了，因为你在控制市场而不是相反。这需要日复一日的训练，需要耐心和毅力，你必须坚持直到得到它。胜利者从不放弃，放弃者从不胜利。

小策略 62

当然，你刚开始做可能会非常恐惧，但是你可以从较为容易的方面做起，等你熟悉的坚实信号出现再交易。这意味着你可能要等待一两个时段，没关系，不要着急。我发现有些人急于证明什么，有人觉得必须每天刮头皮，我无法理解。不管怎样，你有操纵权，慢慢来，迟早你会见到你认识的坚实信号。

小策略 63

交易中最为不幸的是，你不会每次都得到扣扳机所需的所有信号。交易是科学，更是艺术，你不可能 100% 确信。我喜欢的比喻是：你坐在车库里想去上班，你在等路上所有灯变绿才开车，这样，你永远上不了班。交易也一样，有时必须做有知识的猜测，然后出发。你不会永远正确，但这不是正不正确的事，这是做决定并坚持，必要时就转向的问题。接受被止损出局的事实，当作上帝把你踢向更高一层，离成功更近一步。

小策略 64

这一条感谢汤姆：当到达某一时段的枢轴点时（M1、S1、S2，主枢轴点等）只有两个选择：多或空。基本规则是：在 S1、S2、M1、M3 区的枢轴点下做多（买），在 R1、R2、M2、M4 区的枢轴点上做空（卖）。很明显，多和空的问题不是如此简单，还需要根据其他指标来确定。

小策略 65

前面说过，你应该在枢轴点附近买或卖。但如果价格在枢轴点之间徘徊，并形成双顶，相信价格将会下行。所以有时你会在碰到枢轴点之前就行动。当然，等价格到了再做反应也不为过。

小策略 66

这一条感谢哈里：他指出我有时提到"价格投影"，问这是什么意思。简单说它是价格逆转形态，中间柱比两边的柱有更高的高，中间柱就是一个逆转柱，引发转向，价格逆转向下。价格逆转向上的情况同理，中间柱比两边的柱有更低的低，中间柱就是逆转柱。

小策略 67

重复好的习惯，你将得到惊人的结果。任何事情成功的关键在于重复，包括外汇交易。交易训练得越多，真钱做得越多，就做得越好。你必须坚持，一遍又一遍，贵在坚持，如果始终做不放弃，任何事情都可以做好。不要被市场吓退，赔钱时只当作经验，接受教训，从错误中学习。坚持写笔记，如果不写，它就不存在。

小策略 68

我的印象是有些人没有给趋势线足够的关注。趋势线是有力的，价格突破趋势线会转向，不管其他指标如何说。所以要画趋势线，让它当向导。记住：在涨势中（如 2003 年 6 月 25 日），只要趋势线不破，低了就买。在跌势中，反弹就卖。涨势中绝不试图做空，跌势中绝不试图做多，就这么简单。

小策略 69

倘若价格趋势一直向下，走了好长一段时间，那么当价格逆势而行时，非常可能只是回调或暂时的反向运动。我通常会紧跟主趋势，跌势中卖反弹，涨势中买回落。

小策略 70

有读者问我 6 月 27 日星期五发生了什么，15 分钟柱图有那么多巨幅柱。那是难做的一天，即使对于老练的专业人士。有很多跷跷板，很多止损被执行，交易形

态被季末换仓主导。下次遇到季末要有准备，在日历上标出来，交易要有组织、有准备。

小策略 71

马拉松运动员在途中只想一件事：穿过终点线。他们从不回头看。交易也一样，你应该集中于长期生存。当然有时会跌倒，但只需爬起来，继续向前。胜利者不放弃，放弃者不胜利。

小策略 72

你需要当心像 7 月 4 日周末这样的节日，交易清淡，很难产生有意义的枢轴点，最好去打球，忘掉它。没有人说你必须每天交易，要有自己的生活。

小策略 73

若你寻找入场点有困难，我建议你等出现锤子或拉长顶时，扣动扳机。你可能会等很长时间，但至少可以确定找到了好的入场点，这种图是价格转向的可靠先行者。看看任何柱图，你能找出多少这种蜡烛，你会惊奇有这么多。

小策略 74

今天，我刚刚参加了一个年轻交易者的聚会，他们进入外汇市场只有两个半月，他们在进步，我以他们为荣。他们已学会短期交易，正学着使用更长时段，从 1 小时图上寻找线索。他们相信 1 小时图上的信号比 15 分钟上的更强有力，他们说你应该等信号在 1 小时图上得到确认再行动，当然除非你在 15 分钟图上看到了铁的证据。交易是灰色的，这些想法对他们有效，但并不是说你不可以一试。如果你试了并且有效，请让我知道，我将与其他朋友分享。

小策略 75

感谢我的朋友比尔，他指出 2003 年 8 月 22 日图上 3：01 和 5：01 至 6：01 期间的锤子没起作用。我的回答是：这些蜡烛需要与其他指标结合使用来决定价格的转向。如上例，下跌趋势线并没有破，因此锤子所含的作用被削弱了。总之，图形所含的转向信号应该伴随有其他信号，包括枢轴点。换言之，当你看到锤子时价格在枢轴点发生了什么？枢轴点是否支持蜡烛所说？

小策略 76

你在交易平台上看到的交易量是局部交易量。最近总有人问我哪里能找到外汇的交易量。外汇是流通的市场，交易量是多余的，你只需要技术分析来做外汇交易。

小策略 77

虽然我们是技术派的交易者，但是有些新闻我们要关心。我过去一直喊多欧元

和瑞士法郎，果不其然，2003 年 9 月 5 日美国很坏的就业新闻使二者大涨。在外汇市场，新闻不是噪声。

小策略 78

我们认为：有"说话"的牛与熊，还有"真正"的牛与熊。真正的牛熊反映在交易量和未冲单上，当然这些数据在外汇交易中不存在，但在期货市场中有，因为期货主要是用来投机的工具，这些数据提供了感性线索。汇市的转折点往往伴随着极端的未冲单数量，表示有极端的投机。这里的关键是看出未冲单和交易量的极端水平，指示趋势的可能转向。未冲单数量日间很少有用，但通过未冲单和量来预知趋势的变化，或知道某一货币对的极端投机，对使用任何时间段的交易者都是有价值的信息。通过研究某一货币对的期货，可提高你检测该对货币的偏向并预测其未来走向的机会。

如 2003 年 9 月 2 日，商业交易人极端做多欧元和瑞士法郎的期货，而货币却被极端做空。当你看到这两阵营的极端分歧，你知道价格可能将跟随商业交易人走。

欧元和瑞士法郎代表了很好的中线做多机会，很好地买并留住的机会。果然，2003 年 9 月 5 日美国出了很坏的就业数据，两者大涨，有谁猜到了？

小策略 79

我觉得有个错误概念需要进行纠正，即你必须只用 15 分钟图交易。你还可以用 1 小时和日柱图交易，只是周期延长了。例如，当我喊多欧元和瑞士法郎时，你可以从日柱图上下单并留住，同样也可以等 1 小时图上出现合理入点再进入。

小策略 80

对于外汇交易新手而言，最好避开周一、长周末结束后和季末，这些日子有大量的换仓。

最后的故事

前几年与一个国内顶尖期货交易高手闲谈时，他说了这样一个故事，我们留作结语与大家一起回味：

一只火鸡和一只公牛在聊天。

"我非常想到那棵树的树顶上去，"火鸡叹气道："但是我没有那份力气。"

"这样啊，你为什么不吃点我的粪便呢？"公牛答道："那里面充满了营养。"火鸡吃了一团粪便，发现它真的使自己有力气到达树的第一个分叉处。

第二天，在吃了更多的牛粪后，火鸡到达了树的第二个分叉处。

最终，两星期后，火鸡非常骄傲地到达树的顶端了。

但不幸的是，没多久，它就被一个农夫盯上了，并且农夫非常利索地就把火鸡射下来了。

这个故事告诉我们：牛粪（狗屎运）也许能使你达到顶峰，但它不能使你永远待在那里。